本书是2022年海南省教育厅教育教学改革研究项目“工商管理类专业课程思政教学探索与研究——以‘薪酬管理’为例”（HnjgS2022-3）、海南省第六批高校精品在线开放课程“薪酬管理”、海南省第三批一流本科课程“薪酬管理”的研究成果

薪酬管理实战分析与演练

主　编　林銮珠
副主编　王　萍

山东大学出版社
SHANDONG UNIVERSITY PRESS
·济南·

图书在版编目（CIP）数据

薪酬管理实战分析与演练 / 林銮珠主编 ；王萍副主编. -- 济南 ：山东大学出版社, 2024. 10. -- ISBN 978-7-5607-8388-8

Ⅰ. F272. 923

中国国家版本馆 CIP 数据核字第 2024UB0031 号

策划编辑　刘　彤
责任编辑　董　戈
封面设计　张　荔

薪酬管理实战分析与演练
XINCHOU GUANLI SHIZHAN FENXI YU YANLIAN

出版发行　山东大学出版社
社　　址　山东省济南市山大南路 20 号
邮政编码　250100
发行热线　(0531)88363008
经　　销　新华书店
印　　刷　济南乾丰云印刷科技有限公司
规　　格　720 毫米×1000 毫米　1/16
　　　　　20. 75 印张　504 千字
版　　次　2024 年 10 月第 1 版
印　　次　2024 年 10 月第 1 次印刷
定　　价　59. 00 元

前言

随着经济全球化与互联网技术的普及，组织呈现结构扁平化、劳动力多元化、劳动关系新型化等新趋势，成功吸引、留住和激励优秀人才已成为现代企业管理的关键问题。薪酬分配与员工利益攸关，也是每位员工密切关注的话题。作为人力资源管理的核心内容，薪酬管理的设计与实施直接影响着企业组织的运行效率和员工队伍的稳定性。如何利用科学高效的薪酬管理技术、方法和工具来充分调动员工的积极性，激发其潜能，已成为企业人力资源管理的重要目标。一本简单明晰、专业实用的教材既可以帮助学生学好“薪酬管理”课程，为将来从事人力资源管理工作打下良好的专业基础，也可以帮助人力资源从业者熟练掌握薪酬管理操作技巧，并能够根据企业的特点为其量身设计薪酬体系和激励机制，从根本上提升企业在市场中的竞争优势。

与以往的薪酬管理教材相比，本书具有以下特点：

（1）体系清晰，可读性强。公平公正的薪酬体系是激发员工生产积极性的有力武器。本书以薪酬体系设计流程为核心，全面具体地阐述了薪酬体系设计的每个环节的相关工作。全书共分为八章，包括薪酬管理基础、战略性薪酬管理体系设计、职位薪酬体系设计、能力薪酬体系设计、绩效薪酬体系设计、薪酬水平设计、薪酬结构设计、员工福利体系设计，内容翔实，结构完整。

（2）重点突出，系统性强。本书以精确、简洁的方式描述理论知识点，把更多的篇幅放在薪酬体系设计程序和方法的介绍上。在每章的理论基础部分，穿插了大量的知识链接和案例链接，介绍薪酬管理的前沿理论、实用技巧和解决方案。本书通过大量的图表解析和操作实例，深入浅出、通俗易懂，能够更好地满足教学和专业从业人员实际工作的需要。

（3）去理论化，实操性强。本书高度关注企业薪酬体系设计与薪酬管理的实务，操作性强。每章都有专门一节介绍典型企业薪酬管理实操案例。在每章末尾，还设计了情景仿真题和案例分析题等，以满足读者快速掌握薪酬管理实操技能的需求。

（4）思政融入，指导性强。本书紧扣推进课程思政建设、全面落实立德树人任务的时代要求，结合每章的教学内容提炼了相关的思政元素，以方便任课教师授课时直接将课程思政元素自然融入课堂教学。

本书由林銮珠担任主编，王萍担任副主编。具体编写分工如下：第一章、第三章、第四章、第六章以及第七章由林銮珠编写，第二章、第五章以及第八章由王萍编写。

在本书编写过程中，参考和借鉴了大量国内外学者的薪酬管理专著、教材和其他研究成果，限于篇幅，没有一一注明，特向前辈们深表谢意。海南大学国际商学院的领导和同事为本书的撰写提供了大力支持和帮助，2023 级 MBA 学生国鹏飞帮忙搜集了大量的案例素材，2020 级工商管理本科生万鑫玥、张曼以及 2021 级工商管理专业多位同学为本书稿的校对提供了帮助，在此一并表示感谢。由于编者的水平及编写时间有限，书中难免存在不足之处，恳请各位读者批评指正，我们将继续修改与完善。

编　者

2024 年 1 月 15 日

目　录

第一章　薪酬管理基础

【学习要点】

1. 掌握薪酬与薪酬管理的内涵。
2. 明确和辨析薪酬相关概念。
3. 了解薪酬管理的功能。
4. 掌握薪酬的影响因素。
5. 熟悉薪酬管理的目标和内容。
6. 了解现代薪酬管理的发展趋势。

【引导案例】

ZJ 公司的薪酬管理策略①

ZJ 公司于 2012 年 3 月在北京证券交易所上市，旗下有多款有影响力的产品，业务覆盖 150 个国家和地区。2022 年，ZJ 公司的营业收入超过 800 亿美元，营业利润约 200 亿美元，超越腾讯、阿里巴巴，成为中国营业利润最高的互联网公司。ZJ 公司的飞速发展，可以归功于员工们拼命工作。

目前 ZJ 公司在全球的员工超过 5 万人，97%的员工为“80 后”“90 后”。在 ZJ 公司，员工越优秀越值钱，而且远比一般公司挣得多。如表 1-1 所示，ZJ 公司的职级分为五个级别，从 1 级到 5 级。1 级和 2 级程序员最多，他们是公司的主力。一般来说，应届毕业生入职时会从 1 级或 2 级开始。

2 级是相对资深的程序员，拥有丰富的经验。3 级已经是相当权威的专家或者是小团队的领导。到达 3 级，经过几年的努力，基本上可以达到一定程度的财务自由。

4 级是总监或部门领导，这个级别的薪酬结构比较复杂，一般包括股票、期权等福利，所以很难准确估算，但基本上都是 200 万元/年起步。5 级属于公司领导层，这一级别的薪酬情况，我们无法得知。ZJ 公司职级体系与薪酬级别如表 1-2 所示。

---

① 参见儒思 HR 实战智库：《ZJ 公司岗位薪酬体系曝光》，2021 年 5 月 24 日，https：//www. sohu. com/a/468153791_ 121124319。

表 1-1　ZJ 公司的岗位职级

职级	岗位
1-1	初级工程师（一般为应届生）
1-2	中级工程师
2-1	资深研发
2-2	
3-1	团队领导层
3-2	
4-1	部门领导层
4-2	
5-1	公司领导层
5-2	

表 1-2　ZJ 公司职级体系与薪酬级别

职级	每年工资（万元）	年终奖（万元）	每年股权激励（万元）	每年总薪酬（万元）	工作经验（年）
1-2	31.5	6.5	—	38.5	1.2
2-1	42.3	9.3	—	59.5	3.6
2-2	57.9	14.5	41.4	113.9	6.1
3-1	101.1	26.4	94.5	221.9	7.3
3-2	134.1	39.9	185.3	359.3	5.9
4-1	81.0	27.0	125.0	233.0	6.8
4-2	120.0	120.0	200.0	440.0	20.0

ZJ 公司的薪酬结构一般是 15 薪制，即 12 个月工资+3 个月年终奖。年终奖与绩效考核紧密挂钩。绩效考核每年进行两次，一般在 3 月和 9 月。绩效考核结果分为 8 个级别，从低到高分别是 F、I、M-、M、M+、E、E+、O，并会进行强制分布，对应年终奖和月薪百分比的涨薪。大部分员工会集中在中间四个档次，即 M-、M、M+、E，对应的年终奖如表 1-3 所示。

表 1-3　绩效考评结果与年终奖

考评结果	年终奖
M-	1.5~2 个月年终奖
M	3 个月年终奖
M+	4~4.5 个月年终奖
E	7~9 个月及以上年终奖

如何像 ZJ 公司一样做好薪酬体系，从而使公司内部形成良性竞争？如何在有限的预算下更合理地支配薪酬，更有效地激励核心骨干员工？这些问题值得所有企业管理者深思。

第一节　薪酬概述

一、薪酬的内涵

当你拿起手机或打开电脑浏览网页时，常常会发现很多人都在讨论与薪酬相关的问题。有人在讨论延迟退休政策的落地，有人在讨论节假日的放假安排；有人在关心加薪政策，有人在“晒”自己单位的年终福利；有人为得到晋升而兴奋不已，有人在担忧中年失业的困境和压力。所有这些与我们工作、生活息息相关的话题，都属于薪酬的内容。

1. 薪酬的定义

薪酬（compensation）可以定义为，企业根据员工完成的工作任务或所做的贡献大小，将其作为回报提供给员工的货币、实物、福利、服务等的总和。根据支付形式不同，可以将薪酬分为两大部分：一部分是直接货币报酬形式，包括基本工资、奖金、津贴、加班费、利润分红等；另一部分则体现为间接货币报酬形式，如社会保险、休假、旅游、培训等。①

2. 薪酬的构成

一般来说，薪酬主要由基本薪酬、激励薪酬和福利薪酬构成。

（1）基本薪酬。基本薪酬指企业根据员工所承担或已完成的工作向员工支付的正常薪酬，受社会生活水平的影响较大，与已完成的工作结果没有直接关系，且忽视同一职位员工个体之间的差异，因此基本薪酬具有一定的稳定性。

（2）激励薪酬。激励薪酬又被称为“浮动薪酬”“绩效薪酬”或“可变性薪酬”，

① 参见赵曙明、赵宜萱主编：《薪酬管理：理论、方法、工具、实务》（微课版　第 2 版），人民邮电出版社 2019 年版，第 2 页。

与员工已完成的工作结果和过程行为有直接关系，往往随着员工业绩完成效果的提高而增加。激励薪酬与员工工作业绩和企业的总体业绩直接相关，有助于企业强化员工个人、群体乃至组织整体的优秀绩效，从而达到节约成本、提高产量、改善质量、增加收益、鼓励创新等多种目的。一般有长期激励薪酬（如股票、期权、红利等）和短期激励薪酬（如奖金、提成等）两种方式。

（3）福利薪酬。福利薪酬指为了吸引员工到企业工作而根据需要设计的作为基本薪酬补充的一系列措施（如休假）、实物（如生日蛋糕），以及所提供的额外补贴、费用支出、特殊补贴等的总和。

此外，员工在工作中获取的地位、认可，以及因完成工作而获得的成就感等也常被看作员工薪酬的重要构成部分。①

【案例链接】

不同国家的首选薪酬因素

在美世咨询2011年进行的“什么正在生效”的全球员工调查中，基本薪酬是成熟国家（如美国、英国和德国）市场中最被看重的薪酬因素，而在新兴国家（如巴西、中国和印度）市场中，职业晋升是最被看重的薪酬要素，因为在这些国家晋升能够同时满足员工的个人和经济性需要。表1−4列举了不同国家的六种首选薪酬因素。

表1−4　不同国家的六种首选薪酬因素

排序	中国	印度	巴西	英国	德国	美国
1	职业晋升	职业晋升	职业晋升	基本薪酬	基本薪酬	基本薪酬
2	基本薪酬	基本薪酬	基本薪酬	工作类型	工作类型	退休储蓄或养老金计划
3	补充退休储蓄计划	培训机会	培训计划	红利/其他奖金	红利/其他奖金	工作类型
4	培训机会	工作类型	工作类型	退休储蓄或养老金计划	弹性工作计划	低健康护理成本
5	红利/其他奖金	企业的社会声望	宽覆盖的健康保险	弹性工作计划	企业的社会声望	红利/其他奖金
6	补充医疗保险计划	红利/其他奖金	弹性工作时间安排	带薪休假	培训计划	企业的社会声望

资料来源：［美］兰斯·A. 伯杰、多萝西·R. 伯杰《薪酬管理：薪酬策略和机制设计指南》，朱飞译，机械工业出版社2021年版，第15页。

① 参见赵曙明、赵宜萱主编，唐春勇、敬永春编著：《薪酬管理：理论、方法、实务》，人民邮电出版社2018年版，第4页。

二、薪酬的功能

在企业管理过程中，企业希望通过薪酬满足员工的需求，从而激励、强化甚至改变员工的行为，以使其适应企业文化，达成组织目标。通常认为，薪酬具有以下几种功能。

1. 经济补偿和保障功能

员工在劳动过程中消耗的体力与脑力必须得到补偿，只有保证了劳动力的生产，企业和社会才能不断进步、发展。薪酬是员工为企业提供劳动而获得的报酬。这部分报酬要能满足员工吃、穿、用、住、行等方面的基本需要。从发展的角度来看，还要满足其娱乐、教育、培训和开发的需要。

2. 心理激励功能

薪酬的多少不仅取决于员工提供的劳动数量，还在于劳动的质量。因此，员工为了取得较多的薪酬，提高生活水平，会不断努力提高自身素质，以求能够提供数量更多、质量更高的劳动。

3. 塑造企业文化功能

薪酬政策可以让员工了解到什么样的行为、态度和业绩会受到企业的激励，因此合理、有效的薪酬政策会积极引导员工的态度和行为，并有助于塑造或加强企业文化。

4. 支持企业变革功能

企业处于竞争激烈、不断变化的市场中，因此为快速响应市场，企业必须进行组织变革，开展流程再造、组织重构等活动。在这一过程中，薪酬的有效调整可以引导团队和个人的态度、行为，使企业创造出与组织变革相适应的组织氛围，从而推动变革的进行。

【案例链接】

京东的薪酬管理策略①

2019 年，一封由京东人事部门发出的邮件显示，京东将对公司中一线员工的薪酬进行大幅调整，其中一线员工加薪幅度不低于 10%，主管、经理级别的员工加薪幅度不低于 20%；同时，针对重点战略型人才群体，京东将设置更加灵活、有竞争力的涨幅空间。

企业重视薪酬管理的原因在于：一来可以吸引、留住和激励人才；二来可以帮助企业降低人工成本，提高效率，促进企业战略目标的实现。京东集团的薪酬管理策略，无疑将以上两个作用发挥得淋漓尽致。

京东一线员工包括仓储员工、快递员、司机等，他们工作辛苦，日晒雨淋，且大

① 参见《京东：从一线员工到高级人才，“对症下药”的薪酬管理有多重要?》，2021 年 12 月 14 日，https：//baijiahao. baidu. com/s? id＝1719116052390038518&wfr＝spider&for＝pc。

部分人的文化层次不高，多数还是城市中的外来务工人员。如何提升他们的工作效率和用户服务意识则成了难题。文化灌输对于这些一线员工能够起到的作用并不大，于是京东决定从薪酬入手，在薪酬激励上调动这些一线员工的工作积极性，规范他们的工作行为，让他们在潜意识中树立起要为用户提供优质服务的思维。为此，京东为这些一线员工提供了起点较高、增长合理的行业领先的薪酬。例如，对于快递员，京东设计的薪酬结构为“底薪+提成”的模式，还为他们缴纳“五险一金”，以及意外伤害险和意外医疗保险。除此之外，还为他们提供了通信、防寒防暑、特殊环境、交通工具等30种补贴。有人戏称，京东快递员光补贴收入就能抵上其他公司快递员的工资，这也从侧面反映出京东快递员的收入在行业内具有很强的竞争性。

京东还宣布，自2021年7月1日开始到2023年7月1日，用两年时间，将员工平均年薪由14薪逐步涨至16薪。此外，京东还为员工提供诸如“安居计划”、员工救助基金、春节期间加班员工子女团聚补贴等一系列福利。

强激励薪酬策略带来了监督管理成本的下降、一线员工效率的提升、用户满意度的不断攀升，使京东物流在全行业保持了良好的服务和口碑，形成了京东特有的战略竞争优势。

三、与薪酬相关的概念

1. 报酬

报酬（reward）本质上是一种交换关系，它指员工通过为组织提供劳动或服务而期望获得的相应回报，是员工获得的所有他认为有价值的东西。不难看出，报酬不仅包括金钱、实物，还包括一些心理上的收益和内在的满足。因此，报酬可分为内在报酬和外在报酬两种。

外在报酬是从经济角度来说的，它是指员工通过为组织提供劳动而获得的各种形式的货币收入和实物，包括工资、奖金、福利、津贴、股票期权、社会保障、员工服务、带薪休假及其他福利或服务。外在报酬就是我们通常所说的薪酬，即薪酬是报酬的一部分。

内在报酬是指企业给员工提供的难以用货币形式量化的各种心理回报，包括个人职业发展、挑战性工作、学习与进步的机会、参与决策、领导和同事的认可与尊重等。内在报酬通常难以被明确定性，也不易进行量化处理，其操作难度大，对管理者的挑战较大。

2. 工资

工资（wage）一般指根据劳动者所提供的劳动数量和质量，按事先规定的标准付给劳动者的劳动报酬，它是劳动者按件、小时、日、周或月领取的。工资相较于其他劳动报酬或劳动收入，有以下特点：是劳动者基于劳动关系所获得的劳动报酬，是用人单位对职工履行劳动义务的物质补偿，是用人单位必须履行的基本义务。同时，工资的支付额有相应的劳动法律法规和政策为依据，其支付方式也必须按法定支付方式进行。常见的工资分类如表1-5所示。

表 1–5　常见工资分类

序号	类别	说明
1	基本工资	基本工资常以小时工资、月薪、年薪等计时工资的形式出现，又分为基础工资、年功工资、职位工资等
2	激励工资	激励工资是指工资中随着员工努力程度和工作业绩的变化而变化的部分，其具有类似奖金的性质
3	成就工资	当员工的工作卓有成效，并为企业做出突出贡献时，企业以提高员工基本工资的形式付给员工的报酬可称为成就工资

资料来源：乔继玉、郭梅主编《薪酬与绩效管理操作指南：管理制度+考核办法+实用图表+操作方案》，人民邮电出版社 2021 年版，第 7 页。

3. 奖金

奖金（incentives）是指员工因超额完成任务或取得优秀工作成绩而获得的超额薪酬。奖金会随着员工的工作努力程度和劳动成果的变化而变化，所以通常将它看作可变工资。奖金是对员工做出优异成绩的一种奖赏，因此对于调动员工的生产积极性，更好地体现按劳分配的原则具有重要意义。同时，奖金也体现了企业想让员工干什么的价值导向，是塑造企业文化的重要方式之一。奖金的种类很多，主要有以下几种。

（1）超产奖，按超额劳动成果的数额来计付。

（2）质量奖，在完成产量的前提下，以产品质量合格率为考核标准。

（3）节约奖，在完成生产任务的前提下，按节约原材料、燃料消耗的数额计付。

（4）创新奖，鼓励员工开展技术创新活动，给予相关的奖励。

（5）安全生产奖，在完成生产任务的前提下，按安全生产的情况给予奖励。

4. 津贴和补贴

津贴和补贴（subsidies and allowances）是一种补偿性的劳动报酬，具有一定的灵活性。人们习惯把属于生产性质的称为“津贴”，把属于生活性质的称为“补贴”。

津贴是指为了补偿员工特殊或额外的劳动消耗以及因其他特殊原因而支付给员工的工资补充形式，具体包括以下几种。

（1）补偿员工特殊或额外劳动消耗的津贴，如井下津贴、野外工作津贴、高温津贴、海岛津贴、夜班津贴、中班津贴、环卫人员岗位津贴等。

（2）保健性津贴，如卫生防疫津贴、医疗卫生津贴、科技保健津贴、特殊保健津贴等。

（3）技术性津贴，如特级教师津贴、科研津贴、工人技师津贴、特殊教育津贴等。

（4）年龄性津贴，如工龄津贴、教龄津贴等。

补贴是指为了保证员工工资水平不受物价影响而支付给员工的物价补助，如住房补贴、水电补贴、伙食补贴等。

总的来说，企业员工的薪酬一般由基本薪酬、激励薪酬、福利薪酬等部分构成，具体如表 1–6 所示。

表 1-6 企业员工薪酬构成

薪酬分类	构成细分	备注
基本薪酬	基本工资	可以根据学历来确定基本工资级别，通过学历工资引进企业期望的人才层次
	工龄工资	如果企业期望获得忠实的员工，就应提升工龄工资；如果希望员工的流动性较大，就应设立较低的工龄工资或者不设
	岗位工资	岗位工资体现了公司对不同岗位的倾斜，根据岗位对企业的影响力和贡献大小设立岗位工资
激励薪酬	绩效工资	绩效工资取决于绩效考核导向，通过绩效考核体现企业的意图。与奖金相比，绩效工资可以更系统、更全面地体现企业的战略主张和意图
	计件工资	由生产操作员工依据产品实际产量、质量等综合确定，用以激发生产人员的积极性，提高生产效率，改善产品质量，降低生产成本
	业绩提成	以员工业绩（如销售额）为基数乘以固定的百分比所得的即为奖励给员工的货币数额
	奖金	奖金是企业为了奖励有突出贡献的人而设立的。奖金形式有很多，如年终奖、项目奖、创新奖以及成本节约奖等
	分红	年终分红是常见的短期激励性方案。企业的中高层管理人员在规定时间内实现承包目标之后，按照预先约定分享获得的利润。企业的年终分红比例一般在 5%～15%，分红力度较大的企业可以达到 20% 左右。企业在对分红多少进行排序时，应该根据绩效考核的结果进行
	股权激励	针对上市公司，企业可以给予中高层管理人员在一定时间内以特定价格购买一定数量股份的权利，使其将来获利，这就是利用股票和期权对中高层管理人员进行长期激励的薪酬方案。一般而言，管理层所持股份应用管理层的奖金购买，通过分红、股票兑现等方式实现持股人的收益，而期权往往是约定的股票价格和份额，通过市值差额实现收益
福利薪酬	社会保险	法律规定企业必须为员工缴纳“五险一金”，否则就是违法行为
	公司福利	包括补充商业保险、带薪休假等
	职务补贴	根据企业员工的特定工作项目发放的非常设激励薪酬，如通信补贴、出差补贴、艰苦岗位的岗位补贴等
	特殊福利	有针对性地发放福利，如给核心员工配车、付购房首付款等
	职务津贴	为工作比较特殊或者在企业担任特殊职务的员工提供的特殊优惠待遇

资料来源：于彬彬《HR 薪酬管理整体解决方案：共享价值分配新规则》，中国法制出版社 2018 年版，第 87～88 页。

【知识链接】

精神薪酬的“理论来源”

“精神薪酬”（Psychological Reward）是近年来比较“热”的一个词。它作为一个薪酬模块，备受学界和业界人士的关注。精神薪酬来源于对员工心理的关注。1924 年，梅奥（George Elton Mayo）的“霍桑实验”发现员工的生产效率会受心理因素的影响。1943 年，马斯洛（Abraham H. Maslow）的“需求层次理论”第一次从理论上证明了精神激励的重要性。1959 年，赫茨伯格（Fredrick Herzberg）提出“双因素理论”，进一步验证了精神激励的重要性。

四、影响薪酬的因素

影响薪酬的因素有企业外部因素、企业内部因素和个人因素三种（见图 1-1）。

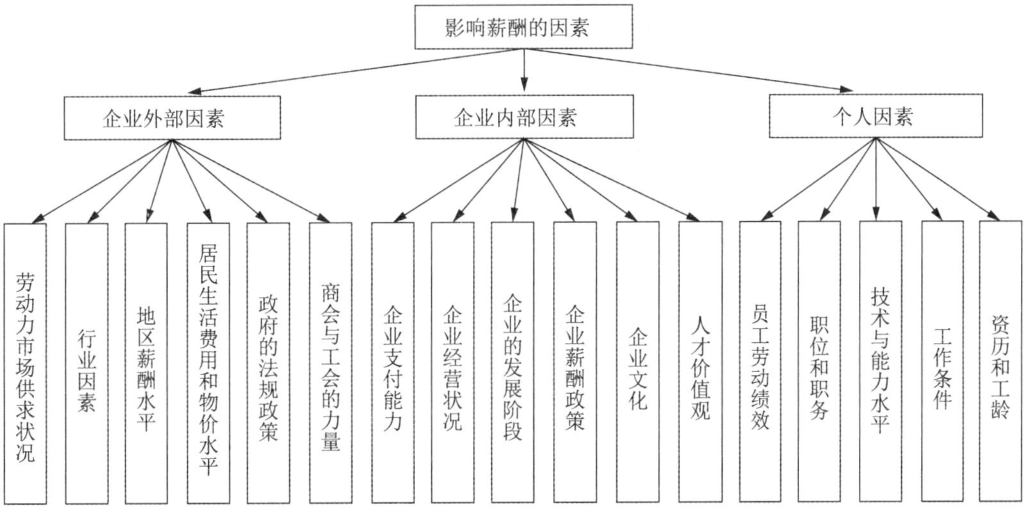

图 1-1　影响薪酬的因素

（一）企业外部因素

1. 劳动力市场供求状况

劳动力市场供求状况的变化决定企业对劳动力成本的投入，从而影响企业员工的薪酬水平。如果社会上可供本企业使用的劳动力小于企业需求，那么企业会采取提高薪酬的办法满足对劳动力数量和质量的需求。反之，如果劳动力市场供大于求，企业则通过压低薪酬的办法降低生产成本，赚取更多的利润。

2. 行业因素

垄断性行业与非垄断性行业、高利润行业与微利润行业之间有着明显的薪酬水平差异。某些行业因其技术含量高、产品性能好、劳动生产率及单位产品利润率高，或者存在某种技术壁垒或政策壁垒，进入门槛较高，而在其发展的特定时期能够获得超额利润，甚至成为“暴利行业”。

3. 地区薪酬水平

人们总是在做各种横向比较，尤其是与同地区就业者的收入水平做比较，因此本地区、本行业、本国的其他企业，尤其是竞争对手为其员工所制定的薪酬政策与标准，对企业确定自身员工薪酬水平的影响很大。

4. 居民生活费用和物价水平

员工的正常收入至少应能支付家庭的基本生活费用，而这个费用又与当地物价水平相关。物价变动，尤其是生活必需品价格的变动，会直接影响员工的实际薪酬水平。

5. 政府的法规政策

政府的法规政策对企业员工的薪酬水平起到保护或者制约的作用，企业薪酬的制定必须符合国家政府和地方政府的各种法律法规。例如，最低工资标准、住房公积金的规定、对特殊工种从业人员的规定、对女职工的生育保护、对就业歧视的规定等。

6. 商会与工会的力量

某一地区某一行业的薪酬水平，往往是商会（业主或经理的联合）与工会谈判的结果。商会势力大，薪酬可能被压低；工会势力大，薪酬可能会提高。

（二）企业内部因素

1. 企业支付能力

在市场经济条件下，员工的薪酬水平与企业的支付能力有着最直接和最主要的关系，而企业的劳动生产率、经济效益又直接影响企业的支付能力。企业的支付能力是员工收入的基础，员工的奖金、福利等非基本薪酬部分与企业效益的联系甚为密切。因此，能够影响企业经济效益的诸多因素，如企业的产品市场特点、劳动生产率、企业拥有人才的数量与质量、原材料价格的变化、企业劳动管理水平等，也是决定员工薪酬水平高低的重要因素。

2. 企业经营状况

经营好的企业经济效益自然好，其员工薪酬水平相对比较稳定且有较大的增幅，而那些经营业绩较差的企业，其员工薪酬水平相对较低且没有保障。

3. 企业的发展阶段

企业的发展阶段不同，战略不同，盈利能力也不同，因此企业的薪酬系统也会受到影响，如表 1-7 所示。

表 1-7　企业不同发展阶段的薪酬体系

	薪酬竞争性	薪酬刚性	薪酬构成			
			基本工资	绩效资金	福利	长期薪酬
初创期	强	小	低	较高	低	高
快速成长期	较强	较大	较高	高	较高	较高
成熟稳定期	一般	大	高	较高	高	高
衰退期	较强	较大	较高	低	高	低
再造期	较强	小	较低	较高	低	较高

资料来源：方振邦、陈建辉《不同发展阶段的企业薪酬战略》，《中国人力资源开发》2004 年第 1 期。

4. 企业薪酬政策

薪酬政策是企业分配机制的直接表现，直接影响着企业利润积累和薪酬分配的关系。一部分企业注重高利润、高积累，一部分企业注重二者之间的平衡关系，这些差别会直接导致员工薪酬水平的不同。

5. 企业文化

企业文化是企业分配思想、价值观、目标追求、价值取向和制度的土壤。企业文化不同，必然会导致观念和制度的不同，这些不同决定了企业薪酬模型、分配机制的不同，这些因素间接地影响着企业员工的薪酬水平。如果企业倡导绩效、创新、激进，则薪酬就侧重激励，薪酬差别就较大；如果企业推崇和谐、平均、稳妥，提倡集体主义，则薪酬就侧重保障，薪酬差别就较小。例如韩都衣舍、海尔和华为等公司都在倡导创客文化，利用“平台+个人”的方式进行变革，给予员工足够的自主权和决策权，鼓励员工的创新创业意识，推动企业的创新和发展。①

6. 人才价值观

人才价值观的不同会直接导致薪酬水平的不同，比如对“是否只有支付高薪才能吸引最优秀的人才”“是否要重奖优秀人才”等问题的回答不同，薪酬水平是完全不一样的。

（三）个人因素

1. 员工劳动绩效

这是指个人工作成绩，即劳动贡献大小。工作劳动质量高、成果多或劳动时间长，其薪资水平就高；反之，薪资水平就低。

2. 职位和职务

员工所从事的工作或职务类别是薪酬的主要决定因素，主要表现为在工作繁简程度、难易程度、责任轻重、危险性、所从事工作的价值以及劳动环境等方面的差异。

① 参见熊文明、余维新、陈传明：《悖论式领导对员工内创业行为的影响机制研究》，《管理学报》2022 年第 3 期。

工作繁重、工作技能要求高、工作复杂程度高、责任大、环境艰苦的，薪酬应高些；反之，薪酬应低些。有些员工的基本薪酬与其承担的任务、职责和责任关系很大。通常情况下，职务高的人权力大，责任也较重，因此其薪酬水平相对也较高。

3. 技术与能力水平

在知识经济时代，越来越强调员工技术与能力水平在薪酬决定机制中的作用。尤其是高科技企业，需要实行技能/能力薪酬决定机制。这是因为，一方面，技术水平高的员工能为企业解决更多的问题，给企业带来的价值会更高，企业对这些员工应当给予更高的薪酬；另一方面，技术与能力水平越高、学历越高，员工自身的投资也越大。较高的薪酬不仅可以补偿劳动者在学习技术时所耗费的金钱、时间、体能、智慧，甚至心理上的压力、不愉快等直接成本，以及因学习所造成的机会成本，而且还有激励作用，可以促使员工不断学习新技术，提高组织所需的技能，提高劳动生产率。

4. 工作条件

有些工作具有危险性，危害人体健康，甚至危及人的生命，还有些工作具有令人难以承受的气味、温度、光线或气压、水压，因而从事这类工作的人员需要很强的胆识、体力和耐力，这样他们的薪酬应高于在舒适安全的工作环境中工作的员工。这既能补偿其体能消耗，也是一种鼓励与安慰。例如，一名俄罗斯宇航员，每在太空行走（技术上称为“舱外活动”）一步，就会得到1000美元的奖金，完成整个太空飞行任务，可获得高达30000美元的报酬，远高于执行地面任务的20000美元。① 在企业中，主要是通过津贴的形式来对员工工作条件进行补偿。

5. 资历和工龄

资历是指员工的相关工作经历，工龄主要是指员工在本企业的工作年限。一般来说，资历和工龄与员工的工作经验、熟练程度和能力大小正相关。通常资历高的员工比资历低的员工薪酬要高，这主要取决于两种假定：一是人的能力随年龄的增长而增长，二是职工的生活费用支出或赡养人口随着年龄的增长而增加。

【案例链接】

西格玛公司面临薪酬问题②

西格玛公司是一家专注于遗传工程的中等规模的生物技术公司，1996年由罗格·史密斯博士（Dr. Roger Smith）创立。史密斯博士至今仍是公司的CEO，并始终积极参与所有的招聘和薪酬决策。他反复跟一线经理们强调，西格玛公司要不惜一切代价招募市场上最优秀的人才。

过去的一年中，史密斯发现公司的“家庭友好氛围”受到了破坏，对公司不满意的员工数量在逐渐增加。仅在过去一个星期就有三条与薪酬相关的抱怨或投诉，史密

---

① 参见［美］乔治·米尔科维奇、杰里·纽曼、巴里·格哈特：《薪酬管理》，成得礼译，中国人民大学出版社2014年版，“序言”，第1页。

② 参见刘洪、张正堂主编：《薪酬管理》，南京大学出版社2021年版，第60~61页。

斯猜测这只是冰山一角。第一条投诉来自一位在西格玛工作了五年的软件开发师。最近有一位新雇用的软件开发师工资比他高了15%，这使他感到很不舒服。史密斯解释说，这样高的起薪是为了在人才紧缺的劳动力市场中从其他公司吸引高端的、有经验的程序编制员。第二条投诉来自一位软件工程师，他感觉西格玛最优秀的技术人才在薪酬上受到了不公平对待，因为一线主管（用他的话来说，一线主管通常都是“失败的工程师”）的工资比他们高30%。第三条投诉来自一位从西格玛创立就在公司工作的秘书长，她对车间清洁工的工资比她高感到非常恼火。史密斯给她的解释是，低工资招不到既可靠又愿意清理和处理那些危险化学品的工人，而这名秘书长对史密斯的解释很不满意。另外，一位49岁的工程师由于业绩不好被公司解雇了，他投诉公司存在年龄歧视，声称公司在用那些拥有短期签证并愿意以更低的工资工作的印度员工来替代年长的、工资较高的员工。如何协调不同岗位人员的薪酬问题，成为该公司面临的重要挑战。

第二节　薪酬管理概述

一、薪酬管理的内涵

薪酬管理是指企业根据所有员工所提供的劳动和服务来确定他们应当得到的报酬总额、报酬结构和报酬形式的过程。具体而言，薪酬管理是指企业在组织发展战略的指导下，对薪酬策略、薪酬结构、薪酬水平、薪酬模块等进行确定、分配和系统调整的动态管理过程。①

薪酬管理几乎涵盖了与薪酬有关的所有管理事项，它在企业管理中扮演着十分重要的角色，是每个企业都必须注重的管理工作。

二、薪酬管理的目标

1. 效率目标

效率目标是指薪酬管理在多大程度上能够帮助企业实现预定的目标。其目标主要从两个角度来看：从产出的角度来看，薪酬管理能给企业绩效带来最大价值，具体表现为销售额、利润率、股票价格、客户服务水平、产品或服务质量等指标的提升；从投入的角度来看，薪酬管理可以实现薪酬成本控制。因此，薪酬管理的效率目标的本质就是用适当的薪酬成本给企业带来最大的价值。

---

① 参见赵曙明、赵宜萱主编，唐春勇、敬永春编著：《薪酬管理：理论、方法、实务》，人民邮电出版社2018年版，第8页。

2. 公平目标

公平性是指员工对于企业薪酬管理系统以及管理过程中的公平性、公正性的看法或感知，公平目标主要是指外部公平、内部公平和个人公平的实现。

外部公平涉及企业外部劳动力市场的薪酬状况，主要体现在员工将本人的薪酬与劳动力市场上其他企业中从事类似工作的员工所获得的薪酬的比较。这通常会影响员工是否会做出跳槽的决定，对企业吸引和留住优秀员工是非常重要的。

内部公平强调的是企业内部不同工作之间的报酬水平应该相互协调。企业主要是根据各岗位对企业所做贡献、岗位本身价值大小来确定薪酬以实现内部公平目标。

内部公平强调的是工作本身对薪酬决定的作用，而个人公平强调的是员工个人特征对薪酬决定的影响。员工在进行薪酬公平性比较时，通常会将薪酬与个人的绩效、技能、能力、资历等和个人特征相关的因素联系在一起。个人公平性的实现则是在充分考虑员工个人特征的情况下，使薪酬分配尽量公平公正。

3. 合法目标

合法目标是企业薪酬管理的最基本前提，其要求企业实施的薪酬制度要符合国家和各地区法律法规、政策条例要求。例如，不能违反最低工资规定、法定保险福利、工资指导线制度等。如果这些法律发生变化，薪酬制度也必须进行相应调整，继续保持与法律的一致性。

【案例链接】

华鑫证券杭州分公司因薪酬管理不规范受罚①

2023 年 8 月 7 日，浙江证监局发布《关于对华鑫证券有限责任公司杭州分公司采取责令改正措施的决定》，经查，华鑫证券有限责任公司杭州分公司存在员工薪酬管理和发放不规范的问题，时任负责人单某某保管并使用其他经纪人工资卡，反映出公司合规经营意识淡薄、内部控制不健全等问题。根据有关规定，决定对该公司采取责令改正的监督管理措施，并记入证券期货市场诚信档案。

券商薪酬一直是市场关注的焦点。2022 年 5 月，中证协发布《证券公司建立稳健薪酬制度指引》，提出证券公司应明确薪酬制度的决策、执行和监督机制，建立健全薪酬递延支付、问责等相关机制。而在该指引出台前后，均有券商因薪酬问题受罚。

三、薪酬管理的原则

1. 公平性原则

公平是薪酬管理系统的基础，员工只有在认为薪酬系统是公平的前提下，才可能产生认同感和满意度，因此公平性原则是企业实施薪酬管理应遵循的最重要原则。如

① 参见《薪酬管理不规范，华鑫证券杭州分公司受罚！》，2023 年 8 月 7 日，https：//baijiahao.baidu.com/s?id=1773578337764918027&wfr=spider&for=pc。

前所述，薪酬的公平性主要体现在三个方面，即外部公平性、内部公平性和个人公平性。

2. 竞争性原则

竞争性原则主要针对外部薪酬市场水平。企业只有支付符合劳动力市场水平的薪酬，确保企业的薪酬水平与类似行业、类似企业、类似岗位的薪酬水平相当，并关注竞争对手采取的薪酬策略和薪酬水平情况，才能吸引并留住优秀人才。

3. 激励性原则

各岗位员工的薪酬应与员工的绩效直接相关，且具有一定的差距。不同等级的员工之间薪酬水平也应该适当拉开差距，以激发员工努力工作的积极性，体现薪酬的激励作用。

4. 平衡性原则

人力资源成本是企业薪酬管理的重要工作内容之一。企业实施的薪酬管理不仅要体现薪酬水平的对外竞争性，还应该考虑到企业的承受能力，合理控制人力资源成本的无限制增长。

5. 成本控制性原则

企业应当充分考虑自身的财务实力和实际支付能力。科学合理的薪酬管理要求企业对人工成本进行必要的控制。

6. 合法性原则

企业的薪酬管理制度规定必须符合国家的相关政策和法律法规，如国家对最低工资标准和工作时间的要求、延长工作时间的劳动报酬支付标准、社保和住房公积金的缴纳标准、经济补偿金和年底工资指导线要求等。

【案例链接】

美光科技：已实现全球全员薪酬平等①

存储巨头美光科技有限公司于 2021 年 4 月 1 日宣布，已经实现全面的全球员工薪酬平等，涵盖基本工资、奖金、股票奖励。美光科技表示，这一目标的实现，体现了美光科技在人力资源实践中促进薪酬平等、包容性福利和公平的承诺，同时表明美光科技旨在营造一个重视并尊重每位团队成员的环境。

最初，美光科技将重点放在性别薪酬平等上，2018 年在全球范围内实现了女性薪酬平等。随后，美光科技扩大了关注范围，将更多弱势群体纳入其中，包括残疾人、退伍军人、黑人、美国的西班牙裔及拉丁裔。2021 年，美光还设定了战略高度的 DEI（Diversity，Equity，Inclusion）承诺，涵盖包容、招聘、捐赠和投资弱势群体所有机构。

① 参见《美光实现全球员工薪酬平等的目标，扩及所有弱势族群》，2021 年 4 月 1 日，https：//investors. micron. com/node/42341。

【思政小贴士】

公平公正

2015 年 10 月 29 日，习近平总书记在党的十八届五中全会第二次全体会议上强调："共享发展注重的是解决社会公平正义问题。'治天下也，必先公，公则天下平矣。'让广大人民群众共享改革发展成果，是社会主义的本质要求，是社会主义制度优越性的集中体现，是我们党坚持全心全意为人民服务根本宗旨的重要体现。"①

四、薪酬管理的核心内容

1. 制定薪酬政策与薪酬制度

薪酬政策是指企业管理者对企业薪酬管理运行的目标、任务和手段的选择，是企业在员工薪酬上所采取的方针策略。企业可以根据自身的发展战略和人力资源战略合理地选择薪酬政策，包括：企业内部工资率应高于、低于还是等于现行市场的工资率；新员工的初始工资水平以及与老员工工资水平的差距；确定加薪间隔期，明确业绩和资历对加薪决策的影响程度；工资支付水平与企业财务状况、市场状况的关系；非经济性薪酬与经济性薪酬的比例关系及使用安排；薪酬管理的授权程度与员工的参与程度；薪酬的支付采用公开还是秘密方式；薪酬制度偏刚性还是偏弹性；等等。②

薪酬制度是企业针对有关薪酬管理活动，如薪酬方针政策、薪酬形式及结构、薪酬标准及水平、薪酬支付办法等，所制定的一系列规章制度的总称。薪酬制度是对薪酬政策的具体化和规范化。

2. 设计薪酬体系

薪酬体系决策的主要任务是要明确企业决定员工基本薪酬的要素和依据。一般而言，除了劳动力市场状况这一外部因素外，决定员工薪酬的关键要素包括职位、个人能力、资历及绩效。当前国际上通行的薪酬体系主要有三种，即职位薪酬体系、技能/能力薪酬体系和绩效薪酬体系。③ 企业在确定员工的基本薪酬水平时所依据的分别是员工从事工作的自身价值、员工的技能水平/胜任能力/综合任职资格、员工的业绩表现。职位薪酬体系是以工作和职位为基础的薪酬体系，技能/能力薪酬体系是以人为基础的薪酬体系。二者主要是从劳动的"质量"上来度量的，但并不能完全反映员工的实际工作情况和劳动成果，必须辅之以绩效薪酬体系，从而对劳动的"数量"加以反映。

3. 确定薪酬水平

薪酬水平是指企业中各职位、各部门以及整个企业的平均薪酬水平。薪酬水平的

---

① 中共中央文献研究室编：《习近平关于社会主义社会建设论述摘编》，中央文献出版社 2017 年版，第 35~36 页。

② 参见周斌、汪勤编著：《薪酬管理：理论 · 实务 · 案例》，清华大学出版社 2014 年版，第 24 页。

③ 参见刘昕编著：《薪酬管理》，中国人民大学出版社 2021 年版，第 23 页。

确立主要是一个横向比较的过程，它决定了企业薪酬的外部竞争性，即与市场上同行业的平均薪酬水平相比是领先、落后还是中等。对企业薪酬水平决策产生影响的主要因素包括同行业或地区中竞争对手支付的薪酬水平、企业的支付能力和薪酬战略、社会生活成本指数、在集体谈判情况下的工会薪酬政策等。

【知识链接】

如何为应届毕业生定薪①

每年招聘应届毕业生的企业都会遇到定薪的问题。如果应届毕业生直接进入岗位职级，可能会出现学历相同但因岗位不同而薪酬不同，学校知名度不同但因学历相同而薪酬相同，学校相同、学历相同但因岗位不同而薪酬不同等问题。

比较好的解决方式是为应届毕业生设置见习期，并设置见习期工资标准。见习期的工资标准不考虑岗位区别，仅根据学历设置，如本科毕业生见习期工资3000元/月，硕士毕业生见习期工资4000元/月，博士毕业生见习期工资6000元/月。不同学历的见习期可以不同，如本科毕业生见习期10个月，硕士毕业生见习期6个月，博士毕业生见习期3个月。见习期结束后，按照见习转正程序，评价合格的人员进入所在岗位对应职级。见习不合格的，可以制定相应措施，延长见习期。

4. 设计薪酬结构

薪酬结构是指一个组织所有不同等级薪酬项目构成的完整体系，即在同一组织内部共分多少个薪酬等级以及相邻的两个薪酬等级之间的薪酬水平差距。薪酬结构一方面横向反映着薪酬的各个构成部分及其比例关系，如直接薪酬和间接薪酬的比例、基本薪酬和浮动薪酬的比例、现金和股权的分配等；另一方面又纵向反映着企业内部不同职位的薪酬水平之间的相互关系，体现着企业对于职位重要性以及职位价值的看法，如薪酬要素内的等级和层次的安排、薪酬等级间差距的确定、决定薪酬差距的标准等。薪酬结构主要涉及的是薪酬内部一致性问题。

在企业总体薪酬水平一定的情况下，员工对企业内部的薪酬结构是极为关注的，因为薪酬结构一方面反映了员工在组织中可能晋升的薪酬等级数量，另一方面也反映了在薪酬等级晋升后可以得到的直接薪酬水平及上涨幅度。

5. 确定薪酬形式

薪酬形式是指计量劳动和支付薪酬的形式，薪酬的各个构成部分有其特定的内容，也有其特定的计量形式。例如，直接薪酬以货币的形式支付，而间接薪酬则有时会以多种非货币的形式来体现；行政人员采用计时工资，生产工人采用计件工资形式；短期激励采用现金形式，长期激励采用期权形式等。

6. 薪酬体系的运行管理

薪酬体系设计完成后，在其运行过程中涉及对其中出现的问题的管理，包括薪酬

① 参见于彬彬：《HR薪酬管理整体解决方案：共享价值分配新规则》，中国法制出版社2018年版，第115~116页。

预算、成本控制、员工薪酬满意度调查、薪酬沟通、职位价值评价与修正、薪酬诊断、薪酬调整、协助职能部门完善绩效考核工作等方面。有效的运行管理可以更好地保证薪酬体系的实施效果。

五、薪酬分配理念

薪酬分配理念是指导薪酬分配体系顶层设计的核心，是公司的付酬理念。具有代表性的薪酬分配理念有低人力成本（“瘦马”）、量力而行（“鸡肋”）、让员工荣耀（“肥猪”）、事业共享（“群狼”）四种。薪酬分配理念没有对错之分，重要的是适合企业发展阶段，适合公司发展战略。[①]

1. “瘦马”：低人力成本理念

低人力成本理念是指在企业盈利能力尚可甚至很好的情况下有意识地长期支付低于行业内平均水平的薪酬，有点儿“又要马儿好，又要马儿不吃草”的感觉，所以也被称为“瘦马”理念。沃尔玛公司是长期使用低人力成本理念的代表，为了降低人力成本，甚至大幅度增加实习人员的比例。沃尔玛美国员工长期低薪酬引起了美国民主党政客的猛烈抨击。

“瘦马”理念的优点：低人力成本可以使企业增加市场竞争力优势，有利于企业持续生存；低人力成本会造成人员流动率较高，资历深、工资高的员工离职有利于人力成本降低；对于某些企业，因产品或客户的原因，需要年轻员工而不需要年老员工，低人力成本可以促进员工自动更新。

“瘦马”理念的应用条件：企业对人才要求不高，社会人力资源供给充足，招聘成本低廉；岗位分工明确，工作技能容易学习和复制，员工通过短时间培训就可以达到上岗要求，培训成本较低；企业处于快速扩张状态，有更多的职位提供给年轻员工；企业有较高的品牌知名度，对人才有较大吸引力。

2. “鸡肋”：量力而行理念

量力而行理念是指根据企业自身的盈利能力支付员工薪酬，不太考虑同行业的薪酬情况。持有量力而行理念的企业，一般支付能力不高，分配意愿不强。在这种企业工作的员工，感觉在公司挣的工资不多，但是和同行相比也没少多少，如同鸡肋一样，食之无味，弃之可惜。员工通常工作状态不佳，混日子的情况严重，持有一种“给多少钱干多少活”的思想。

“鸡肋”理念的优点：符合企业实际情况，支付压力不大；可以根据需要灵活调整支付水平。

“鸡肋”理念的应用条件：企业没有明确的分配理念，企业的支付能力长期受盈利能力不足或经营不稳定的因素的限制。

3. “肥猪”：让员工荣耀理念

让员工荣耀理念是指企业愿意支付高于同行业平均水平的薪酬给自己的员工，让

---

① 参见于彬彬：《HR 薪酬管理整体解决方案：共享价值分配新规则》，中国法制出版社 2018 年版，第 10~15 页。

他们有一种在企业工作的荣耀感。在这种公司里，员工待遇非常好，不管是工资还是福利，都是同行业的标杆。持有这种分配理念的企业，其盈利能力都较高，能够承担高工资成本。IBM 公司的分配理念就是让员工荣耀，他们用语言表述为“一流公司，就应付给员工一流公司的工资”，这体现了一流企业的气魄。

“肥猪”理念的优点：员工忠诚度高，有归属感，离职率低，工作士气高，可以保证工作质量和流程效率；在公司快速发展的过程中，薪酬优势有助于招聘到更高水平的员工，可以更快满足招聘数量和质量的需求。以上两个优势都有助于企业长远发展，形成稳定而突出的某种竞争优势，打造良好的企业品牌。

“肥猪”理念的应用条件：企业产品有较高的附加值，毛利率较高；企业发展依赖于人才聚集；企业为知识型企业；行业内专业人才稀缺。

4. “群狼”：事业共享理念

持有事业共享理念的企业分配意愿强烈，在正常的工资之外，将超额利润按照一定比例而且是较高比例分配给员工，或者将公司股份以某种形式分配给员工，让员工与股东共同分享收获成果，甚至让员工成为股东。例如，2014 年阿里巴巴在美国纽约证券交易所上市，一夜之间 10000 多名阿里巴巴员工成为千万富翁。在这种理念下，员工的责任心、职业观念将大为改变，从“打工”心态变成“共同致富”心态，从“绵羊”变成“群狼”，所以事业共享理念也被称为“群狼”理念。

“群狼”理念的优点：将优秀员工变成股东，其工作面貌、工作心态将发生极大改变；优秀员工、核心员工离职率下降，建立了人才壁垒；员工更加关注总回报而不是一时的工资；对外部人才增加吸引力。

“群狼”理念的应用条件：激励机制设计清晰，能有效地将员工与企业利益捆绑在一起；创业初期坚定地推行股权激励制度。

【案例链接】

华为的“获取分享”理念①

2014 年 9 月，任正非在华为激励导向和激励原则汇报会上发表讲话，提出“获取分享制应成为公司价值分配的基本理念”，并对此做出高度评价：“这两年人力资源贡献很大，提出来一个‘获取分享制’。你赚到钱，交一点给我你才能分享，你赚不到钱活该饿肚子。‘获取分享制’一出现，这两年利润增长很快，大家的积极性和干劲也起来了。”

华为轮值 CEO 胡厚崑也曾经讲道：“在公司不上市的情况下，劳动和资本的合伙制其实是公司价值分配的基础。分配方式中就劳动所得（包括工资、奖金、福利等收入）与资本投入所得（指虚拟受限股收入）设置合理的分配比例，让拉车的人永远比坐车的人拿得多，那么车就会越跑越快，这样华为的发展就有了‘永动机’。让优秀人员都看到华为的分配机制，愿意进来，愿意奋斗。”

---

①　参见于彬彬：《HR 薪酬管理整体解决方案：共享价值分配新规则》，中国法制出版社 2018 年版，第 15 页。

华为“获取分享制”有以下几个要点。

（1）激励价值创造。消费者BG（Business Group，业务集团）的获取分享制中，奖金来自为客户创造价值的项目。华为使用客户价值导向的平衡记分卡考核模式，既包括利润、销售收入等财务指标，也包括客户、内部运营以及学习成长类指标。考核结果与奖金包挂钩，员工就很清楚为何而战，从而为之奋斗。

（2）平衡两个大包。股票包和奖金包的比例是华为每年都会反复测算、精心调整的，核心是要保证拉车的人比坐车的人拿得多。

（3）坚决反对年终奖，强调过程奖。例如，应有50%的过程奖在年终前发完，没有发完的到年终就收回。这样迫使各部门发项目奖、过程奖、及时奖。

（4）薪酬包下放。华为将奖金包额度的确定权全都下放给一线负责人，让他们有充分权力。华为鼓励分钱，鼓励早分钱，鼓励钱要向有贡献的人倾斜。

六、薪酬管理的具体工作

企业开展薪酬管理工作的目的是以尽可能少的人工成本投入获得尽可能多的经济效益。薪酬管理工作包括九个方面，如表1-8所示。

表1-8　薪酬管理的九项具体工作

	具体工作	具体内容与要求	目的
1	制定薪酬管理政策	为企业的薪酬管理工作确立目标和基本思路，主要涉及企业的薪酬成本、预算控制方式、薪酬管理制度、薪酬规定与员工的薪酬水平是否匹配的问题	确保员工认同企业薪酬体系的公平性，明确薪酬体系有助于企业及员工个人目标的实现
2	选择薪资总额的管理方法	恰当地确立劳资双方在经济利益分配上的比例，以便协调彼此之间的关系	通过保障企业和员工的利益实现互利共赢，最终实现企业的持续稳定发展
3	建立薪酬体系	薪酬体系是企业决定员工薪酬水平的依据，即确定员工基础工资的核定方法、核定依据和核定过程	增强基础工资核定的科学性、公开性和透明度，使基础工资可以充分体现员工的贡献值，具备一定的激励作用
4	确立薪酬结构	根据企业的实际情况和劳动力市场的变化，确定薪酬结构中的基础工资、奖励工资、附加工资和福利保险的比例	充分体现员工的劳动对企业实现目标的贡献

续表

	具体工作	具体内容与要求	目的
5	确立奖励工资	奖励工资是企业对员工超额工作给予的奖励，其核定方法、核定依据和核定过程应具备科学性、公开性、透明度	保证奖励工资具有激励作用
6	确立附加工资	附加工资是企业对特殊工作岗位员工的超额付出给予的补偿，其核定方法、核定依据和核定过程应做到科学、公开、透明	保证附加工资能起到一定的激励作用
7	确立福利保险	确保福利保险的核定方法、核定依据和核定过程具有科学性、公开性、透明度	激励员工更加努力地工作
8	支付薪酬	确定薪酬支付的方法和途径，保证薪酬支付的公开性和及时性	使薪酬管理工作具有激励作用
9	调整薪酬	确定薪酬调整的条件、方法和操作程序，保证薪酬调整工作的科学、公开和透明	使薪酬调整工作具有一定的激励作用

资料来源：乔继玉、郭梅主编《薪酬与绩效管理操作指南：管理制度+考核办法+实用图表+操作方案》，人民邮电出版社2021年版，第9~10页。

七、现代薪酬管理的发展趋势

1. 全面薪酬

公司给受聘者支付的薪酬包括内在薪酬和外在薪酬两类，将物质因素和精神因素结合起来，称为“全面薪酬”。除了纯粹货币形式的报酬外，还包括非货币性的报酬，比如优越的工作条件、良好的工作氛围、企业培训机会、晋升机会等，这些也应该很好地被纳入薪酬体系。和外在薪酬相比较而言，内在薪酬更为灵活、经济，而且对员工绩效的认同程度更高。①

2. “以人为本”的薪酬管理方案

传统的、以等价交易为核心的员工薪酬管理方案正在被“以人为本”的人性化的、以鼓励员工参与和开发潜能为目标的薪酬管理方案代替。这种薪酬管理方案的实质是将薪酬管理作为企业管理和人力资源开发的一个有机组成部分，作为一种激励的机制和手段。其基本思路是将企业的工资计划建立在四个原则之上，即薪酬、信任、缩减

① 参见刘艳红、张艳萍主编：《薪酬管理理论与实务》，电子工业出版社2016年版，第17页。

工资分类和基于业绩。其目的是通过加大工作中的激励成分，换取员工对企业的认同感和敬业精神。在脑力劳动占主导的知识经济时代，薪酬不再是纯粹经济学的计算问题，而更主要的是人的心理学问题。薪酬的含义将更加注重人的价值，而不是工作的经济价值。

3. 宽带型薪酬结构

宽带型薪酬结构是对传统中带有大量等级层次的垂直型薪酬结构的一种改进或替代。它是指对多个薪酬等级以及薪酬变动范围进行重新组合，从而使薪酬结构变成只有相对较少的薪酬等级以及相对较宽的薪酬变动范围。宽带型薪酬结构更适合企业组织结构扁平化、无边界化的趋势。

4. 薪酬设计的个性化

薪酬设计的个性化特征主要表现在两个方面：一方面，企业根据自己的发展战略和目标、组织结构、行业和产品的性质、市场环境和竞争状况等因素来设计薪酬制度，因而企业的薪酬制度具有不同于其他企业的个性化特点；另一方面，企业根据员工的个性化需求和职位特点，针对组织内不同类型的员工，如营销人员、研究人员、高层管理者，量身设计不同的薪酬方案，实施不同的薪酬策略。一些指标的制定过程也应该具有差异化，尽量避免“一刀切”的做法，应该分别制定职务评价、绩效考评标准。

【案例链接】

国务院国资委要求打破科技人员薪酬待遇“天花板”①

2022 年 6 月 17 日，国务院国资委表示，要建立具有市场竞争优势的核心关键人才薪酬制度。要打破科技人员薪酬待遇“天花板”，贡献大的科技人员的薪酬待遇水平可以超过同职级管理人员。对市场化引进的稀缺高端科技人才，可以采用市场化对标方式，为其提供具有市场竞争力的“薪酬包”。对关键稀缺人才，可以为其提供住房、子女教育等各种保障性激励措施，增强对人才的吸引力和人才的归属感。

5. 员工激励长期化，薪酬股权化

长期的薪酬激励计划是相对于短期的薪酬激励计划而言的，它是指企业通过一些政策和措施引导员工在一个比较长的时期内自觉地关心企业，而不是只关心一时一事。其目的是留住关键的人才和技术，稳定员工队伍。其主要方式有员工股票选择计划（ESOP）、资本积累项目、股票增值权、限定股计划、虚拟股票计划和股票转让价格等。

6. 薪酬制度的透明化

薪酬制度的透明化实际上是向员工传递这样一个信息：公司的薪酬制度没有必要隐瞒，薪酬高的人有其高的道理，薪酬低的人有其不足之处；欢迎所有员工监督其公正性，如果对自己的薪酬有不满的地方，可以提出意见或者申诉。透明化是建立在公平、公正和公开的基础上的。

---

① 参见侯建斌：《国务院国资委要求打破科技人员薪酬待遇“天花板”》，2022 年 6 月 17 日，https：//baijiahao. baidu. com/s？ id = 1735847279513217016&wfr = spider&for = pc。

7. 弹性福利制度

弹性福利制度是一种有别于传统固定式福利的员工福利新制度。弹性福利制度又被称为“自助餐式的福利”，即员工可以从企业所提供的一份列有各种福利项目的“菜单”中自由选择其所需要的福利。弹性福利制度强调的是让员工依照自己的需求从企业所提供的福利项目中选择组合一套属于自己的“福利套餐”，每个员工都有自己“专属的”福利组合。弹性福利制度还强调“员工参与”的过程，希望从他人的角度来了解其需要。

灵活的弹性福利制度不仅能节约公司花费在员工不需要的福利上的成本，而且还能满足员工个性化的需要，将传统的单一福利的保健因素转变为员工激励因素，增加员工的满意度和忠诚度，达到“福利比高薪更有效”的功效。

第三节　实操案例：龙腾建工激励性薪酬体系构建①

一、企业背景

龙腾建筑工程有限责任公司（简称“龙腾建工”）辖属 6 个子公司、5 个控股公司、3 个参股公司，现已发展成为集建筑、科研、设计、工程施工、设备安装、建材生产、房地产开发、工程咨询、设备租赁等多元业务于一体的企业集团。公司把每一项工程都视为进入市场的通行证，在工程建设上力争出优秀工程、精品工程，树立良好的企业质量信誉。在此基础上，公司努力吸引优秀人才，扩大经营规模，不断增强企业的竞争实力和提升在建筑市场上的份额。公司目前有员工 619 人，其中，离退休员工 353 人，在册员工 264 人。在册员工中，机关 63 人，项目部 201 人。

由于机关和项目部这两个部门的工作环境、工作内容、人员自身特点存在很大差异，因此公司针对这两个部门实行了两种不同的薪酬方案。机关方面，由于工作环境好、工作强度小，人员知识水平较高，且不直接创造利润，因此如何将个人绩效与薪酬挂钩是增强薪酬激励性所面临的一大难题。机关员工较重视企业福利，应当努力发挥福利的激励作用。项目部方面，由于工作环境差、工作强度大，人员知识水平较低，且直接创造利润，因此项目部员工的货币性薪酬高于机关员工，但项目部员工对福利的要求不高，且由于项目部的工作需要团队合作，因此需要协调好项目部员工、团队、企业三方的利益，以达到薪酬的激励目的。下面就这两种不同的薪酬激励现状分别进行介绍。

---

①　参见张霞、胡建元、王一帆编著：《薪酬设计与薪酬管理案例教程》，东北财经大学出版社 2017 年版，第 40~49 页。本书采用时进行了一定的改动。

二、龙腾建工薪酬激励现状

龙腾建工的员工薪酬制度是为调动员工工作的主动性和积极性，使员工的收入与个人劳动成果、公司经济效益结合起来，体现薪酬分配向一线倾斜、奖勤罚懒的分配原则，使公司更好地适应当前的竞争环境而制定的。

（一）货币性薪酬激励现状

1. 机关货币性薪酬激励现状

2022 年，龙腾建工机关工作人员薪酬标准见表 1-9。

表 1-9　2022 年龙腾建工机关工作人员薪酬标准　　单位：元/月

岗位名称		薪酬		
		基础薪酬	浮动薪酬	合计
总经理、党委书记		8000	3500	11500
副总经理、总经济师、总会计师、纪委书记、总工程师		6825	2875	9700
副总工程师、副总经济师、总经理助理、工会副主席		6075	2025	8100
部门正职		4850	1050	5900
部门副职		4025	975	5000
科员	一类科员	3000	825	3825
	二类科员	2500	750	3250
	三类科员	2425	675	3100
服务人员	司机	2500	—	2500
	警卫	2000	—	2000

科员的划分是由其所具备的任职条件和工作能力决定的。其中，一类科员为具有高级或中级专业技术资格，被聘用在重要岗位，业绩突出者，或任二类科员 5 年以上，表现突出者；二类科员为具有助理级专业技术资格，被聘用在相关岗位，能够较好地完成本职工作者，或任三类科员 5 年以上，表现突出者；三类科员为具有初级专业技术资格或无职称，被聘用在一般性岗位，能够完成本职工作者。龙腾建工每年年底对科员类别进行重新评定，以决定其下一年度的级别和薪酬等级。

龙腾建工机关工作人员实行标准工作时间。基础薪酬按月发放，浮动薪酬每月不予以发放，而是作为预留部分，具体的发放标准视当年年底所有项目部的总盈亏情况决定。若总经营结果为亏损，则机关全员当年的浮动薪酬不予发放。若总经营结果为盈利，则于年底一次性补发机关全员当年的浮动薪酬。

通过表 1-10 可以看出，龙腾建工试图以浮动薪酬的形式来达到激励机关员工的效果，但并未意识到机关员工的薪酬与企业总盈利情况有关，而与个人的绩效水平并没有直接联系，从而导致薪酬激励效果不明显。

2. 项目部货币性薪酬激励现状

由于环境原因和建筑行业的特殊性，龙腾建工项目部货币性薪酬分为停工期薪酬和施工期薪酬两类。停工期一般为无项目时或因自然原因无法施工时，如北方冬季无法施工。停工期的薪酬为固定薪酬，此时的薪酬只起基本生活保障作用，没有激励作用，因此本案例不予以分析。停工期具体薪酬标准如下：项目经理、项目书记为 1200 元/月，主任工程师为 1100 元/月，项目副经理、项目副书记为 1000 元/月，作业队长、工程技术人员为 800 元/月等。施工期薪酬为项目正在施工且人员到位时的薪酬，见表 1-10。

表 1-10　2017 年龙腾建工项目部施工期薪酬标准　　单位：元/月

岗位名称		一类项目		二类项目		三类项目		四类项目	
		基础薪酬	浮动薪酬	基础薪酬	浮动薪酬	基础薪酬	浮动薪酬	基础薪酬	浮动薪酬
项目经理、党委书记		5440	2860	5200	2800	4960	2740	4640	2660
主任工程师		4800	2700	4600	2650	4480	2620	4400	2600
项目副经理、副书记		4480	2520	4360	2500	4240	2400	4160	2300
作业队长		4000	2000	3970	1800	3892	1700	3814	1600
工程技术人员	一类	3740	1560	3660	1540	3500	1450	3450	1400
	二类	3400	1320	3300	1300	3220	1280	3040	1260
	三类	3020	1180	2900	1150	2860	1100	2680	1000
	四类	2600	940	2500	900	2400	800	2320	750
其他		固定工资							

数据来源：龙腾建工薪酬管理制度附表。

表 1-11 中，一类项目为当年完成的投资额在 2500 万元以上的项目，二类项目为当年完成的投资额为 1501 万～2500 万元的项目，三类项目为当年完成的投资额为 800 万～1500 万元的项目，四类项目为当年完成的投资额为 800 万元以下的项目。

项目部风险薪酬的发放标准为：全年完成计划指标的 95%以上，发放 100%的浮动薪酬；全年完成计划指标的 90%～95%，发放 80%的浮动薪酬；全年完成计划指标的 80%～89%，发放 60%的浮动薪酬；全年完成计划指标的 80%以下，发放 40%的浮动薪酬；项目没有盈利，不予发放浮动薪酬。

通过表 1-11 可以看出，龙腾建工试图以项目类别和浮动薪酬的形式来达到激励项目部员工的效果，但未协调好企业整体、项目部之间和项目部内部的薪酬激励的关系，因此也没有充分发挥出薪酬的激励效果。

（二）福利激励现状

龙腾建工的机关和项目部的福利构成，除野外驻勤津贴外，其他均一致，因此不予分开介绍。龙腾建工的福利分为以下两个部分。

1. 法定福利

政府规定企业必须提供的福利项目，包括养老保险、失业保险、医疗保险、工伤保险、生育保险、住房公积金等。

2. 企业自主福利

企业自主福利主要有野外驻勤津贴（项目部特有，每人每月 900 元）、职称补贴、年功性补贴（即工龄补贴）、交通补贴、午餐补贴。

龙腾建工福利的激励效果主要来源于企业自主福利部分。由于公司机关人员构成与项目部人员构成有很大区别且没有野外驻勤津贴，因此福利对机关人员的激励作用未体现出来。

三、龙腾建工薪酬激励存在的问题分析

（一）机关方面

1. 浮动薪酬与绩效联系不紧密，激励性不强

龙腾建工机关全体员工的浮动薪酬是由项目部全年总的盈亏情况决定的，而机关员工的工作主要是组织、协调以及制定标准、进行汇总，而不直接创造利润。这样的绩效考核标准不能将每个人的浮动薪酬水平与个人绩效水平挂钩，达不到激励员工的目的。首先，选择在龙腾建工这类国有企业机关就职的人员一般为风险规避者，浮动薪酬的比例过大会使员工产生焦虑感，导致员工不能安心工作，工作效率降低，容易出错，从而可能影响到整个公司的利润。利润的下降又使员工浮动薪酬降低，员工对浮动薪酬又会产生抵制心理，从而形成恶性循环。这样浮动薪酬不但起不到激励作用，反而会挫伤员工的积极性。其次，龙腾建工为国有企业，仍受过去计划经济思维的影响，平均主义和“大锅饭”的问题在薪酬方面仍有所体现，虽然看似将公司整体业绩与员工薪酬联系起来了，但实际上个人的绩效并不一定与公司整体业绩一致，员工所获得的浮动薪酬也不与个人绩效成正比。最后，滥竽充数的现象仍然存在，并且绩效高的员工也没有获得比绩效低的员工更多的回报，浮动薪酬对员工没有起到激励作用。低绩效员工为不劳而获而暗暗高兴，高绩效员工为没有获得相应报酬而另谋高就，即使留下来也会降低工作努力程度，最终导致优秀员工难以留住，能力较差的员工又不愿离开。浮动薪酬的激励作用无从谈起。

2. 福利低，灵活性、针对性、激励性不强

为了解龙腾建工机关员工对公司福利的满意度，对龙腾建工机关员工进行了福利满意度调查。本次调查面向机关全体员工，运用访谈法，调查了 40 人，占机关总人数的 63.5%。其中，高层管理人员 6 人，经理办 5 人，财务部 2 人，党群部 3 人，市场部 2 人，人力资源部 3 人，经营稽查部 4 人，纪检审计部 2 人，结算中心 2 人，工程部 2 人，安全部 1 人，物资设备部 3 人，社区管理站 5 人。

调查发现，龙腾建工机关员工对福利的满意度不高。其中，很不满意的占 11%，不满意的占 43%，一般的占 28%，满意的占 12%，很满意的占 6%，如图 1-2 所示。

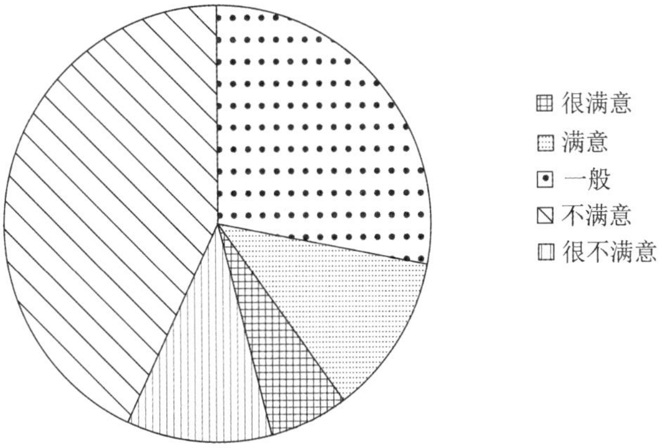

图 1-2　龙腾建工机关员工福利满意度调查结果

由图 1-2 可知，投入没有得到预期的回报，福利没有起到激励员工的作用。例如，每年的妇女节公司都会给机关的女员工发放福利，近几年发放的洗涤用品和化妆品不但没有使机关员工满意，反而引发了不少抱怨，因为多数机关员工认为这些用品价格不菲且不合意，犹如鸡肋。还有不少机关员工希望将自己所领取的物品换成价值相等的自己喜欢的品牌。类似问题在该公司的机关时有发生。

（二）项目部方面

龙腾建工项目部的薪酬分配制度不合理，对项目部人员的激励性差。尽管龙腾建工存在一些工程师级别的划分，也看似重视团队的绩效，将个人薪酬与团队业绩挂钩，但项目部人员的薪酬和整个项目业绩的联系较密切，与个人努力的结果没有直接关系。龙腾建工项目部在发放薪酬时没有协调好个人与团体的关系，弱化了个人行为，平庸者“搭便车”的现象比较严重。奖励团体时，容易产生“绝对平均主义”，惩罚团队时又会出现“集体背黑锅”现象，难以明确责任到人。在这种情况下，多数员工的选择就是少做、慢做，人要多，事要少。这就使得龙腾建工出现了项目总是延期做不完、项目人员不愿加班等问题，即使增加人员，减少工作量，项目进度仍不见改善。龙腾建工应当在团队总业绩的基础上根据个人的贡献大小对薪酬进行分配，做到既激发个人潜能，又保证团队绩效最大化。

四、龙腾建工激励薪酬体系重建

（一）机关方面

1. 重新设计浮动薪酬

根据公司自身所具有的特点，建议其根据以下步骤改进公司机关人员的浮动薪酬。

（1）根据市场水平确定每一等级货币性薪酬的中间值。通过访谈得知，龙腾建工机关员工的薪酬水平在市场上大部分为中等偏上，因此将龙腾建工机关员工的薪酬水平定为市场总薪酬水平的第 65 个百分位的位置，则其每一等级货币性薪酬的中间值如表 1-11 所示。此数据来源于对市场薪酬水平调查资料与当地相关部门发布的部分行业工种（岗位）劳动力市场工资指导价位表进行综合分析的结果。

表 1-11　龙腾建工机关员工每一等级货币性薪酬的中间值　　单位：元/月

岗位名称		货币性薪酬中间值
总经理、党委书记		9000
副总经理、总经济师、总会计师、纪委书记、总工程师		7800
副总工程师、副总经济师、总经理助理、工会副主席		7000
部门正职		6000
部门副职		5000
科员		3700
服务人员	司机	2800
	警卫	2100

（2）每一等级浮动薪酬以货币性薪酬中间值为基础上下浮动 30%作为这一等级浮动薪酬的浮动范围。这样每一等级的浮动薪酬便有了三个档次类别。

（3）每年年底对机关全体员工进行全方位考核。将工作业绩、工作能力、工作态度作为三大绩效考核指标，制作绩效考核表，由被考核者自己及其上级、下属、同事分别根据考核指标对被考核者进行考核。这一考核方式增加了考核的客观程度，并且考核维度全面，比使用单一的考核主体、标准所得出的结果更加可信、公正和易于接受，适用于对机关全员的考核。刚开始考核时较为费时、费力，但大家操作熟练后会觉得越来越方便。最重要的是，这一考核方式可以从更全面的角度将个人绩效与其浮动薪酬挂钩，使浮动薪酬真正起到激励机关员工的作用。

（4）将机关员工的考评结果分为三个等级。按强制分布法保证第一等级的员工占机关全员的 10%，第二等级的员工占机关全员的 80%，第三等级的员工占机关全员的 10%，并将三个等级的员工分别对应到每个岗位的三个档次类别的浮动薪酬中。

龙腾建工机关人员的货币性薪酬标准如表1-12所示。

表1-12　龙腾建工机关人员的货币性薪酬标准　　单位：元/月

岗位名称		货币性薪酬			合计
		基础薪酬	浮动薪酬		
			档次类别	薪酬标准	
总经理、党委书记		9000	一档	3900	12900
			二档	3000	12000
			三档	2175	11175
副总经理、总经济师、总会计师、纪委书记、总工程师		7800	一档	3250	11050
			二档	2500	10300
			三档	1750	9550
副总工程师、副总经济师、总经理助理、工会副主席		7000	一档	2860	9860
			二档	2200	9200
			三档	1540	8540
部门正职		6000	一档	2600	8600
			二档	2000	8000
			三档	1400	7400
部门副职		5000	一档	2340	7340
			二档	1800	6800
			三档	1260	6260
科员		3700	一档	2080	5780
			二档	1600	5300
			三档	1120	4820
服务人员	司机	2800	一档	1820	4620
			二档	1400	4200
			三档	980	3780
	警卫	2100	一档	1430	3530
			二档	1100	3200
			三档	770	2870

注：表中基础薪酬约占货币性薪酬的70%，浮动薪酬约占货币性薪酬的30%。

2. 增加福利投入，加强福利的灵活性，实施弹性福利计划

在机关工作的员工多具有较高的学历和长期的规划，更加重视长期发展，而非眼前利益，他们对福利的要求和期望远远高于项目部的员工，因此有必要就龙腾建工机关福利方面存在的问题做以下调整，以体现福利的激励作用。第一，增加福利方面的

投入，令机关员工满意的福利在提高员工工作积极性、长期激励方面有很多货币性薪酬难以达到的激励效果。另外，提高福利在薪酬中的比例还可以为公司带来税收优惠和规模经济效应，提高公司成本支出的有效性。第二，增强福利制度的灵活性。福利应当是可变成本的一部分，必须避免使福利成为应该的、固定的收入。若要达到激励的效果，机关福利的发放方式应当是小额的、不定期的。减少常规定期的奖励，增加不定期的奖励，让员工有更多意外的惊喜，也能增强激励效果。同时，注意适当缩短常规奖励的时间间隔以保持激励的及时性，这样做有助于取得最佳激励效果。频繁的小规模的奖励会比大规模的奖励更为有效。同时，可变性强的、小额的福利不会给龙腾建工带来投入资本的累积，从而减轻公司的负担。

（二）项目部方面

龙腾建工项目部的工作需要员工的个人努力和团队合作，同时项目部之间的合理竞争对于工作任务的完成、效率的提高十分重要。员工的薪酬不仅与员工本人的能力水平、努力程度有关，也与项目部的合作、集体配合有关。因此，在评价员工绩效的时候，要考虑项目部和整个公司的业绩。在强调个人激励的同时，应发挥集体激励作用，改善薪酬分配机制。

龙腾建工应构建一种机制，在这种机制下，公司、项目部、个人三方共赢，并达到以下目的：第一，员工能竭尽全力为公司创造效益；第二，项目部员工能自发形成合力，而不是孤军奋战，进而加快项目实施进度；第三，各项目部之间形成良性的竞争氛围。具体对策如下：除浮动薪酬外设立奖金制度，奖金根据项目部总盈利情况和内部考评结果进行分配，促使项目部形成良好的团队协作氛围，个人利益与团队利益紧密相关，同时又在各项目部内部的利益分配中反映出个人绩效与对团队的贡献大小。

具体奖金发放方式：第一，每年年底以所有项目部完成的利润总额为基数，提取一定百分比的金额作为所有项目部的奖金总额；第二，将奖金总额以等差数列的方式分为 N 份（N 等于项目部的个数），差额由所需激励强度决定，强度大则差额大，强度小则差额小；第三，按照业绩水平对各个项目部进行排序，各项目部领取其对应奖金；第四，各项目部内部再将奖金分为多个档次并对项目部全体员工进行绩效考核，将人员按考核结果分档，每一档次人员领取对应档次金额的奖金。

通过以上方式可以将员工个人绩效、项目部业绩与公司整体利益结合起来，既可以激励员工个人，又不会造成员工间、团队间的恶性竞争，从而使龙腾建工项目部达到最佳薪酬激励效果。

复习思考题

1. 薪酬的内涵是什么？薪酬由哪几部分组成？
2. 薪酬的功能有哪些？
3. 影响薪酬的因素有哪些？
4. 薪酬与报酬、工资、奖金、津贴的区别是什么？
5. 薪酬管理的目标和原则是什么？
6. 薪酬管理包括哪些内容？

情景仿真题

王丽是一家路桥公司的人力资源工作人员，公司成立10年来，逐年发展壮大。不仅公司业务迅速增长，在业界逐渐占有一席之地，而且员工规模不断增加，人数达到2000多人。但是公司没有随着业务的发展和人才市场的变化而适时调整薪酬管理制度，还是使用以前的制度。因此，虽然大家的收入在不断增加，却产生了很多不和谐的声音。去年在某个项目上，老板为了鼓励大家，一个月发了40万元的奖金，到头来却换回了一片埋怨声。

之前都是年后调薪，中高层都是老板直接跟个人谈工资，谈好了直接定。基础员工都是由各个部门的负责人谈工资。这么做的弊端就是涨工资很随意，也没有依据，说涨就涨了。所以在开年会的时候，老板说要改革薪酬制度，重点就是确定工资制定流程，确定以后每年的工资怎么涨、涨幅多少的依据。也就是说，以后涨工资不是老板说了算，而是交给各个项目经理以及总经理办公室。

王丽之前从来没做过薪酬方面的改革。公司目前工资是由基本工资、岗位工资、工地补助三部分组成。王丽想了快一天了也没有头绪。她认为宽带薪酬制的模式挺好，层级少，灵活性大，不像国企那样分那么多级别，因为老板不止一次地说过："我们民营企业的优势就在于灵活，在公司里不看你的关系、学历、资历等，就看为公司创造的价值。"

请思考：

1. 如果你是王丽，你觉得应该如何做好薪酬改革？
2. 宽带薪酬是否适合本公司？
3. 如果重新进行薪酬体系设计，要经历哪几个步骤？

案例分析题

日立公司薪酬制度问题①

日立公司是一家大型企业，经过30多年的发展，已经成为业界的巨头之一。由于良好的形象和社会地位，企业每年都会吸引数以千计的优秀人才前来应聘。在外人看来，进入日立公司就仿佛获得了“金饭碗”，生活惬意，光鲜不在话下。但是，日立公司的员工，尤其是市场营销部的员工，每次面对客户的羡慕眼光，都只能暗叹自身闪亮光环下的蝼蚁人生。日立公司营销部的员工在公司大多有5年以上的工龄，本该与公司建立深厚情谊、视公司为家的他们，谈起公司来却多是不甘、气愤和无奈，矛头直指公司精心设计的薪酬体系。

吴鑫是日立公司资深的市场营销人员，他在部门的业绩一直处于中上水平，但是每月拿到的工资除去基本的生活开销外，所剩无几。吴鑫尚且如此，那些年轻的营销人员的日子就更加难过了，大家都觉得公司现行的薪酬制度不合理。日立公司营销人员的工资主要由两部分组成：岗位工资和绩效工资。岗位工资是由人事部根据员工的学历、职位、资历等按等级划分的，每名员工都有对应的岗位工资，这部分工资是按月固定发放的。绩效工资是根据员工每月的工作任务完成情况发放的。每月公司给营销部下达一个总的营销指标，再由营销部将指标划分给营销人员，达标者能全额领取自己的绩效工资，超出者奖励，不达标者扣罚。

这样的薪酬制度乍看之下非常合理，但实际上，公司中层领导以下的岗位工资普遍偏低，而且公司每月规定的营销指标非常高，整个营销部能达标的人寥寥无几。同时，公司对超出指标者的奖励是每超出一个百分点奖励10元，但对不达标者的扣罚却是每缺少一个百分点扣罚50元，且扣罚不设下限。即使是像吴鑫这样的资深营销人员每月也顶多只能完成指标的80%左右，许多员工辛苦奔波了一个月，最后到手的绩效工资却只有几百元。曾经有员工完成的任务不到指标的半数，其当月绩效工资就分文不剩了。而如果连续三个月指标完成情况达不到60%，公司就会勒令该员工回家待岗学习，等日后公司组织内部竞聘时才能重新竞聘上岗。许多员工每月为了完成指标疲于奔命，同时还承受着巨大的精神压力。迫于生活，员工们敢怒不敢言，但心中却渐渐对公司产生了仇视情绪。

同时，公司每月按照营销部总指标完成情况一次性给营销部发放薪酬，而每名营销人员具体的绩效工资则由营销部门内部进行二次分配。由于部门的销售总指标一般都很高，营销部大多时候仅能做到基本完成公司下达的总指标，即使有些月份能超额完成，公司也不在当月奖励，而是等到年末计算各部门年终奖时才一并发放。因此营销部用来奖励超标员工的资金不是公司额外分配给营销部的，而是用部门中被扣罚者的钱来奖励超标者。这就相当于在月初公司根据营销总指标给整个营销部画了一个大

① 参见张霞编著：《绩效考核与薪酬管理》，西安电子科技大学出版社2019年版，第124~126页。本书采用时有所改动。

饼，告诉大家只要完成任务，人人都能获得奖励，但是饼就这么大了，每个人能分到多少就得各凭本事，而且只要有一个人多吃了一口，就必然有一个人少吃一口，而那些大家都吃不了的自然就留给了公司。于是，在营销部中无法完成高额指标的多数员工就会与那些业绩优异的少数员工产生隔阂，久而久之，本该互助互爱、亲如手足的同事之间也渐渐产生了敌对和仇视情绪。

就在营销部内部因为绩效工资而动荡不安、剑拔弩张的同时，公司的其他部门，如市场策划部、技术支持部、综合管理部等，却是一片祥和景象。因为这些部门的薪酬虽然也是岗位工资加绩效工资，但其绩效工资的考核方式相较于营销部来说是极为简单的，没有具体量化的指标，只有定性的评价，而且都是由各部门主管领导来进行考核的。因此这些部门的员工如非意外事故，每月都能拿到全额的绩效工资。虽然其全额绩效相比于营销部的全额绩效偏少一些，但只要该员工完成了分内事务性工作就能保证全额领取。而营销部的全额绩效看着挺高，但在达标高压线下，大多数营销人员每月的工资都大大低于事务性部门的员工工资。营销部的员工每月在外日晒雨淋、奔波劳碌，到头来不但不如那些在办公室里的人拿的钱多，而且还承受着指标及待岗带来的巨大精神压力。久而久之，营销部的员工对公司其他部门也开始产生了意见和仇视情绪。

近年来，日立公司营销部的人员是全公司各部门中流动最频繁的，公司每年为该部门千挑万选引进的优秀人才在三年内的流失率都会达到50%左右，而留在公司的员工中，也有许多是“身在曹营心在汉”。这导致的直接后果就是日立公司接到来自客户的抱怨和投诉越来越多，在拓展市场乏力的同时，原有客户的流失情况也日益严重，公司年销售额的增幅逐年下降。这些情况终于引起了公司总经理张总的注意，张总决定尽快召集公司各部门领导集中商讨，势必要找出问题的症结所在，并进行修正。听到这个消息，营销部的员工们心潮澎湃，大家都衷心希望这次公司能出台一个更加公平合理的薪酬分配制度，让大家能心甘情愿地为公司努力工作，与公司共同发展。

请结合案例讨论：

1. 日立公司营销部的员工为何会产生怨气和仇视情绪？如何才能消除营销部员工心中的怨气？

2. 日立公司在其营销部使用的是哪种薪酬体系模式？该模式在此处运用是否得当？

技能操作题

选择一家企业做一次薪酬调研，了解企业背景、人力资源信息、现行薪酬方案等情况，着重了解其薪酬战略、薪酬构成、薪酬水平等情况，从而分析目前薪酬管理存在的问题，并提出相关建议，在此基础上写一份书面调研报告。

第二章　战略性薪酬管理体系设计

【学习要点】

1. 掌握战略性薪酬管理的内涵。
2. 明确总报酬的概念与构成。
3. 了解总报酬战略的优化与调整。
4. 掌握薪酬策略与企业战略的关系。
5. 熟悉薪酬战略与企业发展战略的适配。
6. 理解如何在实践中运用战略性薪酬管理理念和方法。

【引导案例】

谷歌、纽柯和美林证券三家公司的薪酬战略差异

谷歌是一家非常著名的互联网搜索引擎公司，纽柯是一家通过回收钢铁废料和其他金属材料来生产钢铁制品的先锋企业，美林证券主要为全球投资机构或个体投资者提供咨询服务。这三家公司都属于各自所在行业的创新者。它们制定的薪酬战略都服务于公司的经营战略，都强调提高员工绩效和忠诚度，但这三家公司的经营管理差异非常大，它们要面对不同的竞争环境，争取不同的客户，争夺不同的人才，因此它们的薪酬战略存在差异（见表 2-1）。

表 2-1　谷歌、纽柯、美林证券薪酬战略比较

	谷歌	纽柯	美林证券
薪酬目标	强调创新 对成本控制的承诺 认可贡献 吸引和奖励优秀人才	关注客户 最高效的劳动生产率 最高水平的产品质量	关注客户 吸引、激励并留住最优秀的人才 公平、容易理解的薪酬政策和实践
内部一致性	使层级结构最小化 每个人都身兼数职 强调合作	通过集体努力获取成功 没有明确的职业发展路径，但有许多发展机会	内部薪酬的公平性 工作的重要程度取决于四个因素：知识/技能、复杂性、业务影响、战略价值

续表

	谷歌	纽柯	美林证券
外部竞争性	市场领先的薪酬和福利 独一无二的福利	低于市场水平的基本工资 市场领先的总体现金薪酬	具有市场竞争力的基本工资和福利 具有市场竞争力的激励工资/奖金和股票奖励
员工贡献	重视个人贡献 丰厚的股权计划	基于工厂产量和公司利润的奖金计划	根据客户资产管理费和佣金及公司管理的全部客户资产总额对金融投资顾问实施强有力的激励
薪酬管理	热爱雇员，并希望雇员知道这一点	不针对每一个人 从不解雇雇员，但收入会浮动	容易理解并具有一致性的信息

资料来源：[美] 巴里·格哈特、杰里·纽曼《薪酬管理》，成得礼译，中国人民大学出版社 2022 年版，第 28~29 页。

第一节 战略性薪酬管理

一、战略性薪酬管理概述

（一）战略性薪酬管理提出的背景

20 世纪 90 年代以来，全球化、新经济、企业重组、流程再造等趋势使得企业处于更加严峻和激烈的市场竞争环境中。为了获取竞争优势，企业不仅需要降低成本，还要充分利用人力资源，薪酬管理恰好具备了这样的功能。当今，很多管理职能都被赋予战略性，在人力资源战略性地位提升、薪酬管理环境不确定、薪酬管理权限和权能扩大以及转变“唯技术论”薪酬管理的背景下，战略性薪酬管理的提出引起了学术界、教育界和企业界的普遍关注。

从“战略性薪酬管理”概念提出至今，学者们一致认为战略性薪酬管理对提升组织竞争优势具有促进作用，然而在关于“什么样的战略性薪酬体系才会形成组织竞争优势”方面却是有所分歧的，形成了典型的战略性薪酬管理普适“最佳实践观”和战略性薪酬管理“匹配观”。前者是指无论组织实行什么样的战略，均存在一套最佳的、普适的薪酬管理方案，对任何组织的竞争优势和绩效均会产生显著的促进作用；后者则是指组织经营战略决定了薪酬战略，当薪酬战略、组织内外部环境、组织经营战略等要素之间相互匹配时，组织才更具有竞争优势，并且组织与薪酬战略之间的联系越紧密或者彼此越适应，组织效率就会越高。

目前，战略性薪酬管理普适“最佳实践观”和“匹配观”依然还处于争议之中，然而有迹象表明，“匹配观”正在得到越来越广泛的认可。大量研究表明，组织战略定位与其所使用的薪酬系统具有实质性关系。巴里·格哈特（Barry Gerhart）和萨拉·瑞纳什（Sara L. Rynes）界定了三种类型的组织薪酬系统，并认为其组织战略一致性或匹配性对组织竞争优势十分重要，即垂直战略一致性、水平战略一致性和内部战略一致性。垂直战略一致性是指组织薪酬系统与组织战略的匹配，水平战略一致性是指薪酬实践与其他人力资源实践间的匹配或互补，内部战略一致性是指薪酬战略自身的各个组成部分之间的互补性。

（二）战略性薪酬管理的定义

战略性薪酬管理是1988年由米尔科维奇（George T. Milkovich）提出来的，是现代人力资源开发管理体系的重要组成部分，主要从企业战略层面研究并实施薪酬管理，同时配合或支持组织全盘、长期、更好地实现发展目标。战略性薪酬管理是指对组织绩效具有关键性作用的薪酬管理模式，能够使员工的努力与组织的目标、理念和文化相契合，进而促进个人与企业的共同发展。

相比传统薪酬管理，战略性薪酬管理尤为强调广义薪酬和战略性激励整合。广义薪酬既包括传统薪酬管理所强调的外在直接薪酬和外在间接薪酬，也包括近年来越来越受到员工重视的诸如工作保障、身份标识、给员工更富有挑战性的工作、晋升、对突出工作成绩的认可、培训机会、弹性工作时间以及优越的工作环境等内在薪酬。战略性激励，即树立以人为本的战略指导思想，鼓励全员参与，运用系统化的科学方法和人文艺术，最大限度地激发员工工作热情、积极性和创造力，以获取组织持续发展的核心竞争力和战略竞争优势。战略性激励整合，即基于广义薪酬概念和战略性激励理念，对内在薪酬与外在薪酬进行平衡设计、整合规划和协同管理。

与传统薪酬管理相比，战略性薪酬管理关注企业的关键成功领域，支撑企业的经营发展。二者的差异性表现在管理目标、薪酬观念、对员工的认识、绩效、设计依据、关注重点、员工参与程度以及动态管理等方面，如表2-2所示。

表2-2　战略性薪酬管理和传统薪酬管理的区别

	战略性薪酬管理	传统薪酬管理
管理目标	吸引、激励和保留优秀员工，实现组织目标与个人目标的协调统一	为员工管理提供支持，促进企业发展
薪酬概念	投资行为	成本
对员工的认识	员工是获取竞争优势的第一战略资源	员工是一种工具性资源
绩效	中长期绩效	短期绩效
设计依据	企业的战略目标	传统的工作等级

续表

	战略性薪酬管理	传统薪酬管理
关注重点	关注激励和奖励，强调员工对企业发展的贡献，强调分配效果	关注基本制度设计和相关技术方法，强调分配过程
员工参与程度	认为员工是管理的主体，重视员工参与，在薪酬管理的设计和实施过程中，能够充分听取和采纳员工的意见和建议	将员工视为被管理者，一般不允许员工参与企业薪酬体系的设计过程，员工只能被动地接受组织的薪酬安排
动态管理	强调动态调整	缺乏动态调整

资料来源：刘金玲《A公司战略性薪酬激励体系统化研究》，内蒙古财经大学硕士学位论文，2022年，第14页。

（三）战略性薪酬管理的主要特征

1. 战略性

战略性薪酬管理的关键在于根据组织经营战略、组织文化及组织内外部环境制定全方位薪酬战略。它着眼于可能影响组织绩效薪酬的方方面面，并要求运用所有可能的“弹药”——外在薪酬（基本薪酬、绩效薪酬、福利薪酬等）和内在薪酬来达到适当的绩效目标，从而力图最大限度地发挥薪酬对于组织战略的支持功效。因此，战略性薪酬管理强调薪酬管理与组织战略的密切联系，是实现组织产品或服务、客户、市场份额、营销、质量、财务结果等方面特定战略目标的一把利刃，实际上是组织战略和组织文化的一种延伸。这种延伸具体体现为，无论是直接薪酬计划与间接薪酬计划还是内在薪酬计划与外在薪酬计划，都要根据组织特定经营战略及所面临的人力资源挑战来进行及时调整，确保薪酬计划体现组织文化并有助于组织战略的顺利实现。

2. 激励性

关注绩效而不是等级秩序是战略性薪酬管理的一个至关重要的特征。正如杰伊·舒斯特（Jay R. Schuster）和帕德里夏·津海曼（Patricia K. Zingheim）所说：“传统薪酬虽然也自称奖励业绩，但实际上是以职务、职位和内部均衡为标准的。新的薪酬方法与之形成鲜明对比，它突出员工与公司业绩之间的联系，员工所获得奖励的多少是与他们自己的努力奋斗和公司业绩的节节上升相关的。纵观整体薪酬前景，新的薪酬体制将确保每个元素——基本薪酬、可变薪酬和福利都起作用。”①

战略性薪酬管理通过薪酬体系将组织价值观、绩效期望及绩效标准等传达给组织内每一位员工，它会对与组织战略目标保持一致的结果和行为给予报酬，并且只让那些绩效足以让组织满意及绩效优异的员工得到经济回报，对于绩效不足者则会诱导他们离开组织。换一种说法，在战略性薪酬管理体系中，竞争性薪酬与竞争性绩效结果

① ［英］约翰·特鲁普曼：《薪酬方案：如何制定员工激励机制》，胡零、刘智勇译，上海交通大学出版社2002年版，第26页。

直接联系在一起，员工薪酬的升降取决于个人绩效、所在团队或群体绩效及整个组织绩效。对绩效的强烈关注充分体现了战略性薪酬管理的激励性。

3. 灵活性

战略性薪酬管理“匹配观”认为，并不存在所谓的适用于所有组织的“最佳”薪酬方案，甚至也不存在对于某一组织来说总是有效的薪酬计划，一旦组织发展方向发生变化，薪酬系统也应当随之发生变化。因此，战略性薪酬管理要求组织能够根据内外部环境对组织的不同要求而设计出不同的薪酬应对方案，以充分满足组织对灵活性的要求，从而帮助组织快速及时地适应不断变化的环境和客户的需求，这也是战略性薪酬管理灵活性的充分体现。

战略性薪酬管理之所以强调薪酬系统的灵活性，是因为尽管有效的薪酬战略将注意力集中在组织希望达到的目标上，但是它还必须保持一定的弹性，以便当组织遇到未能预见的困难而不得不进行变革或者出现需要强调的新重点时，能够快速地做出反应。不仅如此，组织所需要的这种对组织战略和组织文化提供支持的薪酬战略还应当是简单的、直接的和富有弹性的，这样更容易鼓励员工积极工作。复杂、严格、死板的薪酬战略可能会给组织带来困惑和导致员工消极行动。

4. 创新性

尽管战略性薪酬管理也沿袭了譬如收益分享、技能工资等一些传统薪酬管理举措，但在具体使用这些传统薪酬管理措施时，却根据具体应用环境不同而因时、因地、因人对其加以改进。因此，战略性薪酬管理更为强调各种薪酬技术和管理手段的互补性和匹配性，进而使它们重新焕发出生机，更好地支持组织战略和各项管理措施。比如，一旦过去的那些单一薪酬管理手段不能奏效，战略性薪酬管理就要求组织提供混合搭配方案，将收益分享、技能工资和弹性福利计划甚至内在薪酬计划等薪酬方案结合起来，综合反映组织战略，传播组织目标。这也是战略性薪酬管理基于传统薪酬管理的创新性的充分体现。

5. 沟通性

薪酬不仅是组织与员工之间的一种心理契约（组织承诺提供给员工各种经济性及非经济性薪酬，员工则以工作态度、工作行为、工作绩效等予以交换），也是组织和员工之间的重要纽带和关键沟通要素。相比于传统薪酬管理，战略性薪酬管理更加强调“全员参与”，是组织和员工之间的一个十分重要的沟通工具。一方面，从组织视角来看，通过薪酬计划将组织价值观、使命、战略、文化、愿景及对员工的绩效期望和绩效标准清晰地传递给员工，从而确定员工在上述每一种要素中将要扮演的角色，实现组织—员工价值观共享和目标认同，有效实现“共同愿景”价值驱动，有利于组织战略目标的实现；另一方面，从员工视角来看，通过为每名员工设计和制定独特的薪酬体系及通过员工薪酬体系评价、薪酬评价反馈等薪酬管理措施，鼓励员工参与薪酬管理，满足每名达成绩效目标的员工的独特需要。

【知识链接】

战略性薪酬管理的作用①

作为企业的薪酬战略的一种形式，战略性薪酬管理有其独特的作用，主要体现在以下四个方面：

（1）贯彻实施企业战略。

（2）塑造企业文化和价值观。

（3）激励核心员工，增强市场竞争力。

（4）加强企业的科学管理水平。

二、战略性薪酬管理内容

1. 战略性薪酬体系设计模型

米尔科维奇等将战略性薪酬体系的设计概括为如图 2-1 所示的模型，从这个模型中，我们可以看出以下内容。

（1）企业薪酬体系的设计必须基于组织的战略来开展。组织战略可以区分为两个层面：一个是公司层战略，包括整个公司的目标、战略计划、愿景和价值观等；另一个是业务单元战略，它是建立在公司层战略的基础之上的、针对每项业务的竞争战略，主要是确立每个业务单元的战略目标以及实现这样的战略目标所需要采取的竞争策略。

（2）在确立了公司层战略和业务单元战略的基础上，需要根据这两个层面的战略来安排企业的人力资源战略，即思考人力资源在企业战略规划中的作用，以及企业通过什么样的人力资源系统来支撑企业的战略与目标。

（3）薪酬战略是建立在人力资源战略基础之上的，属于人力资源战略的一个组成部分，即在整个企业的人力资源系统设计中，把薪酬系统作为其中的一个子系统来思考它如何支撑整个人力资源战略的实现。

（4）在确立了薪酬战略以后，还需要通过进一步的薪酬系统设计来使薪酬战略得以落实，即将薪酬战略转化为具体的薪酬制度、技术和薪酬管理流程，只有这样才算完成了战略性薪酬体系的设计。

确立了战略性薪酬体系之后，企业就可以有效地引导、改变员工的态度和行为，并使其与组织的战略相配合。而一旦实现了这种配合，企业就可以通过人的行为来获取竞争优势，因为落实到每名员工日常工作行为中的竞争战略才是竞争对手真正难以模仿的战略。

---

① 参见赵曙明、赵宜萱主编，唐春勇、敬永春编著：《薪酬管理：理论、方法、实务》，人民邮电出版社 2018 年版，第 28~29 页。

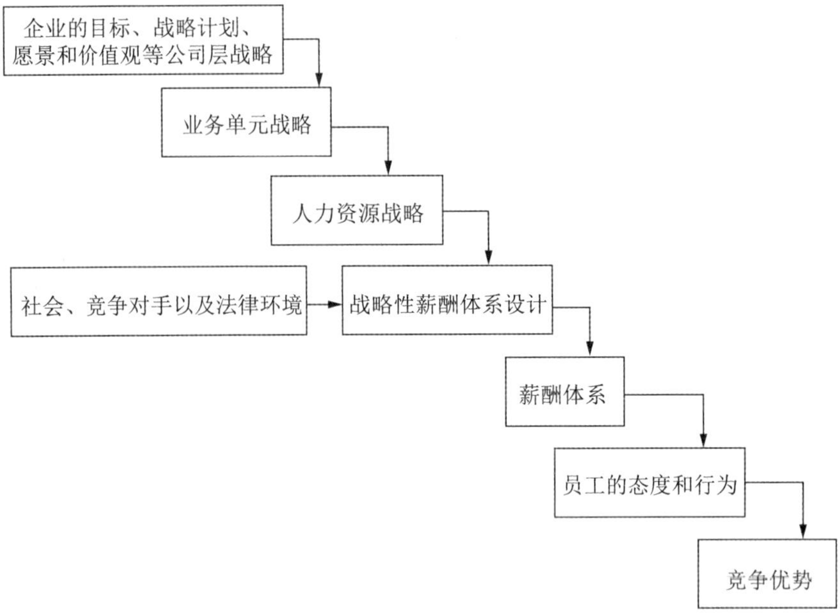

图 2-1 基于战略的薪酬体系设计

资料来源：[美] 乔治·T. 米尔科维奇、杰里·M. 纽曼《薪酬管理》，董克用等译，中国人民大学出版社 2002 年版，第 23 页。

2. 战略薪酬方案

米尔科维奇等提出企业的薪酬战略可以按照薪酬设计四维模型来进行思考，主要包括以下几个方面。

(1) 薪酬目标。薪酬应该怎样支持企业的战略，又该如何适应整体环境中的文化约束和法规约束？

(2) 内部一致性。在同一企业内部，工作性质和技能水平的差别如何在薪酬上得到体现？

(3) 外部竞争性。我们的整体薪酬定位在什么水平才能与竞争对手抗衡？

(4) 员工贡献。加薪的依据是什么？是个人或团队的业绩，还是员工不断丰富的经验、不断增长的知识或者不断提高的技能，抑或生活费用的上涨、个人需求的增加，又或者是经营单位的整体绩效？

(5) 薪酬管理。薪酬决策应在多大程度上向所有员工公开和透明化？谁负责设计和管理薪酬制度？

基于以上五个问题的所有决策相互交织成一个完整的格局，形成了企业的薪酬战略。

3. 战略性薪酬管理基本框架

组织进行战略性薪酬管理的基本框架如图 2-2 所示。

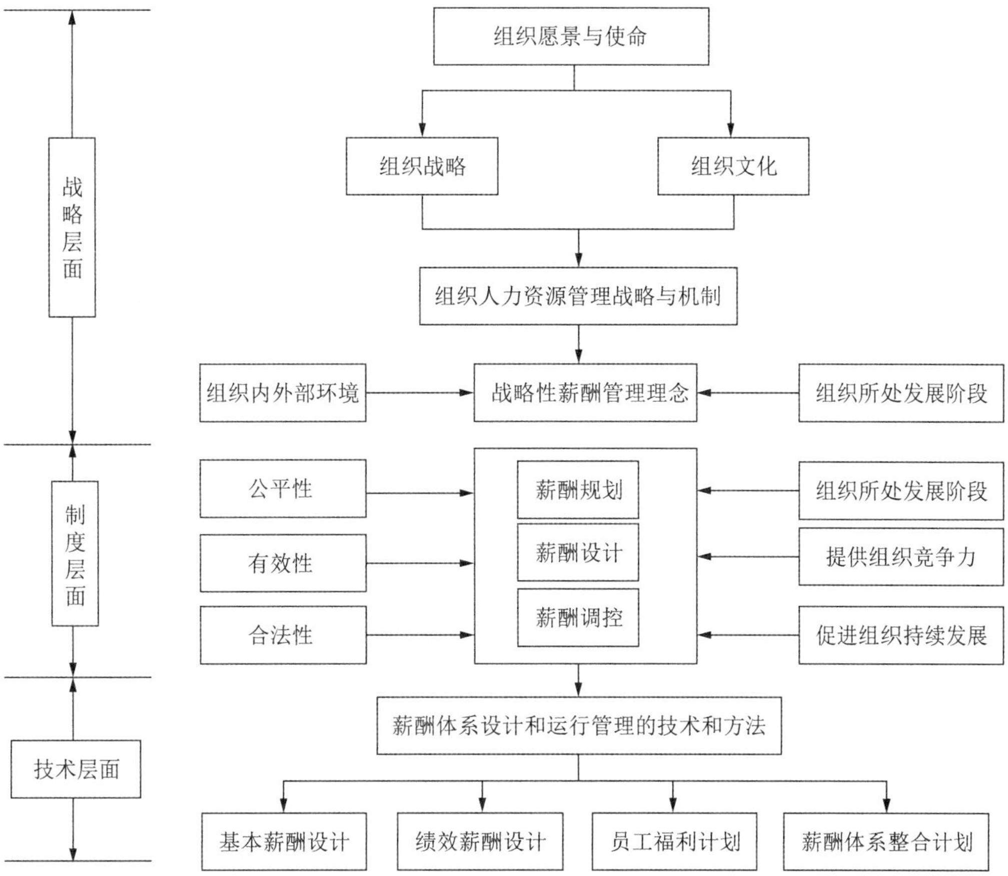

图 2-2　战略性薪酬管理框架

资料来源：张正堂、刘宁编著《薪酬管理》，北京大学出版社 2016 年版，第 23 页。

薪酬并不仅是对员工贡献的简单承认或回报，更重要的是作为一种战略性激励因子，在组织战略管理的诸多方面发挥着主导性驱动功能。所以，组织实施战略性薪酬管理需要做到以下几点。

（1）在战略层面，应首先针对组织内外部环境、所处发展阶段等将薪酬管理纳入组织发展战略和人力资源管理战略框架中，进行薪酬战略目标定位，明确组织薪酬政策导向。

（2）在制度层面，应依据公平性、有效性和合法性基本原则进行薪酬规划、薪酬设计和薪酬调控。其中，薪酬规划强调从战略规划着手进行薪酬市场调查和财务预算，并在此基础上正式确定薪酬方针政策和基本路线。薪酬设计则根据既定薪酬政策设计具体的薪酬体系，包括薪酬结构与薪酬水平两个层面，构成一套周全系统、科学合理的薪酬方案。薪酬方案要有适度的变通性、特殊的例外性和稳定的运作弹性，以弥补日常薪酬管理中的制度性空隙。薪酬调控包括有关薪酬政策和信息的有效沟通、薪酬实际支付方式的选择及薪酬执行过程中的变通调整等。

（3）在技术层面，战略性薪酬管理的成功实施离不开科学合理的基本薪酬设计、绩效薪酬设计、员工福利计划和薪酬体系整合设计。

【案例链接】

华为的战略性薪酬管理①

华为是中国一家知名的科技公司，也是全球最大的电信设备制造商之一。从一个不足20人、注册资本仅2万元的小作坊，发展成一家现有员工2.4万名、年销售额462亿元人民币的高科技企业，其人力资源管理对于获得竞争优势起到了重要的支撑作用，特别是薪酬管理方面。华为的薪酬管理战略旨在激励员工的工作表现并促进他们的发展。

为了高效激励人才，华为建立了“利益分享”机制与淘汰机制，实行战略性薪酬管理体系。华为从2005年起实行战略性薪酬管理体系，华为员工收入主要由工资、奖金、虚拟股权和TUP（Time Unit Plan，时间单位计划）分配收益四个部分组成。

一方面，实行共创共享的持股制度。全员持股制度应该是华为最大的制度创新，是华为创造奇迹的根本所在。截至2017年12月31日，华为有80818名员工持有公司股份。任正非放弃了企业物质利益分享的优先权，他本人仅持有公司1.3%的股份，而98.7%的股份由员工拥有，全员持股制度和大力度的分红比例吸引、团结、黏住了大批人才，包括国际化员工，增强了员工的归属感，稳住了创业团队，成就了华为今日的辉煌。

另一方面，推行TUP分配。TUP分配的本质是奖金的传递分配，奖金主要分配给业绩卓越的年轻人。自TUP分配制度建立以来，老员工的虚拟股份分配数额被稀释。另外，华为规定虚拟股份股东每年只能分享利润的25%，75%的利润要通过奖金方式分享给当年创造价值的人。分配方式的重建，让老员工产生了危机感，重新激活了部分老员工的干事激情，也最大限度地调动了年轻员工的工作热情。

三、战略性薪酬管理体系设计的影响因素

战略性薪酬管理体系的设计需要考虑很多因素，特别是宏观环境、行业环境和企业内部环境。

（一）宏观环境

宏观环境包括通货膨胀水平、劳动力供求关系、宏观经济政策以及经济系统的开放性四个方面。它们分别从薪酬水平的不同方面对战略性薪酬管理体系的设计产生影响。

1. 通货膨胀水平

通货膨胀是指一般价格水平的持续和显著上涨。薪酬水平和通货膨胀水平之间有

① 参见张雄：《华为人才工作的经验与启示》，《中国人才》2019年第11期。

很强的关联性。首先，薪酬水平的高低是形成成本推动型通货膨胀的重要因素。其次，在薪酬与物价水平挂钩的条件下，通货膨胀水平的提高会促使薪酬水平的增长。最后，通货膨胀水平扩大或缩小了薪酬的实际购买力在员工之间的差异，影响着薪酬制度的设计目的。

2. 劳动力供求关系

在劳动力市场中，薪酬水平是劳动力供求均衡的结果，但薪酬与劳动力供求之间存在互动关系。一方面，劳动需求量随实际工资率下降而增加，实际工资率越高，劳动需求量越低；另一方面，劳动供给量随实际工资率的上升而增加，实际工资率越高，劳动供给量越高。

3. 宏观经济政策

宏观经济政策主要指货币政策、财政政策和收入政策。薪酬体现了劳动力的价值，因此它要与相关的宏观经济政策保持协调。另外，国家实行的与收入分配相关的政策对战略薪酬的设计起着直接作用。

4. 经济系统的开放性

经济系统的开放性也是企业设计战略性薪酬体系时需要重点考虑的因素。一方面，在开放经济条件下，战略性薪酬体系所依托的价值观体系更加多样化，因而战略性薪酬体系也应当更具有包容性；另一方面，经济的开放性增强了地区间薪酬的传导性，进而增强了薪酬制度和薪酬水平的可比性。

（二）行业环境

行业环境对企业薪酬水平及结构的设计同样具有重要影响。常见的行业因素有行业生命周期、行业性质、行业工会以及行业竞争程度。

1. 行业生命周期

企业在初创期，产品的市场前景不明确，企业一般处于亏损状态，薪酬制度多采用职务等级或技术等级薪酬制度；在成长期，企业经营规模扩大，市场占有率提高，多采用分散型和混合型的薪酬制度；在成熟期，产品和市场都基本稳定，追加投资的欲望不强烈，倾向于保留原薪酬制度；在衰退期，企业收缩其产品和市场领域，薪酬结构稳定，福利内容增多。

2. 行业性质

在技术含量高、熟练工人比例高、人均资本占有量大的行业，企业多采用基于知识和技术的薪酬制度。

3. 行业工会

在集体谈判的薪酬决定机制下，行业工会的谈判力决定着行业薪酬的结构和水平，行业工会的谈判力受工资索求水平、工会密度的影响。

4. 行业竞争程度

在竞争激烈的市场中，薪酬制度的差异会引起人才的大量流失，所以企业必须定期或不定期地收集竞争对手的薪酬资料并做出分析，及时调整薪酬，这样才能吸引并留住企业所需的各类人才。

（三）企业内部环境

在企业内部，不同的文化与价值观、员工对薪酬制度的期望以及工会组织的影响等环境因素从薪酬设计的文化内涵、心理以及多方博弈等方面对薪酬结构设计提出了不同视角的要求。

1. 企业文化与价值观

企业文化是企业在长期的经营活动中逐步形成的行为方式、经营理念和价值观。因此，企业在构建战略性薪酬体系的过程中，应当使薪酬政策充分体现企业文化的内涵和价值观。

2. 员工对薪酬制度的期望

企业在制定薪酬制度的时候，一定要考虑员工在个人薪酬问题上的期望。员工个人的态度、偏好和需求的多样性会使企业的薪酬设计面临众多的问题和困难，企业需要认真对待，尽量满足各类员工的需求。

3. 工会组织

工会组织不仅在集体劳动合同的订立和劳动者合法权利的保障等方面发挥重要作用，而且在劳动者工资集体协商方面也发挥着积极的作用。因此，企业在设计战略性薪酬体系时，必须充分考虑工会组织的要求，认真听取工会代表或员工代表的意见。

【案例链接】

美敦力的价值观

美敦力使用了24种语言来发布价值观宣言（见表2-3）。美敦力的第五项价值观是“认可公司所有员工的个人价值，建立优越的雇佣制度，使员工获得对工作的满足感，使其职业有保障，发展有机会，并能够分享公司的成果”。美敦力通过在薪酬战略中纳入用以满足员工工作保障需求的工作与生活平衡计划、激励计划以及用以分享公司成功的股票期权计划来反映它的这种价值观。

表2-3 美敦力的价值观

起草于30多年前的使命宣言，确定了我们工作的目标，描述了我们赖以生存的价值观，是我们所有行动背后的动机。
1. 应用生物医学工程理论，研究、设计、制造并销售可减轻病痛、恢复健康、延长寿命的仪器或设备，以此促进人类的福祉。
2. 将发展方向定位于公司能力最强的生物医学工程领域；吸收能够加强公司在此领域的人员和设备；通过教育和吸收新知识，不断促进此领域的发展；避免进入公司不能作出独特而有价值之贡献的领域。
3. 不遗余力地提高产品的品质和可靠性，使产品的质量无人可比，并使公司以敬业、正直、诚实和服务而著称。
4. 在现有业务中获取合理的利润，以完成公司的业务，保持公司的成长，达到公司的目标。
5. 认可公司所有员工的个人价值，建立优越的雇佣制度，使员工获得对工作的满足感，使其职业有保障，发展有机会，并能够分享公司的成果。
6. 出色地履行公司的企业公民责任。

资料来源：https://www.medtronic.com/cn-zh/our-company/mission.html。

四、战略性薪酬管理体系的实施要点

战略导向下的薪酬管理体系的设计受到越来越多的关注，目前，战略性薪酬管理体系逐渐成为企业薪酬管理体系设计的基本方向。以战略为基本导向开展企业薪酬管理体系的设计，是当前企业人力资源管理的重要工作。

（一）确保战略性薪酬管理的战略匹配

企业的薪酬必须与经营战略高度一致。通常情况下，企业的经营战略有低成本战略、差异化战略、专一化战略、稳定发展战略、快速发展战略和收缩战略等内容。不同的战略选择通常也映射出企业自身所处的不同生命周期，但两者并非按照严格的逻辑顺序一一对应。确保战略性薪酬管理的战略匹配的关键是，企业选择不同的战略类型就需要有不同的薪酬制度与之相匹配。

1. 低成本战略

企业低成本战略是指在规模经济效应下，企业通过提高产品产量的方式降低产品的平均成本，进而获得竞争优势和利润的生产经营方式。企业低成本战略的实施不仅要求降低单位产品的生产成本，也要求企业在管理、研发、服务、营销等方面降低成本。企业采用低成本战略时，其薪酬管理体系也具有与之相适应的特点。

第一，较低的薪酬成本实现规模性生产。当企业的总体薪酬支出一定时，企业面临是招聘少量高效率员工还是招聘大量低效率员工的基本选择。对企业来说，用工成本不仅包含薪酬支出，而且还包含与薪酬相关的其他多方面支出，实施低成本战略的企业一般选择采用招聘少量高效率员工的方式来完成既定的生产经营任务，因为与招聘大量低效率员工的方式比较，这种方式更加有利于节约企业总的用工成本，从而为低成本战略提供良好的支撑。

第二，建立基于成本的薪酬决策制度。基于成本的薪酬决策制度可以采用两种基本方式：一是基于产品质量和数量的总成本包干制度，二是针对员工的在核定成本基础上的降低成本的奖励制度。

第三，有限的奖金。由于低成本战略背景下的企业薪酬制度强调的是效率工资，在规模生产条件下，尽可能减少其他奖金项的设置，突出以效率工资为主的薪酬结构，也是低成本战略背景下的薪酬制度的又一显著特征。

2. 差异化战略

差异化战略是企业通过一定的技术和方法，使本企业的产品或服务在质量、功能、设计、客户体验等方面能让客户感知到且与竞争对手产生明显差异，从而可以通过提高产品的销售价格获得较高的基于差异化的利润水平。

差异化战略客观上要求企业在产品或服务方面具有较强的创新能力，这对企业的人力资源队伍，如研发团队、设计团队、服务团队等提出了较高要求。在差异化战略的背景下，企业薪酬管理体系要注重提高员工的薪酬水平以增强激励效果，同时也要注意团队建设，建立团队薪酬制度，建立完善的补贴和津贴制度等。

3. 专一化战略

企业可以选择多种方式实现专一化战略，如将生产经营集中于比较单一的产品或服务，或者将生产经营集中于特定市场范围或顾客群体。专一化战略的实施有助于企业同时实现低成本和差异化，有利于企业在特定的领域或者市场中保持较强的竞争力。

为了吸引、留住和激励相应的技术人才，实行差异化战略的企业通常给技术人员支付远超市场平均水平的效率薪酬。在专一化战略背景下，企业通常采用基于技术等级的薪酬决定制度，在一定条件下，甚至可以采用股权激励和期权激励等长期薪酬激励计划。

4. 稳定发展战略

稳定发展战略是指企业保持现有的产品和市场，在防御外来环境威胁的同时保持稳健、均匀、小幅度的增长速度。

适合采用稳定发展战略的企业的特点为：企业对历史战略满意度较高，企业的外部市场环境相对稳定，企业在核心资源和核心能力方面的成长受到一定制约。在这种战略背景下，企业的薪酬管理制度通常相对稳定，薪酬水平保持着与企业成长水平相当的增长速度。

5. 快速发展战略

快速发展战略一般是指企业通过多元化的方式开发新的产品、新的服务、新的市场、新的渠道、新的顾客群体等。快速发展战略有助于企业增加销售量、提高市场占有率，也有助于企业在资本总量方面获得快速成长。现阶段，企业一般通过兼并、合并和重组等外部扩张方式来实现企业发展。

与企业的多元化内容相适应，企业薪酬管理制度的设计也应该以多元化形式进行多样化设计，如企业不同业务板块、不同经营区域可以建立不一样的薪酬管理体系，以满足企业经营领域多样化和经营区域多样化的需要。

6. 收缩战略

收缩战略是指企业在市场衰退或竞争处于劣势的背景下，主动放弃某些产品或市场，以维持其生存能力的战略。在这一战略类型中，企业的薪酬制度应注重维护企业核心资源和核心竞争力，强调薪酬制度的统一性。选择收缩战略的企业，常常会面对市场中的恶意收购，这就需要设计相应的薪酬策略来反恶意收购，如在公司章程中对收购后的人事安排、补偿金、薪酬等方面提前安排，或者在收购之前对管理层收购（MBO）和员工持股计划（ESOP）等进行设计等。

（二）紧跟战略性薪酬管理的发展趋势

企业进行薪酬管理必须紧跟战略性薪酬管理的基本发展趋势，只有这样企业才能吸引人才，留住人才，最大限度地发挥人才的优势，为企业创造价值。战略性薪酬管理的发展趋势主要表现在以下四个方面。

1. 更强调外部竞争性

随着信息技术和资讯手段的发展，企业内外部之间薪酬的信息不对称性得到了极大缓解，这就要求企业在薪酬管理方面，尤其是在薪酬结构变革的时候，注重对外部薪酬数据的调查分析，设计具有较强外部竞争力的薪酬水平。

2. 与企业战略及运营的关联更加密切

为了对企业的长期发展提供强大的薪酬管理支撑，同时为了更好地吸引和留住员工，越来越多的企业开始在薪酬设计中逐渐降低固定薪酬的比例，增加浮动薪酬的比例。

3. 强调宽带薪酬结构设计

与企业组织的扁平化发展趋势相适应，企业薪酬结构的设计倾向于层级更少、层级内薪酬幅度更大的宽带薪酬结构设计。宽带薪酬结构设计不仅与企业层级相关，而且与企业的管理情况相关，如企业管理成熟度越高，稳定性越好，宽幅越大；企业管理成熟度越低，稳定性越差，宽幅越小。

4. 强调总体薪酬概念

随着企业员工构成的复杂化、薪酬诉求的多元化，企业薪酬管理既要关注传统的经济性薪酬，也要越来越多地关注员工的非经济性薪酬。

（三）根据不同价值标准确定不同薪酬模式

一般来说，战略性薪酬管理体系设计可以从岗位价值、能力价值、绩效价值和市场价值四个方面展开。

1. 岗位价值

岗位价值是指某岗位对组织的贡献程度，是岗位对组织的价值，是岗位本身的价值，与在该岗位上的员工的能力、素养等没有关系。也就是说，在同一岗位上可能不同的员工有不同的能力，但是岗位价值是相同的。

2. 能力价值

能力价值也叫“胜任力价值”。与岗位价值不同，能力价值聚焦于在某岗位上的员工的个人能力、素养等。即使是相同的岗位，因为在岗员工能力存在差异，所以其能力价值也是不同的。

3. 绩效价值

绩效价值是一种现实的价值，它与员工的工作业绩表现紧密相连，是由员工对组织所做出的现实贡献来衡量的。绩效价值常常与能力价值相联系，但是并不意味着能力价值高的员工绩效价值也一定高。例如，某员工的能力价值很高，但如果该员工没有受到良好激励，劳动积极性不高，没有为组织做出良好贡献，其绩效价值也会相对较低。

4. 市场价值

市场价值由企业外部市场劳动力的供求关系决定，当某岗位的劳动力供不应求的时候，就会出现该岗位劳动力的购买价格高于其岗位价值的现象。供求关系失衡造成的价值差异被称为“市场价值”。企业在设计战略性薪酬管理体系的时候，需要结合不同价值的特点设置不同的激励项目，只有这样才能够对员工进行有效激励。

（四）保证企业各级员工的积极参与

战略性薪酬管理体系是企业运营管理系统的有机组成部分，其设计需要从企业的高层管理者到基层员工的所有企业成员积极参与。同时，战略性薪酬管理体系必须与企业的运营管理系统密切关联，充分实现企业运营管理系统与战略性薪酬管理体系子系统之间的有序运行。

1. 高层管理者

企业的高层管理者需要认识到战略性薪酬管理体系对公司的巨大价值，积极支持战略性薪酬管理体系设计、绩效管理相关工作与活动，积极引导战略性薪酬管理体系与企业战略匹配，在评估和检验的基础上确保薪酬管理体系对企业战略的支撑作用。

2. 部门经理或主管

以部门经理或主管为代表的中层管理者需要准确理解战略性薪酬管理体系的完整结构，把握其实施计划与相应的行为办法，对基层管理者和员工进行战略性薪酬管理体系的阐释和沟通，定期进行业绩讨论，解释和解决薪酬管理体系中出现的问题。

3. 人力资源薪酬主管

人力资源薪酬主管要准确定位自身在战略性薪酬管理体系运行中的角色，为全体公司成员提供薪酬管理体系的培训和相应的业务支持，对公司成员进行薪酬管理体系的宣导和推广，实时收集薪酬管理体系运行过程中的反馈信息。

4. 员工

员工要学习和掌握战略性薪酬管理体系的相关要求和知识，理解自身的角色以及个人岗位、能力、贡献与薪酬结果之间的关系，理解战略性薪酬管理体系的重要性并努力实现个人业绩目标，积极参与薪酬管理，将个人目标的实现与公司战略目标的实现融为一体。

【知识链接】

战略性薪酬管理体系的设计流程①

一般来看，企业战略性薪酬管理体系的设计包含以下几个基本阶段：

（1）调查分析内外部环境。

（2）寻找企业发展的战略瓶颈。

（3）分析相应的人力资源瓶颈。

（4）制定战略性薪酬决策。

---

① 参见赵曙明、赵宜萱主编，唐春勇、敬永春编著：《薪酬管理：理论、方法、实务》，人民邮电出版社2018年版，第28~29页。

（5）评估薪酬系统的适用性。

（6）制定战略性薪酬调整政策。

第二节　总体薪酬战略

一、总体薪酬

总体薪酬理论由密歇根大学商学院教授约翰·特鲁普曼（John E. Tropman）提出。该理论是对薪酬体制和投资体系的重新构思，它将10种反映当今员工所期望的不同类型的薪酬意向综合起来，让员工在其中扮演重要的角色，突出薪酬的定制性和可选择性。总体薪酬理论的实施原则包括以员工为中心、定制性和多样性、动态性、分类管理。

总体薪酬理论的实质是一个投资和回报体系，它包含投资和奖励两部分，而且是投资在前，奖励在后。投资又被称为“超前奖励”，包括基本工资、福利等。投资是在员工做出业绩之前支付的，其目的有二：一是提高员工的技术和工作热情，二是考虑员工个人和整个企业的将来。总体薪酬理论的产生代表了业界在此领域的最新尝试，其产生的背景主要基于以下假设：

（1）员工队伍的主体及其需要已经发生显著的变化。

（2）员工存在两个自我模式，组织的薪酬方案设计要想达到目的，必须吸纳员工的参与。

（3）企业的文化冲突：业绩主义者与均等主义者之争。

（4）Y理论的应用。

（5）传统薪酬体制由于不能起到吸引、留住和激励现代员工的作用，已渐不合时宜。

总体薪酬理论的基本结构用公式表示为：

$$TC（整体薪酬）=（BP+AP+IP）+（WP+PP）+（OA+OG）+（PI+OL）+X$$

其中，*BP*为基本工资，*AP*为附加工资，*IP*为间接工资，*WP*为工作用品补贴，*PP*为额外津贴，*OA*为晋升机会，*OG*为发展机会，*PI*为心理收入，*QL*为生活质量，*X*为私人因素。

任何有助于吸引、留住和激励员工的有价值的东西，都可以算作总体薪酬的内容。表2-4详细展示了总体薪酬的各板块内容。

表 2-4　总体薪酬各个板块的含义及其具体维度

板块	板块含义	维度	维度解释
货币报酬	企业基于员工劳动的报酬，主要用于满足员工的基本生活需要及其他现金支出	基础工资	也称“固定薪酬”，它不随绩效而变动，基础工资一般包括基本工资和岗位工资
		奖金	根据员工工作绩效进行浮动的部分
		津贴	对员工工作中不利因素的补偿
		股权	以股票形式发放的薪酬
福利	企业提供给员工的补充现金支持	保障福利	事业保险、社会保障和残疾保障等
		健康与救济福利	医疗保险、人身保险等
		退休福利	养老保险及退休后的收益分享
		带薪休假福利	带薪休假、带薪病假和带薪事假等
工作与生活平衡	组织实践、政策和项目的特殊部分，帮助员工同时在家庭和工作中取得成功	灵活的工作安排	灵活的工作内容和工作场所安排
		带薪请假	因为照顾他人、照顾子女的带薪请假
		员工健康	员工援助计划和压力管理计划等
		社会参与	组织员工积极参加社会活动
		员工关爱	员工旅行关爱、生病关爱、家庭关爱等
		财政支持	理财计划服务与培训、企业年金计划
		额外福利	宠物保险、免费停车等额外福利计划
		首创精神	团队的工作效率、组织的工作环境
绩效与认可	包括高绩效系统及员工认可两个方面	高绩效系统	制定绩效标准、员工技能展示、管理者对员工技能进行评估、管理者反馈和持续的绩效改进等
		员工认可	对于员工的努力、行为及绩效给予重视
发展与职业机遇	包括发展与职业机遇两个方面	学习机会	提高员工技能和素质的培训
		领导力培训	培养和提升员工领导力的计划
		晋升机会	帮助员工实现个人职业生涯目标

资料来源：孙利虎编著《战略薪酬管理：理论与实务》，东北财经大学出版社 2015 年版，第 38~39 页。

二、总体薪酬战略

1. 总体薪酬战略与组织整体战略的关系

总体薪酬战略能够保持与组织文化、组织战略、人力资源战略的一致性，如图 2-3 所示。总体薪酬战略是在系统分析组织内外部环境的基础上，将多种激励方式有机地整合在一起，以此吸引、留住和激励员工，提高员工对组织的满意度和对工作的投入度，从而提高企业的绩效，完成企业的经营目标。总体薪酬模型是在组织整体发展战略中，支持组织人力资源战略实现的重要工具。

相对于传统薪酬理念，总体薪酬战略更加重视组织中人的价值，将多种激励方式有机地整合在一起。因此，对于组织而言，总体薪酬战略具有明显的优势。

（1）总体薪酬战略强调组织文化、组织战略和人力资源战略的一致性，基于战略吸引、留住和激励人才，更加有利于组织战略的实现。

（2）总体薪酬战略能够真正满足员工的多样化需求，能够针对员工需求制定不同的薪酬组合，增加对人才的吸引力，支持企业获得人才竞争优势。

（3）总体薪酬战略可以使薪酬管理更具有弹性。总体薪酬战略包括针对员工需求的多种激励要素，各种构成要素和要素之间的比例可以根据组织战略变化或组织面临的紧急情况及时进行调整，以支持组织应对外部环境的变化。

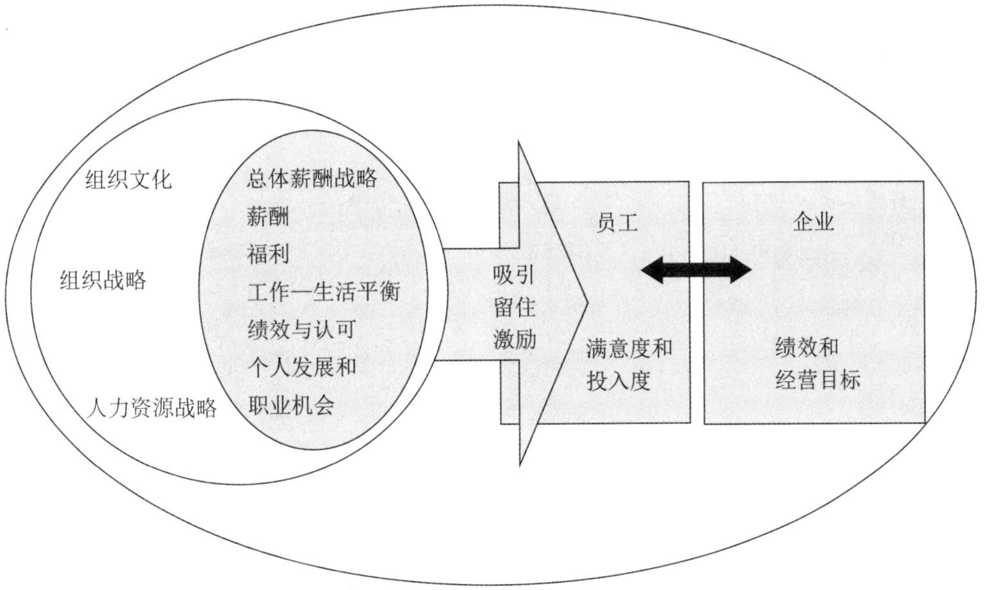

图 2–3 总体薪酬战略与组织整体战略的关系

资料来源：［英］约翰·特鲁普曼《薪酬方案：如何制定员工激励机制》，胡零、刘智勇译，上海交通大学出版社 2002 年版，第 10 页。

2. 开发总体薪酬战略的步骤

开发总体薪酬战略涉及四个简单步骤。虽然步骤简单，但实施起来非常复杂。试错、经验和洞察力在每个步骤都发挥着重要作用。

第一步：评估总体薪酬的含义。考察一下组织的过去、现在和未来（对组织而言未来最为重要）。经营环境中有哪些因素有助于组织获取成功？当组织展望未来时，这些因素中又有哪些可能变得更重要或更不重要？这些因素被划分为竞争动力机制、文化/价值观、社会和政治环境、员工/工会的需求以及其他人力资源制度等。

第二步：绘制总体薪酬战略地图。薪酬战略主要由薪酬模型的要素组成，即薪酬目标和四项政策选择——内部一致性、外部竞争性、员工贡献和薪酬管理。绘制这些选择的决策图是开发总体薪酬战略的第二个步骤。在市场营销中经常通过绘图来阐明某种产品的特性。总体薪酬战略地图提供了公司薪酬战略的全景图，它可以阐明公司薪酬制度所传递的信息。

第三步：通过设计和执行薪酬制度来实施总体薪酬战略。薪酬制度将战略转化为具体的实践进而转化为组织目标。

第四步：重新评估。至此，总体薪酬战略的开发流程形成闭环。在这一步应认识到，为适应不断变化的外部条件，必须对总体薪酬战略进行调整。因此，为了持续不断地了解、调整和改进现行战略，有必要定期对总体薪酬战略进行评估，应该对照我们期望实现的目标对薪酬制度的使用效果进行评估。

【案例链接】

微软与 SAS 的薪酬战略地图①

图 2-4 展示了微软与 SAS 的薪酬战略地图。五个战略维度被分解为了一系列描述符，并依据重要程度排序。

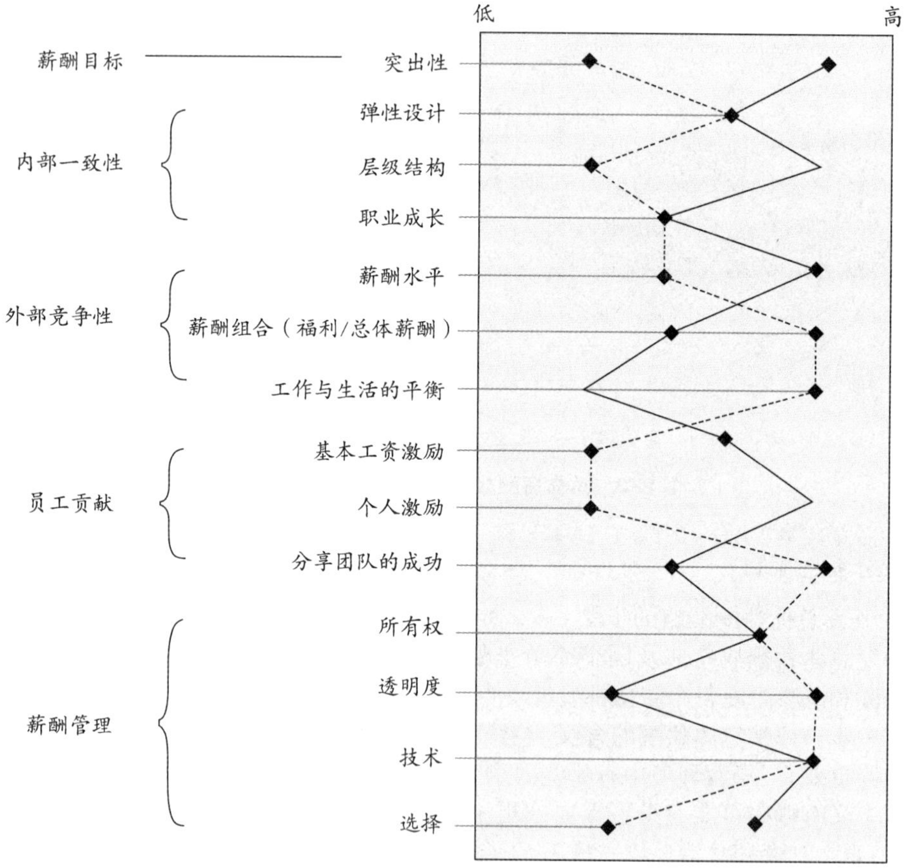

图 2-4　微软与 SAS 的薪酬战略地图比较

注：实线代表微软公司，虚线代表 SAS。

① 参见［美］巴里·格哈特、杰里·纽曼：《薪酬管理》，成得礼译，中国人民大学出版社 2022 年版，第 41~43 页。

薪酬目标：突出性是对总体薪酬在整体人力资源战略中的重要程度的衡量。它是一种催化剂，扮演主要角色？或者它并不那么重要，更多情况下只充当其他人力资源计划的辅助角色？薪酬在微软非常重要，在SAS却只起辅助作用。

内部一致性：这一战略维度通常被描述成组织内部的等级化程度。比如，如何为不同层次的工作支付差异性薪酬？薪酬对支持员工职业成长的效果如何？SAS和微软都使用薪酬来支持弹性工作设计和员工晋升，但SAS的薪酬差异程度要比微软小，因为前者信奉的管理哲学是“每个人都是SAS大家庭的一分子”，而后者将薪酬差异看作对高绩效者的回报。

外部竞争性：这包括对两个问题的比较。竞争对手的薪酬水平是多少？它们采用了什么样的薪酬形式？工作与生活平衡（通过福利和服务实现）的重要性也是外部竞争性的组成内容。根据战略地图可知，微软薪酬的竞争地位对其薪酬战略来说十分关键，SAS则依靠以家庭为导向的福利——工作与家庭的平衡（比如公司园区内的私立学校和医疗服务等）取胜。

员工贡献：这两家公司对于绩效薪酬采用了截然不同的做法。SAS只使用非常有限的基于个人绩效的薪酬支付计划，这与它的平等主义理念是一致的。微软更为广泛地使用基于个人绩效和公司绩效的薪酬支付计划。

薪酬管理：所有权是指非人力资源管理者在薪酬决策制定过程中扮演的角色。透明度是指薪酬的公开性和沟通性。正如有人可能期望的那样，微软和SAS都把技术在薪酬制度管理中的应用放在首位，前者在医疗保障和退休投资计划方面为员工提供了更多选择。

每家公司在战略地图上的轮廓线都反映了其薪酬战略的主要信息或“薪酬品牌”。

微软：把总体薪酬放在突出位置，重视市场竞争力、个人业绩以及基于绩效的回报。

SAS：总体薪酬支持公司的工作与生活平衡计划。竞争性市场地位、在全公司范围分享成功以及平等主义都是公司薪酬战略的主要特点。

三、认可激励

认可（recognition）激励是指承认员工的绩效贡献并对员工的努力工作给予特别关注。自己对组织的价值得到承认且被人赏识，是员工的一种内在心理需要。通过对员工的行为、努力或绩效给予赞扬和感谢，组织创造良好的环境和平台，让员工的潜力得到最大限度的发挥，进而提升组织的人力资源效能。从这个角度出发，北京华夏基石企业管理咨询有限公司提出了全面认可激励模型，这一模型包括五个方面：关爱认可、绩效认可、行为认可、成长认可和忠诚认可。与传统的薪酬激励相比，全面认可激励具有如下优势。

（1）与薪酬激励相比，全面认可激励的成本较低。

（2）薪酬激励具有边际效用递减规律，但是全面认可激励不会。采用薪酬激励方式时，当薪酬增加到一定程度以后，不仅不会增强激励性反而会产生副作用，导致薪酬边际效用递减。而全面认可激励的方式是多样化的、艺术性的，这使得全面认可激励的内容有无限的设计空间。

（3）全面认可激励能够及时对员工绩效做出反应，非常有效。薪酬在时间上有滞后性，并不能立刻反映出对员工的认可。

（4）全面认可激励是让员工发挥潜能的制度保障。对于企业而言，存在两种管理风格：一种是用目标做导向管理员工，另一种是用潜能做导向管理员工。前者想方设法达到目标，后者则致力于开发员工的潜能。全面认可激励是一种让员工发挥潜能的制度安排和保障。

随着全面认可理论和认可激励的发展，越来越多的企业关注和重视认可激励，这必将有利于企业的可持续发展和价值目标的实现。因此，建立全面认可激励给企业、管理者和员工都将带来很多益处（见图 2-5）。

能给员工带来：
正能量
成就感
自我潜能的挖掘
最佳工作地的感受
及时的评价与认可
企业与同事的关怀
个性化的奖品选择

能给企业带来：
良好的组织氛围
更高的绩效产出
更有效的人才利用
更全面的激励系统
企业及个人财务解决方案
用途广泛的企业社交网络平台

能给管理者带来：
更有效的激励
更高的员工满意度
先进的人才管理理念
更及时的绩效评价与反馈
较轻的工作负担

图 2-5　总体薪酬激励模型

资料来源：彭剑锋主编《战略人力资源管理：理论、实践与前沿》，中国人民大学出版社 2014 年版，第 376 页。

【知识链接】

总体薪酬激励模型

在总体薪酬概念的基础上，中国人民大学彭剑锋教授建立了中国企业对员工进行激励的总体薪酬激励模型（见图 2-6）。

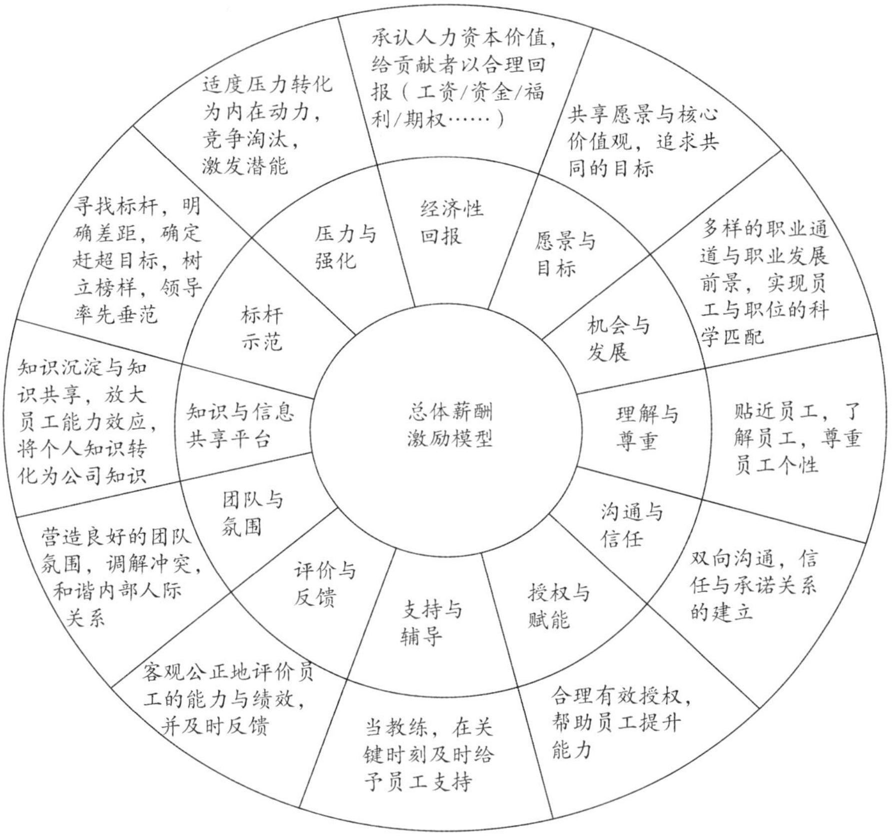

图 2-6　总体薪酬激励模型

资料来源：彭剑锋主编《战略人力资源管理：理论、实践与前沿》，中国人民大学出版社 2014 年版，第 376 页。

【思政小贴士】

人民幸福感

2019 年美国薪酬协会（WAW）最新提出的总报酬模型将核心要素调整为五个：薪酬、幸福感、福利、发展和认可。这五大要素为组织培育一支高效、积极和忠诚的队伍指明了方向。其中幸福感是指从身体、情感、财务和环境等方面着手，确保员工处于高效、舒适、开心、健康的状态。

党的十九届六中全会通过的《中共中央关于党的百年奋斗重大成就和历史经验的决议》指出：“随着时代发展和社会进步，人民对美好生活的向往更加强烈，对民主、法治、公平、正义、安全、环境等方面的要求日益增长。”① 党的十八大以来，以习近平同志为核心的党中央高度重视加强社会建设，坚持以人民为中心的发展思想，围绕

① 《中共中央关于党的百年奋斗重大成就和历史经验的决议》，人民出版社 2021 年版，第 47 页。

使人民获得感、幸福感、安全感更加充实、更有保障、更可持续提出了一系列新理念、新部署、新要求。

四、战略性薪酬策略

基于战略的薪酬策略是一个整体，是由不同要素组合而成的一套体系。这些要素包括薪酬水平策略、薪酬管理策略、薪酬结构策略以及薪酬组合策略。

（一）薪酬水平策略

薪酬的支付水平定位有三种策略：领先型薪酬策略、跟随型薪酬策略和滞后型薪酬策略。领先型薪酬策略是一种基于一流人才的战略，采取领先型薪酬策略的企业通过为员工提供高于市场平均水平的薪酬来吸引市场上最优秀的人才加入企业，以实现企业的战略目标。跟随型薪酬策略是一种基于竞争对手的战略，采取跟随型薪酬策略的企业在调整企业的薪酬支付水平时不是基于企业的内部因素，而是根据市场平均工资水平，持续保持本企业支付给员工的薪酬水平与市场平均薪酬水平相一致。滞后型薪酬策略是一种基于成本的战略，采取滞后型薪酬策略的企业一般是追求成本领先的企业，其员工的市场可替代性较强，企业支付给员工的工资稍微低于市场平均薪酬水平。

（二）薪酬管理策略

薪酬不仅是连接组织与员工的十分重要的纽带和桥梁，同时还是一把双刃剑。用得好时可以激励员工努力工作，提升工作绩效；用得不好时会削弱员工的动力，造成员工的不满。这把双刃剑用得好坏，不仅取决于薪酬体系设计是否科学合理，还取决于企业是否对薪酬进行了科学有效的管理。薪酬管理策略包括以下四个方面。

1. 团队与个体薪酬管理策略

在现代企业中，大部分工作不是由员工“单打独斗”完成的，而是需要团队成员之间的相互协作，因此工作绩效的好坏既取决于员工个人的努力，又取决于团队成员之间的合作。在这种情况下，员工的薪酬就由两大部分组成：个体薪酬和团队薪酬。因此，要对基于团队的薪酬进行管理，处理好个体薪酬与团队薪酬之间的关系，既发挥个体薪酬对员工的激励作用，又要避免团队成员“搭便车”现象的发生。

2. 薪酬支付方式的管理策略

薪酬支付方式是指如何向员工支付薪酬的策略选择，例如，是采用短期薪酬还是长期薪酬，是重视奖励现在还是重视奖励未来等。处于不同发展阶段的企业，其支付方式可能会有所不同，如处于成长期的企业可能会支付较低的短期工资和较具吸引力的长期薪酬，如股票期权，而处于成熟期的企业则主要是采用短期薪酬激励和留住员工。所以，企业需要随着自身的发展，选择和调整其薪酬支付方式的管理策略，合理使用延期支付，将薪酬的激励作用最大化。

3. 薪酬沟通管理策略

薪酬沟通是薪酬管理体系中的重要组成部分，沟通做得好，员工对薪酬方案就比较容易接受，薪酬的正面激励作用就会发挥得较好；反之，薪酬的负面作用就会很突出。因此，企业需要制定合理的薪酬沟通管理策略，在薪酬的公开与保密之间进行权衡，并选择合适的薪酬沟通管理方式。

4. 薪酬满意度的管理策略

薪酬体系实施后，还需要对员工的薪酬满意度进行管理。这时就需要确定企业是追求内部公平还是外部公平，并向员工传递公司的薪酬文化，让员工认识到岗位是其施展才华的舞台，工作是承担个人责任的行为，要在工作中创造价值并获取回报，凭借自己的能力和对企业的贡献获得回报，而不是凭借政治技巧。

（三）薪酬结构策略

1. 薪酬的等级结构

薪酬的等级结构是指在同一组织内部不同职位或不同技能员工的薪酬水平的排列形式。它强调薪酬水平等级的多少、不同水平等级之间的级差大小以及决定薪酬级差的标准。薪酬等级结构的设计存在两种方式：等级化和扁平化。等级化薪酬结构往往等级较多，级差较小；扁平化薪酬结构往往等级较少，级差较大。

等级化薪酬结构通常要求对每个等级所做的工作给出细致的描述，明确每个人的职责。这种薪酬结构承认员工之间技能、责任和对组织贡献的差别，认为频繁的职位升迁能够很好地发挥对员工的激励作用。

扁平化薪酬结构界定的每个等级的任务职责范围比较宽泛，从而使员工拥有更大的决策自主权。这种薪酬结构认为应平等对待所有的员工，越平等就越能提高员工的工作满意度，促使形成企业内的工作团队，提高员工的工作绩效。

2. 薪酬的内容结构

薪酬的内容结构是指员工薪酬包含哪些薪酬要素以及不同的薪酬要素在整体薪酬中的比例。它强调通过调整固定薪酬与浮动薪酬、短期薪酬与长期薪酬的比例来激励员工。合理控制固定薪酬和浮动薪酬的比例，是通过货币薪酬激励员工的主要手段。这需要根据不同员工的工作性质实行分层分类的薪酬激励。比如，对销售人员实行高提成以激励其创造更大的业绩，而对行政人员和研发人员则要高固定工资以确保其稳定性；岗位级别越高，浮动薪酬的比例应该越大，这主要是因为他们对企业的业绩承担的责任更大，其薪酬的获得更应该跟企业的业绩挂钩，业绩浮动越大，其薪酬浮动也越大。

此外，薪酬又有短期和中长期之分。企业应该建立高管人员和核心人才的中长期激励机制，从而更好地吸引、留住和激励高管人员和核心人才，以及促使高管人员从更长远的角度促进公司的可持续发展。

（四）薪酬组合策略

除了薪酬的水平策略、管理策略和结构策略外，组合策略也是薪酬策略体系的重要组成部分。薪酬组合策略是指对员工所处层次（高层管理者、中层主管及基层员工等）、员工在组织结构中的职能模块进行组合，针对每一组合确定不同的薪酬策略。对于高层管理者来讲，无论其在组织的哪一个职能模块任职，都向其支付行业最优水平的薪酬，并以长期激励为主。而对于基层员工来讲，其所在职能模块不同，薪酬策略就有所不同（见表2-5）。

表2-5　薪酬组合策略

<table>
<tr><td>高层</td><td colspan="4">行业最优水平
激励性薪酬结构
长期激励为主</td></tr>
<tr><td>中层</td><td colspan="4">适度领先：行业中上水平、地区75%以上
保障+激励
长、中、短期相结合</td></tr>
<tr><td rowspan="2">基层</td><td>研发</td><td>生产</td><td>销售</td><td>职能</td></tr>
<tr><td>行业最优
激励+保障</td><td>成本控制：地区中等水平
短期激励主导</td><td>行业最优
短期激励</td><td>成本控制：地区中上水平
保障+激励</td></tr>
</table>

资料来源：孙利虎编著《战略薪酬管理：理论与实务》，东北财经大学出版社2015年版，第36页。

【知识链接】

“345”薪酬策略①

“345”薪酬策略是指把4个人的工资给到3个人，但需要他们创造5个人的价值。其本质是人均产出和人力资源效率的提高，更准确地说是人力资源成本投入产出比（Return on Human Resource Cost，ROHRC）的提高。通过对“345”薪酬策略隐含逻辑及本质目标的探讨与解密，最终帮助企业找到提升人力资源投入产出比的方法（见图2-7）。“345”薪酬策略是基于人均效能而产生的一种薪酬策略。对人均效能的关注，是一个长期的动态过程，是一种时间维度上的考量。

① 参见孙晓平、季阳：《薪酬激励新实战：突破人效困境》，机械工业出版社2019年版，第93页。

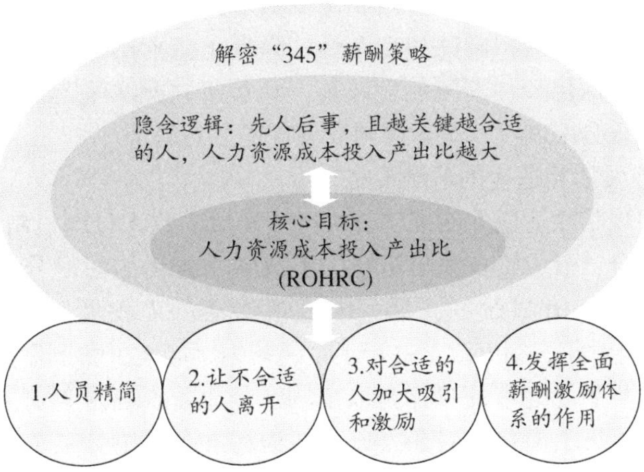

图 2-7 “345”薪酬策略的隐含逻辑与思路

第三节 实操案例：东阿阿胶的薪酬体系改革与创新[①]

面对激烈的市场竞争，东阿阿胶股份有限公司（简称“东阿阿胶”）视人力资源为企业的“第一资源”，实施“人才强企”战略，以人为本，改革内部薪酬分配制度，完善人才激励机制，建立与企业发展战略相适应、对外竞争力强、对内激励充分的薪酬分配体系，使人力资源成为企业参与市场竞争、助推企业发展的战略性力量，人力资本不断增量，人才层次不断提高，企业综合竞争实力不断增强。

一、致力于薪酬制度改革创新，构建公司新的发展平台

多年来，东阿阿胶一直致力于薪酬分配制度的改革、创新和完善。1993 年，东阿阿胶进行了工资分配制度改革，实行了岗位技能工资制，这项制度符合公司的生产经营特点，对公司的改革和发展起到了巨大的推动作用。但随着公司的不断发展，市场经济的不断深入，其已与新的形势不相适应，虽然员工人均收入居全市上游水平，但作为工资结构主体部分的岗位工资只体现了公司内部各岗位间的相对平衡，未考虑劳动力市场价位的差别。随着劳动力市场的建立和完善，市场机制对劳动力配置的基础性作用日益明显，影响劳动力流动的市场工资率逐渐形成。与市场工资率相比，公司内部管理、技术、营销岗位的收入水平低于市场价位，而一些简单劳动岗位的收入水

① 参见贾春香：《东阿阿胶的薪酬体系改革与创新》，2012 年 7 月 6 日，https：//wenku. baidu. com/view/df3556d726fff705cc170a18. html。

平却远高于市场价位，这种不平衡抑制了工资的激励功能和对人力资源优化整合功能的充分发挥，影响了员工的积极性和创造性，降低了企业的竞争力。因此，在社会主义市场经济条件下，深化公司薪酬制度改革，让员工薪酬水平与市场接轨，建立与现代企业相适应的收入分配制度，是东阿阿胶发展的必然趋势。

1. 确立与企业发展相适应的薪酬策略

为建立与公司现状相适应并能推动公司持续发展的收入分配机制，体现岗酬结合、技酬结合、劳酬结合，形成责权利相结合、工效紧密挂钩的薪酬分配体系，实现个人利益与企业长远发展的有机统一，最大限度地调动员工积极性，增强企业竞争力。2000年10月，公司对薪酬制度改革进行了系统规划，确立了薪酬制度改革的方向、目标和原则。公司薪酬制度改革的目标是以市场、行业差别确定工资差别和标准，并根据企业经济效益，以员工岗位为对象，以点数为标准，按照员工个人的实际能力确定点数，建立以单位经济效益获取的工资定点值确定劳动报酬的一种弹性等级薪点工资分配制度，克服现行工资制度按固定数额支付工资的不足，使企业的工资分配与市场对企业工资的决定机制相适应。薪酬制度改革遵循四大原则：公平、客观分配的原则；在职业劳动力市场保持优势的原则；依责、依绩分配的原则；有效激励的原则，即根据员工业绩评估周期，把员工的薪酬与当前业绩和未来发展紧密联系的原则。

2. 深入开展职务调查和工作分析，优化组织职能

公司成立了以总经理为组长的工作分析领导小组和工作分析小组，开展了除高管及一线操作工以外人员248个职位的职务调查和工作写实分析，对职位、部门职能、组织机构进行了重新理顺、全面整合，减少职位5个，优化职能8项，杜绝了职能交叉、职责不清的现象，加速了信息流转，提高了人力资源利用效率和管理绩效。

3. 科学设定职位要素，合理确定薪酬水平

1993年，东阿阿胶就实施了岗位测评，经过十几年的积累和逐步完善，已形成了较成熟的测评体系。2000年年底，公司对职位（岗位）评价要素进行了重新设计，新设计的职位（岗位）评价要素包括责任要素、知识经验与技能要素、努力程度要素、工作环境要素四个大类和风险控制责任、成本控制责任等27个细类，组成了以总经理为组长、由高中层管理人员参加的工作评价小组，对重新整合的243个职位进行了科学、公正、客观的评价，结合市场薪酬调查结果，确定了在市场竞争环境中具有高竞争力的、与公司业绩相适应的薪酬水平，以市场变化和公司业绩变化来调整薪酬点值，将员工的短期利益、中期利益与长期利益有效地结合起来。

4. 推行新型薪酬制度，增强企业竞争力

公司确定的新型薪酬制度，充分考虑了企业的发展战略，保证了公司战略的实现。新型薪酬制度，以岗位设置为基础，按各类人员对公司经营发展的作用、贡献，分层次确定薪酬分配侧重点，加大核心层、管理层的分配力度，向科研、营销、技术岗位倾斜，合理确定普通层员工的收入水平。高中层实行年薪制，考核年薪、效益年薪与公司年度目标完成情况、工作业绩挂钩，增强了高中层管理人员的风险责任，提高了企业防御风险能力。普通层员工实行等级工资制，划分为主管、技术、营销、文秘、生产、工勤6个系列，合理拉开工资差距，结构组成灵活，易于操作，易岗易薪，能

升能降，同工同酬。这种科学的阶梯工资形式、弹性工资分配制度，充分体现了员工对公司发展的重要价值和作用。

薪酬制度的市场化减少了公司在地理环境方面的落差，增强了薪酬的激励性，有利于吸引高素质的人才，改善了公司人才结构。近三年来共吸引178名大学生和硕士研究生、2名博士研究生加入，为公司提供了人才基础，形成了“凝聚核心、稳定骨干、激励全体”的薪酬激励机制，成为推动公司实现战略目标的强有力的支持体系，保证了公司在行业中的领先地位，大大提高了企业开拓市场和获利的能力，为公司发展开拓了一个新的平台。

二、建立并完善绩效激励机制，提高企业创新能力

高绩效的员工创造高效益，科学的绩效评估体系是员工、组织业绩得以提升和企业不断发展的前提。

1. 绩效管理与公司组织目标紧密结合

为确保公司组织目标的实现，建立并完善员工业绩评估管理体系，2000年公司重新设计了《绩效管理和绩效考核办法》，建立了以工作目标考核为主，兼顾管理能力与行为态度考核，实施绩效目标过程指导、绩效改进、绩效沟通和绩效诊断分析的绩效管理体系。目标的制定与公司整体目标相结合，对员工的技能和业绩表现进行科学评价，并将其与薪酬紧密挂钩，使薪酬作为绩效管理的调节杠杆，通过薪酬体现员工的绩效并引导员工不断提高绩效，以奖金差距来激励后进的员工。员工绩效与薪酬、职务晋升紧密结合，为员工的职业生涯发展提供了公平竞争的机会，使绩效管理真正成为人力资源管理决策的主要依据。

2. 强化责任意识，增强效益观念

2001年，公司出台了《员工奖励与绩效挂钩管理办法》，奖金与员工工作绩效、经济效益、部门费用预算挂钩，强化了市场竞争意识、责任意识及效益观念，完善了公司激励机制，调动了员工的工作积极性和创造性。2001年至2003年涌现出管理、技术创新标兵和能手等先进个人528人，增强了企业创新能力，促进了公司持续健康发展。

3. 激励员工知识和能力的主动性发展

社会发展进入知识经济时代，人力资源管理的重心也逐步转为知识性管理。面对知识经济的挑战与机遇，人对企业生产经营的作用越来越重要，人的因素已经成为企业竞争优势的重要基础。鼓励员工不断学习，提高自身能力，创造性地工作，成为人力资源管理的目标。自1999年以来，公司对具有特殊能力和特殊贡献的30名员工颁发了总经理特别奖励，总经理特别奖励采取股票形式，共奖励“东阿阿胶”股票21200股。这充分体现了技术、知识和能力的价值，激励员工知识和能力的主动性发展，在公司内部营造起员工奋发向上、拼搏进取的工作环境。

三、强化经济责任制管理，增强市场竞争力

强化经济责任制管理，是东阿阿胶多年来在企业内部基础管理上的特色。自1988年以来，为增创优质产品、实现降耗增收，公司在生产管理、质量管理、强化目标成本管理、劳动定额管理、市场开发管理等方面做了大量的工作，制定并不断完善了生产分厂、销售、打假、司机、锅炉、制造、采购、外贸等各类人员经济责任制，形成了目标管理和超额奖励统一管理模式，将员工收入与指标考核、工作业绩挂钩。通过实施经济责任制管理，降低了成本，提高了产品质量和工作效率，扩大了市场销售份额，增强了企业的市场竞争力。自1996年以来，公司销售收入年平均增长24.37%，利润年平均增长32.45%，树立了良好的企业形象和品牌优势。

四、建立长期激励机制，凝聚高素质人才

为加强对人才的激励和约束，更好地发挥管理人员的聪明才智，克服管理层的短期行为，近年来东阿阿胶探索实施了股权激励机制，建立了管理层长期激励机制。

股权激励机制议案提交公司董事会、股东大会并审议通过，从公司每年度的税后利润中提取不高于10%的资金作为对管理层的激励基金。股权激励机制的建立，充分考虑了公司管理层在企业成长过程中的作用和贡献，确定了高中层、成员企业经营者、各部门的管理和技术骨干、项目负责人、营销骨干为股权激励人员；坚持约束与激励相结合的原则，将企业经营目标的实现及绩效评估体系与管理层人员的个人收益紧密相连；激励基金的分配原则是综合考虑个人所担任岗位的重要性和个人表现，科学合理地分配激励基金；激励机制符合国际规范做法，符合国内现行法律法规。

自2001年以来，对172名先进、有作为的销售人员实施了股权激励，股权激励基金总额为235万余元；对21名技术管理骨干实施了股权激励，股权激励基金总额为7.5万元，充分调动了销售人员及技术管理骨干人员的工作积极性和创造性，培养了一支高素质、稳定的员工队伍，提高了公司的凝聚力，促进了经营管理的规范运作。

股权激励机制的建立为公司吸引和凝聚人才、保证公司持续快速发展奠定了基础。

五、建立激励与约束并重的薪酬总量增长机制

薪酬作为开发、激励人力资源的重要手段，同时也是企业的人工成本投入费用。在激烈的市场竞争面前，只有增强薪酬投入的针对性和有效性，以适当的人工费用投入，做到既能激励员工的积极性，又能合理控制成本，才能实现较好的经济效益。东阿阿胶薪酬总量的确定主要遵循以下原则。

（1）外部领先原则。公司整体薪酬要保持国内同行业领先水平，以保证对各类人才的吸引力。

（2）利益共享、风险共担原则。在确保外部领先的基础上，严格按“工资总额增

长低于企业经济效益增长，工资水平增长低于劳动生产率增长”的原则确定薪酬增长幅度，建立员工与公司利益一致的共同体。

（3）人工成本优势原则。自 2001 年起，公司将薪酬纳入预算管理，建立了以“劳动分配率、人事费用率、人工成本利润率”为主要监控指标的人工成本预警预测机制，使薪酬总额的确定与人工成本的控制紧密联系，有效控制了人工成本增长，劳动分配率、人事费用率、人工成本利润率三项指标均优于社会公布水平，公司在人工成本方面保持对竞争对手较强的优势。

面对日益激烈的人才竞争，以市场为导向，以效益为依托，逐步建立起适应公司发展战略要求的多模式、多层次的对外竞争力强、对内激励充分的薪酬分配体系，是东阿阿胶生存和发展的关键。东阿阿胶紧紧围绕“打造亚洲第一滋补品牌”的战略目标，不断完善薪酬分配体系，使其与员工的短期利益、中期利益、长期利益有效地结合起来，吸引优秀人才，充分激发人力资源的潜能，为打造最具竞争力的员工队伍发挥应有的作用，成为提高员工和组织效率、推动公司发展的重要推动力。

复习思考题

1. 什么是战略性薪酬管理？
2. 战略性薪酬管理与传统薪酬管理的区别是什么？
3. 企业设计战略性薪酬管理体系应考虑哪些主要因素？
4. 战略性薪酬管理体系的实施要点是什么？
5. 开发总体薪酬战略的步骤有哪些？
6. 战略性薪酬策略包括哪些内容？

情景仿真题

思科公司在并购中非常强调人才的重要性，思科公司的整体薪酬水平及其发展速度都保持着快速增长。为保持领导地位，思科公司一年会做至少两次薪酬调查，对薪酬进行调整。例如，思科公司的工资水平在行业中属于中上水平，奖金则处于上上水平，股票价值是上上上水平，综合起来，思科公司的薪酬水平在业界属于上上水平。

请思考：

参考思科公司的薪酬管理体系，如果你是一家初创公司的人力资源管理部经理，你认为应该如何进行战略性薪酬管理体系的设计？

案例分析题

DZ 热力公司战略性薪酬管理优化[①]

DZ 热力公司是 HB 建投能源股份有限公司独资建设的第一家集中供热企业，现隶属于建投能源 HB 热力有限责任公司。2014 年 3 月公司正式成立，工程总投资约 6 亿元，供热范围为 DZ 市区内工业企业、公建和住宅等。经过 7 年的发展，DZ 热力公司经历了从无到有、从城市到农村的迅速扩张。DZ 热力公司整体薪酬处于中等或中等偏上水平，行政管理部、财务管理部、计划采购部等不同部门员工的薪酬水平差距较大，其中奖励工资部分根据员工的工作业绩来确定，属于薪酬体系中浮动最大的工资形式，不同部门员工的工龄工资和岗位工资基本持平。员工的应发工资扣除五险一金、个人所得税和企业年金后，为实际到手的实发工资。

在对 DZ 热力公司 121 名员工进行调查后，发现员工对战略性薪酬管理总体评价不高，存在的主要问题是员工对公司的使命、战略目标、人力资源管理战略、薪酬管理理念与政策的了解程度不够；薪酬水平偏低，缺乏竞争力；同岗位员工薪酬水平差距过大，与职位匹配性不高；薪酬增幅缓慢，努力程度在公司中未得到体现；结构单一，激励性不足；结构缺乏公平性与合理性；与战略相配套的薪酬制度不完整；对人才的吸引力不足；员工对工作内容和岗位要求的了解程度不高，工作评价不够合理，对企业文化的认同性不高。

请结合案例讨论：

1. 如果你是 DZ 热力公司人力资源负责人，该如何优化战略性薪酬方案？
2. 如何开展总体薪酬激励？
3. 如何选择战略性薪酬策略？

技能操作题

分析你所在大学向教师支付薪酬的方法，并运用五个维度——薪酬目标、内部一致性、外部竞争性、员工贡献、薪酬管理，推演它的薪酬战略。

① 参见盖颂：《DZ 热力公司战略性薪酬管理研究》，河北大学硕士学位论文，2021 年，第 32~38 页。

第三章　职位薪酬体系设计

【学习要点】

1. 理解职位薪酬体系的内涵与特点。
2. 掌握职位薪酬体系的设计流程。
3. 熟悉职位评价的原则和流程。
4. 掌握四种职位评价方法的操作步骤。
5. 了解企业实践中常用的两种职位评估方法。

【引导案例】

振华集团的薪酬体系改革之路①

振华集团成立于 1980 年，是一家国有独资公司。集团注册资本 2.4 亿元，资产总额 68 亿元。现有在岗员工 2138 人，下设 19 个机关处室、15 个供热分公司、4 个辅助生产单位、26 个全资子公司、9 个控股公司及 7 个参股公司。振华集团现有岗位分为行政、技术和生产三大系列。各系列包括的岗位具体如表 3-1 所示。

表 3-1　振华集团三大系列岗位

行政系列职级	技术系列职级	生产系列职级
总经理助理		
中层正职	正高级工程师	
中层副职	高级工程师	工匠
科级正职	工程师	站长
科级副职	助理工程师	一线工人
管理人员	技术员	辅助工人

2020 年 10 月，振华集团在香港联交所成功上市。随着集团的快速发展，现行的薪

① 参见郑美群、孙丽爽、胡晓璇：《激发“薪”动力：R 集团薪酬体系改革之路》，2021 年 3 月 4 日，http：//www.cmcc-dlut.cn/。本文采用时进行了一定的改动。

酬制度已经无法满足新时期集团快速发展的需要。人力资源部建议立刻启动薪酬改革方案，建立基于职位价值评价的薪酬体系。这个建议得到了公司领导层的全力支持，并成立了由人力资源部和外部专家组成的薪酬改革项目组。

经过三个多月的努力工作，振华集团完成了以下三项薪酬改革的基础建设工作。(1) 公司上下齐心协力，经过三轮的反复修改，完成了集团现有 610 个职位的职位说明书的编制。(2) 广泛调研，听取员工的意见和建议，确定了由职位职责、职位特殊性、工作条件、任职资格等 4 个维度、12 个要素、25 个子要素组成的职位价值评价表。(3) 对集团机关和分公司、子公司的岗位抽取样本，并进行职位价值评价测试，经过项目组对多次测试结果的分析讨论，结合集团现有的薪资情况，形成了集团三大系列的职位价值评价等级结构表。

为了客观真实地反映出集团各职位的重要程度，项目组以评价结果为依据，对同职级岗位划分出 A、B、C 三个类别，其中：A 类包括本职级最重要的岗位，B 类包括本职级比较重要的岗位，C 类包括本职级的剩余全部岗位。通过职位价值评价形成的行政系列职位价值评价等级结构如表 3-2 所示。

表 3-2 行政系列职位价值评价等级结构

等级	职级	类别	点数差值	1 档	2 档	3 档	4 档	5 档	6 档	7 档	8 档	9 档	10 档	同级档差
13	总经理助理	—	—	860	880	900	920	940	960	980	1000	—	—	20
12	中层正职	A	80	780	800	820	840	860	880	900	920	940	960	20
11	中层正职	B	50	730	750	770	790	810	830	850	870	890	910	20
10	中层正职	C	50	680	700	720	740	760	780	800	820	840	860	20
9	中层副职	A	100	580	600	620	640	660	680	700	720	740	760	20
8	中层副职	B	40	540	560	580	600	620	640	660	680	700	720	20
7	中层副职	C	40	500	520	540	560	580	600	620	640	660	680	20
6	科级正职	A	75	425	440	455	470	485	500	515	530	545	560	15
5	科级正职	B	35	390	405	420	435	450	465	480	495	510	525	15
4	科级正职	C	35	355	370	385	400	415	430	445	460	475	490	15
3	科级副职	—	35	320	335	350	365	380	395	410	425	440	455	15
2	管理人员	A	25	295	310	325	340	355	370	385	400	415	430	15
1	管理人员	B	35	260	275	290	305	320	335	350	365	380	395	15

为了使改革后的薪酬体系能够全面反映员工的贡献，项目组根据集团发展战略的要求，确定了集团所有人员的薪资结构都由四部分组成，即薪资 = 基本工资+岗位工资+绩效工资+辅助工资。不同职级员工的薪资构成比例如表 3-3 所示。

表 3-3　不同职级员工薪资构成比例

职级	基本工资	岗位工资	绩效工资	辅助工资	总计
中层及以上	25%	35%	40%	0	100%
科级/站长/管理人员	35%	30%	30%	5%	100%
一线工人	35%	35%	25%	5%	100%
辅助工人	45%	30%	20%	5%	100%

测算结果显示，在所有员工中，中层正职和高学历低工龄员工薪资涨幅最大，中层正职中 A 类涨幅为 6. 69%，B 类涨幅为 4. 17%，C 类涨幅为 1. 70%；高学历低工龄员工涨幅在 2. 87%~7. 89%。其他员工涨幅基本维持在 1%以内。改革后的薪酬体系解决了原有薪酬体系中平均化导致的激励性不强的问题，达到了集团的要求。

第一节　职位薪酬体系概述

一、职位薪酬体系的内涵

职位薪酬体系是一种比较成熟、稳定、运用最广泛的传统基本薪酬制度。它是对职位本身的价值做出客观评价，然后根据评价结果来确定承担这一职位工作的员工应该获取的薪酬水平的一种基本薪酬决定制度。①

职位薪酬体系最大的特点是员工担任什么样的职位就得到什么样的薪酬，只考虑职位本身的因素，对事不对人。由于其付酬依据是员工所处职位在企业中的相对价值，因此，这种薪酬模式在确定薪酬结构和薪酬水平时通常需要用到职位评价。

【案例链接】

中国人寿人力资源部门薪酬体系②

以中国人寿人力资源部门为例，普通员工每个月的基本薪酬是 2500 元，小组经理是 5500 元，小组高级经理是 6500 元，而部门经理则达到了 8000 元。目前的部门经理是一名从苏州大学毕业的本科生，毕业后从一名普通员工一步步走到现在的位置。而前任部门经理则是南开大学毕业的硕士。虽然两人的学历有较大的差距，但基本薪酬是相同的。

① 参见张正堂、刘宁编著：《薪酬管理》，北京大学出版社 2016 年版，第 28 页。

② 参见胡华成：《薪酬管理与设计全案》，清华大学出版社 2019 年版，第 56 页。

二、职位薪酬体系的优缺点

1. 职位薪酬体系的优点

（1）所有职位的薪酬水平均是在整体一致的职位系统下进行评估而确定的，因此较容易通过对比职位来对比员工的薪酬水平，可实现真正意义上的同工同酬。[①]

（2）按照职位系列进行薪酬管理，操作比较简单，透明直观，容易理解，管理成本比较低。

（3）员工只有变动职位到高一级职位工作，才能提高薪酬等级。晋升和基本薪酬增加之间的连带性增强了员工提高自身技能的动力。例如，作为教培行业的龙头机构之一，学而思教育为员工提供了五级职称晋升体系，分别为初级教师、中级教师、高级教师、特级教师和资深教师。其中初级教师的年薪在 10 万元左右，中级教师的年薪在 15 万元左右，高级教师的年薪在 20 万元左右，特级教师的年薪在 28 万元左右，资深教师的年薪则将近 40 万元。

（4）确定职位薪酬结构和薪酬水平的逻辑性强，而且在薪酬水平整体调整、职位设置发生变化等情况发生时，很容易对已有的薪酬体系进行修改。

【案例链接】

A 企业的基本薪酬问题[②]

A 企业经过仔细审核以后发现，行政主管岗位的基本薪酬应该是 6000 元/月，而销售主管岗位的基本薪酬应该是 8000 元/月。但是，目前这两个岗位的基本薪酬分别是 4500 元/月和 7500 元/月，这让该企业的人力资源管理人员十分头疼，因为行政部门是一个弱势部门，行政主管即使只拿 4500 元，员工还是觉得不公平。

于是，A 企业对行政岗位和销售岗位进行了一次全面且深入的评价，结果表明，这两个岗位在企业都有着非常重大的价值。另外，通过对行政主管、销售主管的考核可以知道，行政主管的基本薪酬应该在 5500~6000 元/月，而销售主管的基本薪酬则应该在 6500~8000 元/月。

经过高层管理人员的进一步讨论，A 企业决定将行政主管的基本薪酬调整为 5500 元/月，而销售主管的基本薪酬因为已经接近岗位上限，所以维持不变。随后，人力资源管理人员将结果展示出来，让每位员工都能了解行政岗位的重要性及行政主管的价值。此后，大家再也没有反映过基本薪酬的不公平问题。

2. 职位薪酬体系的缺点

（1）不易反映同职位内部员工在能力及劳动效果上的差异，激励作用十分有限。职位薪酬体现的是在企业中这个职位的重要程度和相对价值，并不关心员工是否创造

① 参见周斌、汪勤编著：《薪酬管理：理论 · 实务 · 案例》，清华大学出版社 2014 年版，第 80 页。

② 参见胡华成：《薪酬管理与设计全案》，清华大学出版社 2019 年版，第 61~62 页。

了价值，也不区别对待员工的不同业绩，只是将薪酬与工作内容相连，并非将薪酬与实际绩效相连。

（2）不承认超出职位需要的个人能力或跨职位的其他技能，因而不利于充分发挥能力强的员工的积极性，不利于员工的能力发展与职业发展，也不利于及时反映多变的外部经营环境对工作的新要求。

（3）强化职位等级间的差别，容易滋生官僚主义。职位与工资挂钩往往会导致官本位取向，出现能上不能下、“以人设岗”、人为地为涨工资而增设副职等现象。许多员工会通过各种方式进入管理职系，但并不是所有优秀的专业人员都适合做管理者。如果企业的技术专业人才无心追求专业技能的积累和发展，而转向他们并不擅长的管理职位，这样的趋势不利于个人和企业的持续性发展。

（4）对职位评价合理性、公正性和准确性的要求很高，而这恰恰是职位薪酬体系成功与否的难点和关键所在。职位分析、职位评价都是专业性、技术性很强的工作，没有专家参与很难成功，因此其管理成本很高。

（5）由于薪酬与职位联系紧密，而高层职位相对有限，因此在员工晋升无望且无其他激励因素的情况下，员工获得较大幅度加薪的机会很少，其工作积极性必然会受挫，甚至会出现离职的现象。

（6）以职位分析为基础确定薪酬的方法缺乏弹性，不适合现代化的创新型组织，不能适应变化加剧的外部环境。

【案例链接】

阿里巴巴的职位薪酬设计

阿里巴巴是 1999 年在浙江杭州创立的互联网公司，经过 20 多年的经营发展，已经成为集多项经营业务于一身的综合型企业，形成了具有自身特点的经营商业生态系统。阿里巴巴的薪酬体系主要采用职位工资制，并通过公司内的职位通道设置以及职位价值评估来实现公司内部的价值公平。阿里巴巴的职位体系主要由两个序列组成，即管理职位的 M 序列和技术职位的 P 序列，二者存在一定的对应关系，如表 3-4 所示。

表 3-4　阿里巴巴职位体系

管理通道（M 序列）		专业通道（P 序列）	
级别	级别名称	级别	级别名称
M9	总经理（CEO）	P14	董事局主席
M8	子公司 CEO	P13	首席科学家
M7	高级副总裁	P12	科学家
M6	副总裁	P11	高级研究员
M5	高级总监	P10	研究员
M4	总监	P9	高级专家

续表

管理通道（M 序列）		专业通道（P 序列）	
M3	高级经理	P8	资深专家
M2	经理	P7	技术专家
M1	主管	P6	高级工程师
		P5	资深工程师
		P4	初级专员
		P3	助理
		P1/P2	低端岗位预留(一般空缺)

公司所有职位除了拥有序列级别外，每个职位还细分为 3 个级别，即高层管理核心层 A、中层骨干层 B 和基层 C，同时专业通道还细分为行政类、财务类、销售类、技术类四大类。在同一级别的薪级中设置 10 个薪档，简称“一岗十薪”，通过这种方式展现员工在学历、技能、能力、经验等方面的差异，使员工在职位不发生变化的情况下能够拥有更多的薪酬上升空间。在员工职位发生变动时，其薪酬相关因素（如薪酬构成、职位工资等）也会随之变动，以体现付薪依据的统一性。

在薪酬构成与薪酬项目方面，阿里巴巴员工的薪酬构成为：员工薪酬=基本工资+职位工资+工龄工资+福利津贴+专项奖金+员工持股+其他。其中，基本工资一般由员工所在城市的职工平均生活水平和收入确定；职位工资根据职位价值矩阵与个人能力素质情况确定；工龄工资根据员工在公司服务的累计时间确定；福利津贴除了常规的交通补贴、通信补贴等之外，还有一些很有“人情味”的福利设置，如 30 万元的无息贷款用于支持员工购房首付、每人每年 3 个名额的公费体检、豪华食堂等；专项奖金则根据员工所在通道及通道工作特点采用不同的激励方法；员工持股则是对公司一定级别以上的员工授予一定数量的股票期权；其他主要是一些专项比赛或奖项收入。

根据岗位不同，每部分的分配比例不一样。以程序员为例，基本工资、职位工资、工龄工资等占比大约为 69%，专项奖金占比为 31%；销售员工的基本工资比例为 15%，专项奖金为 30%，其他收入为 55%。一个 P6 程序员的年薪大约为 70 万元，而一个 P8 程序员的年薪可以达到 100 万元以上（包含股票）。

三、实施职位薪酬体系的前提条件

企业在实施职位薪酬体系时，应当对以下几个方面的情况进行评价以考察本企业的环境是否适合采用职位薪酬体系。

1. 职位的内容是否已经明确化、规范化和标准化

职位薪酬是以职位为薪酬决定因素的，它要求企业各职位之间的业务独立性强，分工明确，内容具体，能够清晰、准确地进行职位分析与职位评价。

2. 职位的内容是否基本稳定，在短期内不会有很大的变动

职位薪酬较适合内外环境较为稳定的企业，从而不至于因为职位内容的频繁变动而使职位薪酬体系的相对稳定性和连续性受到破坏。①

【案例链接】

张华的不满②

张华在一家出版企业从事审稿编辑的工作，该项工作的基本内容就是对稿件进行审核和修改，以保证稿件在主题和质量上能符合出版要求，进而保证企业的出版计划可以如期进行和完成。张华刚刚进入企业的时候，担任的是初级审核编辑，每月的薪酬是4000多元，每天只需6个多小时就可以完成工作，还算比较轻松。入职的前两个月，张华一直觉得这份工作非常不错，可是到了第三个月，他就开始满腹牢骚。这到底是为什么呢？

原来按照企业惯例，初级审核编辑在入职三个月以后，如果工作上没有出现重大失误，每月的薪酬就会上涨1000元左右，而且工作量不会出现任何变化。但在第三个月的时候，领导却对新入职的员工表示，初级审核编辑必须在原有工作量的基础上，另外从事一些新媒体运营的工作，如果不同意或者无法胜任的话，薪酬就维持在原来的水平。此举让张华和一些新员工感到非常不满，没过多久，张华就辞职了。

从上述案例便可以看出，该企业是依据职位确定薪酬的，但领导为了推动企业的长远发展，希望可以从新员工当中挑选出一批有新媒体运营能力的人才。然而，薪酬是依据职位确定的，如果职位内容出现了变动，工作量也有所增加，薪酬却没有相应上涨，那么肯定会出现张华辞职那样的现象。

3. 组织是否具有按个人能力安排职位或工作的机制

职位薪酬体系是以工作为中心的薪酬体系，它只根据职位本身的价值向员工支付报酬，而没有考虑任职者的实际工作能力和绩效，因此如果员工本人的能力与所担任职位的能力要求不匹配，就会导致不公平现象的发生。

4. 企业中是否存在相对较多的职级

职位薪酬体系适合职位级别比较多的科层组织，从而能够为员工提供一个随着个人能力的提升从低级职位向高级职位晋升的机会。否则，一旦职位等级很少，大批员工在上升到一定的职位之后就无法继续晋升，其结果必然是阻塞员工的薪酬提升通道，加剧员工的晋升竞争，挫伤员工的工作积极性和进一步提高技能、能力的动机。

---

① 参见周斌、汪勤编著：《薪酬管理：理论·实务·案例》，清华大学出版社2014年版，第82页。

② 参见胡华成：《薪酬管理与设计全案》，清华大学出版社2019年版，第146~147页。

【案例链接】

张伟为什么辞职[①]

张伟在上大学时学的是市场营销专业，因为毕业后不想从事该专业的对口工作，就花费了一年的时间学习编程，并如愿去了一家程序开发企业工作。与大多数企业相同，该企业的试用期也是三个月，但张伟只用两周的时间就开发完成了一个程序，立刻转正了。

转正以后，张伟的薪酬为每月6000元（扣除五险一金），对于一个没有工作经验的毕业生而言，这样的薪酬水平并不低。起初他自己也比较开心，但工作了一段时间之后就渐渐有些苦闷，并对未来感到有一些惶恐。这是为什么呢？

原来张伟所在的企业只为程序员设计了一个等级——基础程序员，而且所有的基础程序员都拿着相同的薪酬。因此，过了一段时间以后，他毅然决然地选择了辞职，并开始一边进修一边寻求有更多发展空间的企业。

5. 企业的薪酬水平是否足够高

如果企业的总体薪酬水平不高，职位等级又很多，处于职位序列最低层的员工所得到的报酬就会非常低，各级别之间的薪酬级差也会很小。

四、职位薪酬体系的设计流程[②]

建立企业的职位薪酬体系应有效平衡外部竞争性和内部一致性两方面的要求，但重点在于充分体现薪酬的内部公平性。

1. 明确薪酬体系设计的背景

职位薪酬体系设计首先需要明确企业战略、组织结构，进而进行环境分析，最后制定薪酬策略。薪酬体系的设计是以企业战略为导向的，应该制定符合企业定位的薪酬体系。

2. 进行工作分析，搜集企业内各职位的相关信息

工作分析是通过搜集信息全面了解某一特定工作的内容或职责、权限、任职资格、工作流程、工作环境等，并对其进行描述的过程。一般通过问卷法、访谈法、观察法、关键事件法、工作日志法等方法获取相关职位的信息，形成完整、清晰的工作说明书，工作说明书提供相关的职位描述和任职资格的说明。

3. 进行职位评价

职位评价就是对不同职位工作的难易程度、职权大小、任职资格高低、工作流程简易或复杂、工作环境优劣、创造价值的多少等进行比较，评估企业内各职位对企业的相对价值，以实现内部公平。职位评价是设计职位薪酬体系最为关键的一个环节，

① 参见胡华成：《薪酬管理与设计全案》，清华大学出版社2019年版，第148~149页。

② 参见张正堂、刘宁编著：《薪酬管理》，北京大学出版社2016年版，第58页。

如何选取合适的职位评价方法、如何确定职位评价主体以及如何运作职位评价程序对于设计一个合理的薪酬体系至关重要。

4. 根据职位评价结果建立职位结构体系

建立职位结构体系是保证薪酬内部公平性的重要环节，是建立薪酬结构的基础。职位评价的结果是得到一个职位等级，即从企业中具有最高价值的职位到最低价值的职位的一个等级序列。从理论上来讲，每一职位根据其相对价值都可对应一个工资值，但一职一薪过于烦琐且增大管理难度，况且还可能有一些非典型职位并未参加职位评价，因而常常把职位价值相近的多种类型职位归并组合，形成职位等级。然后通过价值排序，形成职位等级序列或职位结构体系。

5. 薪酬调查

企业要吸引和留住员工，不仅要保证企业薪酬制度的内在公平性，而且要保证企业薪酬制度的外在公平性。因此，虽然职位评价为实现薪酬体系的内部公平性打下了良好的基础，但还要进行薪酬调查，以确保企业的薪酬水平在劳动力市场上具有外部公平性或竞争性。通过薪酬调查，可以建立起市场薪酬曲线，即在目前的劳动力市场上企业中各职位应得到的薪酬标准。这样，企业就可以参照本地区或本行业其他企业的薪酬水平制定和调整本企业的薪酬水平。

6. 选择薪酬定位策略

在分析市场或同行业的薪酬数据后，需要做的是根据企业的财力状况及战略需要选择不同的薪酬水平定位策略，如领先、跟随、滞后或是混合策略。

7. 确定职位等级与薪酬等级的关系

根据企业薪酬哲学和薪酬定位的策略，以及基准职位的市场薪酬数据对各职位等级进行“定价”。先要明确各职位等级与薪酬等级的关系：职位等级越高，说明工作的完成难度越大，对员工的素质要求越高，对企业的贡献与重要性越高，就意味着该工作的相对价值越大，因此职位的工资标准也应该越高。

8. 建立薪酬结构

在建立薪酬结构时，应根据职位结构确定各等级的薪酬范围，如起薪点、顶薪点和薪酬区间，以及相邻等级间的重叠程度等。在这个过程中，要参考在市场调查过程中得到的各职位薪酬等级的市场薪酬，再结合企业的薪酬定位策略对其进行领先、滞后或同步的调整。

【案例链接】

某公司财务人员的职级薪酬

某公司依据财务人员承担工作的不同，将财务人员分为1~7级，各级财务人员所得薪酬有明显的区别，具体如表3-5所示。

表3-5 财务人员的职级薪酬

单位：元/月

一级财务		二级财务		三级财务		四级财务		五级财务		六级财务		七级财务	
主要工作	所得薪酬	主要工作	所得薪酬	主要工作	所得薪酬	主要工作	所得薪酬	主要工作	所得薪酬	主要工作	所得薪酬	主要工作	所得薪酬
基本资历	2000	基本资历	2000	基本资历	2000	基本资历	2000	基本资历	2000	基本资历	2000	基本资历	2000
简单内表	1000	简单内表	1000	简单内表	1500	简单内表	1500	简单内表	2000	简单内表	2000	简单内表	2500
财务凭证	300	财务凭证	300	财务凭证	300	财务凭证	500	财务凭证	500	财务凭证	500	财务凭证	500
		外表报税	500	外表报税	500	外表报税	800	外表报税	800	外表报税	1000	外表报税	1000
		税务筹划	200	税务筹划	200	税务筹划	300	税务筹划	300	税务筹划	500	税务筹划	500
				资金规划	500	资金规划	800	资金规划	800	资金规划	800	资金规划	800
				防损管控	300	防损管控	300	防损管控	500	防损管控	500	防损管控	500
						成本管理	500	成本管理	800	成本管理	1000	成本管理	1000
						费用控制	300	费用控制	500	费用控制	500	费用控制	500
								政策优惠	300	政策优惠	300	政策优惠	300
								预算管控	1000	预算管控	1000	预算管控	1000
										管理财务	1000	管理财务	1000

续表

一级财务		二级财务		三级财务		四级财务		五级财务		六级财务		七级财务	
										经营分析	1000	经营分析	1000
												投融精算	1000

资料来源：胡华成《薪酬管理与设计全案》，清华大学出版社 2019 年版，第 208 页。

第二节　职位评价概述

一、职位评价的内涵

职位评价又被称为“工作评价”，是在职位分析的基础上采用一定的方法对企业中各种工作职位的性质、责任、权力、劳动强度、任职资格条件等特征进行全面系统的评估，以确定各职位之间的相对价值，从而为组织建立等级序列结构的过程。①

职位评价主要是基于以下三个方面的假设：一是根据职位对组织的重要性和相对价值来支付薪酬是符合逻辑的，是大多数人都能接受的；二是根据员工所承担职位的相对价值来确定该员工的薪酬，员工会感觉比较公平；三是企业可以通过基于职位相对价值的等级序列结构来构建合理的组织结构，以支持企业目标的实现。

【知识链接】

人力资源有关职位的英文名称②

决策层：CHO-Chief Human Officer 首席人才官，HRVP-Human Resource Vice President 人力资源副总裁/副总裁（分管人力资源工作）。

管理层：HRD-Human Resource Director 人力资源总监，HRM-Human Resource Manager 人力资源部经理。

执行层：HR Supervisor/HR Executive 人力资源经理/主管，C&B Supervisor/C&B Executive 薪酬福利经理，HR Specialist 人事专员，HR Assistant 人事助理。

人力资源模块：Human Resources Planning 人力资源规划，Recruiting & Configuration

① 参见赵曙明、赵宜萱主编：《薪酬管理：理论、方法、工具、实务》（微课版　第 2 版），人民邮电出版社 2019 年版，第 54 页。

② 参见邹善童：《薪酬管理实操全流程演练》，中国铁道出版社 2018 年版，第 4 页。

招聘与配置，Training & Development 培训与发展，C&B Compensation & Benefit 薪资福利，Performance Management 绩效管理，Employee Relations 员工关系，Organization Development 组织发展。

二、职位评价的原则

职位评价是企业薪酬管理的重要组成部分，其结果能否客观、全面、公正地反映出各个职位在企业内部的相对价值，直接关系到企业薪酬的公平性。因此在进行职位评价时，企业应该秉承以下几个原则。

1. “对职不对人”

职位评价针对的是职位，而不是目前在这个职位上工作的员工。因此，职位评价应该以职位说明书的职责范围为基础，不需要考虑该职位员工的个人特征。

2. 职位评价的标准化

职位评价的标准化强调的是评价因素的标准化，即统一规定衡量员工劳动消耗的依据和作为职位评价的技术、方法、程序、形式的评价标准，具体表现为评价指标、评价指标标准、评价技术方法和数据处理程序的统一，以此保证职位评价的公平性和可比性。

3. 评价因素完备性

职位评价的评价因素完备性，强调的是企业需要一套完备的评价因素系统。该套评价因素系统涵盖所有职位的基本价值因素，包括工作时间、工作强度、工作环境、工作内容、工作所需知识和技能等彼此相互独立的因素。这些因素都有自己的评价范围，且评价范围彼此之间几乎无重叠、无遗漏。企业中的所有职位都将使用这一套评价因素系统进行评价，但对于不同的职位而言，其价值因素的权重可能会有所不同。

4. 全面性

在对企业中的各个职位进行评价时，应该从系统论的角度出发，将企业内部的所有职位都放在一个系统里，从整体上分析每个职位存在的独特性、必要性及其相对价值。

三、职位评价应掌握的信息

在进行职位评价前需要获取一些与职位评价相关的资料，主要包括以下内容。

（1）职位名称、编码。

（2）职位所在的工厂、车间、科室、工段、作业组及工作地，以及这些组织所具有的职能、执行的任务。

（3）担任本职位人员的职务，担任相同职位的人数。

（4）本职位过去若干年内的任职人数、出勤率、加班情况，离岗、退休、辞职、升迁、调动情况，以及产生的原因。

（5）本职位担当的工作任务是什么？任务的主要项目和内容是什么？使用什么样

的设备、工具，加工什么样的产品？

（6）本职位受谁领导，为谁服务，又领导谁，上下左右的关系如何？

（7）执行本职位工作的必要条件，包括以下几个条件。

A. 本职位的责任。本职位在企业经营方向上，在科研、设计、生产、检验、管理上，在设备、材料、工具、技术安全上，以及与他人的工作配合上，承担的责任是什么？

B. 胜任本职位所需的知识。在基础理论、专业技术工艺、企业经营管理、实际操作等方面，应该具备什么样的知识及应掌握到何种程度？

C. 胜任本职位工作的实践经验。本职位需要什么样的工作实践经验，这些实践经验时间需多长？

D. 胜任本职位工作所需的决策能力。本职位需要在哪些问题上做出决策？决策的困难程度如何？

E. 胜任本职位工作所需的使用设备、工具、仪表、仪器的能力。设备、器具的复杂程度如何？精密准确度如何？对视力要求如何？这些设备、工具、仪表、仪器的价值如何？在使用中，正常损坏、发生差错的可能性有多大？其后果如何？

F. 胜任本职位所需的其他必备条件，如科研人员的创造力、高层领导的组织能力、业务人员的销售能力等。

（8）本职位的劳动时间和能量代谢率，以及相关的生理测定指标。

（9）本职位定员定额的执行情况，现行劳动定额水平如何？在正常条件下工人完成生产任务的数量、质量如何？原材料、劳动力、工时的利用消耗情况如何？职工的经济利益与工作责任关系如何？

（10）本职位的劳动环境和工作环境如何？是否在良好的环境下工作？是否有粉尘、噪声、热辐射、有毒有害气体？需要在恶劣的环境下工作多长时间？

（11）执行本职位工作的危险性。本职位事故的发生频率如何？产生的原因和后果是什么？对人会造成什么样的危害？

（12）本职位的负荷程度。执行本职位的工作任务时，会给劳动者带来多大的负荷量（包括肉体上和精神上的）？是否需要以异常的姿势进行作业？在视觉、听觉上要求注意力集中的程度如何？高负荷工作的持续时间有多长？

（13）本职位需要进行哪些专业训练？训练科目有哪些？训练时间需要多长？

（14）本职位对其他职位的监督责任如何？监督中存在什么具体的困难，其程度如何？

（15）本职位对员工的体格、体力的特殊要求是什么？如色盲、色弱者能否承担该工作？

【知识链接】

工作强度衡量

当衡量一个职位的工作强度时，可采用以下衡量指标：体力工作强度、工时利用率、劳动姿势、劳动紧张程度、工作班制等，如表 3-6 所示。

表 3-6　工作强度衡量指标

指标	解释说明
体力工作强度	劳动者体力消耗的多少
工时利用率	净劳动时间的长短，即净劳动时间与工作日总时间之比
劳动姿势	劳动者主要劳动姿势对身体疲劳的影响程度
劳动紧张程度	劳动者在劳动过程中生理器官的紧张程度
工作班制	如轮班作业制度

资料来源：赵曙明、赵宜萱主编，唐春勇、敬永春编著《薪酬管理：理论、方法、实务》，人民邮电出版社 2018 年版，第 130 页。

四、职位评价流程

企业在进行职位评价时，总体分为三个阶段，即准备阶段、实施阶段、完善与维护阶段，各个阶段有不同的工作内容和操作方法，但是各个阶段又是相互联系、相互影响的。

1. 准备阶段

（1）企业现状分析。主要分析企业所处的各种内外部环境等内容，如企业的战略目标、企业规模、组织结构、生产流程、经营状况以及人员状况等。

（2）职位说明书确定。职位说明书中的职位职责、权限、任职资格、工作环境等要素既是职位分析的重要成果，也是获取职位评价信息的主要途径。

（3）成立职位评价委员会。职位评价委员会是职位评价的组织与执行机构，对职位评价过程负有重要职责。其主要职责是组织职位评价的各项工作，如根据职位分析的结果进行职位评价体系设计，选择合理的职位评价方法，组织实施对职位做出评价，形成职位等级结构等。

（4）选择标杆职位。一般来说，企业很难对所有职位进行全面评价，常常选择一些具有代表性的标杆职位进行评价，然后以标杆职位为基础，将其他职位与标杆职位进行对比分析，进而确定所有职位的评价结果。标杆职位的选择不宜太多，也不宜太少，标杆职位数目一般为企业中全部职位的 10%～15%。

（5）建立职位评价体系。根据前期职位分析结果，将企业内部所有的职位划分为不同的职位类别，然后针对不同职位类别选择适当的职位评价方法，确定职位评价指标、各指标的分级定义以及指标权重。

2. 实施阶段

（1）对参与评价者进行培训。要做好对职位的评价工作，首先需要对评价者进行各种培训，如职位评价的目的与意义、评价方法、评价流程、评价技术等方面的培训。需要注意的是，不同职位的职位评价方法与操作流程可能存在差异，因此在培训过程中要加强评价方法与流程的针对性培训。

（2）职位评价。对职位进行初评，了解职位评价体系并对职位评价体系的科学性和实用性进行检验。在此基础上开展职位正式评价，形成职位等级结构。

（3）建立申诉机制和程序。在评价过程中，评价者需要不断与员工交流，使评价的目的、方法、标准等透明化，建立申诉机制和程序，给员工发表见解的机会与途径。

3. 完善与维护阶段

将职位评价结果形成书面报告。职位评价结束后，应及时对职位评价的工作过程、评价方法、评价流程等进行整理，编制形成书面报告，并在实施过程中及时验证与完善整个评价体系。

【思政小贴士】

同工同酬

党的十八大明确提出构建和谐劳动关系。《中华人民共和国劳动法》第四十六条规定：工资分配应当遵循按劳分配原则，实行同工同酬。同工同酬是指用人单位对于技术和劳动熟练程度相同的劳动者在从事同种工作时，不分性别、年龄、民族、残疾、区域等差别，只要能以不同方式提供相同的劳动量，即可获得相同的劳动报酬。同工同酬体现了两个价值取向：（1）确保贯彻按劳分配这个大原则，即付出了同等的劳动应得到同等的劳动报酬；（2）防止工资分配中的歧视行为。

五、何时需要进行职位评价

职位评价对组织来说比较重要，是组织必需的一项基础工作。通常在组织发生以下情况时，应该进行职位评价。①

1. 当组织内部失衡时

组织内部失衡主要是由组织结构的不合理以及各职位职责的不明确造成的，此时，组织需要通过职位评价获得与价值相关的各种信息，进而调整组织结构，明确各职位要素，为员工提供参照的依据。

2. 当企业急速增长之后

由于组织规模的扩大，以前的评价结果也需要进一步完善。原来的评价等级可能比较少。由于职位的增加也应适当增加职位的等级，避免不同职位之间的级差过大。

---

① 参见刘艳红、张艳萍主编：《薪酬管理理论与实务》，电子工业出版社 2016 年版，第 69 页。

3. 当组织合并或重整之后

当组织合并或重整之后，组织中的职位处于比较混乱的状态，可能受到两个甚至多个体系的控制。为了统一标准，组织需要重新进行职位评价，营造出公平、科学的组织氛围。

4. 当员工成本过高时

为了控制成本，组织需要清楚人力成本到底用到了哪些因素上，此时只有通过职位评价才能够清晰地判断。按照职位的价值付酬，对员工来说公平合理，对组织来说也避免了某些职位工资高于职位价值的现象，在一定程度上节约了组织的开支。

5. 当员工士气低落时

当员工流动率过高的时候，员工的不满和流动通常与收入不合理、工作没有动力、工作内容混乱、组织氛围差等因素有关。而职位评价可以解决上述问题，给员工一个公平合理的收入分配、清晰的工作内容和明确的发展方向。

第三节　职位评价方法

一、排序法

1. 排序法的含义

排序法是由职位评价者根据其对企业各项工作的经验认识和主观判断，对各职位的相对价值进行整体比较，并由高到低进行排序的方法。

2. 排序法的分类

排序法包括三种基本类型，即直接排序法、交替排序法和配对比较法。[①]

（1）直接排序法。直接排序法是指简单地根据职位的价值大小从高到低或者从低到高对职位进行总体上的排序。

（2）交替排序法。交替排序法是先选出价值最高的职位，然后选出价值最低的职位，再选出价值次高的职位、价值次低的职位，如此继续，直到选完为止，这样就得到了所有职位价值的排序结果。以表 3-7 为例，说明交替排序法的职位评价过程。

表 3-7　交替排序法

职位	评价者 1	评价者 2	评价者 3	评价者 4	评价者 5	综合	排序名次
项目经理	1	1	1	2	1	1.2	1
市场专员	2	2	2	1	2	1.8	2
市场经理	3	4	3	3	3	3.2	3

① 参见刘艳红、张艳萍主编：《薪酬管理理论与实务》，电子工业出版社 2016 年版，第 53 页。

续表

职位	评价者 1	评价者 2	评价者 3	评价者 4	评价者 5	综合	排序名次
项目助理	4	3	4	4	4	3.8	4
人事助理	5	5	6	5	5	5.2	5
会计	7	6	5	7	6	6.2	6
出纳	6	7	7	6	8	6.8	7
前台	8	8	8	8	7	7.8	8

具体步骤如下：

第一，选择职位评价者。一般评价者要 5~10 人，本案例职位评价者有 5 人。

第二，确定需要评估的职位。本案例需要评价职位 8 个。

第三，通过职位分析，形成职位说明书，作为职位评价的依据。

第四，确定职位排序因素。综合考虑工作职责、工作权限、任职资格、工作条件及环境等因素。

第五，进行评价排序。以评价者 2 为例，先选择价值最高的，在项目经理职位上写上序号“1”，再选价值最低的，在前台职位上写上序号“8”，依次在市场专员、出纳、项目经理、会计、市场经理、人事助理处写上序号“2”“7”“3”“6”“4”“5”，这样评价者 2 就完成了职位评价。

第六，评价结果统计。将各评价者的评价结果进行统计，计算各职位得到的平均分，依据平均分进行排序，得到最终评价结果。

（3）配对比较法。配对比较法也被称为“两两比较法”或“成对比较法”，就是将所有要进行评价的职位列在一起，两两配对比较，其价值较高者可得 1 分，最后将各职位所得分数相加，分数最高即等级最高，按分数高低对职位进行排列，即可划定职位等级。通过计算平均序数，便可得出职位相对价值的次序。以表 3-8 为例，说明配对比较法职位评价过程及排序结果。

表 3-8　配对比较法

比较对象	被比较对象					得分	排序
	行政秘书	文员	电脑操作员	系统分析员	程序设计员		
行政秘书	—	1	1	0	0	2	3
文员	0	—	0	0	0	0	5
电脑操作员	0	1	—	0	0	1	4
系统分析员	1	1	1	—	1	4	1
程序设计员	1	1	1	0	—	3	2

3. 排序法的优缺点及适用范围

排序法的优点：简单，能很快地为建立合理的薪酬结构提供一个能接受的基础，容易跟员工进行沟通；将职位作为一个整体进行比较，不需要将职位分成组成要素，可减少错误和争论。

排序法的缺点：主观性强，特别当某一职位受特殊因素的影响（如在高空、高温、高寒或在有害、有毒的环境下工作）时，常会将职位的相对价值估计过高；职位序数差不能反映出职位相对价值的差值大小；评价结果的准确程度不高且不稳定。

职位排序法主要适用于生产单一、工作职位数量较少的中小企业。

二、分类法

1. 分类法的含义

职位分类法，即对企业所有职位做出评估，而后从总体上将职位价值区分为不同的等级并为每个等级设立不同的标准，明确各个等级职位的工作难易程度和责任大小，然后将各职位与这些标准进行对照分析，依据对照分析结果将各个职位纳入相应的职位等级之中。①

2. 分类法的操作步骤

（1）划分职位类别。先将企业所有的职位大体分为若干类型，如管理类、业务类、技术类、勤杂类等或生产类、财务类、营销类、行政类等。如某电器公司将全部岗位分为生产岗位、技术岗位、管理岗位、市场营销和供应服务五大类岗位，然后对每一大类又细分为若干小类。以生产岗位为例，大致可分为车工、铣工、刨工、磨工和钳工五个小类；以技术岗位为例，大致可分为科研岗位、设计岗位、工艺岗位、理化分析和质量检测五个小类。②

（2）确定合适的职位等级数量。将每种类型职位分为若干等级，这一决策实际上是确定了职位价值的层级结构，如将管理类职位分为1~6档。等级数的多少取决于职位的复杂程度，职位越复杂，职位之间的差异越大，分级越多。

（3）制定等级标准，即对各职位类别的各个级别进行明确定义。通常做法是直接根据职位说明书进行职位等级定义，也可以从每类级别职位中挑选职位（关键职位），对该职位主要职责和规格进行描述，明确各等级职位的工作内容、责任、权限、工作的复杂程度以及任职资格要求等，从而构成职位的级别标准。

（4）确定不同类型、不同等级职位之间的相对价值关系。例如，管理类的5级相当于技术类的4级等，也就是以职业等级的形式确定薪酬等级。

（5）根据职位等级定义对职位进行等级分类（套级）。就是将各选定职位与职位级别标准进行对照，并根据对照结果将其编入合适的职位类别中的合适级别上。主要利用每一个待定职位的职位说明书或者工作描述与相关职位等级定义加以对照，然后将

① 参见赵曙明、赵宜萱主编，唐春勇、敬永春编著：《薪酬管理：理论、方法、实务》，人民邮电出版社2018年版，第56页。

② 参见周斌、汪勤编著：《薪酬管理：理论·实务·案例》，清华大学出版社2014年版，第101~102页。

这些职位分配到一个与该职位的总体情况最为贴切的职位等级中去。

3. 分类法的优缺点及适用范围

分类法的优点：标准简单，容易解释，执行起来速度较快，对评价者的培训要求少；一旦职位的等级定义明确，未掌握定量评级技术的人也能做到，尤其是在组织存在大量比较类似的职位时，操作容易。

分类法的缺点：只是做整体的综合性评价，不进行因素分解，等级的确定缺乏一定的科学依据，难以进行精确评比；相邻等级间难免有重叠之处，容易导致内部不公平；在职位多样化的复杂组织中，很难建立起通用的职位等级定义，尤其对不同职系的职位评比存在相当的主观性，准确度较差；很难说明不同等级职位之间的价值差距到底有多大，给确定具体工资额带来困难。

职位分类法的局限性仍很大，一般只适用于生产单一、结构简单、职位较少的中小微型企业。

三、要素比较法

1. 要素比较法的含义

要素比较法是一种量化的职位评价方法，是在确定典型职位和薪酬要素的基础上，对典型职位的薪酬要素进行排序并确定每个薪酬要素的工资率，制成典型职位排序表，然后将待评职位就薪酬要素与典型职位进行比较，从而确定待评职位的工资率。①

2. 要素比较法的操作步骤

（1）获取职位信息，确定薪酬要素。要素比较法需要细致和完备的职位分析，最好有标准、规范的职位说明书，同时还需要确定对职位进行比较的依据或尺度，即薪酬要素，通常包括心理要求、身体要求、技术要求、承担责任和工作条件等五个方面。②

（2）选择典型职位。职位评价小组先从全部职位中选择 15~25 个关键的、有代表性的基准职位作为典型职位，而其他职位的价值则可以通过与这些典型职位之间的薪酬要素比较来得出。这些职位不仅要代表所要研究的职位序列中的绝大多数职位，而且必须广为人知。在确定了典型职位之后，企业还必须确定给这些典型职位支付合理的薪酬数量，即根据外部市场状况和企业内部的实际情况为这些典型职位定价。

（3）根据典型职位内部相同薪酬要素的重要性对职位进行排序。职位评价者根据上述五个薪酬要素分别对典型职位进行排序。排序过程是以职位描述和任职资格为基础的。职位评价小组的每位成员单独对职位进行评分和排序，然后将所有成员的结果综合起来。各职位对各薪酬要素的要求不同，权数也不同。例如，一般操作工的体力要求较高，但智力要求较低；而一些工作人员的责任重大，体力要求相对较低，如表3-9所示。

---

① 参见周斌、汪勤编著：《薪酬管理：理论·实务·案例》，清华大学出版社 2014 年版，第 113 页。

② 参见刘昕编著：《薪酬管理》，中国人民大学出版社 2021 年版，第 105 页。

表 3-9 对典型职位的薪酬要素进行排序

职位	心理要求	身体要求	技术要求	承担责任	工作条件
焊工	1	4	1	1	2
起重工	3	1	3	4	4
冲床工	2	3	2	2	3
保安	4	2	4	3	1

注：1 为最高分，4 为最低分。

（4）将每个典型职位的薪酬水平分配到其内部的每个薪酬要素上去。首先，评价小组的成员需要根据自己的判断来决定，在每个典型职位中，不同的薪酬要素对此职位的贡献是多少，然后根据事先确定的典型职位的薪酬水平来确定典型职位内部每个薪酬要素的价值。假设某典型职位的现有薪酬水平为每小时 5 元，评价小组中的三名成员可按照表 3-10 中所示的方法来确定职位中各薪酬要素的最终价值。

表 3-10 对某典型职位内部的薪酬要素的定价过程 单位：元/小时

评价者	心理要求	身体要求	技术要求	承担责任	工作条件
甲	0.50 （10%）	1.00 （20%）	0.75 （15%）	1.25 （25%）	1.50 （30%）
乙	0.75 （15%）	0.50 （10%）	0.75 （15%）	2.00 （40%）	1.00 （20%）
丙	0.25 （5%）	1.25 （25%）	0.75 （15%）	1.75 （35%）	1.00 （20%）
合计 （甲+乙+丙）/3	0.50	0.92	0.75	1.67	1.17

（5）根据典型职位内部的每种薪酬要素的价值分别对职位进行多次排序。在分别确定了所有典型职位的每种薪酬要素的价值后，将所有的职位排列在一起，然后根据每种薪酬要素分别对职位进行多次排序。例如，在表 3-11 中，如果根据技术要求排序，则排列的顺序分别为焊工、冲床工、起重工、保安；如果根据工作条件来排序，则排列的顺序分别为保安、焊工、冲床工、起重工。

表 3-11 根据每种薪酬要素对职位进行多次排序

职位	小时工资（元）	心理要求（元/小时）	身体要求（元/小时）	技术要求（元/小时）	承担责任（元/小时）	工作条件（元/小时）
焊工	9.80	4.00（1）	0.40（4）	3.00（1）	2.00（1）	0.40（2）
起重工	5.60	1.40（3）	2.00（1）	1.80（3）	0.20（4）	0.20（4）
冲床工	6.00	1.60（2）	1.30（3）	2.00（2）	0.80（2）	0.30（3）
保安	4.00	1.20（4）	1.40（2）	0.40（4）	0.40（3）	0.60（1）

注：括号内为每种薪酬要素下的职位排序。

（6）根据两种排序结果选出不便于利用的典型职位。现在，每个典型职位都存在两种排序方案：第一种是根据步骤三得出的最初排序方案，它表明根据五种报酬要素在不同职位中的价值高低对各职位进行笼统排序的结果；第二种是由步骤五得出的排序结果，它通过薪酬水平数据来定量地反映每种薪酬要素在各典型职位的薪酬水平中所具有的重要性大小。严格来说，这两次排序结果应该是一样的。如果这两种结果之间差异过大，则表明这个典型职位并不是真正的基准职位，该职位不能作为典型职位使用。

（7）建立典型职位薪酬要素等级基准表。将所有典型职位的薪酬水平以及典型职位内部的每种薪酬要素的薪酬水平都确定下来以后，便可以建立一张典型职位薪酬要素等级基准表，如表 3-12 所示。

表 3-12　典型职位薪酬要素等级基准

工资水平（元/小时）	心理要求	身体要求	技术要求	承担责任	工作条件
0.20				起重工	起重工
0.30					冲床工
0.40		焊工	保安	保安	焊工
0.50					
0.60					保安
0.70					
0.80				冲床工	
0.90					
1.00					
1.10					
1.20	保安				
1.30		冲床工			
1.40	起重工	保安	主管		
1.50		主管			主管
1.60	冲床工				
1.70					
1.80			起重工	主管	
1.90					
2.00		起重工	冲床工	焊工	
2.10					

【案例链接】

X 公司的职位价值评价

X 公司运用要素比较法评价程序分析员的职位价值，如表 3-13 所示。[①]

表 3-13 X 公司评价程序分析员的职位价值

职位价值（元/天）	智力条件	技能	体能	责任	工作条件
100	系统分析员			系统分析员	
95					
90	程序分析员				
85				程序分析员	
80	程序设计员				
75					
70				控制台操作员	
65					
60					
55	控制台操作员				
50					
45		数据录入员			
40	数据录入员	控制台操作员			
35		程序设计员			
30		程序分析员	数据录入员	数据录入员	数据录入员
25			系统分析员		控制台操作员
20			程序设计员		系统分析员
15		系统分析员	程序分析员		程序分析员
10			控制台操作员		程序设计员

因此，程序分析员的职位价值为 90+30+15+85+15=235（元/天）。

3. 要素比较法的优缺点及适用范围

要素比较法的优点：要素比较法是一种比较精确、系统、可量化的职位评价方法，每一个步骤的操作都有详细的说明，将职位特征具体到薪酬要素的做法更加有助于评价者做出正确的判断；很容易向员工解释这种职位评价方法。

① 参见刘艳红、张艳萍主编：《薪酬管理理论与实务》，电子工业出版社 2016 年版，第 61 页。

要素比较法的缺点：开发初期非常复杂而且难度大；成本很高；有许多主观因素，员工不易理解，容易怀疑其准确性、公平性。

要素比较法适合职位种类多、特殊职位多的大型企业。

四、要素计点法

1. 要素计点法的含义

要素计点法又被称为“点数法”，是一种比较复杂的量化职位评价方法。该法首先要选定职位的主要影响因素，并采用一定点数（分值）表示每一因素，然后按预先规定的衡量标准，对现有职位的各个因素逐一评比、估价，求得点数，经过加权求和，最后得到各个职位的总点数。与要素比较法不同的是，要素计点法并不能直接得到某职位的工资率，而是得到一个抽象的“点数”，最后用增加的“点数—工资”表来进行换算。①

2. 要素计点法的操作步骤

（1）选取合适的薪酬要素。薪酬要素实际上是多种不同的职位中都存在的组织认为对其有价值并愿意为之支付报酬的一些具有可衡量性的质量、特征、要求或结构性因素。在实际操作中，最常见的四个报酬要素是责任、技能、努力、工作条件。②

（2）对每种薪酬要素的程度、水平、层次加以界定。每种薪酬要素的等级数量取决于组织内部所有被评价职位在该薪酬要素上的差异大小。差异程度越大，薪酬要素的等级数量越多；反之，则相对少一些。例如，表 3-14 给出了某组织对“自主性”这一薪酬要素的不同等级所进行的界定。

表 3-14　薪酬要素（自主性）的等级界定举例

5 级	为公司确定战略定位，并且为下属实现这一战略制定范围广泛的目标。确定管理路线，并且对职能单位的总体结果负责
4 级	在公司战略导向范围内制定公司总体政策，就下属所提出的例外问题的解决建议进行决策，就所负责的公司总体目标实现情况每年接受审查
3 级	在公司总体政策和程序范围内履行职责，协助制定公司政策和程序。在出现例外时，频繁地解释公司政策并且就行动方案提出建议。工作需要阶段性地接受检查，所做出的大多数决策不需要接受审查
2 级	根据公司的具体政策和程序执行任务，可能需要根据例外情况做出适应性调整。工作需要接受定期检查，可随时向管理人员求助
1 级	运用非常具体的公司政策和程序在有限的监督下执行任务和工作安排。工作经常要接受管理人员的检查，管理人员会随时应其要求提供帮助

① 参见刘艳红、张艳萍主编：《薪酬管理理论与实务》，电子工业出版社 2016 年版，第 61 页。

② 参见刘昕编著：《薪酬管理》，中国人民大学出版社 2021 年版，第 89~96 页。

（3）确定不同薪酬要素在职位评价体系中所占的权重或相对价值。薪酬要素在总体职位评价体系中所占的权重是以百分比的形式表示的，代表不同的薪酬要素对总体职位评价结果的贡献程度或者重要程度。这种权重的划分不仅与企业所在的行业、技术、市场等有关，而且与一个组织的战略、文化和价值观有关。例如，某组织确定了7个薪酬要素，各薪酬要素所占的权重如表3-15所示。

表3-15　薪酬要素及其权重分布举例

薪酬要素	权重
知识	20%
技能	5%
监督责任	25%
决策	25%
预算影响	10%
沟通	10%
工作条件	5%
合计	100%

（4）确定每种薪酬要素的不同等级所对应的点数。在各种薪酬要素所占的权重被确定以后，组织还需要为即将使用的职位评价体系确定一个比较合适的总点数。通常情况下，如果被评价的职位数量比较多，而且价值差异比较大，则需要使用的总点数就应该高一些。例如，我们将表3-15中的100%换算为1000点，就可以把各个薪酬要素的点数都算出来。

在确定了不同薪酬要素的总点数之后，组织还必须确定每种薪酬要素在不同等级上的点数，通常运用几何法和算术法两种基本方法。算术法比较容易计算，而几何法要在每种薪酬要素内部的等级递增幅度上保持相同的百分比，因此几何法容易向员工解释，公平性更强。如表3-16所示，算术法比较简单，只要将第5级的点数除以5，就可以得出该报酬要素在不同等级之间的点数级差。而如果使用几何法，则需要假定不同薪酬要素等级之间的点数比率差为30%，将第5级的点数依次除以1.3，得出第4级、第3级、第2级、第1级的点数。

表3-16　要素计点法薪酬要素等级的点数确定

薪酬要素	薪酬要素等级	几何法	算术法
知识	1	70	40
	2	91	80
	3	118	120
	4	154	160
	5	200	200

续表

薪酬要素	薪酬要素等级	几何法	算术法
技能	1	18	10
	2	23	20
	3	30	30
	4	38	40
	5	50	50
监督责任	1	88	50
	2	114	100
	3	148	150
	4	192	200
	5	250	250
决策	1	88	50
	2	114	100
	3	148	150
	4	192	200
	5	250	250
预算影响	1	35	20
	2	46	40
	3	59	60
	4	77	80
	5	100	100
沟通	1	35	20
	2	46	40
	3	59	60
	4	77	80
	5	100	100
工作条件	1	18	10
	2	23	20
	3	30	30
	4	38	40
	5	50	50

（5）运用薪酬要素来分析和评价每一个职位。在实际开展职位评价时，评价者需要考虑被评价职位在每一个既定的薪酬要素上处于哪一个等级，然后根据这种等级所代表的点数确定被评价职位在该薪酬要素上的点数。将此职位在所有薪酬要素上的得分进行加总即可得到该职位的最终评价点数。表 3-17 显示了按照算术法计算某职位的总点数的过程及其最终结论。

表 3-17　算术法职位评价过程及其结果举例

薪酬要素	权重	薪酬要素等级	点数
知识	20%	2	80
技能	5%	3	30
监督责任	25%	4	200
决策	25%	5	250
预算影响	10%	4	80
沟通	10%	2	40
工作条件	5%	5	50
合计	100%	—	730

（6）将所有被评价职位根据点数高低进行排序，建立职位等级结构。待所有职位的评价点数都算出来后，按照点数高低加以排列，然后根据等差的方式对职位进行等级划分，职位等级表就制成了，如表 3-18 所示。到此，职位评价的工作宣告完成。

表 3-18　职位等级（部分）

职位等级	薪点范围	职位名称	职位评价点数
1	140~199	秘书	160
2	200~259	信息与统计项目主管	210
		出纳项目主管	235
		薪酬绩效项目主管	255
3	260~319	投资管理项目经理	270
		外事服务项目经理	300
4	320~379	投资管理经理	360
		财务管理经理	370
5	380~439	人力资源部总经理助理	415
		财务部总经理助理	425
6	440~499	人力资源部副总经理	480
		财务部副总经理	485

续表

职位等级	薪点范围	职位名称	职位评价点数
7	500~559	人力资源部总经理	545
		财务部总经理	555

3. 要素计点法的优缺点及适用范围

要素计点法的优点：与其他非量化的职位评价方法相比，要素计点法的评价更为精确，评价结果更容易为员工所接受，而且还允许对职位之间的差异进行微调；可以运用具有可比性的点数来对不相似的职位进行比较；广泛应用于蓝领和白领职位；由于明确指出了职位比较的基础——薪酬要素，因而能够反映组织独特的需求和文化，强调组织认为有价值的要素。

要素计点法的缺点：方案的设计和应用耗费时间，要求组织必须首先进行详细的职位分析，有时可能还会用到结构化的职位调查问卷；在薪酬要素的界定、等级定义以及点数权重确定等方面都存在一定的主观性，并且在多人参与时可能会出现意见不一致的现象。

要素计点法适合生产经营过程复杂，岗位类别、数目多的企业，适用于对大量岗位进行评价。

【案例链接】

某集团公司要素计点法实践

某集团公司要对人力资源部部长和业务经理运用要素计点法进行职位评价。职位评价的总点数定为1000点，从任职资格（知识技能）、工作责任、工作强度（工作难度）和工作环境四大薪酬关键因素对销售经理、人力资源总监和会计进行职位评价。①

第一步：首先在四大关键因素的基础上，分解出14个子因素，每个子因素再细分为4~6个等级，并一一定义和配点，每个关键因素的权重、级别和配点都是由集团公司经过调研总结得出的，如表3-19所示。

表3-19　某集团公司职位评价因素、因素分级及配点

关键因素	配点	权重	子因素	1	2	3	4	5	6
任职资格（知识技能）	350	35%	1. 学历	20	40	60	80		
			2. 经验	20	40	60	80	100	
			3. 专业技能	15	30	45	60	75	90
			4. 创造性	15	30	45	60	80	

① 参见刘艳红、张艳萍主编：《薪酬管理理论与实务》，电子工业出版社2016年版，第62~68页。

续表

关键因素	配点	权重	子因素	1	2	3	4	5	6
工作责任	400	40%	5. 经营效益责任	20	40	60	90	120	
			6. 对他人管理责任	15	30	45	60	75	90
			7. 开拓发展责任	20	40	60	80	100	
			8. 质量管理责任	10	20	30	40	50	
			9. 企业文化建设责任	8	16	24	32	40	
工作强度（工作难度）	200	20%	10. 脑力强度	20	40	60	80	100	
			11. 工作负荷率	10	20	30	40	50	
			12. 心理压力	10	20	30	40	50	
工作环境	50	5%	13. 工作场所	15	30				
			14. 潜在危险性	5	10	20			

第二步：对子因素进行分级定义及配点，如表 3-20 所示。

表 3-20　子因素分级定义及配点

第一大关键因素：任职资格（知识技能）		
学历分级定义及配点	1. 学历：本因素衡量顺利履行工作职责所要求的最低文化水平以及职工自学或职业训练的水平，而不是实际工作中所获得的学业水平	
分级	分级定义	点数
1	高中（中专）	20
2	大学专科	40
3	大学本科	60
4	研究生及以上	80
经验分级定义及配点	2. 经验：本因素衡量工作在达到基本要求后，为获得并熟练掌握本岗位（专业）的工作技巧以达到胜任本岗位工作的要求所需要的实际工作经历时间，其中包括开始工作时的见习时间以及从事相关工作的时间，但不包括在学校内的职业培训时间	
分级	分级定义	点数
1	1 年及以下	20
2	1~3 年（含 3 年）	40
3	3~5 年（含 5 年）	60
4	5~8 年（含 8 年）	80
5	8 年以上	100
专业技能分级定义及配点	3. 专业技能：本因素衡量岗位对任职人员在经营管理、计划、政策水平、分析判断等方面应达到的专业技术水平	

续表

分级	分级定义	点数
1	了解本专业工作内容，照章办事，具有完成一般辅助性工作的能力	15
2	了解和初步掌握本专业工作内容及与本专业有关的政策规定，具有简单的分析判断能力，能完成一般性技术管理工作	30
3	熟悉本专业工作内容和政策规定，有一定的分析判断能力，能够独立解决本专业范围内的问题；受过培训，能独立承担本专业中一般项目的设计、技术、经营管理工作，能完成一般性工作总结报告；借助字典，能阅读一般的专业外语资料	45
4	熟悉本专业工作内容和政策规定，具有一定的综合分析和独立判断及解决本专业较为复杂问题的能力；受过一定的培训，有一定的工作经验和开拓能力，能独立承担本部门或本专业较复杂的研究、设计及经营项目，能撰写一定水平的总结、报告；借助字典，能阅读一般的专业外语资料	60
5	有较高的政策（技术）业务水平及综合、独立判断和解决处理本专业复杂问题的能力；受过系统的培训，有较丰富的工作经验，具有较强的开拓能力，能够独立主持或组织本部门、本专业内的重大项目的研究和设计，能够撰写较高水平的总结、报告；能阅读、看懂专业外语资料	75
6	精通本专业，具有解决重大疑难问题和全面主持工作的组织能力；受过全面系统的培训，有丰富的工作经验，具有很强的开拓能力，能独立承担集团公司的重点研究课题和特大工程技术项目设计，有较强的综合分析和独创能力；精通一门专业外语	90
创造性分级定义及配点	4. 创造性：本因素衡量工作本身所要求的判断、决定、计划、活动能力，以及所需要的智能程度	
分级	分级定义	点数
1	要求具有较低的创造性：仅需按照简单的规定行事，具有对简单事项进行决断的能力	15
2	要求具有中等以下水平的创造性：能够按照若干具体规程行事，具有一般的判断能力和决断能力	30
3	要求具有中等水平的创造性：工作上具有做出一定规划的能力，具有确保工作正常运转和服务质量的一般决断能力	45
4	要求具有中等以上水平的创造性：工作上经常需要对非常规的困难工作进行决断，具有较高的规划能力	60
5	要求具有较高的创造性：需要突出的工作能力和高度的规划性，对涉及面很广、很复杂的问题进行主动机智的处理	80

续表

第二大关键因素：工作责任		
经营效益责任分级定义及配点	5. 经营效益责任：本因素衡量任职岗位发生工作失误或者工作不达标时，对本公司经济效益所造成的直接和间接经济效益损失。经济效益损失的大小以销售成本、创汇额、利润额或其他不良经济后果来衡量	
分级	分级定义	点数
1	对公司最终产品的销售成本及企业经济效益影响较小	20
2	对公司最终产品的销售成本及企业经济效益影响不大	40
3	对公司最终产品的销售成本及企业经济效益影响较大	60
4	对公司最终产品的销售成本及企业经济效益影响很大	90
5	对公司最终产品的销售成本及企业经济效益影响巨大	120
对他人管理责任分级定义及配点	6. 对他人管理责任：本因素衡量岗位任职人员在正常权限范围内对他人工作进行监督、指导、帮助的责任。其责任的大小根据所监督指导人员的数量和层次进行判断	
分级	分级定义	点数
1	在别人指导监督下工作，只对本人工作负责	15
2	担任主管、副主管职务，负有指导他人工作的责任	30
3	担任部门副职领导职务，负有中等指导监督责任	45
4	担任部门正职领导职务，负有中等以上指导监督责任	60
5	担任公司高层副职领导职务，负有重要领导监督责任	75
6	担任公司高层正职领导职务，负有全面领导监督责任	90
开拓发展责任分级定义及配点	7. 开拓发展责任：本因素衡量岗位要求任职人员在开发新产品、拓展市场、项目投资、管理创新等方面对公司的持续发展所应承担的开拓发展责任	
分级	分级定义	点数
1	岗位要求任职人员对公司的发展负有较小责任	20
2	岗位要求任职人员对公司的发展负有一定责任	40
3	岗位要求任职人员对公司的发展负有较大责任	60
4	岗位要求任职人员对公司的发展负有重要责任	80
5	岗位要求任职人员对公司的发展负有全面责任	100
质量管理责任分级定义及配点	8. 质量管理责任：本因素衡量岗位要求任职人员对保证贯彻落实集团公司质量方针所承担的责任	

续表

分级	分级定义	点数
1	岗位要求任职人员对贯彻公司质量方针负有较小责任	10
2	岗位要求任职人员对贯彻公司质量方针负有一定责任	20
3	岗位要求任职人员对贯彻公司质量方针负有较大责任	30
4	岗位要求任职人员对贯彻公司质量方针负有重要责任	40
5	岗位要求任职人员对贯彻公司质量方针负有全面责任	50
企业文化建设责任分级定义及配点	9. 企业文化建设责任：本因素衡量岗位要求任职人员对企业精神文明建设和文化建设应承担的责任	
分级	分级定义	点数
1	岗位要求任职人员对企业精神文明建设和文化建设负有较小责任	8
2	岗位要求任职人员对企业精神文明建设和文化建设负有一定责任	16
3	岗位要求任职人员对企业精神文明建设和文化建设负有较大责任	24
4	岗位要求任职人员对企业精神文明建设和文化建设负有重要责任	32
5	岗位要求任职人员对企业精神文明建设和文化建设负有全面责任	40
第三大关键因素：工作强度（工作难度）		
脑力强度分级定义及配点	10. 脑力强度：本因素衡量工作上所需要的脑力，即在进行本岗位工作时需要的思想集中程度	
分级	分级定义	点数
1	需要较低程度的脑力：在从事本岗位工作时，可以自由调节和掌握工作节奏，需要较少的脑力	20
2	需要初等程度的脑力：在从事本岗位工作时需要集中脑力	40
3	需要中等程度的脑力：在从事本岗位工作时需要经常保持思想集中和运用脑力	60
4	需要中等程度以上的脑力：在从事本岗位工作时，需要持续地使用脑力	80
5	需要高强度的脑力：在从事本岗位工作时，需要高强度的脑力思考，并要求具有远见性和计划性	100
工作负荷率分级定义及配点	11. 工作负荷率：本因素衡量完成本岗位工作对日常确定性工作和非确定性工作所需要的纯劳动时间占制度工作时间的比率。在计算纯劳动时间时，工作均衡的岗位，可以以日为单位评估；工作不均衡的部门或岗位，可以以月、季度或年为周期评估	

续表

分级	分级定义	点数
1	工作负荷率60%以下，即纯劳动时间在5个小时及以下	10
2	工作负荷率61%~70%，即纯劳动时间在5.1~5.5个小时	20
3	工作负荷率71%~80%，即纯劳动时间在5.6~6.4个小时	30
4	工作负荷率81%~90%，即纯劳动时间在6.5~7.2个小时	40
5	工作负荷率91%及以上，即纯劳动时间在7.3个小时及以上，甚至需要经常加班加点	50
心理压力分级定义及配点	12. 心理压力：本因素衡量在完成本岗位所承担的任务时，由于工作范围、工作节奏、责任大小、时间要求等方面的综合因素对岗位任职人员所造成的心理紧张程度和心理压力	
分级	分级定义	点数
1	很小的心理压力：工作单一，不需要或很少做出决定，工作常规化	10
2	较小的心理压力：工作较为单一，很少做出决定，工作节奏有一定要求	20
3	中等程度的心理压力：工作有较快节奏的要求，需要做出一些决定，需要处理一些应急性事宜	30
4	中上等程度的心理压力：工作任务多样，较为繁重，要求经常迅速地做出决定，上下班时间难以正常实现，经常需要处理一些非常规的问题	40
5	很大的心理压力：经常迅速地做出决定，工作繁杂，任务很繁重、很紧张，以致在工作时间之外仍要继续考虑某些深层次的问题	50
第四大关键因素：工作环境		
工作场所分级定义及配点	13. 工作场所：本因素衡量工作区域的环境情况，包括闷热、寒冷、潮湿、噪声、震动、污垢、尘埃、油腻、烟灰等含量，露天工作时间以及工作的流动性	
分级	分级定义	点数
1	工作场所固定，没有污染，工作环境好	15
2	工作场所不固定，经常出差	30
潜在危险性分级定义及配点	14. 潜在危险性：本因素衡量工作中执行政策或按照原则处理人事事务时可能遭人误解或报复而招致的中伤或人身危险	

续表

分级	分级定义	点数
1	没有：不直接处理人事问题，没有发生潜在被人中伤或人身伤害的危险性	5
2	较小：直接处理一些人事问题，但涉及的数量较少，因而发生潜在被人中伤或人身伤害的危险性较小	10
3	较大：直接处理人事问题，大量而频繁，因而发生潜在被人中伤或人身伤害的危险性较大	20

第三步：用评价要素分析和评价销售经理、人力资源总监和会计这三个职位，如表3-21所示。

表3-21　销售经理、人力资源总监和会计三个职位的评价总点数

关键因素	子因素	被评价岗位的要素等级			被评价岗位的点数		
		销售经理	人力资源总监	会计	销售经理	人力资源总监	会计
任职资格（知识技能）	1. 学历	3	4	3	60	80	60
	2. 经验	3	4	2	60	80	40
	3. 专业技能	3	5	1	45	75	15
	4. 创造性	2	4	1	30	60	15
工作责任	5. 经营效益责任	3	4	3	60	90	60
	6. 对他人管理责任	2	5	1	30	75	15
	7. 开拓发展责任	1	3	1	20	60	20
	8. 质量管理责任	2	3	1	20	30	10
	9. 企业文化建设责任	1	4	1	8	32	8
工作强度（工作难度）	10. 脑力强度	3	5	2	60	100	40
	11. 工作负荷率	4	5	3	40	50	30
	12. 心理压力	3	5	1	30	50	10
工作环境	13. 工作场所	2	1	1	30	15	15
	14. 潜在危险性	1	1	1	5	5	5
总点数					498	802	343

第四步：对以上三个职位评价点数由低到高进行排列，并将点数接近的职位归属同级别，根据职位的评价点数确定职位等级的数量及点数变动范围，如表3-22所示。

表 3-22 职位归级

	一级	二级	三级	四级	五级	六级	七级	八级
薪点范围	200~280	240~360	320~480	400~560	480~640	600~760	680~840	800~1000
一档	200	240	320	400	480	600	680	800
二档	240	280	360	440	520	640	720	840
三档	280	320	400	480	560	680	760	880
四档		360	440	520	600	720	800	920
五档			480	560	640	760	840	960
六档								1000

第五步：根据第三步的结果，销售经理、人力资源总监和会计这三个职位的评价点数分别是498点、802点、343点，参照上面的职位归级表，销售经理的工资等级在四级三档到五级二档之间，人力资源总监的工资等级在七级四档到八级二档之间，会计的工资等级在二级三档到三级二档之间。

五、实践中常用的两种职位评价方法

（一）海氏工作评价系统

由美国工资设计专家艾德华·海（Edward Hay）于1951年研发的海氏工作评价系统，又被称为“指导图表—形状构成法”，是一种要素评分法。由于它有效地解决了不同职能部门的不同职位之间相对价值的相互比较和量化的难题，目前已被数十个国家的近万家大企业采用。①

海氏工作评价系统认为，所有职位包含的主要薪酬要素有三种，知识技能水平、解决问题的能力和承担的责任，每个薪酬要素又分别由数量不等的子要素构成，具体描述如表3-23所示。

① 参见张正堂、刘宁编著：《薪酬管理》，北京大学出版社2016年版，第43页。

表 3-23　海氏工作评价系统薪酬要素描述

薪酬要素	薪酬要素释义	子要素	子要素释义
知识技能水平	使工作绩效达到要求的水平所必需的专业知识及实际运作技能的总和，它是一种必须掌握的知识储备而不论以何种方式获得	技术知识技能（technical know how）	对该职位所从事的职业领域的理论、实际方法与专门性知识的了解程度，分为七个层次
		管理知识的广度（management breadth）	为达到工作绩效的要求水平而具备的计划、组织、执行、控制及评价的能力与技巧，分为五个层次
		人际关系技能（human relation skills）	与人一起工作和打交道的专门知识要求，分为三个层次
解决问题的能力	主要体现为任职者在进行分析、评估、创造、推理、选择等活动时的思维能力	思考的环境（thinking environment）	指任职者思考的自由度，从几乎一切都按既定规则行事到只有抽象规定的方针目标可供遵循，分为六个等级
		思考的挑战（thinking challenge）	指任职者思考的难度，即需要任职者进行创造性思维的程度，从几乎不需要动多少脑筋、只需重复老的模式到完全无先例可借鉴、需要任职者充分发挥思维能力，分为五个等级
承担的责任	任职者对行动及其产生的后果所应负的责任	行动的自由度（freedom of act）	指任职者在多大程度上接受对其工作的指导，接受的指导越具体，其行动的自由度越小，接受的指导越抽象，其行动的自由度越大，一般从小到大分为四个等级
		影响的范围（magnitude of impact）	指该岗位可能影响到的经济性后果，分为六个等级
		影响的性质（characteristic of impact）	指该岗位对组织整体绩效所起的作用，分为四个等级

海氏工作评价系统将三种薪酬要素的各子要素进行组合，形成了三张海氏工作评价指导表。表 3-24 是供知识技能水平评价用的，表 3-25 用来评价解决问题的能力，表 3-26 则是用来对承担的责任进行评定的工具。各薪酬要素中的每个子要素都分为不同的层次，每个层次都有十分具体的说明。①

① 本书受到篇幅的局限就不再详细介绍，有兴趣的读者可以查阅海氏公司的网站：www. haygroup. com。

表 3-24 知识技能水平

专业技术知识	管理范围														
	N. 不需要			Ⅰ. 低程度的			Ⅱ. 同类的			Ⅲ. 多元的			Ⅳ. 全局的		
	人际关系技能														
	1	2	3	1	2	3	1	2	3	1	2	3	1	2	3
A. 初级的	38 43 50	43 50 57	50 57 66	57 66 76	66 76 87	66 76 87	76 87 100	87 100 115	87 100 115	100 115 132	115 132 152	115 132 152	132 152 175	152 175 200	50 57 66
B. 基本职业性的	50 57 66	57 66 76	66 76 87	66 76 87	76 87 100	87 100 115	87 100 115	100 115 132	115 132 152	115 132 152	132 152 175	152 175 200	152 175 200	175 200 230	200 230 264
C. 职业性的	66 76 87	76 87 100	87 100 115	87 100 115	100 115 132	115 132 152	115 132 152	132 152 175	152 175 200	152 175 200	175 200 230	200 230 264	200 230 264	230 264 304	264 304 350
D. 高级职业性的	87 100 115	100 115 132	115 132 152	115 132 152	132 152 175	152 175 200	152 175 200	175 200 230	200 230 264	200 230 264	230 264 304	264 304 350	264 304 350	304 350 400	350 400 460
E. 基本专业性的	115 132 152	132 152 175	152 175 200	152 175 200	175 200 230	200 230 264	200 230 264	230 264 304	264 304 350	264 304 350	304 350 400	350 400 460	350 400 460	400 460 528	460 528 608
F. 熟练专业性的	152 175 200	175 200 230	200 230 264	200 230 264	230 264 304	264 304 350	264 304 350	304 350 400	350 400 460	350 400 460	400 460 528	460 528 608	460 528 608	528 608 700	608 700 800
G. 精通专业性的	200 230 264	230 264 304	264 304 350	264 304 350	304 350 400	350 400 460	350 400 460	400 460 528	460 528 608	460 528 608	528 608 700	608 700 800	608 700 800	700 800 920	800 920 1056
H. 绝对权威性的	264 304 350	304 350 400	350 400 460	350 400 460	400 460 528	460 528 608	460 528 608	528 608 700	608 700 800	608 700 800	700 800 920	800 920 1056	800 920 1056	920 1056 1216	1056 1216 1400

注：人际关系技能中的“1”“2”“3”分别代表基本的人际技能、重要的人际技能和关键的人际技能。

表 3-25 解决问题的能力

思维环境	思维难度				
	1. 重复性的	2. 模式化的	3. 中间型的	4. 适应性的	5. 无先例的
A. 严格常规的	10% 12%	14% 16%	19% 22%	25% 29%	33% 38%
B. 常规的	12% 14%	16% 19%	22% 25%	29% 33%	38% 43%

续表

思维环境	思维难度				
	1. 重复性的	2. 模式化的	3. 中间型的	4. 适应性的	5. 无先例的
C. 半常规的	14% 16%	19% 22%	25% 29%	33% 38%	43% 50%
D. 标准化的	16% 19%	22% 25%	29% 33%	38% 43%	50% 57%
E. 明确界定的	19% 22%	25% 29%	33% 38%	43% 50%	57% 66%
F. 宽泛界定的	22% 25%	29% 33%	38% 43%	50% 57%	66% 76%
G. 总体界定的	25% 29%	33% 38%	43% 50%	57% 66%	76% 87%
H. 抽象规定的	29% 38%	38% 43%	50% 57%	66% 76%	87% 100%

表 3-26　承担的责任

行动自由度	影响范围															
	N. 微小的				Ⅰ. 小的				Ⅱ. 中等的				Ⅲ. 大的			
	影响性质															
	R	C	S	P	R	C	S	P	R	C	S	P	R	C	S	P
A. 严格规定的	10	14	19	25	14	19	25	33	19	25	33	43	25	33	43	57
	12	16	22	29	16	22	29	38	22	29	38	50	29	38	50	66
	14	19	25	33	19	25	33	43	25	33	43	57	33	43	57	76
B. 受控制的	16	22	29	38	22	29	38	50	29	38	50	66	38	50	66	87
	19	25	33	43	25	33	43	57	33	43	57	76	43	57	76	100
	22	29	38	50	29	38	50	66	38	50	66	87	50	66	87	115
C. 标准化的	25	33	43	57	33	43	57	76	43	57	76	100	57	76	100	132
	29	38	50	66	38	50	66	87	50	66	87	115	66	87	115	152
	33	43	57	76	43	57	76	100	57	76	100	132	76	100	132	175
D. 一般规范的	38	50	66	87	50	66	87	115	66	87	115	152	87	115	152	200
	43	57	76	100	57	76	100	132	76	100	132	175	100	132	175	230
	50	66	87	115	66	87	115	152	87	115	152	200	115	152	200	264
E. 受指导的	57	76	100	132	76	100	132	175	100	132	175	230	132	175	230	304
	66	87	115	152	87	115	152	200	115	152	200	264	152	200	264	350
	76	100	132	175	100	132	175	230	132	175	230	304	175	230	304	400
F. 方向性指导的	87	115	152	200	115	152	200	264	152	200	264	350	200	264	350	460
	100	132	175	230	132	175	230	304	175	230	304	400	230	304	400	528
	115	152	200	264	152	200	264	350	200	264	350	460	264	350	460	608

续表

行动自由度	影响范围															
	N. 微小的				Ⅰ. 小的				Ⅱ. 中等的				Ⅲ. 大的			
	影响性质															
	R	C	S	P	R	C	S	P	R	C	S	P	R	C	S	P
G. 一般性指导的	132 152 175	175 200 230	230 264 304	304 350 400	175 200 230	230 264 304	304 350 400	400 460 528	230 264 304	304 350 400	400 460 528	528 608 700	304 350 400	400 460 528	528 608 700	700 800 920
H. 战略性指导的	200 230 264	264 304 350	152 175 200	200 230 264	264 304 350	350 400 460	200 230 264	264 304 350	350 400 460	460 528 608	608 700 800	800 920 1056	460 528 608	608 700 800	800 920 1056	1056 1216 1400
I. 总体无指导的	304 350 400	400 460 528	528 608 700	700 800 920	400 460 528	528 608 700	700 800 920	920 1056 1216	528 608 700	700 800 920	920 1056 1216	1216 1400 1600	700 800 920	920 1056 1216	1216 1400 1600	1600 1840 2112

注：影响的性质子维度中 R、C、S、P 分别代表后勤性作用、咨询性作用、分摊性作用和主要的作用。前两种作用是间接或辅助性的，后两种是直接或主角性的。

目前，海氏工作评价系统在不同国家都得到了广泛的运用。需要注意的是，对于不同国家、地区，三张表的格式是相同的，但是表中的具体数值是有差别的，而且关于薪酬要素等级的数量和界定都是有所差异的。

（二）美世职位价值评估法

美世职位价值评估法是由美世咨询公司与数十家跨国公司共同开发形成的，经过多年的改进与更新，现已成为一个全球广泛运用的岗位评估工具。经过多年的开发、更新与维护，目前已经升级到第三版本。美世 3.0 职位价值评估法不但可以比较全球不同行业、不同规模的企业，还适用于大型集团中各个分/子公司的职位比较。①

美世 3.0 职位价值评估法共有 4 个因素、10 个维度，总计 104 个级别，总分 1225 分。级别之间间隔 25 分，评估结果可以分成 48 个级别，分别通过影响、沟通、创新和知识因素对职位价值进行衡量与评估，其具体维度与级别划分规则如表 3-27 所示。

表 3-27　美世 3.0 职位价值评估法分数区间及对应级别

分数区间	对应级别	分数区间	对应级别	分数区间	对应级别
26~50	40	426~450	56	826~850	72
51~75	41	451~475	57	851~875	73
76~100	42	476~500	58	876~900	74
101~125	43	501~525	59	901~925	75

① 参见常雪松、张磊编著：《薪酬体系设计实操全案》，中国铁道出版社有限公司 2021 年版，第 43~53 页。

续表

分数区间	对应级别	分数区间	对应级别	分数区间	对应级别
126~150	44	526~550	60	926~950	76
151~175	45	551~575	61	951~975	77
176~200	46	576~600	62	976~1000	78
201~225	47	601~625	63	1001~1025	79
226~250	48	626~650	64	1026~1050	80
251~275	49	651~675	65	1051~1075	81
276~300	50	676~700	66	1076~1100	82
301~325	51	701~725	67	1101~1125	83
326~350	52	726~750	68	1126~1150	84
351~375	53	751~775	69	1151~1175	85
376~400	54	776~800	70	1176~1200	86
401~425	55	801~825	71	1201~1225	87

1. 影响

影响因素主要考虑岗位在其职责范围内具有的影响性质和范围，并通过贡献度进行修正，从组织规模、影响层次和贡献度三个细分维度进行评估，如图 3-1 所示。

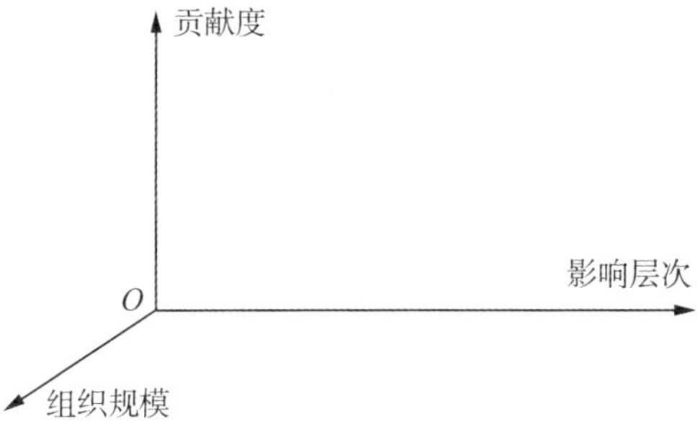

图 3-1　影响因素的维度

（1）组织规模。在确定组织规模时需要确认以下信息：①根据组织所在行业，通过比对表 3-28 确定组织倍数。②使用组织倍数乘以组织的销售额、资产或成本，通过比对表 3-29 确定组织的资产程度水平。③根据组织员工数量，确定员工程度水平。④将资产程度水平与员工程度水平相加求和，再除以 2 得到组织规模水平。

表 3-28 机构类型倍数

机构类别	倍数
根据销售额或收入	
制造和销售	20
商业服务	20
投资银行	20
装配和销售	8
保险	8
销售	5
零售	5
贸易	4
根据成本或预算	
制造业	20
研究和开发	20
政府服务	20
根据资产	
零售或商业银行	1
地产或物业	1

表 3-29 机构规模

程度水平	经济规模（净销售额/资产）（百万元）		公司员工数量（人）	
	级别下限	级别上限	级别下限	级别上限
1	0	433	0	10
2	433	866	10	25
3	866	1732	25	50
4	1732	3465	50	100
5	3465	6929	100	200
6	6929	13858	200	400
7	13858	27717	400	800
8	27717	48504	800	1400
9	48504	84883	1400	2500
10	84883	148544	2500	4000
11	148544	259953	4000	7000

续表

程度水平	经济规模（净销售额/资产）（百万元）		公司员工数量（人）	
	级别下限	级别上限	级别下限	级别上限
12	259953	452918	7000	12000
13	452918	682376	12000	18000
14	682376	1023564	18000	27000
15	1023564	1535347	27000	40000
16	1535347	2303020	40000	60000
17	2303020	3454530	60000	100000
18	3454530	5181795	100000	150000
19	5181795	7772692	150000	225000
20	7772692	—	225000	—

例如，有一家保险公司，其年销售收入为 1.5 亿元，现公司有员工 1100 人，则其组织规模程度水平的确定方法为：

资产程度水平＝1.5×100000000×8÷1000000＝1200（百万元），对照表格确认级别为 3。

员工数量程度水平＝1100（人），对照表格确认级别为 8。

此保险公司的组织规模水平＝（3+8）÷2＝5.5，比重向经济规模倾斜，因此组织规模为 5。

（2）影响层次。影响层次分为交付性（产出性）、操作性、战术性、战略性、远见性五个层次。

交付性：岗位要求根据既定的规则、标准、流程等进行工作、交付或服务，多数非专业岗位属于交付性。

操作性：在既定的目标下工作并独立交付工作成果，多数专业岗位和基层管理执行类岗位属于操作性。

战术性：岗位要求通过确立组织的各种标准，开发和实现新产品、流程，制订中期运作计划来支持组织整体战略的实现，某些参与经营策略建议的岗位属于战术性。

战略性：岗位要求直接建立和实施影响组织长期（通常为 3~5 年）发展的公司级的主要经营策略。

远见性：岗位要求领导整个组织制定和实现组织的使命、愿景和目标。

（3）贡献度。贡献度分为有限、部分、直接、显著和首要五个层次。

有限：对于运作结果，仅有难以辨别的贡献。

部分：对于结果的取得，具有易于辨认的贡献，但通常是间接贡献。

直接：对于决定结果取得的行动过程有直接和清晰的影响。

显著：对于结果的取得，具有显著的或根本的影响。

首要：对于结果的取得，发挥着决定性的作用。

基于影响层次和贡献度的各种组合方式，可确定不同的级别，如表 3-30 所示。

表 3-30　影响层次—贡献度确定的级别

影响层次	贡献度				
	有限	部分	直接	显著	首要
交付性	1	2	3	4	5
操作性	4	5	6	7	8
战术性	7	8	9	10	11
战略性	10	11	12	13	14
远见性	13	14	15	16	17

最终通过组织规模的层级水平、影响层次与贡献度的层级水平可以决定岗位影响因素的具体分值，如表 3-31 所示。

表 3-31　影响因素具体分值

级别	组织规模																			
	1	2	3	4	5	6	7	8	9	10	11	12	13	14	15	16	17	18	19	20
1	5	5	5	5	5	5	5	5	5	5	5	5	5	5	5	5	5	5	5	5
2	15	15	15	15	15	15	15	15	15	15	15	15	15	15	15	15	15	15	15	15
3	25	25	25	25	25	25	25	25	25	25	25	25	25	25	25	25	25	25	25	25
4	36	38	40	42	44	46	48	50	52	54	56	58	60	62	64	66	68	70	72	74
5	42	47	52	57	62	67	72	77	82	87	92	97	102	107	112	117	122	127	132	137
6	53	60	67	74	81	88	95	102	109	116	123	130	137	144	151	158	165	172	179	186
7	59	67	75	83	91	99	107	115	123	131	139	147	155	163	171	179	187	195	203	211
8	76	85	94	103	112	121	130	139	148	157	166	175	184	193	202	211	220	229	238	247
9	83	93	103	113	123	133	143	153	163	173	183	193	203	213	223	233	243	253	263	273
10	100	112	124	136	148	160	172	184	196	208	220	232	244	256	268	280	292	304	316	328
11	107	121	135	149	163	177	191	205	219	233	247	261	275	289	303	317	331	345	359	373
12	124	140	156	172	188	204	220	236	252	268	284	300	316	332	348	364	380	396	412	428
13	131	149	167	185	203	221	239	257	275	293	311	329	347	365	383	401	419	437	455	473
14	143	163	183	203	223	243	263	283	303	323	343	363	383	403	423	443	463	483	503	523
15	151	173	195	217	239	261	283	305	327	349	371	393	415	437	459	481	503	525	547	569
16	164	188	212	236	260	284	308	332	356	380	404	428	452	476	500	524	548	572	596	620
17	172	198	224	250	276	302	328	354	380	406	432	458	484	510	536	562	588	614	640	666

2. 沟通

沟通因素主要用于衡量岗位所需要的沟通技巧，将岗位工作中最困难和最具挑战性的沟通，通过沟通情景与沟通性质两个细分维度进行评估，如图 3-2 所示。

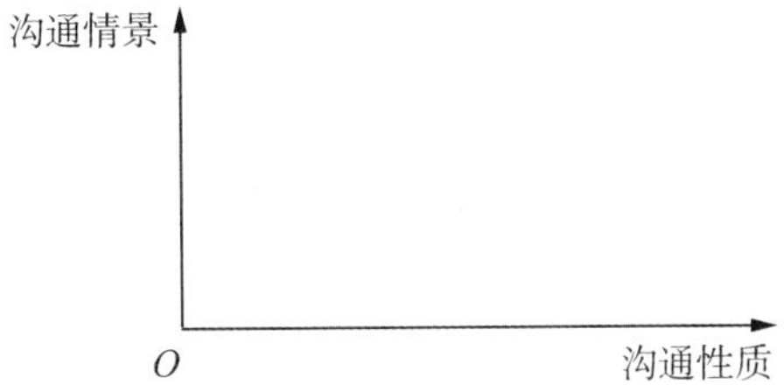

图 3-2　沟通因素的维度

（1）沟通性质。沟通性质需要依据评价岗位履行职责过程中所“必须”进行的最高难度的沟通类型，并确认最高难度沟通类型的发生频率是经常还是偶尔，最终在传达、交互和交流、影响、商议、战略性谈判五个层次中选择，如表 3-32 所示。

表 3-32　沟通性质

沟通性质层次	解释说明	沟通结果要求
传达	只需要获得或者提供信息，不需要对信息进行加工	将信息表述清晰，使对方明白
交互和交流	根据不同时间、地点、情景，灵活地表述和解释事实、事件、政策等，使对方理解	通过解释帮助对方理解信息的内容和意义
影响	说服他人接受已经确定的概念、观点和方法，沟通过程中需要根据对方的反馈对沟通内容进行少量的调整	通过分析使对方接受自己的观点
商议	说服他人接受完整的方案或计划，沟通的内容可以包括短期运作问题、中期战术性问题和具有部分战略意义的问题，沟通中需要根据实时情况对沟通内容进行灵活调整	通过协商就讨论内容形成完整的协议
战略性谈判	说服具有不同观点、立场和目的的人达成具有战略意义的一致意见	共同达成战略性协议

（2）沟通情景。沟通情景主要考虑岗位的沟通范围是组织内部还是外部，以及沟通双方初始的立足点、意愿是一致还是存在分歧，由此可将沟通情景分为内部共享、外部共享、内部分歧和外部分歧四种类型，具体如表 3-33 所示。

表 3-33　沟通情景

沟通情景种类	定义	解释说明
内部共享	在组织内部，有对某问题达成一致的共同意愿	为了达成共同的特定目标与组织内部人员进行沟通

续表

沟通情景种类	定义	解释说明
外部共享	在组织外部，有对某问题达成一致的共同意愿	与组织外部意愿或立场相符的人员进行沟通
内部分歧	在组织内部，目标或意愿的冲突使双方难以达成一致	与组织内部目标或角色有根本性冲突的人或团体进行沟通
外部分歧	在组织外部，目标或意愿的冲突使双方难以达成一致	与组织外部目标或角色有根本性冲突的人或团体进行沟通

通过沟通性质和沟通情景两个细分维度，可确认沟通因素的评价分数，具体情况如表 3-34 所示。

表 3-34　沟通因素评价分数

沟通性质	沟通情景			
	内部共享	外部共享	内部分歧	外部分歧
传达	10	25	30	45
交互和交流	25	40	45	60
影响	40	55	60	75
商议	55	75	80	100
战略性谈判	70	90	95	115

3. 创新

创新因素主要用于评估岗位所需要的创新水平，需要明确岗位在工作程序、服务产品方面的创新要求，主要通过创新要求和创新复杂性两个细分维度进行评估，如图 3-3所示。

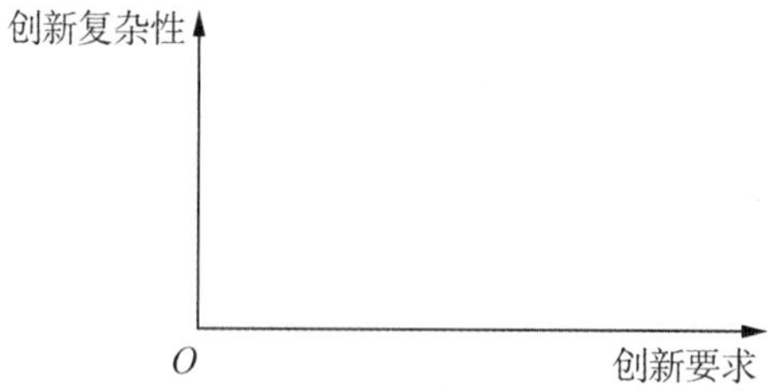

图 3-3　创新因素的维度

（1）创新要求。创新要求主要是岗位在履行工作职责时所需要的对工作流程、方法、技术调整、修改、创造的能力，其对岗位的长期稳定存在有一定要求。创新要求主要被划分为跟从、核查、改进、提升、创造/概念化以及科学/技术突破共计六个层次，具体如表 3-35 所示。

表 3-35　创新要求

创新要求层次	定义	解释说明
跟从	和既定的原则、流程或技术对比，不要求变化	岗位要求遵守既定、清晰的指导原则、流程或技术，不要求对现有的内容进行任何改变
核查	基于既定的原则、流程、技术解决个别问题	岗位要求在既定的原则、流程和技术框架下纠正或解决某些环节的问题
改进	加强或改进某一技术、环节的性能或效率	岗位要求对现有流程、产品、技术进行环节性的更新、修改以持续提高效率、性能
提升	提升整个现有的流程、体系或方法，做出重大改变	岗位要求对现有的流程、体系或方法进行整体性提升，使其发生显著性变化，以达到提升性能、效率的目的
创造/概念化	创造新的概念或方法	岗位要求创造市场上原本不存在的新方法、技术和产品
科学/技术突破	在知识和技术方面形成并带来新的革命性变革	岗位要求开发新的、未使用过的科学或技术的思想或创新性方法

（2）创新复杂性。创新复杂性是岗位在职者在进行创新时需要自己解决的问题的复杂程度，衡量对象是创新过程本身，复杂程度可以分为明确的、困难的、复合的和多维的四种层次，具体如表 3-36 所示。

表 3-36　创新复杂性

创新复杂性层次	解释说明
明确的	要解决的问题通常属于某个单独的工作领域或种类，问题的范畴能够明确说明且容易理解
困难的	问题只能模糊不清地阐述，与其他范畴和工作领域有交集，且不容易理解
复合的	问题需要得到全面的解决，需要考虑运营、财务或人力资源领域中至少两个领域的内容
多维的	问题涉及多个维度，需要在解决过程中全方位考虑运营、财务、人力资源三个领域的内容

通过创新要求和复杂性两个细分维度，可确认创新因素评价分数，具体如表 3-37 所示。

表 3-37　创新因素评价分数

创新要求	复杂性			
	明确的	困难的	复合的	多维的
跟从	10	15	20	25
核查	25	30	35	40

续表

创新要求	复杂性			
	明确的	困难的	复合的	多维的
改进	40	45	50	55
提升	65	70	75	80
创造/概念化	90	95	100	105
科学/技术突破	115	120	125	130

4. 知识

知识因素是用于评价岗位工作中为达到目标和创造价值所需要的知识水平。知识的获得可以通过多种渠道，如正规教育、工作经验、团队分享等，知识因素可通过知识要求、团队角色和应用宽度三个细分维度进行评估，如图 3-4 所示。

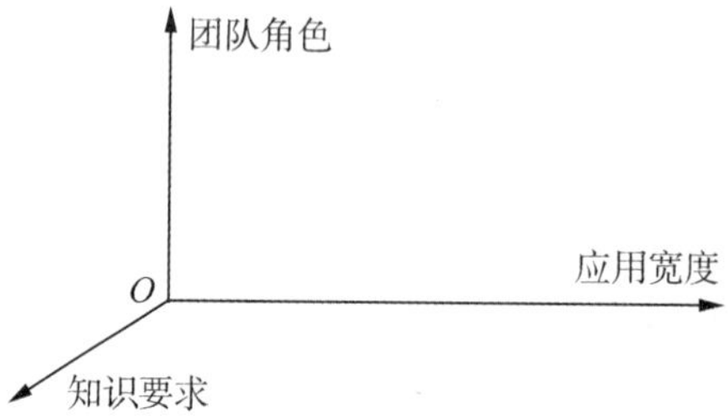

图 3-4 知识因素的维度

（1）知识要求。知识要求是履行岗位工作职责所需要的必备知识，可通过正规教育或者工作经验获得，既包含技术性、专业性的知识，也包含管理性知识。此处的知识要求只是任职的必备要求而不是最高要求。知识要求根据知识/技能的水平可分为以下五个层次，具体如表 3-38 所示。

表 3-38 知识要求

知识要求层次	定义	解释说明
有限的工作知识	掌握基本工作惯例和标准的基础知识，以履行狭小范围内的工作任务	岗位需要任职者在具备初级教育水平后，通过短期入职培训几个星期或 1~2 月，即可掌握岗位所需知识
基本的工作知识	需要掌握岗位特定的业务知识和技能或者需要精通某种特定技术/操作	岗位需要任职者具备专科以上的教育背景，或在缺乏专业教育背景的情形下拥有该方面 3 年以上从业经验，才能掌握岗位特有的技能
宽泛的工作知识	需要在一个专业领域内，具有多个不同方面的广泛的知识和技能	岗位需要任职者具备学历教育后，经过一段时间（1~3 年）的实践之后广泛了解本领域内多个方面的知识才可以胜任岗位

续表

知识要求层次	定义	解释说明
专业知识	在某个特定领域具备精通的专业技能和知识，并能够基于理论整合公司的实际	岗位要求任职者具备学历教育后，通过长期实践（3~5年），在某个特定领域达到精通，可以在实际中深入地应用理论
资深专业知识	在一个职能内各个方面具备既深且广的知识和应用能力，对特定专业领域具备公司内部专家程度的专业知识	岗位要求任职者在具备学历教育后，通过长期实践（5~8年），在一个职能内多个不同方面具备深且广的专业知识、实践经验，可以指导本职能内各方面工作

（2）团队角色。团队角色主要说明岗位要求以何种方式应用知识，即在工作中运用知识是通过领导一个团队的方式还是通过领导多个团队的方式。团队角色有以下三种划分层次，具体如表3–39所示。

表3–39　团队角色

团队角色层次	定义	解释说明
团队成员	独立工作，没有领导他人的直接责任	岗位只需任职者独立工作发挥专长，无领导他人的责任
团队领导	领导团队成员（至少3名）工作，分配、协调、监督团队成员工作	岗位要求领导1个团队，团队内至少有3名团队成员
多团队经理	指导2个以上团队，决定团队的结构和团队成员的角色	岗位要求领导至少2个团队，每个团队分别由一个团队领导进行管理

（3）应用宽度。应用宽度代表岗位要求的知识运用的环境或范围，反映出岗位知识运用所覆盖的地理范围，分为本地、洲际和全球三个层次，具体如表3–40所示。

表3–40　应用宽度

应用宽度层次	定义	解释说明
本地	一个国家或者具有相似经营环境的相邻国家	岗位要求只需要在一个国家范围内运用知识和技能
洲际	洲际地区（如欧洲、亚洲等）	岗位要求在一个地区内几个国家间运用知识和技能，负责一个大洲内多个国家间业务的运作
全球	全球所有区域	岗位要求在全世界所有地区运用知识，负责全球所有地区业务的运作

通过知识要求、团队角色以及应用宽度，可以从知识深广度、使用角色以及使用范围等方面对知识因素完成岗位评分，具体如表3–41所示。

表 3-41　知识因素评价分数

知识要求	团队成员			团队领导			多团队经理		
	本地	洲际	全球	本地	洲际	全球	本地	洲际	全球
有限的工作知识	15	25	35	50	60	70	75	85	95
基本的工作知识	30	40	50	65	75	85	90	100	110
宽泛的工作知识	60	70	80	95	105	115	120	130	140
专业知识	90	100	110	125	135	145	150	160	170
资深专业知识	113	123	133	148	158	168	173	183	193

在进行岗位价值评估时，根据岗位的职责特征匹配到各个因素中符合条件的级别中便可得到各因素的评分，最终将四项因素的得分求和即为此岗位价值评估的结果，具体计算公式为：评估得分=影响因素得分+沟通因素得分+创新因素得分+知识因素得分。

第四节　实操案例：新源公司职位薪酬体系设计①

一、企业背景

新源公司是以销售、配送、连锁管理为主的物流有限公司，并已初步形成产业链发展模式。公司总部设有办公室、财务科等行政管理机构，有医疗器械分公司、业务科、新特药科、事业发展部、新产品开发部、市场部、营销部、物流中心等业务部门。该公司是所在省药品流通领域的龙头企业之一，具有经营品种齐全、配送网络覆盖面大、质量价格竞争力强、服务达标的特点。

新源公司拥有员工 1000 多名（含零售药店人员，公司总部人员 120 多名），公司在人才运用上注重年轻化、知识化、专业化。公司的药学及药学相关专业人才比重在 40%以上，仅具有从业药师资格的人员就达 30 多名。新源公司员工的年龄和学历结构分别见图 3-5 和图 3-6。

① 参见张霞、胡建元、王一帆编著：《薪酬设计与薪酬管理案例教程》，东北财经大学出版社 2017 年版，第 5~16 页。本书在采用时进行了一定的改动。

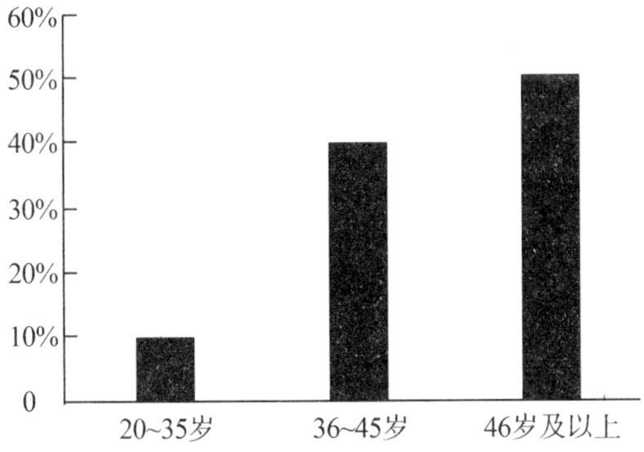

图 3-5 员工年龄结构

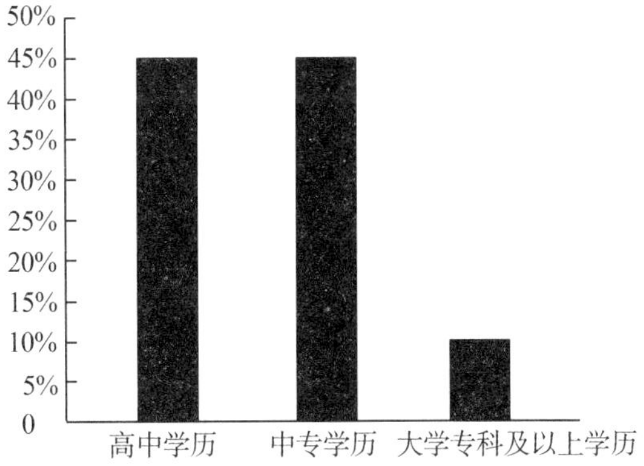

图 3-6 员工学历结构

二、企业薪酬管理问题诊断

1. 公司的薪酬制度问题

新源公司是中小型民营企业，采用传统的管理模式，建立了一定的人力资源管理制度，但是不完善，管理者缺乏对薪酬体系和职位评价的系统认识。新源公司没有统一的薪酬制度，每一个部门员工的最终工资都是由部门的负责人制定的，不同部门同一级别的员工工资差距也很大。内部薪酬的不公平问题比较严重，不同级别的员工之间薪酬差距过大。新源公司对高层管理者很重视，给高层管理者的工资远远高于中层管理者，同时又给予他们很多职务消费的权力。收入水平的悬殊严重地挫伤了广大员工的工作积极性和对企业的责任感，导致了企业中层管理人员的流失。

2. 公司薪酬体系存在的问题

（1）缺乏专业的人员。新源公司的高层管理者以前不是很重视人力资源管理工作，公司虽然有人力资源部，但是是由办公室主任兼任人力资源部主任，人力资源部与办公室合二为一，工作比较烦琐，没有体现专业性。部门内只有两名员工从事人力资源管理工作，专业知识和工作经验有限。

（2）缺乏职位评价，薪酬等级评价标准模糊。新源公司现在还没有把组织结构和工作分析运用到薪酬体系的设计工作中去，没有进行职位评价工作。员工薪酬等级的确定没有标准，而是由人力资源部根据员工所在的职位确定大概的薪酬范围，然后由各部门经理再根据自己的感受确定其最终薪酬等级。这样的薪酬等级根本不能解决员工薪酬缺乏内部一致性的问题。

三、重构薪酬体系的必要性和设计思路分析

1. 必要性分析

（1）从组织方面来看，新源公司的管理者比较重视员工的薪酬，每年员工的薪酬占企业支出的比重很大，员工的总体薪酬水平略高于当地的平均水平。新源公司本希望给员工支付高于市场水平的薪酬，激励他们为企业创造更多的价值，但是现在发现员工对

公司的这种做法不认同，尤其是与普通员工相比，高层管理者的薪酬过高，而中层管理者的薪酬一般，他们内心有一种强烈的不公平感。这样公司虽然为人力资本支付了相当高的费用，却没有得到预期的效果。薪酬问题归根到底是由公司的经营规模在不断变化而公司却没有采取相应的跟进措施导致的，主要表现就是薪酬体系不统一，员工的薪酬不能体现内部一致性，新源公司现在需要对员工的基本工资制定统一的标准。

（2）从员工方面来看，新源公司员工的薪酬水平虽然高于当地的平均薪酬，但是内部员工之间相互比较就会觉得很不公平。尤其是不同部门同等级别的人员，所做的工作虽然不同，但是在公司处于同等的位置，得到的工资不同，他们会觉得公司没有公平地对待员工。因为新源公司员工的薪酬高于市场平均薪酬，员工不愿意离开公司，但是工作也缺乏积极性。

2. 薪酬体系设计的思路

（1）选用职位薪资评价的基本思路。新源公司现在规模比较大，员工人数众多，部门设置比较齐全，而且有一定的管理基础，人力资源管理工作由部门来负责，工作比较规范。新源公司有较多的职位，可以为员工提供随着个人能力的提升而向高职位晋升的机会。新源公司的薪酬水平比当地的平均水平高，可以保证每一名员工都能得到可以满足基本生活需要的薪酬。新源公司对职位的内容进行明确化和规范化，开展具体的职位分析，并且编制了职位说明书。例如，该公司办公室主任的职位说明书如表 3-42 所示。

表 3-42　办公室主任的职位说明书

职位名称	办公室主任	职位代码	
所在部门	办公室	职位定员	
直接上级	副总经理	所辖人数	4 人
绩效工资等级	3 级	制定时间	2017 年 11 月
职位概述			
全面负责公司办公室的日常管理工作，履行草拟文件、组织会议等办公事务及监督、协调、保密等职责，保证各项工作有序开展			
主要工作职责			
1. 处理外来文件，签署分发、拟定意见 2. 负责行政办公会议和各种综合性会议的组织工作，并监督会议决议、决定的落实、执行情况 3. 审核文件、组织信息，为领导决策提供服务 4. 负责外事来访的接待工作 5. 负责公司内部印章的使用与管理 6. 负责员工申请开具公司证明的批准工作 7. 搞好公司的对外宣传、信息上报及外事管理工作 8. 组织建立档案管理、保密工作制度并监督实施 9. 负责所管辖人员的业务指导 10. 负责公司行政人员的招聘和培训方案的制订 11. 完成领导交办的其他工作			

续表

任职资格			
年龄要求	30~50 岁	性别要求	不限
最低学历要求	大学专科学历	专业要求	行政管理、企业管理等相关专业
计算机要求	熟练应用办公自动化软件	工作经验	5 年以上相关工作经验
知识要求	熟悉医药企业的经营特点、行业相关政策，掌握企业的各项政策及经营情况		
能力要求	1. 具有较强的语言表达能力、文字处理能力 2. 具有较强的组织能力和人际交往能力		
工作环境			
以室内办公为主，工作环境比较舒适			
工作时间			
基本上是固定的工作时间，每天 8 小时			

新源公司的薪酬具有一定的外部竞争性，但是缺乏内部一致性，最重要的是公司员工的基本工资不一致，没有统一的衡量标准。现在急需对公司做职位等级的评定，以便确定基本的工资等级。

（2）选用职位评价方法中的要素计点法的基本思路。新源公司的现状是在同行业中稳步发展，企业规模基本不会变化，现有职位要求都比较明确，有详细的工作职责，所以结合新源公司的现状来看，它适合采用职位薪酬体系设计。而且，新源公司的职位比较多，有一定的人力资源管理基础，可以采用职位评价方法中的要素计点法。

四、基于职位评价的薪酬体系设计

1. 选取标杆职位和薪酬要素

（1）选取标杆职位。在新源公司的职位结构中有四大职群：管理类、销售类、后勤类、技术类。由于新源公司的职位过多，在进行职位评价的时候，不可能针对所有的职位，只能从四个职群中选择标杆职位作为评价对象，这是进行职位评价的前提。根据新源公司的职位特点，选择出了表 3-43 中的标杆职位。

（2）选取薪酬要素。薪酬要素是一个组织认为职位所包括的一些对其有价值的特征，这些特征有助于组织战略的实现以及组织目标的达成。确定薪酬要素是整个职位评价过程中最为重要的一步。

表 3-43　新源公司的标杆职位选择

管理类	销售类	后勤类	技术类
文员	店内营业员	保安	助理药剂师
办公室主任	市场业务员	汽车司机	药剂师

续表

管理类	销售类	后勤类	技术类
财务科主任	营销经理	维修人员	
物流中心主任			
副总经理			
总经理			

根据新源公司的特征，首先选择一级薪酬要素进行评价：知识技术/能力因素、责任因素、努力程度因素和工作环境因素；然后选择二级薪酬要素：知识技术/能力因素有7个二级薪酬要素，责任因素有6个二级薪酬要素，努力程度因素有3个二级薪酬要素，工作环境因素有3个二级薪酬要素（见表3-44）。

表3-44　选取薪酬要素

一级要素	二级要素	一级要素	二级要素
知识技术/能力因素	1. 最低学历要求 2. 工作经验 3. 沟通能力 4. 计算机知识 5. 专业知识能力 6. 管理知识技术 7. 创新与开拓能力	责任因素	1. 风险控制责任 2. 经济效益责任 3. 指导监督责任 4. 协调责任 5. 工作结果的责任 6. 决策的影响范围
努力程度因素	1. 工作压力 2. 脑力辛苦程度 3. 工作量大小	工作环境因素	1. 工作时间特征 2. 工作地点的稳定性 3. 工作环境的舒适性

2. 对各薪酬要素进行定义并区分不同层次，确定薪酬要素的权重和所对应的点值

在进行职位评价时，要对所选取的一级要素和二级要素进行定义。由于新源公司职位比较多，且职位价值差异比较大，为了便于进行职位评价，并且使评价结果更加直观，定义一级要素的权重总分为1000分。一级要素的权重分布为：知识技术/能力因素占总分的25%，为250分；责任因素占总分的40%，为400分；努力程度因素占总分的20%，为200分；工作环境因素占总分的15%，为150分。对二级要素定义时，要对其进行等级划分，并且要明确每一等级所对应的点值（见表3-45）。

表 3-45　薪酬要素的界定与各等级的权重和点值

一级要素	二级要素	等级	分数	定义
知识技术/能力因素（25%，250分）	最低学历要求（20分）	指顺利履行工作职责所要求的最低学历，按正规教育水平判断		
		1	5	小学、初中毕业
		2	10	高中、中专毕业
		3	15	大学专科学历
		4	20	大学本科及以上学历
	工作经验（20分）	指达到工作所需基本要求后，还必须运用某种必须随经验不断积累才能掌握的技巧，依据掌握这种技巧已花费的实际工作时间和经历判断		
		1	5	1 年以内
		2	10	1~3 年
		3	15	4~5 年
		4	20	5 年以上
	沟通能力（30分）	指履行职位职责的过程中所需要的运用口头交流和表达的能力		
		1	10	工作时偶尔需要与工作对象进行交流，对语言表达能力要求一般
		2	20	工作时经常需要与工作对象进行交流，对语言表达能力要求较高
		3	30	工作时频繁与工作对象进行交流，对语言表达能力要求高
	计算机知识（30分）	指工作中所要求的实际计算机知识水平，以经常使用的最高程度为标准		
		1	10	可以使用电脑进行文字、数据录入
		2	20	熟练使用电脑办公自动化软件
		3	30	会对计算机硬件设备及办公网络进行维护
	专业知识能力（30分）	指为顺利履行工作职责所需要具备的专业技术知识和技能		
		1	10	基本不需要专业知识
		2	20	只需要常识性的专业知识和技能，该知识和技能很容易被掌握
		3	30	所需的专业知识和技能要求高，该知识和技能很难被掌握
	管理知识技术（60分）	指为顺利、高效率履行工作职责所应具备的管理知识、素质和能力		
		1	15	基本不需要管理知识
		2	30	需要基本的管理知识
		3	45	需要较强的管理知识和管理能力来协调各方面关系
		4	60	需要非常强的管理能力和决断能力，没有该知识技能将会影响公司正常运行
	创新与开拓能力（60分）	指为顺利履行工作职责所必需的创新与开拓的精神和能力		
		1	20	全部工作为程序化、规范化，无须开拓创新
		2	40	工作基本规范化，偶尔需要开拓创新
		3	60	工作性质本身即要求开拓创新

续表

一级要素	二级要素	等级	分数	定义
责任因素（40%，400分）	风险控制责任（60分）			指在不确定的条件下，为保证组织经营、发展的顺利进行所担负的责任，依据失败后遭受损失的影响大小来判断
		1	15	仅有一些小风险，失败不会给组织造成多大的影响
		2	30	有一定的风险，失败会给组织造成可以明显感觉到的影响
		3	45	有较大的风险，失败会给组织带来较严重的影响
		4	60	有极大的风险，失败会给组织造成不可挽回的影响
	经济效益责任（75分）			在任职职位上发生工作失误，或者工作没有达到标准，对公司经济效益所造成的直接和间接经济损失，依据经济效益损失的大小来衡量
		1	15	不会造成经济损失
		2	30	造成较小的经济损失
		3	45	造成较大的经济损失
		4	60	造成严重的经济损失
		5	75	造成不可估量的经济损失
	指导监督责任（75分）			指在正常权力范围内所拥有的正式指导监督职责，由本职位管理的人数多少和被管理人员的权限决定
		1	15	不管理任何人
		2	30	管理的人数小于或等于4人
		3	45	管理的人数为5~10人，被管理的人员中有1~2名管理者
		4	60	管理的人数为11~30人，被管理的人员中有3~5名管理者
		5	75	管理的人数在30人以上，被管理的人员中有5名以上的管理者
	协调责任（40分）			指在工作的过程中，需要与系统内外的单位和个人协调关系，以共同顺利开展业务工作，依据协调对象所在的层次、人员数量及接触频繁程度判断
		1	10	仅与本部门的人员协调工作，偶尔与其他部门或外部人员接触
		2	20	与公司大多数部门密切协调工作，与系统外固定单位或个人接触
		3	30	需要与公司所有部门随时联系和沟通，与系统外有具体业务往来的单位或个人保持密切联系
		4	40	与整个公司所有的部门有密切的工作联系，与系统外可能有业务关联的单位或个人有密切联系并频繁沟通
	工作结果的责任（75分）			指本职位对工作结果承担多大的责任，以本职位承担责任的范围为标准
		1	15	只对自己的工作结果负责
		2	30	对所在部门的工作结果负责
		3	45	对多个所管部门的工作结果负责
		4	60	对所有部门的工作结果负责
		5	75	对整个公司的工作结果负责

续表

一级要素	二级要素	等级	分数	定义
	决策的影响范围（75分）	指在正常工作中需要参与的决策，其责任的大小根据该决策影响的范围和程度判断		
		1	15	常做一些小的决定，影响与自己有工作关系的部分员工
		2	30	需要做一些对所属人员有影响的决策
		3	45	需要做一些大的决策，但须与其他部门负责人共同协商方可执行
		4	60	需要参加最高层次决策，但必须得到高层领导认可方可执行
		5	75	需要制定高层决策并监督决策执行
努力程度因素（20%，200分）	工作压力（60分）	指工作本身给任职者带来的压力，根据工作常规性、任务多样性、工作艰巨性和重要性、工作内容跨度进行判断		
		1	20	很少需要迅速做出决定，工作常规化
		2	40	有时需要迅速做出决定，工作任务较艰巨，内容有一定的跨度
		3	60	经常需要迅速做出决定，任务多样化，经常觉得任务艰巨，工作时间紧张，工作内容跨度大
	脑力辛苦程度（60分）	指在工作时对精力集中程度的要求		
		1	20	只从事简单脑力劳动，不需要高度集中精力
		2	40	部分时间必须高度集中精力，从事较高强度脑力劳动
		3	60	大部分时间必须高度集中精力，从事高强度的脑力劳动
	工作量大小（80分）	指每天工作的繁重程度，依据完成每天的工作需要持续忙的时间长短和工作量的大小判断		
		1	20	工作较清闲
		2	40	工作有时忙，但忙的时间短且有规律，工作量一般
		3	60	工作比较忙，且忙的时间持续长，工作量较大
		4	80	工作很忙，且忙的时间持续长，甚至加班加点，工作量大
工作环境因素（15%，150分）	工作时间特征（50分）	指对工作要求的特定起止时间的控制程度		
		1	12	按正常时间上下班
		2	25	基本按正常时间上下班
		3	37	上下班时间视工作具体情况而定，但有一定规律
		4	50	上下班时间视工作具体情况而定，没有规律可循
	工作地点的稳定性（50分）	指工作时是否经常变换工作地点，依据工作地点的变化频率和外出时间长短判断		
		1	12	工作地点基本固定，偶尔外出且有规律
		2	25	工作地点基本固定，要少量外出，没有规律
		3	37	工作地点不固定，需要大量外出，但是有规律
		4	50	工作地点不固定，需要大量外出，没有规律
	工作环境的舒适性（50分）	指工作环境硬件、软件设施的好坏，环境的舒适程度		
		1	12	以室内工作为主，工作条件较好，环境舒适
		2	25	以室内工作为主，兼有室外工作，工作条件环境一般
		3	37	兼有室内外工作，工作条件、环境较差
		4	50	以室外工作为主，工作条件、环境很差

完成上述工作后，就可以用这些薪酬要素对所选择的标杆职位进行评价。

3. 运用薪酬要素对所选职位进行评价

运用所确定的薪酬要素对所选的标杆职位进行评价，计算出这些职位的点值（见表 3-46 和表 3-47）。

表 3-46 用薪酬要素对职位进行评价（1）

		总经理		副总经理		营销经理		物流中心主任		财务科主任		办公室主任		文员	
		等级	点值	等级	点值	等级	点值	等级	点值	等级	点值	等级	点值	等级	点值
知识技术/能力因素	1. 最低学历要求	4	20	4	20	4	20	3	15	4	20	3	15	2	10
	2. 工作经验	4	20	4	20	3	15	3	15	3	15	3	15	2	10
	3. 沟通能力	3	30	3	30	3	30	3	30	2	20	3	30	2	20
	4. 计算机知识	2	20	2	20	2	20	3	30	2	20	2	20	2	20
	5. 专业知识能力	3	30	3	30	3	30	2	20	3	30	2	20	2	20
	6. 管理知识技术	4	60	4	60	3	45	3	45	3	45	2	30	1	15
	7. 创新与开拓能力	3	60	2	40	3	60	2	40	1	20	2	40	1	20
责任因素	1. 风险控制责任	4	60	3	45	3	45	3	45	3	45	2	30	1	15
	2. 经济效益责任	5	75	4	60	4	60	4	60	5	75	3	45	1	15
	3. 指导监督责任	5	75	5	75	4	60	3	45	2	30	2	30	1	15
	4. 协调责任	4	40	4	40	4	40	3	30	2	20	2	20	2	20
	5. 工作结果的责任	5	75	4	60	4	60	4	60	3	45	2	30	1	15
	6. 决策的影响范围	5	75	4	60	4	60	3	45	3	45	3	45	1	15
努力程度因素	1. 工作压力	3	60	3	60	3	60	3	60	2	40	2	40	1	20
	2. 脑力辛苦程度	3	60	3	60	3	60	3	60	3	60	2	40	2	40
	3. 工作量大小	3	60	3	60	4	80	3	60	3	60	2	40	1	20
工作环境因素	1. 工作时间特征	3	37	3	37	4	50	3	37	2	25	2	25	1	12
	2. 工作地点的稳定性	3	37	3	37	4	50	3	37	1	12	1	12	1	12
	3. 工作环境的舒适性	1	12	1	12	2	25	2	25	2	25	1	12	1	12
总分		906		826		870		759		652		539		326	

表 3-47　用薪酬要素对职位进行评价（2）

		店内营业员		市场业务员		维修人员		保安		汽车司机		助理药剂师		药剂师	
		等级	点值	等级	点值	等级	点值	等级	点值	等级	点值	等级	点值	等级	点值
知识技术/能力因素	1. 最低学历要求	1	5	2	10	3	15	1	5	2	10	3	15	4	20
	2. 工作经验	2	10	3	15	3	15	2	10	4	20	2	10	4	20
	3. 沟通能力	3	30	3	30	1	10	1	10	1	10	1	10	1	10
	4. 计算机知识	1	10	1	10	3	30	1	10	1	10	1	10	2	20
	5. 专业知识能力	1	10	1	10	3	30	1	10	2	20	2	20	3	30
	6. 管理知识技术	1	15	1	15	1	15	1	15	1	15	1	15	2	30
	7. 创新与开拓能力	2	40	3	60	1	20	1	20	1	20	1	20	1	20
责任因素	1. 风险控制责任	1	15	1	15	1	15	1	15	2	30	2	30	3	45
	2. 经济效益责任	2	30	2	30	2	30	1	15	2	30	2	30	3	45
	3. 指导监督责任	1	15	1	15	1	15	1	15	1	15	1	15	2	30
	4. 协调责任	1	10	3	30	2	20	1	10	1	10	1	10	2	20
	5. 工作结果的责任	1	15	1	15	1	15	1	15	1	15	1	15	2	30
	6. 决策的影响范围	1	15	1	15	1	15	1	15	1	15	1	15	2	30
努力程度因素	1. 工作压力	1	20	2	40	2	40	1	20	1	20	1	20	2	40
	2. 脑力辛苦程度	2	40	3	60	2	40	1	20	2	40	2	40	3	60
	3. 工作量大小	2	40	4	80	3	60	2	40	2	40	1	20	2	40
工作环境因素	1. 工作时间特征	1	12	4	50	3	37	3	37	3	37	1	12	1	12
	2. 工作地点的稳定性	1	12	4	50	3	37	2	25	4	50	1	12	1	12
	3. 工作环境的舒适性	1	12	4	50	4	50	3	37	4	50	1	12	1	12
总分		356		600		509		344		457		331		526	

4. 根据职位总点值高低对所评价职位排序，并划分出点值范围，确定职位薪酬等级

对所选择的职位运用薪酬要素进行评价之后，每一个所选的职位就有了一个评价总点值，应根据这些职位的总点值进行排序，来初步确定等级（见表 3-48）。

表 3-48　根据职位总点值排序

职位	总分	排序
总经理	906	1
营销经理	870	2
副总经理	826	3
物流中心主任	759	4
财务科主任	652	5

续表

职位	总分	排序
市场业务员	600	6
办公室主任	539	7
药剂师	526	8
维修人员	509	9
汽车司机	457	10
店内营业员	356	11
保安	344	12
助理药剂师	331	13
文员	326	14

如果发现排序的等级较多，可以通过划分点值的范围进行归等，这样更加直观，而且容易与其他职位进行比较。这里将点值划分为 8 个等级，以 80 分为区间值，然后根据评价的总点值确定上述职位相应的等级（见表 3-49）。

表 3-49　划分点值范围确定职位等级

职级	点值范围	管理类	销售类	后勤类	技术类
8	881～920	总经理			
	841～880		营销经理		
7	801～840	副总经理			
	761～800				
6	721～760	物流中心主任			
	681～720				
5	641～680	财务科主任			
	601～640				
4	561～600		市场业务员		
	521～560	办公室主任			药剂师
3	481～520			维修人员	
	441～480			汽车司机	
2	401～440				
	361～400				
1	321～360	文员	店内营业员	保安	助理药剂师
	281～320				

以上是对新源公司所选取的标杆职位进行的职位评价，可以以此为基础来确定新源公司的职位薪酬等级。

进行标杆职位评价之后，应对新源公司的所有职位进行评价，为此要成立一个评价专家组。为体现其客观性和公正性，评价小组成员可在公司各个层次的员工中选择，如高层管理者 3~5 人，中层管理者 15~18 人，基层员工 5~7 人，共 25 人左右。给每一名评价人员准备职位说明书、薪酬要素定义分级表、评分表等，并进行一些必要的讲解或培训，然后对所有职位进行评价，确定所有职位的薪酬等级。职位薪酬等级确定之后，新源公司基本工资体系的确定就有章可循了，从而能够更好地为公司建立职位薪酬体系。

复习思考题

1. 进行职位评价有哪些方法？这些方法具有什么样的异同点？
2. 要素计点法的基本流程是什么？它如何体现组织独特的需要和文化？
3. 目前企业常用的两种职位评估方法是什么？它们有什么不同？
4. 职位评价的主体如何确定？其运作流程是什么？
5. 职位薪酬体系的内涵是什么？其设计流程是什么？
6. 职位薪酬体系有哪些优缺点？它在什么样的条件下实现才具有更好的功效？

情景仿真题

某公司是专业从事互联网硬件设备生产和销售的高科技民营公司，公司现有员工 110 人，其中业务代表 30 人，生产/操作工 32 人，技术支持工程师 31 人，销售工程师 15 人，销售经理 2 人。公司致力于为客户提供优质和高效的产品，在互联网硬件设备生产和研发领域积累了大量经验，拥有多项专利。公司拥有实力雄厚的产品研发队伍和完善的质量保证体系。随着业务的快速发展，公司在薪酬设计方面遇到了一定的困难。为此，公司决定重新分析职位。

请你利用本章所学的内容为该公司选择比较好的职位分析方法并说明原因（见表 3-50）。

表 3-50　职位分析方法比较

序号	方法	操作要点	优点	缺点	适用范围
1					
2					
3					
…					

续表

序号	方法	操作要点	优点	缺点	适用范围

选择方法：
选择原因：
……

案例分析题

JJ 地产集团薪酬体系设计①

JJ 地产集团是一家跨区域、多项目同时开发的房地产企业，集团下辖房地产开发、物业管理、园林绿化、二手房交易等多种业务，由 9 家子公司组成。成立 10 年来集团凭借先进的开发理念、合理的规划布局、以人为本的设计、成熟完善的配套设施、优异的工程质量，打造了一批精品小区和高档商业物业，总开发规模超过 200 万平方米，目前已经成立了 4 家城市公司，同时开发多个项目。

集团总部和各城市公司现共有员工 185 人，其中硕士及以上学历 8 人，本科学历 39 人，大专学历 138 人。按照专业序列划分：高级管理层（包括集团总经理、董事长助理、各中心总监、总工程师、城市公司总经理、副总等职位）24 人，中层管理人员（包括各中心专业经理、各部门经理等职位）28 人，设计管理 3 人，工程管理（包括各专业工程师）16 人，招标采购 4 人，成本管理 8 人，营销管理（包括市场策划和品牌推广人员）10 人，客户服务 6 人，综合管理（包括人力资源、审计、文秘等相关职位）14 人，财务管理 21 人，置业顾问 27 人，后勤事务（包括司机和保洁）24 人。

集团目前实行的薪酬模式主要有两种：一种是职位薪酬制，另一种是销售提成制。职位薪酬制包括两种类型：年薪制和月薪制。两种类型均主要由四部分组成：按月领取的固定工资部分、年终效益奖金、补贴和福利。销售提成制也因职位的不同，分为两种类型：销售职位按额提成、客户服务职位按单提成。两种类型也主要都由四部分构成：基本工资、销售业绩提成、补贴和福利。

集团未实行密薪制，所有员工薪酬都是公开的。集团每年一季度进行一次集体调薪，具体调薪幅度没有规定，主要由集团董事长根据上年度集团业务发展情况提出，由集团高层会商确定调整方法。

经过调查发现，公司目前在薪酬体系上存在以下问题。第一，从职位的角度纵向比较看，经理以上级别的员工薪酬水平较高，基层员工薪酬待遇偏低，加之员工职业发展通道不健全，很容易导致基层员工的抵触情绪和消极怠工心理。第二，横向比较来看，各专业序列职位的价值没有得到真实的体现，房地产业务的某些核心专业职位

① 参见井辉、陈芳、王刚：《JJ 地产集团薪酬体系设计》，2013 年 10 月 8 日，http：//www.cmcc-dlut.cn/。本书在采用时有所改动。

被严重低估，薪酬水平没有竞争力，集团无法引进人才，更无法留住人才，这样就造成集团项目运营开发类的专业职位人员严重匮乏。第三，从薪酬的激励性来看，由于没有合适的绩效考核制度，集团目前实行的薪酬体系倾向于“大锅饭”的性质，员工产生了“干好干坏一个样”的感觉，从而导致有能力的员工要么留不住，要么消极怠工，而留下来的大多是公司发展不急需的人才，导致冗员，造成组织缺乏活力。公司现行薪酬体系并没有充分发挥其应有的激励功能。

管理咨询公司进驻JJ地产集团后，先是对JJ地产集团的情况进行了详细的调研，对员工进行了访谈和问卷调查，指出了目前JJ地产集团人力资源管理体系存在的问题，并就问题的解决方案提出了改进思路。因此建议JJ地产集团采用基于职位价值评估体系的薪酬体系，然后在此基础上推行以计划管理为主的绩效管理，使公司形成“能上能下，能高能低，能进能出”的机制，促进公司管理向有责、有序、有果的方向转变。

请结合案例讨论：

如果你是这家管理咨询公司的专家，你将如何开展对JJ地产集团薪酬体系的设计？

技能操作题

某食品公司将对人力资源部部长、销售员、人力资源管理专员及质检员4个职位运用要素计点法进行职位评价。

假设该公司职位评价的总点数定为1000分，从知识与技能、影响/责任、解决问题/制定决策、行动自由、沟通技能及工作环境6个薪酬要素进行评价。

由于该公司在知识与技能、影响/责任以及解决问题/制定决策方面比较重视，因此在权重上给予其更多的分值，各因素所占的比例依次为30%、20%、20%、10%、10%、10%，各因素所对应的权重值分别为300、200、200、100、100、100。各要素的定义及其职位说明书可参考其他同行业类似公司制定的标准。

请运用要素计点法对该食品公司人力资源部部长、销售员、人力资源管理专员及质检员4个职位进行职位评价。

第四章　能力薪酬体系设计

【学习要点】

1. 理解能力薪酬的内涵与类型。
2. 了解能力薪酬体系的优缺点。
3. 掌握能力薪酬的设计流程和关键决策。
4. 掌握技能薪酬体系的设计流程和关键决策。

【引导案例】

曙光公司的遗憾①

位于北京中关村的曙光公司是一家 IT 公司。公司的主要产品是教育软件。张华和李胜是曙光公司的技术骨干。两个人以前是大学同学，后来又一起进入曙光公司工作。张华和李胜分别负责不同的产品研发，张华负责 A 产品，李胜负责 B 产品。经过一年的艰苦努力，A、B 两个产品同时研发完成并推向市场，但市场表现却完全不同，A 产品很快被市场接受，为公司带来了很大的效益，而 B 产品却表现平平。

由于 A 产品在市场上表现出色，年底公司决定为张华涨工资。而李胜因负责的产品表现不好，没有涨工资。公司的决定迅速在员工中流传开来，很快传到了李胜的耳朵里，李胜与公司领导进行沟通，认为自己受到了不公正的对待，因为 B 产品表现不好并不是产品本身不好，而是 B 产品被市场接受需要一段时间。现在公司只为张华涨工资，李胜觉得自己的辛勤工作没有得到公司的认可。而公司领导认为市场会评价一切工作，没有接受李胜的意见。没过多长时间，李胜离开了曙光公司，加入了竞争对手日新公司，依然负责与 B 产品类似的产品。半年后，市场开始接受该产品，日新公司在该产品上取得了良好的收益。曙光公司的领导收到消息后，追悔莫及，认为不该轻易放走李胜这个人才。

在企业管理中，很多领导都是以结果为导向的，他们认为能力都会从结果上体现出来。其实，这样的理念忽视了一个问题，就是很多能力需要经过一段时间后才能体

① 参见张宝生、孙华主编：《薪酬管理》，北京理工大学出版社 2018 年版，第 75~76 页。本书采用时有所改动。

现出来。如果采取完全的结果导向，按照结果来发放工资，就会对拥有这些能力但在短期内没有体现出该能力的员工造成打击。因此企业在薪酬制定中，需要充分考虑员工能力的问题。那么企业应该如何根据员工的不同能力水平进行薪酬设计呢？

第一节　能力薪酬体系概述

一、能力薪酬体系的内涵

能力薪酬体系是对员工具备的各种在工作中应用的能力和技能进行确认，并据此发放薪酬的一种薪酬制度。①

能力薪酬体系最大的特点在于，它并不依据职位的相对价值为任职者发放薪酬，而是以任职者本身所具有的知识、技能及素质水平为薪酬支付的依据。

能力薪酬体系是一种以人为中心的付酬方式，它隐含着一种假设，即人们创造价值的差异来自能力的不同，能力越高的人为组织创造的价值越大。因此，在能力薪酬体系下，薪酬的差异主要来自人本身能力水平的差异，而非职位等级和职位价值的高低。

二、能力薪酬体系的基本构成与类型

广义的“能力”是一个人的知识、技能及相关个性特质的总和，是一个有层次的结构，并且能够驱动人的行为，产生相应的绩效结果。相应的“能力薪酬”也是一个广义的范畴，包含针对技能、知识以及胜任力的各种激励计划。

能力薪酬可以细分为技能薪酬、知识薪酬和胜任力薪酬三种类型。我们从字面上就可以看出这三者的区别：技能薪酬是依据员工掌握的与工作有关的技能为员工发放薪酬；知识薪酬是依据员工掌握的与工作相关的知识为员工发放薪酬；胜任力薪酬是依据员工在工作中表现出的胜任力来为员工发放薪酬。一般来说，技能薪酬主要用于技术工人，知识薪酬主要用于白领员工，但由于在实际操作中两者差异不大，因此统称为“技能薪酬”。而胜任力薪酬则主要应用于中高级管理者、技术专家等专业性人才。这三种类型的能力薪酬既有联系又有区别，同时还需要一些团队性的、可变的激励计划作为补充，如表 4-1 所示。

① 参见苏中兴主编：《薪酬管理》，中国人民大学出版社 2019 年版，第 116 页。

表 4-1 能力薪酬体系的基本构成及其基本特征

能力薪酬体系的基本构成（主要是基本工资层面）	侧重的能力层次	基本的联系面	主要应用对象	设计技术基础
技能薪酬	关注相对具体的技能与知识	与具体的工作要求联系密切（基于技能的深度和广度）	蓝领技术工人及专业技术人员	技能模块方法
知识薪酬		与具体的工作要求联系密切或与个人基本素质相联系（基于专用性培训与通用性培训）	技术工人及专业管理、服务和研究人员	课程模块方法及与各种培训开发计划相联系的工资设计方法
胜任力薪酬	关注相对抽象的潜能与特质	与组织的使命、愿景、价值观、战略目标等联系密切，关注个人的胜任特质和深层动力	中高层职业经营管理者及技术专家等白领人员	胜任力模型
能力薪酬的补充激励计划	将能力水平与绩效结果相联系的专门奖励计划：关注能力过程和绩效结果的平衡			
	收益分享、目标分享等团队激励计划：关注个人能力和团队绩效的平衡			

资料来源：曾湘泉主编《薪酬管理》，中国人民大学出版社 2014 年版，第 73 页。

【案例链接】

快递小哥凭技能涨工资①

2022 年 11 月，浙江省内首份快递行业能级工资专项集体合同在温州签订。温州市 154 家快递行业公司将共同推行这项工作，引导 2.3 万名快递小哥凭技能水平涨工资、拿补贴，为快递行业从业者提供职业保障，激发行业活力，促进行业发展。

温州推进能级工资专项集体合同，核心就是将技能等级与薪酬待遇挂钩，突出多劳多得、技高多得、贡献大者多得的分配原则。以收入问题为切入口，对快递员、快递分拣员设立岗位工资层级、职称津贴、技能津贴、学历激励机制和竞赛获奖等专项特殊荣誉津贴，制定不同的最低工资标准，这无疑有利于激发从业人员提升技能水平和素质的热情。

例如，对获得初级、中级、高级快递员职级的，每月给予 160~300 元补贴；对专

① 参见付彪：《“快递小哥凭技能涨工资”值得借鉴》，2022 年 11 月 12 日，https://baijiahao.baidu.com/s?id=1749088179711728095&wfr=spider&for=pc。

业对口或专业学历得到提升的，每月补助300~1300元；对荣获各级劳动模范、五一劳动奖章以及获得各级道德模范、最美（文明）职工、见义勇为先进个人的，每次奖励1000~8000元。快递小哥凭技能涨工资，彰显技术的“真金白银”价值。

三、能力薪酬体系的优缺点及适用范围

1. 能力薪酬体系的优点

（1）激励员工不断学习。由于员工的薪酬直接与工作能力相关，因此能力薪酬体系可以极大地提高员工学习新技能的积极性和主动性。

（2）增进员工对业务的了解。能力的不断提升不仅可以使员工胜任更多的工作，还可以增进员工对工作流程、上下游环节的了解，从而帮助员工从更高的视角看待公司的整体运作，对公司有更为系统的把握。

（3）化解职位晋升的压力。在能力薪酬体系中，员工即使不升职也可以凭借自身能力的提升获得更高的薪酬，这可以促使员工更专注于自身能力的提升而不是职位的升迁，可以在一定程度上减少组织政治行为。

（4）提升企业的核心竞争力。能力薪酬体系可以促进员工能力水平的提升，促使员工掌握与组织战略密切相关的能力，从而培育组织的核心竞争力，实现组织的可持续发展。

【案例链接】

格力的薪酬管理案例①

格力电器公司采用固定工资与浮动绩效工资相结合的薪酬机制，综合考虑员工的岗位性质、工作成果、工作地域、技术难度等，按时为员工核定并发放薪酬。同时，薪酬政策会根据宏观经济环境、行业发展趋势、公司战略方向等作动态调整。

针对专业技术员工群体，格力电器公司建立起适用于自身发展的专业技术等级评定体系，并于2018年正式向全公司推开，标志着员工职业发展通道的全面打通。公司设计出了100余条员工职业发展通道，完成了任职资格标准体系、培养体系、评定体系及激励体系的全流程体系搭建，实现了评定工作的常态化运行。2018年，格力电器公司获评等级员工共计13000余人，并实现了评定结果在薪资方面的应用突破，进一步优化了基于员工能力的薪酬调整机制，全方位激发了员工能力，能够更好地为人才甄别及发展保驾护航。

为进一步拓宽员工职业发展通道，格力电器公司按照不同关键领域员工群体，搭建基于员工能力、业绩双提升的职业发展通道：针对专业技术类员工，积极引导员工不断提高专业技术水平，围绕员工关键行为、绩效表现、工作能力、工作经验等内容构建专业技术等级评定体系；针对技能型员工，完备技术工种人才储备机制，建立技

---

① 参见HRsee：《格力的薪酬管理案例》，2020年4月26日，https：//www. hrsee. com/？ id=1418。

能工等级评定体系，不断提高技能工专业技能素质。

2. 能力薪酬体系的缺点

（1）管理过程较为复杂。首先，对员工所拥有的能力进行认证及合理定价具有一定的难度，确定员工是否真正掌握某项能力的过程往往缺乏权威性。研究表明，能力界定和认证环节是最易滋生矛盾的核心环节。其次，企业需要根据技术的变化不断更新和丰富能力评价体系，定期重新评价员工的能力等级，这些都使得管理的复杂程度成倍增加。最后，能力薪酬计划一般与培训计划密切相关，培训计划设计会增加管理的复杂性。

（2）增加企业成本。能力薪酬不仅增加了企业的薪酬成本，还增加了企业的培训成本。企业为了使员工技能得到普遍提高，往往要在培训方面进行投资。这些投资不仅表现在直接成本上，还表现在间接成本上，例如员工和培训人员的时间成本和机会成本。

（3）高能力不等于高绩效。能力薪酬专注于激励员工提升技能，但是个人掌握的技能并不一定会产生更高的绩效。能力毕竟是一种潜在的生产力，如果不能通过有效的管理使这种潜在的生产力变成实际的生产力和员工绩效，那么相比于企业多付出的成本，投资员工能力对企业而言未必划算。

（4）缺乏市场参照系。能力薪酬与职位薪酬一样需要以外部市场为依据确定能力的价格。基于职位的薪酬调查已经有很多年的基础，比较容易获得市场薪酬数据，但是实行能力薪酬体系的企业数量有限，而且不同企业间的能力等级设计缺乏可比性，这增加了从外部市场获得与能力有关的薪酬信息的难度，使外部公平性难以得到保证。

【知识链接】

能力结构和综合素质等级

一般能力结构可由计划能力、决策能力、沟通能力等组成，每种能力可分为A、B、C、D、E五个等级，每个等级具体的综合素质表现如表4-2所示。

表4-2　能力结构和综合素质等级对照

能力	等级	综合素质等级表现
计划能力	A	能充分收集各方面信息，了解相关情况；能将目标分解为实施步骤，并确定每一步完成的时间要求；充分考虑可能出现的问题，制订相应解决方案；指导性强
	B	计划意识较强，思路清晰，能收集各方面信息，充分了解相关情况；能将目标分解为实施步骤，并确定每一步完成的时间要求，但计划周密性有待增强
	C	有明确的计划意识，也能收集适当的信息，但目标分解不够合理，计划的指导性不够强
	D	有做计划的想法但缺乏明确的思路、方法和步骤，做出的计划也不够系统和适用，缺乏相应指导效用
	E	不善于做计划，经常显得忙乱且缺乏头绪

续表

能力	等级	综合素质等级表现
决策能力	A	魄力大，有战略眼光，能在风云变幻的环境中把握时机，做出高明的决策
	B	魄力较大，能在比较复杂的情况下做出正确的决定
	C	有一定的魄力，能对一般的问题做出决断
	D	魄力较小，遇事迟疑不决，不能当机立断
	E	没有魄力，优柔寡断，缺乏主见
组织和监控能力	A	工作中指挥、监控有力，使各级组织和工作人员目标一致、行动有力、浪费较少
	B	善于安排、调度和监控人力、物力的使用，发挥各级组织和工作人员的作用
	C	工作有秩序，能够较合理地安排、调度和监控人力、物力的使用
	D	工作有一定的秩序，能够安排、调度和监控人力、物力的使用，但往往不够合理
	E	缺乏监控能力，工作杂乱无章
沟通能力	A	积极倾听并接受反馈，善于站在别人的角度思考，别人都愿意与之沟通
	B	及时与大家分享最新的信息、体会和感受；主动征求他人的意见，并能采纳不同的观点
	C	喜欢接受信息，并能够保持信息沟通顺畅，但有时会有沟通失误
	D	有与同事主动进行沟通的愿望，但缺乏沟通技巧，有时出现误解和情绪反应
	E	基本不与同事进行工作沟通和交流
解决问题能力	A	独立解决问题的能力强，完成任务速度快、质量高、效益好，值得信赖
	B	独立解决问题的能力较强，能及时并保质保量地完成任务
	C	独立解决问题的能力一般，能按时完成任务，基本保证质量
	D	独立解决问题的能力较差，需要别人的帮助才能完成任务
	E	独立解决问题的能力差，经常不能完成任务
合作性	A	团队意识强烈，工作中注重发挥集体的作用，与把个人利益置于集体利益之上的人做坚决斗争，具有高超的维护团队凝聚力的技巧
	B	团队意识较强，善于建立同事间的合作和信任，妥善处理人际冲突
	C	把自己看成团队的一员，能与团队成员建立友好的人际关系
	D	有与人合作的意识，但行动不够积极主动，尚缺乏有效合作
	E	缺乏与人合作的意识，一般不与人合作

续表

能力	等级	综合素质等级表现
创造能力	A	创造力较强，有首创精神和独特的思路；善于运用现代化管理思想，善于提出质量较高的改革意见，并且改革成效显著
	B	有自己的创见，能够不断探索新的思路，改革意见较多
	C	对本职工作有一些改革设想，能提出一些改革意见
	D	有改进的要求，但提不出改革的意见
	E	束缚于固有思路和做法，不求改进

资料来源：万莉主编《薪酬管理》，上海财经大学出版社 2014 年版，第 53~55 页。

3. 能力薪酬体系的适用范围

一般而言，实行能力薪酬体系的企业必须具备以下特征。

（1）组织结构较为扁平，所处环境变动较大，对创新要求较高。如果企业本身为传统的机械式组织，员工职位和工作内容比较稳定，那么能力薪酬体系未必比职位薪酬体系更有效。

（2）高度参与的企业氛围。能力薪酬体系主张员工自我学习与成长，高度参与的工作氛围可以激发员工的学习积极性，并且有利于员工将学习成果运用到工作中。

（3）企业存在相当数量的知识型、技术型员工，而且这些员工的自我实现需求较高，员工的工作自主性较强。如果企业存在一部分研发人员，也可以只针对这一类型的员工制定特定的能力薪酬体系。

（4）处于成长期、技术更新或变革需求强烈的组织。这些公司更容易对传统的职位酬体系进行变革，在这种背景下实行能力薪酬体系的阻力较小。

【案例链接】

泰州海阳科技有限公司打破晋升“天花板”①

2021 年 1 月，泰州海阳科技有限公司（简称“泰州海阳公司”）启动能级工资协商。公司针对 136 个班组、739 个岗位、1560 余名员工发放了 1500 余份调查问卷，所有岗位都进行岗位价值评估和劳动负荷测评。在 3 月召开的集体协商会上，公司将“自主评聘”作为重要议题进行协商，明确在工资和薪酬设置上创新技能评价体系，大力推行竞聘上岗，率先在行业内、省内自主评聘首席高级技师、高级技师、技师，并按国家职业技能标准要求，内部实行职业技能等级破格晋升机制。

最终协商确定：企业技能管理岗共设置 17 级，每级工资分为 20 档，工人岗按一岗、二岗、三岗划分，分设各档工资，同一岗位的员工允许享受不一样的工资待遇。工程技

① 参见徐军霞、陈正：《“小切口”带来“大影响”：泰州创新专项能级工资协商十佳案例出炉》，2021 年 12 月 7 日，https：//jszgzj. jsghfw. com/art/2021/12/7/art_26_248409. html。

术和检修维修类设置技术等级津贴和一专多能津贴。技术等级津贴划分为中级工、高级工、技师、高级技师、首席高级技师津贴，机电检修人员经培训取得第二工种证书后有能力且实际从事多岗位工作的，可享受一专多能津贴，同时在一线操作岗位增设技师。

泰州海阳公司通过能级工资协商，自主评审、聘用首席高级技师、高级技师、技师，建立与专业职级匹配的薪酬待遇体系，这一方面打破了职工晋升的“天花板”，另一方面落实了薪酬激励。

四、能力薪酬体系的设计流程

能力薪酬体系的设计流程与职位薪酬体系的设计流程类似，只是评价的对象由职位转变为能力。具体而言，能力薪酬体系的设计流程包括以下五个环节。

1. 能力分析与评价

对组织和岗位所需的能力进行分类与分级，并评估不同能力对组织贡献的差异。就像职位分析与评价是职位薪酬的基础一样，能力分析与评价是制定能力薪酬方案的前提。[①]

【案例链接】

科飞公司的能力模型

科飞公司把职位需要的能力分为三个类别：全员核心胜任能力、序列通用胜任能力、序列专业能力。其中，全员核心胜任能力是公司价值观、文化及业务需求的反映，是公司全体员工都应该具备的能力；序列通用胜任能力指在多个序列中都需要的技能和能力，但重要程度和精通程度有所不同；序列专业能力指在某个特定角色或工作中所需要的特殊的、独特的能力。图 4-1 是科飞公司某个序列职位体系的能力模型，在这个大的序列中又包括 IT 咨询序列、渠道销售序列、大客户直销序列三个小的职位类别。以渠道销售序列为例，这个序列的职位要求的能力同样包括三个方面：一是全员核心胜任能力，包括服务客户、精准求实、创业创新、合作共享、诚信正直五个维度。二是渠道销售序列的通用胜任能力，包括沟通表达能力、逻辑分析能力、协调推进能力，如表 4-3 所示。三是专业胜任能力，包括市场信息分析能力、产品知识技术能力、渠道规划建设能力、渠道管理支持能力、营销策划实施能力，每个专业胜任能力都被分为三个级别，如表 4-4 所示。

---

① 参见苏中兴主编：《薪酬管理》，中国人民大学出版社 2019 年版，第 121 页。

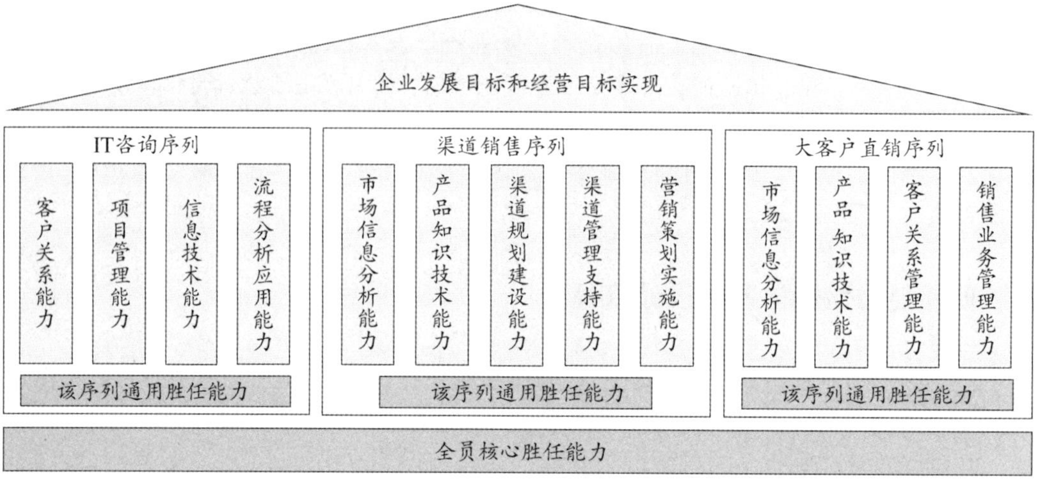

图 4-1　科飞公司某序列职位体系的能力模型

表 4-3　渠道销售序列的通用胜任能力（截取部分）

沟通表达能力	逻辑分析能力	协调推进能力
喜欢与他人沟通，即使面对不熟悉的场合或相当多的听众，也不畏惧，并表现出足够的自信 耐心倾听他人的需求，积极了解其他部门或客户的业务流程操作以及操作过程中的问题 记录、复述并确认自己与他人沟通的重要信息 作为公司代表，能够用口头和肢体语言准确地向他人传递自己的意向及意向产生的背景和原因 ……	从客户的支离、零散的信息中总结整理出客户的真正需求和潜在需求 多角度思考问题，能在不同事件中找到联系或者确定没有关联性 能够将现行的业务步骤流程化，发现问题时能快速找到关键节点和突破口 学会用数据说话，善于用与本岗位相关的关键绩效指标（如销售额、回款率等）解释问题，并注意以文档形式进行历史数据积累 ……	根据本部门或本人的业绩目标，通过制订日、周、月工作计划实现具体的工作目标 在处理多重任务时，能分清主次，有效利用时间 对于已明确承诺的客户需求和工作目标，能积极寻找、协调内外部资源予以落实，并将落实的结果及时向相关客户通报 对于已经达成一致的沟通或协议，要列出时间推进表，有计划地监控客户或公司内部协同部门落实 ……

表 4-4　渠道销售序列的专业胜任能力（截取部分）

专业胜任能力	初级	中级	高级
市场信息分析能力	了解进行市场分析所需信息的种类和来源/获取途径 利用有效资源掌握本公司相关产品或服务在其辖区市场的特点 ……	研究本公司在本辖区内的相关历史数据，分析公司相关产品所在辖区的成长规律，从中获得经验 利用收集到的信息，预测市场的近期前景，帮助公司做好售前和售后服务等业务准备 ……	充分掌握辖区内渠道、产品、市场等信息资源，了解相关产品的历史和现行市场情况，有意识地建立所在辖区的情报信息体系 利用相关数据，分析公司相关产品的市场发展趋势，不仅发现渠道当前存在的问题，还能预见潜在的危机 ……
产品知识技术能力	掌握公司相关产品的状况，包括配置、功能、价值以及服务政策等 了解 PC 硬件技术，如二级缓存技术、P4 较 P3 的技术改进等 ……	熟悉公司所有业务产品架构和产品线全貌，并能够探询客户技术需求，采用客户易于接受的方式进行推介 了解竞争对手同类产品的特点以及和本公司产品的比较，从而有针对性地向客户进行比较性的介绍 ……	了解 IT 行业的各种技术知识和应用知识，不断关注新的技术应用发展趋势，并能将其很好地应用到渠道销售业务中 除了本公司的产品，了解重要配件供应商的质量、价格、技术性能方面的状况，能参与应标中的技术应答 ……
……	……	……	……

资料来源：张正堂、刘宁编著《薪酬管理》，北京大学出版社 2016 年版，第 96~97 页。

2. 能力定价

按照一定的方法确定不同能力不同等级所对应的薪酬水平，建立类似于职位薪酬的薪酬政策线。

3. 员工能力鉴定

对组织中员工的能力类别及水平进行认定，并将其划入相应的能力等级。职位薪酬体系中员工所处的职位是事先固定的，而在能力薪酬体系下，员工能力是不明确的，需要进行评估。

4. 能力与薪酬挂钩

在前述步骤的基础上确定企业中不同能力及等级与薪酬的挂钩方案。

5. 能力再认证与培训

为保证能力薪酬体系的正常运行，需要及时对员工的能力水平再认证以调整员工薪酬。同时，能力薪酬体系的运行离不开企业培训系统的支持，只有帮助员工不断提升能力水平，薪酬的激励作用才能真正发挥出来。

五、实行能力薪酬体系的关键决策

1. 大力宣传能力薪酬的理念和以人为本的组织文化

能力薪酬体系是以人为本的管理思想在薪酬设计中的一种表现。采用能力薪酬体系的企业对能力的强调应该贯穿于人力资源管理系统的各个环节。企业必须基于自身特点，将能力融入招聘甄选、绩效考核、员工培训、职业发展等人力资源管理的环节中。

2. 要有利于实现从能力到绩效的转化

能力薪酬体系的实施要有利于实现从能力到绩效的转化。企业必须结合自身实际需要确定能力评价要素，构建合适的能力模型，明确为员工的哪些能力付酬，保证能力薪酬所激励的能力有利于提高企业的核心竞争力和绩效水平。

3. 明确能力薪酬体系的应用范围

组织需要明确所要实施的能力薪酬体系是限定在某一职位族中，还是要扩展到跨职位族中。如果仅仅应用到单一职位族中，应鼓励员工按照特定的职业发展通道晋升，以获得更多的报酬；如果应用到跨职位族中，则应鼓励员工打破原有的发展通道，自行创建新的职业发展方式，从而获得更多的报酬。

4. 建立能力鉴定和认证机制

建立相应的能力鉴定和认证机制是实行能力薪酬的重要保证。否则，那些花大力气设计出来的能力等级和条目就难以真正落实到员工个体身上。有了科学的鉴定和认证机制做基础，才能保证能力薪酬的公平性。

5. 增加辅助管理措施

实行能力薪酬体系之后，一些员工逐渐达到最高的等级，无法继续加薪，这样会削弱激励效果。此时，组织需要采取利润分享计划、员工持股计划等相应的辅助管理措施，鼓励员工继续学习新的技能、知识，保持高工作高效率，以获得更多的报酬。

【思政小贴士】

工匠精神

党的十九大报告强调，要建设知识型、技能型、创新型劳动者大军，弘扬劳模精神和工匠精神，营造劳动光荣的社会风尚和精益求精的敬业风气。在新时代，要大力弘扬工匠精神，强化爱岗敬业的工作态度，锤炼精益求精的工作作风，磨砺坚持不懈的精神品质，树立不断创新的发展理念，增强团结协作的集体意识。

第二节　技能薪酬体系设计

一、技能薪酬体系的内涵[①]

1. 技能的含义及其基本维度

技能是能力概念的延伸，是指掌握并运用专门技术的能力。胜任力是指在特定工作岗位、组织环境和文化氛围中绩效优秀者所具备的可以客观衡量的个体特征，以及由此产生的可预测、指向绩效的行为特征，是技能概念的一个变种。一般认为，技能是指从事蓝领工作以及事务性工作所需要的工作技能，而胜任力则是管理人员、专业人员、技术人员以及其他白领工作人员所需的工作技能。要想进一步理解技能，我们可以将技能划分为三个维度（见表 4-5）。

表 4-5　技能的三个维度

维度	含义	示例
深度	想在某一岗位上达到好的工作绩效，员工除了需要胜任一些简单的体力活动，还需要从事一些较为复杂的活动	如培训主管，不仅需要了解培训的基本流程，还需要掌握调查分析培训需求、考核培训效果等深度的技能
广度	员工在某一岗位工作时，不仅需要掌握本职工作的相关技能，还需要掌握上下游职位或者同级职位所要求的多种一般性技能	如流水线操作工，应当掌握所在工序的上道工序和下道工序的操作技能等
垂度	员工自我管理的能力和限度	如一个程序开发团队的成员，应当掌握时间规划、领导、群体性的问题解决、培训以及与其他团队成员之间的协调等能力

2. 技能薪酬体系的含义

技能薪酬体系又被称为“技能薪酬计划”，是指企业根据一个人所掌握的与工作有关的技能的深度和广度，以及员工所实际具备的水平来支付基本薪酬的一种薪酬制度，即以人的能力要素为薪酬支付的直接对象。

这种薪酬理论认为，员工获得报酬的差异主要来自人本身能力水平的差异，而非职位等级和价值的高低。这一理论存在的前提假设是：员工掌握的知识与技能越多，工作效率就越高，工作弹性也越强。企业相信“有好的能力，就会有好的结果”。

① 参见刘艳红、张艳萍主编：《薪酬管理理论与实务》，电子工业出版社 2016 年版，第 184 页。

技能薪酬体系的一个主要优点是能促进人与工作流程的匹配。例如一家全国性的连锁酒店，在每天下午 4 点到 7 点大多数客人入住酒店时，会把很多员工安排到酒店前台，帮助客人迅速办理入住手续。7 点之后，又将这些员工安排到餐饮服务部，以满足客人对客房服务和饮食服务的需求。

【案例链接】

深度技能薪酬计划实践

为了鼓励专业技术人员提升自身专业能力和技术水平，某公司实施了深度技能薪酬计划，将程序员分为五个等级，各等级对应的薪酬水平如表 4-6 所示。

表 4-6　深度技能薪酬计划实例

程序员等级	衡量标准（部分）	薪酬水平（万元/年）
普通程序员	掌握编译器的使用方法，进行常规代码编写，了解数据结构和算法	15~25
高级程序员	独立设计并开发小型软件，掌握各项常用技术，理解并编写架构设计书，编写中等难度的 SQL（结构化查询语言）	20~35
软件工程师	具备中型系统的架构能力，了解系统架构与分工之间的关系，保证软件的质量	30~50
系统架构师	拥有丰富的实践经验，独立设计中型类库	45~80
企业级系统架构师	设计大型、巨型系统及类库，掌握利用架构弥补语言本身不足的方法	80~100

资料来源：胡华成《薪酬管理与设计全案》，清华大学出版社 2019 年版，第 175 页。

3. 技能薪酬体系的特点

（1）以人为本的薪酬设计。技能薪酬体系的最大特点在于，以员工的个人特质和能力为基础，关注各个员工在获取组织需要的知识、技能与能力方面的差异，以人为中心进行薪酬体系设计。

（2）以技能的提升为支付的依据。在技能薪酬体系中，员工薪酬水平的依据是个人所掌握的、经过组织认可和鉴定的知识、技能与能力水平。因而，员工个人技能的提升对于其薪酬水平的改善起着重要的作用。

【案例链接】

微软设立技术级别[1]

微软利用基于能力的工资体系为技术人员和管理人员提供了两条平行的工资晋升途径。微软在每个专业里设立了“技术级别”，这种级别用数字表示，并根据技术级别确定员工的工资水平，既反映了员工在公司的表现和基本技能，也反映了员工的经验和阅历。在开发部门，每年开发部经理对全体人员进行一次考核并确定技术级别，这使所有的员工都可以相互比较以充分认识到公司对自己技能的认可程度。

微软将软件开发员界定为9~15级，每年对开发员进行测评以决定晋升情况。新进本科毕业生的起点技术级别是9级或10级，一般6~18个月可以升一级。有硕士学位的员工晋升得会快一些，开始定位的级别为11级。对各级别的技能要求是：9级和10级员工属于别人说什么就干什么的级别；11级员工能把别人设计好的系统独立地完成实现；12级员工编写代码准确无误，在某个项目上基本可以应付一切事情；13级员工可以从事跨商务部门的工作；14级员工可以从事影响跨越部门的工作；15级员工可以从事影响整个公司范围的工作。

不同的级别对应不同的工资待遇 。基于能力的工资制度是一种投入激励工资制度，它利用薪酬的激励导向作用，可以使企业适应内外部环境的变化并获取难以被模仿的竞争优势。这种竞争优势主要体现为：能增强员工的灵活性，激发员工不断学习的动力，激励并留住优秀的技术人才。

二、技能薪酬体系的优缺点[2]

1. 技能薪酬体系的优缺点

技能薪酬体系的优缺点如表4-7所示。

表4-7　技能薪酬体系的优缺点

	具体表现
优点	有利于企业员工个人目标和企业目标的统一
	有利于提高员工技能水平，增强企业竞争力
	有利于提高员工的工作满意度，降低员工流失率
	有利于高参与型管理风格的形成

① 参见《微软薪酬管理体系》，2023年9月6日，https：//baijiahao. baidu. com/s? id=1776249765520342798&wfr=spider&for=pc。

② 参见刘艳红、张艳萍主编：《薪酬管理理论与实务》，电子工业出版社2016年版，第186页。

续表

	具体表现
缺点	有可能会给企业带来资金压力
	技能薪酬体系的设计和管理更为复杂
	有可能会限制员工和企业的发展
	有降低工作效率的风险

2. 技能薪酬体系的适用范围

技能薪酬体系通常适用于所从事的工作比较具体而且工作内容能够被界定的操作人员、技术人员以及办公室人员。

技能薪酬体系最先是在工厂和其他蓝领工作占主导的企业中获得了广泛的应用。近年来，其应用范围不断扩大。目前，应用技能薪酬体系应用比较多的行业主要有：运用连续流程生产技术的行业，如食品加工业；运用大规模生产技术的行业，如计算机生产业；运用单位生产或小批量生产技术的行业，如加工业；服务行业，如电信业。

三、技能薪酬体系设计的关键决策①

1. 技能的范围

采用技能薪酬体系的组织必须明确一个问题，到底哪些技能是组织应该支付报酬的。对于任何一个组织来说，都不能无限制地对员工所获得的任何技能都给予报酬。组织所支付的技能必须是工作所需的，且要确保这些技能的总价值与市场薪酬水平之间存在紧密的联系。若工作需要四种技能，则员工必须具备了四种技能后才能获得市场薪酬水平。

2. 技能的广度和深度

组织鼓励员工成为通才还是专才？这不仅是员工在个人职业发展中要考虑的问题，更是组织在采用技能薪酬体系时必须明确的问题。例如，专业技术人员提高文字处理能力有助于减少文员的工作量，但企业并不需要为专业技术人员支付额外的薪酬；但是如果文员具备了财务能力，并且完成了一部分财务工作，那么企业就应该为其支付相应的薪酬。

3. 单一职位族/跨职位族

技能薪酬体系是应该严格限定在某一职位族之内，还是应该设计成一个鼓励真正的跨职能培训计划？两者在员工的未来职业发展通道上有明显的不同：前者鼓励员工沿着某一特定的职业通道获得职业发展机会，相对来说更适合职能型组织；而后者则鼓励员工打破传统的职业通道，形成新的职业通道，更适合时间型组织。

4. 培训体系与资格认证

实施技能薪酬体系必须建立起相应的配套机制，培训体系与资格认证就是最直接

① 参见刘昕主编：《薪酬管理》，中国人民大学出版社 2021 年版，第 127～128 页。

的配套机制。实施技能薪酬体系必须建立一套体系来对员工进行培训以及开发企业要求具备的新技能，同时必须有资格认证来确保员工真正掌握了这些技能，还需要有阶段性的资格重审过程，以确保员工在未来一段时间内仍然具备这些技能。

5. 学习的自主性

学习的自主性也是企业在进行技能薪酬体系设计时重点考虑的问题。主要体现在：员工主动学习下一种技能是源于其自身需要，还是源于组织或工作流程的需要，抑或客户的需求？此外，还有一个需要强调的问题是，员工应当按照自己的速度来学习这些技能，还是应当按照组织确定下来的速度来学习这些技能？

6. 管理方面的问题

在管理方面，组织要最大限度地利用员工已有技能，同时还应考虑到当员工达到技能的最高等级，即当其继续学习新技能的动机削弱时，应如何激励员工。此时，企业可能需要考虑利润分享等其他激励手段。

【案例链接】

三星电子的员工培训案例①

三星支持全球员工的成长与发展，把他们纳入统一的培训系统中进行管理。每年，三星会对全体员工进行一次 EDP（Expertise Development Process，专业技能开发过程）评估，主要是基于员工个人专业知识和技能评估，然后员工根据评估的结果来制定自己的年度培训计划。三星鼓励员工自主学习，同时三星的员工能申请到各种不同的人力资源开发项目，比如 MBA、学术培训、区域专家课程或工作专家课程等。

三星针对全球所有的员工，按照不同工种级别和职位提供不同的培训计划。该培训计划分成三个层次：核心计划、领导力计划和专技计划。每年，三星全球各地约有 400 万人次参加平均 8 小时的培训计划。其中的专技计划重在对各领域人才的培养。三星有八项核心业务：研发、营销、销售、服务、物流、采购、制造和业务管理。高级技术研究院负责研发培训，营销学院负责营销/销售培训，全球技术中心负责生产制造培训，客户服务中心负责服务培训，这些机构全面为员工提供在职培训。

三星凭借由以上培训计划所组成的培训系统来开发员工能力并培养核心人才，针对员工个人的评估结果来提供个性化定制的培训计划，尊重员工的个人意见和发展意愿，帮助他们在企业中找到自己的职业发展道路，并和企业一道建立起统一的发展愿景，从而提升员工的归属感。

四、技能薪酬体系的设计流程

技能薪酬体系设计流程的重点在于开发出能够使技能和基本薪酬联系在一起的薪酬计划，并且要使这些技能与企业内相应职位要求相匹配。总体来说，其设计流程如

① 参见《三星电子的员工培训案例》，2020 年 10 月 7 日，https：//www. hrsee. com/？ id=1674。

图 4-2 所示。

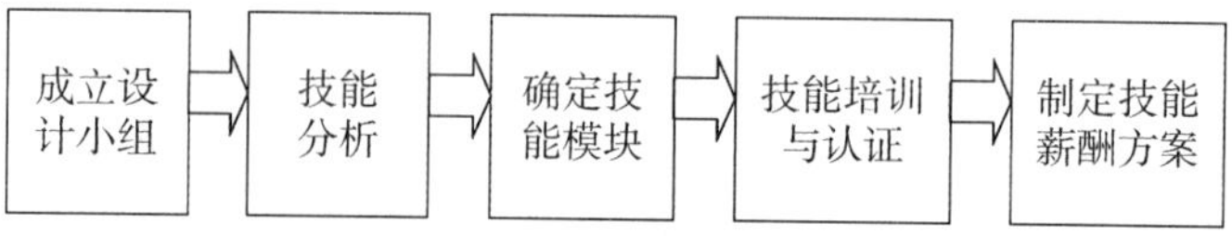

图 4-2　技能薪酬体系设计流程

（一）成立设计小组

成立设计小组是技能薪酬体系设计的第一步。技能薪酬体系设计首先要成立两个层次的委员会：薪酬指导委员会和薪酬设计小组。

1. 薪酬指导委员会

薪酬指导委员会由企业高层管理人员组成。其职责主要是确保技能薪酬体系的设计与企业的总体薪酬管理哲学和企业战略相匹配，制定技能薪酬设计小组的章程并批准其计划，指导、监督薪酬设计小组的工作，审查技能薪酬方案并报决策部门批准。

2. 薪酬设计小组

薪酬设计小组一般由专家、技能薪酬计划所涵盖的员工和相关部分代表组成，如人力资源部代表、财务部代表、信息部代表等。为便于决策，薪酬设计小组的人数通常是奇数，其具体规模由采用技能薪酬的职位或工作的数量决定，但至少应当由来自不同层次和部门的 5 个人所组成。其职责主要是负责技能薪酬设计的具体工作。

（二）技能分析

技能薪酬体系的付酬要素是那些对有效完成工作任务来说至关重要的技能。因此，必须首先对员工所要完成的工作进行准确理解和深入分析，确认哪些技能是对所要完成的工作有价值的，是企业需要付酬的。

1. 技能分析前的准备工作

在进行技能分析前，设计小组需要对影响技能薪酬体系的相关情况进行分析。在设计时，关注的焦点是设计系统时要达成的目标而不是系统本身。因此，设计小组在进行技能薪酬体系设计前，应对组织目标、组织文化、员工授权程度、组织经营战略、技术和工作系统进行充分研究与分析。

2. 开展工作分析

为了描述各工作所需的技能，必须对工作本身开展分析，从中提炼出企业需要付酬的技能。

这一环节要求薪酬设计小组通过工作分析获得相关职位的工作任务描述，评价各项工作任务的难度和重要性，然后根据需要重新对工作任务信息进行编排，对工作任务进行组合，为技能模块的界定和定价打下基础。

【知识链接】

岗位劳动评价

在生产实践中，将各类岗位、职位劳动对职工的要求和影响综合归纳为劳动技能、劳动责任、劳动强度、劳动条件四项基本劳动要素。通过测试和评定不同岗位的基本劳动要素，科学评价不同岗位的规范劳动的差别，并以此作为确定工资标准的主要依据。具体如表 4-8 所示。

表 4-8　岗位劳动评价

评价要素
1. 劳动技能 ●受教育（培训）程度，指文化知识水平和专业技术水平 ●实践经验，指工人、管理人员和专业技术人员的工作经历和从事专门工作的资历、工作经验和积累程度 ●实际工作能力，指工人的实际操作能力、管理人员的组织管理能力、专业技术人员解决实际问题的能力及研究能力
2. 劳动责任 ●对产品（服务）质量、数量、成本和消耗所负的责任程度 ●对设备、财产所负的责任程度 ●对安全生产、劳动卫生、企业生产经营和管理所负的责任程度 ●对精神文明建设所负的责任程度
3. 劳动强度 ●体力、脑力劳动的紧张程度 ●疲劳程度 ●劳动姿势 ●工时利用率
4. 劳动条件 ●危险程度，包括矿山、井下、隧道作业及高空、高速、潜水、海上作业，接触易燃易爆物等 ●危害程度，包括接触高温、辐射、热、低温、粉尘、噪声及其他有毒有害因素等 ●自然地理环境和不同工作班次对劳动者生理、心理的损害程度，包括高原、野外、海上、飞行等作业环境和长期夜班、倒班等

资料来源：曾湘泉主编《薪酬管理》，中国人民大学出版社 2014 年版，第 89 页。

（三）确定技能模块

技能模块是从事某项具体的工作任务所需要的技术或知识，如打印资料这一技能要素可以归到资料整理这一技能模块中。

1. 技能模块的划分①

常见的技能模块的划分方法有两种：一种是按照生产环节和技能的等级水平两个维度进行划分，另一种是组织按照从事不同类型工作人员的技能要求和技能水平进行划分。

（1）按生产环节和技能等级两个维度划分。组织首先按照生产环节划分与其相对应的技能类型。例如，食品厂根据生产中原料处理、配料、原料加工、食品检验、食品包装的工艺流程，将技能类型划分为五类。然后，每种技能类型被分为三个等级，包括初级水平、中级水平和高级水平三个模块。这样就划分形成了 15 个不同的技能类型，如图 4-3 所示。这样，一名新员工最初从原料处理的初级水平开始，被证明在技能 A1 上合格以后，就可以接受 A2 或者 B1 方面的培训。

高级水平	A3	B3	C3	D3	E3
中级水平	A2	B2	C2	D2	E2
初级水平	A1	B1	C1	D1	E1
	原料处理	配料	原料加工	食品检验	食品包装

图 4-3　按照生产环节和技能等级两个维度进行技能类型的划分

（2）按照不同类型工作对人员的技能要求和技能水平，将技能类型划分成基础技能、核心技能、可选择技能三个模块。基础技能是员工从事工作必须具备的基础知识和能力；核心技能是员工保证生产系统正常运转、完成本职工作任务必不可少的知识和技能；可选择技能是员工在本职工作之外附加的专业能力，是更高层次的技能，如电工具有计算机应用、团队组织等技能。按照此种划分方法，员工的技能增长路径是：首先，掌握必需的基础技能；其次，根据不同岗位的要求或者自身职业发展的设计，掌握相应的核心技能；最后，选择性地掌握一定程度的可选择技能。

【案例链接】

某公司的技能培训计划

以某公司技术人员的技能培训计划为例，在该公司中，技能被划分为基础技能、核心技能以及自选技能三种类型。每种技能都有相应的课程或培训项目要求，达到要求者才能获得相应的分数，如图 4-4 所示。

① 参见张正堂、刘宁编著：《薪酬管理》，北京大学出版社 2016 年版，第 80 页。

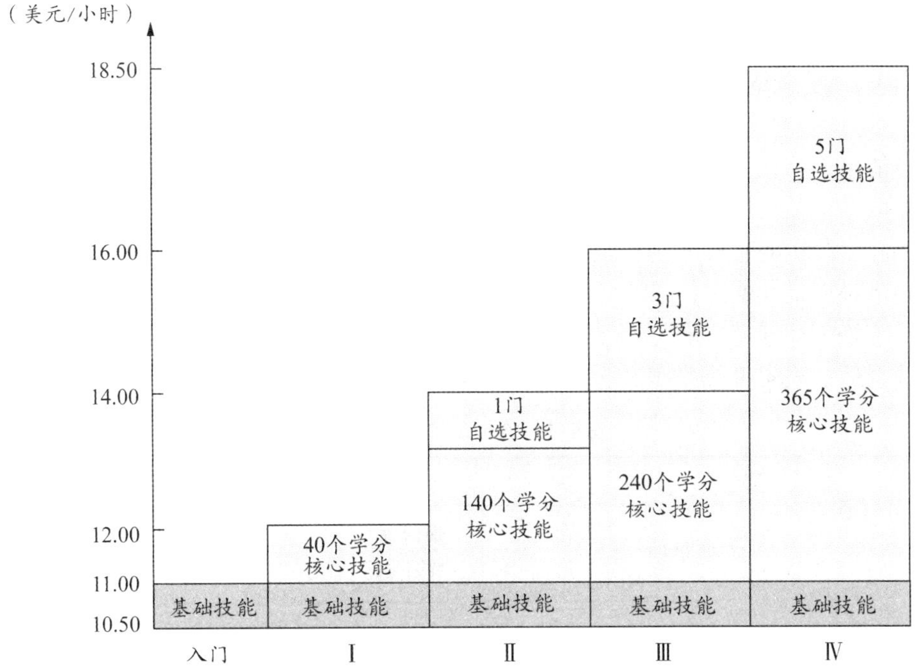

图 4–4　某公司技能等级培训计划

资料来源：苏中兴主编《薪酬管理》，中国人民大学出版社 2019 年版，第 126 页。

在这家公司中，技术员一共被划分为五个等级：入门级、Ⅰ级、Ⅱ级、Ⅲ级、Ⅳ级。不同级别的小时工资率不同。入门级的小时工资率为 11 美元，Ⅰ级的小时工资率为 12 美元，Ⅱ级为 14 美元，Ⅲ级为 16 美元，Ⅳ级为 18.5 美元。每一技术等级都有相应的分数要求。入门级必须达到所有的基础技能要求。要想达到Ⅰ级水平，则需要在基础技能要求的基础上再在核心技能课程中拿到 40 个学分。若要达到Ⅱ级水平，则不仅要达到基础技能要求，在核心技能课程中拿到 140 个学分，同时还要在自选技能课程中完成 1 门课程的学习。若要达到Ⅲ级水平，则需要在达到基础技能要求的同时，在核心技能课程中拿到 240 个学分，完成 3 门自选技能课程的学习。若要达到Ⅳ级水平，则不仅要达到基础技能要求，拿到 365 个学分的核心技能课程成绩，同时还要完成 5 门自选技能课程的学习。

2. 技能模块的定价

对技能模块的定价实际上就是确定每一个技能单位的货币价值。特别需要强调的是，在技能定价时需要遵守的一个重要原则是：组织必须确保某职位的任职者在具备该职位所需要的各项技能以后才能获得本职位的市场薪酬水平。组织需要在这个原则的基础上确定各种技能模块的相对价值。

技能模块相对价值的确定可以基于以下维度：（1）失误的后果，即技能发挥失误所带来的各种后果，如财务损失等；（2）工作的重要性；（3）基本的知识水平，即掌握一门技能所必需的语言、推理等方面的知识；（4）工作或操作的水平，即技能的广度和深度；（5）监督责任。

（四）技能培训与认证

技能培训与认证是技能薪酬体系运行所必需的。实践证明，只要员工的报酬与其技能相联系，员工参与公司培训的热情就会提高。这一环节需要对员工现有技能进行分析，并在分析的基础上制订出培训计划、技能水平认证计划。这是技能薪酬体系设计中技术难度最大的工作。

员工培训计划需要确定两个要点：一是员工的培训需要，二是采取何种方法进行培训最合适。表4-9列举了在企业中广泛使用的六种培训方法。

表4-9 企业培训的方法举例

工作任务的层级	培训方法					
	在职培训	公司内部培训	师傅辅导计划	工作轮换	供应商提供的培训	大学/学院培训
一级	P	P	P	S	S	S
二级	P	P	P	S	S	—
三级	P	S	S	S	S	—

注：P表示主要培训方法，S表示辅助培训方法。

以技能为基础确定薪酬，员工技能水平的认证就显得尤为重要了。一个完整的员工技能水平认证计划应该包括三个要素：认证者、认证所包含的技能水平以及员工通过何种方式表现自己所具备的技能水平。

在技能薪酬方案中，认证者可以来自内部，也可以来自外部。内部认证者主要是员工的上级、同事以及员工所从事工作领域的专家；外部认证主要是指一些由大学、商业组织以及政府发起的考试和认证计划，这些外部认证机构通常是比较公正和客观的。

【案例链接】

某制造企业的技能等级认证

某制造企业对机械技师的技能等级认证方式包括内部认证和外部认证，具体内容如表4-10所示。可以看出，在职工作绩效、工作样本测试和商业认证对于三个级别的技能都适用。

表 4-10　某制造企业的机械技师技能等级认证方式

认证层级	由上级、同事或认证委员会进行的公司内部认证			外部认证	
	在职工作绩效	工作样本测试	纸笔测验	商业学院课程认证	商业认证
三级技能	★	★	★	★	★
二级技能	★	★			★
一级技能	★	★			★

资料来源：刘昕编著《薪酬管理》，中国人民大学出版社 2021 年版，第 136 页。

由于有些技能不经常使用就会变得生疏，因此许多企业会对员工的技能进行再认证。例如东芝公司在东京的 Ome 笔记本电脑制造厂（Ome 工厂位于东京以西 50 公里外的 Ome 城，1968 年 1 月投入运营），就要求每 24 个月对其所有团队成员的技能进行一次再认证。那些没有通过技能认证的员工在被降薪之前，还有机会接受再培训并进行再次认证。①

（五）制订技能薪酬方案

完成以上流程后，组织就可以制订薪酬方案了。技能类型划分的方式不同，形成的薪酬结构往往也会有一定的差别。按照技能模块定价，不同类型的员工掌握不同模块的技能，也因此获得不同的薪酬定价。企业也可以赋予每项技能一定的点数，员工掌握了一项技能后，就获得一定的点数。

五、技能薪酬体系的实施条件

技能薪酬计划被认为是近年来在发达国家发展最快的一种薪酬体系，它的实施对企业管理提出了许多新的要求，主要体现在以下几个方面。

1. 培训与开发成了工作的重点

在以技能为基础的报酬系统中，企业必须通过培训来保证员工技能的提高。由于薪酬直接与员工所拥有的技能挂钩，因此员工参加培训的积极性和主动性大大提高，改变了传统员工被动地参加培训的现象，使培训真正成为促使员工和企业双赢的战略。同时，采用技能薪酬体系还能促进交叉培训，即对员工进行培训，让其学习一项或多项技能。当工作小组需要对员工进行工作轮换，或需要替代空缺岗位时，这种方式显得尤为重要。

① 参见［美］乔治·米尔科维奇、杰里·纽曼、巴里·格哈特：《薪酬管理》，成得礼译，中国人民大学出版社 2014 年版，第 127 页 。

2. 必须改变招聘中对员工的要求

技能薪酬体系中一个隐含的条件就是要求员工具备不断学习的能力，因此必须改变招聘中对员工的要求。在招聘中许多企业不仅要求应聘者具有特定职位所需要的知识和技能，而且要求应聘者具备一种创新的能力、一种学习的能力，这样员工才能在该职位工作内容、环境等发生变化的时候，仍然能够适应该职位的工作。

3. 工作分析中要区分出一般技能和关键技能

在传统的以职位为基础的人力资源管理中，工作分析所描述的是特定职位对人的基本要求。而在以技能为基础的人力资源管理中，工作分析的内容不仅要包括完成任务所需要的基本技能，更重要的是要识别那些对完成任务和组织发展至关重要的技能，即要区分出一般技能和关键技能。只有关键技能才能作为薪酬的依据。同时，还必须不断检查并及时修改工作说明书的内容，以满足不断变化的需要。

【案例链接】

麦当劳的技能操作

麦当劳以规范操作闻名于世，该公司的食品安全管理体系和严格的操作标准是其核心竞争优势。以麦当劳法式炸鸡为例，它的操作流程可分为详细的 9 个步骤，如表 4-11所示。

表 4-11　麦当劳制作法式炸鸡的 9 个步骤

1. 打开一袋生鸡块
2. 装半篮子生鸡块
3. 将篮子放入深油锅中
4. 按下计时器按钮，记录烹饪时间
5. 当蜂鸣器发出报警声时将篮子从油锅中撤出，同时将篮子翻转过来使鸡块落入空盘子中。请注意，完成这一步骤需要双手并用，此时的热油脂可能是翻滚着的。同时不要让一滴油脂落在地板上，否则余下的时间你将在滑腻的地板上溜冰而不是行走了
6. 给炸完的鸡块加盐
7. 按下另一个提示鸡块冷却时间的按钮，7 分钟后机器会给出冷却时间结束的信号
8. 检查屏幕上关于下一个步骤需要装入多少炸鸡块的提示
9. 将一定数量的炸鸡块装进相应的食品盒，并将食品盒放到托盘上

资料来源：[美] 乔治·米尔科维奇、杰里·纽曼、巴里·格哈特《薪酬管理》，成得礼译，中国人民大学出版社 2014 年版，第 77 页 。

4. 员工职业生涯开发方式的变革

由于技能薪酬体系向员工传达的更多的是技能的发展而不是传统的职位升迁式的职业生涯发展方式，因此在这种新的体系中，员工将更多地采取横向的职业生涯开发方式，注重工作的丰富化和扩大化，不断发现和开发转移的能力。

5. 工作设计方式的改变

在实行技能薪酬体系的组织中，企业所强调的已经不再是每一个人完成自己的职位描述所严格界定的工作内容，相反，更为强调的是员工完成多种不同工作的能力。这种新的工作设计方式打破了传统的本位主义的思考方式，鼓励员工从工作流程的角度去看待自己所从事的工作及与同事之间的工作关系，同时鼓励员工不断学习新的技能。这种新的工作设计方式与工作丰富化、工作扩大化在本质上是相同的。

另外，在建立以技能为基础的薪酬体系时，需要很大的投资。在大公司中，一般要经历 6~8 个月的时间才能完成这种薪酬体系的设立。同时在实施过程中，还需要保持公司内部的稳定，这样才能保证最初的投资能够换来更大的收益。

第三节　实操案例：科兴研究所研发人员能力薪酬体系设计①

一、科兴研究所概况

科兴研究所成立 30 多年来已研究开发出多种新药，是所在省的新药研发龙头企业，获得了多项国家级和省级科技进步大奖。科兴研究所属于中等规模的国有企业，设有制剂工艺室、药物毒理室、分析室、微生物检验室、动物室、免疫系统科室。它的内部组织结构比较规范，设有所长、副所长、办公室主任、财务部经理、人力资源部经理和药物研究员等职位。

1. 员工的学历结构

科兴研究所拥有员工近 250 名。其中，具有硕士研究生及以上学历的人数占总人数的 15%，具有本科学历的人数占 60%，具有大专学历的人数占 20%，具有高中学历的人数占 5%（见图 4-5）。可见，科兴研究所的员工普遍学历较高，其发展依托的是高素质的人力资源。

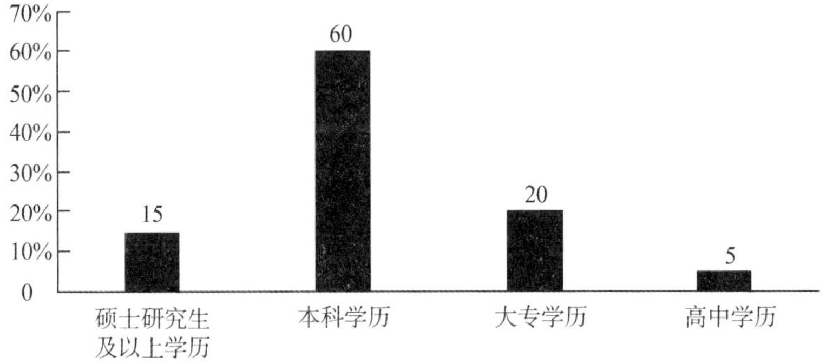

图 4-5　学历分布

① 参见张霞、胡建元、王一帆编著：《薪酬设计与薪酬管理案例教程》，东北财经大学出版社 2017 年版，第 17~26 页。本书采用时进行了一定的改动。

2. 员工的年龄结构

45 岁以上员工占总人数的 20%，36~45 岁员工占 25%，20~35 岁员工占 55%。各个年龄段人数分布基本合理，20~35 岁员工占了大部分，他们的学习能力和创新能力是很强的。

3. 员工的职位结构

科兴研究所的所有职位可以分为三类：管理类、专业技术类、后勤类。管理类职位占到 17%，专业技术类职位占到 75%，后勤类职位占到 8%，这反映出科兴研究所专业技术类人员占大多数。因此，科兴研究所要想健康快速地发展，提升专业技术类人员的专业技术能力、留住核心研发技术人员是必须考虑的事情。

能力薪酬的推行要求技术、创新等能力要素对于企业的发展具有支撑作用，员工的创造性、主动性、分析思维能力与企业绩效呈明显的正相关关系。从以上数据可以看出，科兴研究所不仅从事新药研发工作，而且在其人力资源结构中，有 75%的员工是本科及以上学历，是一个知识化程度非常高的企业。同时，该所有 75%的专业技术类员工，专门从事药品的研发工作。这是一项对知识、技能要求很高的工作，研发人员的专业技能、创新能力等要素对于开发出优质、高效的新药品具有非常大的影响，他们在工作中所表现出来的创造性和积极主动性对企业绩效有很大的推动作用。因此，科兴研究所研发人员符合推行能力薪酬体系所需要的创新因素和工作积极性，向他们推行能力薪酬体系是有知识基础的。

二、科兴研究所现行薪酬方案

科兴研究所现在采用的是以岗位标准工资为主体结构的薪酬制度。员工的薪酬分为固定工资与浮动工资两大部分。固定工资包括岗位工资、学历工资、工龄工资以及福利津贴，浮动工资包括绩效工资和年终奖金（见表 4-12）。

表 4-12　薪酬结构

月薪酬总额	固定工资（65%）	岗位工资
		学历工资
		工龄工资
		福利津贴
	浮动工资（35%）	绩效工资
		年终奖金

1. 固定工资

（1）岗位工资。根据对岗位职责内容的评价结果制定岗位工资，分为 5 个等级。如果岗位职责内容没有发生变化或变化不大，岗位对应的标准工资就会保持不变。

（2）学历工资。以国家承认的学历为准，若一个人同时拥有多个学历，只取其中最高的学历，按规定发放学历工资（见表 4-13）。

表 4-13　学历工资等级

学历	工资（元/月）
博士研究生	300
硕士研究生	200
本科	150
大专	50

（3）工龄工资。工龄指进入本企业连续工作的年限。工龄工资每两年为一个幅度，每一幅度标准为 30 元，工龄工资最高年限为 20 年（见表 4-14）。

表 4-14　工龄工资等级

工龄（年）	工资（元/月）
1~2	30
3~4	60
5~6	90
…	…
19~20	300

（4）福利津贴。福利由法定福利（社会保险、住房公积金）和集体福利（带薪年假、员工培训）组成，津贴由每月 300 元伙食补贴和每月 200 元交通补贴组成。

2. 浮动工资

（1）绩效工资。绩效工资是在某一段时间内考核员工所做出的工作成绩，以员工考核评估确定的等级结果为依据，确定绩效工资额。考核评估结果以及考核得分按照规定的等级比例确定（见表 4-15），绩效工资分为 A、B、C、D、E 五等，A 为最高等，C 为绩效工资基础，E 为最低等。绩效工资等级计算标准见表 4-16。

表 4-15　绩效等级比例

绩效工资等级	人数分布比例
E 等	5%
D 等	20%
C 等	50%
B 等	20%
A 等	5%

表 4-16 绩效工资等级计算标准

绩效工资等级	计算比例
E 等	0
D 等	N×70%
C 等	N
B 等	N×130%
A 等	N×160%

注：N 表示绩效工资基准。

（2）年终奖金。通过企业专业人员的推举及评定，对实现年度盈利目标或对完善企业管理制度做出突出贡献的人员，企业在年底以货币形式给予奖励。

三、科兴研究所研发人员薪酬管理问题诊断

1. 现行的岗位薪酬体系不合理

科兴研究所采用的是以岗位标准工资为主要结构的薪酬制度，很多员工的薪酬都是由进入企业时所签订的劳动合同决定的，数额的多少在很大程度上取决于员工的职位高低和工作年限而非工作能力和工作表现。然而，科兴研究所大部分研发人员希望自己的薪酬主要由工作能力决定，基于能力的薪酬制度能够体现出企业对研发人员个人能力的肯定，员工的薪酬能够随着个人能力的提高而提高，这样也能激励他们不断进步，提高个人业绩。

2. 薪酬内部公平性不足

内部公平性主要是指员工相互之间的比较衡量。员工很难判断个人的绩效是否与所获得的报酬成正比，这时他们就会与身边的员工进行比较。科兴研究所的薪酬结构中，岗位工资占到固定工资的 70%，员工的薪酬直接取决于工作岗位和职务，而与个人的能力没有关系，这时处在同一层级岗位上的研发人员会认为自己的付出与所获得的报酬不成正比，导致内部不公平现象产生。

3. 薪酬缺乏动态调整机制

薪酬结构并不是一成不变的，它需要结合员工业绩、技能的变化及所在区域的经济状况等情况定期或不定期地进行调整，但是目前科兴研究所的薪酬结构刚性较强，岗位工资占了研发人员薪资的大部分，除了通过岗位晋升调薪外，很少有其他的调薪空间，这大大降低了薪酬体系的激励作用，同时也不利于研发人员自身的成长。

四、基于能力的科兴研究所研发人员薪酬体系的设计步骤

1. 划分职位，确定研究类别

能力薪酬是针对员工在工作中显示出来的与绩效有关的能力所支付的报酬，因此需要对员工的能力进行定义和分级，并给出相应的能力标准。由于科兴研究所现存的

职位体系中有很多职位，每个职位都有自己的特定要求和规范，对每个职位都进行能力分级并编写标准显然是不现实的，也会使标准体系过于复杂而不具备可操作性。因此，首先将所有职位按一定方式分成不同的职类、职种、职层/职等，再为不同职类、职种、职层/职等编写能力标准（见表 4-17）。

表 4-17　职位划分

分类	定义	层级
职类	职类是依据相似性原则划分的一组职位的集合，即把具有相似职责与管理范围，工作模块相同，从业所需知识、技能、素质和行为标准相似的职位归为同一类别，形成职类	管理类、专业技术类
职种	职种是对同职类职位进行细分归并而成的。这些职位在同一业务系统内承担相同业务板块功能与责任。它们在工作中所投入的知识、技能等具有相似性，业务活动性质与过程具有相似性，其产出结果（绩效标准）具有一致性	管理类可以分为财务管理、人力资源管理、研发部门管理、后勤管理，专业技术类包括药物研发人员
职层/职等	职层/职等是依据同一职种的从业人员承担责任的大小，所需知识的深度、广度，掌握技能的程度，素质和行为标准的高低划分的，强调的是同一职种中从业人员的胜任能力的差异性	药物研发人员可以划分为高级、中级、初级、助理研究员，管理人员可以划分为高层、中层、基层管理人员

科兴研究所拥有员工近 250 名，其中药物研发人员占 75%，大专及以上学历员工占 95%，由于其行业的特殊性，研发人员在企业中占据核心地位，因此选取药物研发人员作为标杆职种进行能力薪酬体系的设计。

2. 确定最低资格要求，初步划分职等

根据对药物研发行业的调查及与企业专家的讨论，对于从事药物研发的专业技术人员来讲，不同的岗位在岗位职责、能力、水平方面对员工的要求不同，因此有必要对研发人员按照一定的标准进行初步划分，确定同一类型研发人员的能力素质模型。学历、从业经验和知识技能在很大程度上决定了员工的能力水平，另外，是否取得行业证书也是评定员工能力的一个重要标准，而且这些能力的外显资料比较容易获得。因此，把学历、专业工作年限、知识技能水平、证书作为划分依据，设置任职资格要求，将研发人员初步划分为高级研究员、中级研究员、初级研究员和助理研究员（见表4-18）。其中，知识技能水平主要由知识考试、专家评价和工作表现决定。

表 4-18 研发人员任职资格要求

岗位	学历	专业工作年限	知识技能水平	证书
高级研究员	药剂类专业硕士研究生及以上学历	博士研究生：6 年及以上药物研发工作经验，参加过省级以上药学科研项目的研究工作 硕士研究生：8 年及以上药物研发工作经验，参加过省级以上药学科研项目的研究工作	90 分及以上	新药证书 执业药师证
中级研究员	药剂类专业本科及以上学历	研究生：5 年及以上药物研发工作经验 本科生：6 年及以上药物研发工作经验	80 分及以上	新药证书 执业药师证
初级研究员	药剂类专业大专及以上学历	本科生：3 年及以上药物研发工作经验 大专生：4 年及以上药物研发工作经验	70 分及以上	执业药师证
助理研究员	大专及以上学历	1 年及以上相关工作经验	60 分及以上	不需要

通过划分，企业研发人员中初步达到高级研究员级别的有 26 人，达到中级研究员级别的有 40 人，达到初级研究员级别的有 54 人，达到助理研究员级别的有 67 人。

3. 构建各等级能力模型

在设定任职资格，初步确定员工能力等级后，就需要对每一等级的人员确定能力模型。能力要素主要采用关键事件访谈法和专家小组法确定。同时，对每一个能力要素划分等级和层级，并按照能力要素出现的频率，确定各项能力在能力模型中所占的权重。各等级专业人员对应能力要素及其权重见表 4-19。

表 4-19 各等级专业人员对应能力要素及其权重

岗位	能力要素及其权重
高级研究员	创新能力（40%）、分析性思维能力（25%）、积极主动性（15%）、激励团队能力（10%）、文字表达能力（5%）、知识技能水平（5%）
中级研究员	创新能力（40%）、分析性思维能力（20%）、积极主动性（20%）、激励团队能力（5%）、文字表达能力（5%）、知识技能水平（10%）
初级研究员	创新能力（30%）、分析性思维能力（20%）、积极主动性（25%）、激励团队能力（5%）、文字表达能力（5%）、知识技能水平（15%）
助理研究员	创新能力（20%）、分析性思维能力（15%）、积极主动性（30%）、激励团队能力（5%）、文字表达能力（5%）、知识技能水平（25%）

根据能力模型，我们设定出每个能力等级所对应的能力评价表。表 4-20 为高级研究员能力评价情况。

表 4-20 高级研究员能力评价情况

能力要素	权重	要素解释	层次划分及分数分布			
			一等(100 分)	二等(75 分)	三等(50 分)	四等(25 分)
创新能力	40%	履行工作职责所必须具备的创新开发精神和能力	具有很强的创新能力,用自己独特的创新能力开发新产品,并具有培育他人创新的理念及能力	具备创新能力,能顺利完成本职工作,能强化流程或创新产品	能做好本职工作,但创新能力有所欠缺	创新能力不足,难以完成本职工作
分析性思维能力	25%	把复杂问题、过程或成果分解为组成部分并加以系统考虑	做出非常复杂的计划或分析。系统分析多维度的问题或过程,运用多种分析方法鉴定多种解决办法,并评价每种办法的结果	制订复杂的计划,把一个复杂问题或过程系统地分成几个组成部分,利用多种技术分析复杂问题,使问题得以解决	能够分析一个问题的几个部分之间的联系,并识别问题出现的原因	发现组成部分的基本关系,分解任务
积极主动性	15%	在工作中,自己要求或自愿去做更多工作的程度	工作积极性很高,能出色地履行岗位职责,提前准备完成在别人眼里不明显的工作任务	有较高的工作积极性,能较好地履行岗位职责,出现问题时,能在一两天内予以解决	有一定的工作积极性,能够履行岗位职责,工作遇到困难时,不轻易放弃	工作积极性一般,基本能处理好自己分内的事,但有时需要领导督促才能完成工作任务
激励团队能力	10%	激励下属,具有充分调动员工积极性与创造性的能力	了解下属需要,采用多种方式对他们进行有效激励,团队士气高涨,工作积极性高	对下属提出的合理要求予以满足,注重激励在团队中的作用,并尽量采取各种激励手段,团队成员比较满意	知道激励对于团队的重要性,并且在工作中也力图做到,取得一定效果,团队成员基本满意	没有采取激励手段,对下属的合理要求没有满足,团队成员的积极性与主动性不高
文字表达能力	5%	具有用文字来表达观点的能力	书面表达能力很好,结构严谨、逻辑严密、文字流畅、言简意赅	书面表达能力较强,能够用较为准确、简洁的文字表达自己的观点	书面表达能力一般,能够用文字表述自己的观点	书面表达能力较差,基本或勉强能够用文字表达自己的观点
知识技能水平	5%	对于专业知识的掌握和实务能力	90 分及以上	80 分及以上	70 分及以上	60 分及以上

4. 评价员工能力，划分能力层级

本次薪酬设计采用360°评价方法——上级、同级、下级对员工进行评价，并根据专家小组的意见确定各评价方所占的权重和能力层级数。经过最终讨论决定，在这次薪酬体系设计中，上级评价权重为50%，同级评价权重为30%，下级评价权重为20%。高级研究员分为3个能力层级，中级研究员分为3个能力层级，初级研究员分为3个能力层级，助理研究员划分为2个能力层级。

评价程序：首先，上级、同级、下级根据被评价员工所对应的能力等级评价表进行评价。例如，对于高级研究员，参与评价的人员包括所长、副所长、办公室主任、其他高级研究员、下属。其次，收集资料，并由人力资源部进行整理、计算，按照各评价者的权重计算各类别员工能力评价分数。最后，根据层级分数对应表确定员工能力层级。对于未达到相应等级中最低层级最低分数者，进入下一等级重新评定。

在实际评价过程中，参与高级研究员评价的有26人，其中5人达到高级一级、8人达到高级二级、12人达到高级三级，有1人由于未达到高级三级的最低分数而进入中级研究员的评定；参与中级研究员评定的有41人，其中8人达到中级一级、14人达到中级二级、17人达到中级三级，有2人未达到中级三级的最低分数而进入初级研究员的评定；参与初级研究员评定的有56人，其中24人达到初级一级、20人达到初级二级、12人达到初级三级；参与助理研究员评定的有67人，其中26人达到助理一级、41人达到助理二级。

5. 将能力与薪酬挂钩

根据各地区比较知名的药物研究开发所的薪酬调查（此项调查结果由权威机构劳工部门提供），结合科兴研究所所在城市在岗职工平均工资水平和工资等级划分标准，了解该地区与药物研究行业有关的劳动力的价格。调查结果显示，高级研究员的基本工资为3000~5400元/月，中级研究员的基本工资为2000~3500元/月，初级研究员的基本工资为1300~2300元/月，助理研究员的工资较低，为800~1400元/月（见表4-21）。科兴研究所研发人员的基本工资与调查结果基本一致，但同等级研究员之间几乎没有太大差距。参照薪酬调查结果，通过专家和薪酬设计专员的讨论，初步设定出每一能力等级和层级所对应的工资水平。

表4-21 科兴研究所所在地区药物研究行业中药物研究员工资水平调查结果

岗位	市场薪酬水平（元/月）		
	高位值	中位值	低位值
高级研究员	5400	4200	3000
中级研究员	3500	2750	2000
初级研究员	2300	2000	1300
助理研究员	1400	1100	800

各层级能力工资的计算过程简单介绍如下。首先，根据外部市场薪资调查数据和对各级研究员的能力评价点数确定中值。其次，确定薪资变动比率，其大小主要取决于对该职位所需的技能水平等综合因素的分析。高级研究员、中级研究员、初级研究员薪酬等级的变动比率分别为 61%、40%、32%。最后，通过中值和变动比率计算得出每一个层级的最高值和最低值。最低薪酬水平 = 中值/［1+（1/2×变动比率）］，最高薪酬水平 = 最低薪酬水平×（1+ 变动比率）。由此，我们就可以得出各等级、层级所对应的工资水平（见表 4-22）。

表 4-22　层级、层级分数、层级人数、能力工资

岗位	层级	层级分数	层级人数（人）	能力工资（元/月）
高级研究员	1	90 分及以上	5	5800
	2	80~89	8	4700
	3	70~79	12	3600
中级研究员	1	90 分及以上	8	3500
	2	80~89	14	3000
	3	70~79	17	2500
初级研究员	1	90 分及以上	24	2400
	2	80~89	20	2100
	3	70~79	12	1800
助理研究员	1	80 分及以上	26	1500
	2	80 分以下	41	1000

这样，我们就可以把每名研发人员的能力等级和能力工资对应起来。通过公式：基本工资 = 80%×能力工资+20%×岗位工资，便可以确定他们个人的基本工资。

6. 制订与能力匹配的培训计划

企业必须建立与能力相匹配的综合性培训。第一，正式员工需在单位工作两年以上才能报考相关的学历教育，如期完成学业的，企业将承担 70% 的学习费用，没有取得证书的，企业不承担学习费用；第二，企业每年都要为员工提供培训机会，确实需要进行考评前培训的，由本人提出申请，企业统一安排，对同一专业同一层次的报考和培训，取得相应专业技术职称的，企业承担所有费用；第三，针对不同职种员工所应具备的工作能力，分别进行针对性培训，使他们不断提高自身能力，拓展知识面。培训结束后，根据年度考核结果，培训人员能力确实有所提高且达到所在层级中上一级能力水平的，级别比原来所在的层级上升一级，基本薪资也做出相应的调整。

复习思考题

1. 能力薪酬是什么？有什么优势和不足？
2. 能力薪酬体系的设计流程是什么？需要注意什么？
3. 技能薪酬体系的优缺点包括哪些？
4. 技能薪酬体系设计中的关键决策有哪些？
5. 技能薪酬体系设计的基本步骤是什么？
6. 比较职位薪酬体系、技能薪酬体系和能力薪酬体系的异同点。

情景仿真题

果珍公司是一家生产“即榨汁”饮料的新工厂。工厂的生产过程主要分成以下四个阶段：(1) 原料处理，接收并加工原材料，送出最终产品；(2) 混合，将原汁配制成果味饮料；(3) 装瓶，用机器吹塑软包装瓶，装入果汁，封口；(4) 包装，工人们用机器不断将封好的瓶子包装为 6 盒装，或装入箱子及放在货盘架上，同时要监控检测质量的机器。

传统的企业工作及付酬的方式是：雇人去做每一个阶段的工作，然后使用职位评价和薪酬调查去确定每项工作的工资。而果珍公司的的做法是利用工作团队：首先，组成 4 个 15 人规模的自我管理的生产团队及一个小型的后勤保障组；其次，每个团队在其轮班时执行所有的操作；最后，设置一个工作头衔——操作员/技工。他们履行所有维护日常工作的职责，其最重要的角色是监督和控制生产流程。他们能够在问题出现时探测到生产及质量问题，并与相关的人员交流这些问题，即便是这些问题不属于自己的工作领域。

果珍公司技能薪酬制度的运作方式为：

1. 技能区（技能模块）

(1) 每一个生产阶段代表一个技能区；(2) 每个技能区有 3 种代表不同知识和技能提高程度的等级：一级——有限的能力，二级——部分熟练，三级——完全胜任（能够分析和解决生产问题，进行一些大的维护，如重组一台机器）。

2. 薪酬升级

(1) 最初，新员工被分配到任意一个技能区并得到起薪；(2) 大约 3 个月后该员工如果能够证明自己获得一级证书，可获得一次加薪；(3) 该员工开始在此技能区以二级水平工作，合格后再升入三级或进入一个新区的起始水平，整个过程重新开始；(4) 每一名员工在一个区内必须工作到二级水平，工人们如果不能获得那个水平的证书则会被解雇；(5) 所有的等级、价值相等。因此，每获得一次升级都会得到价值相等的加薪。

3. 培训

(1) 每一个技术等级都有相应的培训；(2) 由生产团队安排，每名获得特定技能证书的员工负责培训轮换到该职位的下一名员工；（3）员工必须等待新领域内出现空缺后才能轮换并开始培训，每个技能区有不同数目的职位，如在原料处理区只有两个职位；（4）一名新员工通常在四五年内可以达到最高等级（所有区内的三级）。

4. 授证

（1）每一个技能区都有一系列具体的任务、知识及攻关技能，这些内容列在检查表中；（2）作为培训者的员工使用检查表来确定该员工是否已获得与本区内每个技术等级相关的技能和知识；（3）当培训者认为员工已获得必要的技能后，他将推荐为其发放证书，这时该员工的整个团队必须同意授证，并且无时间限制、不进行测试；（4）假如此员工在下一级（他已被授予证书的那一级）不能很好地胜任，那么该员工和培训者都将失去先前的加薪。

请思考：

1. 果珍公司使用的这种技能薪酬制度与传统薪酬支付方法相比有哪些优缺点？

2. 你认为该公司在实施这个制度时可能遇到的实际困难是什么？

案例分析题

华美度假村技术人员薪酬制度问题①

华美度假村位于郊区，是集餐饮、客房、娱乐为一体的休闲、度假、旅游、会议接待场所。华美度假村硬件条件非常优秀，占地面积3000余亩（1亩≈666.7平方米）。华美度假村作为国内知名的旅游度假品牌，秉承优雅、奢华、休闲的品牌理念，为顾客打造出独具特色的度假体验。其中，技术人员是保障度假村运营的重要力量，但在现有薪酬制度下，个人贡献难以体现，很难激起员工的积极性和创造力。

华美度假村的技术人员主要指厨师、工程维修人员。原先，度假村技术人员的基本工资采用的是岗位+能力的工资制，按照岗位级别和能力级别发放工资。能力级别的区分则是基于个人是否拥有能力证书和拥有证书的等级，对于厨师来说，评价标准就是厨师等级证书。无论实际烹饪水平如何，厨师长比普通厨师的工资高，有厨师证书的厨师工资比没有证书的高，特一级的厨师工资就比一级的高。工程维修人员也是如此。华美度假村领导本以为这种工资制度能够有效激励员工提高工作能力，但在实际工作中却发现，许多人员通过购买证书而非提高自身能力来获得高薪酬，员工持有假证书的现象普遍存在。此外，技术的流失率也居高不下。基于证书的能力工资制似乎并没有起到预期的作用。

此外，由于华美度假村的服务多样，客房、娱乐设备齐全，工程维修人员的工种设置也很全面，包括水工、电工、管道工、木工等。一方面，华美度假村花费了较高的成本雇用这一批维修人员；另一方面，当某地同时出现几个维修问题的时候，往往

① 参见张宝生、孙华主编：《薪酬管理》，北京理工大学出版社2018年版，第89~92页。本书采用时有所改动。

需要派出多名维修人员同时前往。由于华美度假村占地面积广，各设施之间距离较远，一来一回需花费较长时间，因而华美度假村时常出现工程维修人员短缺或维修不及时的问题，严重影响了度假村的有序经营。

调查发现，造成华美度假村目前这种现状的原因主要有以下两个方面。

（1）技术人员薪资没有与实际工作能力挂钩。技术人员薪资的多少依赖于有无能力证书以及能力证书级别高低，而证书却不能完全代表员工的实际工作能力。低能力者通过买证书获得高薪酬，有能力而不愿意购买假能力证书的员工，薪酬反而比一些能力不及自己的员工低。部分有能力的技术人员受到不公平的对待，再加上该度假村的薪酬水平普遍偏低的现状，不少技术人员选择跳槽到其他能给出更高薪资和更好发展前景的企业或单位，员工流失率高。人才的流失无疑是企业的损失，极大降低了该单位的实际工作效率和质量，还带来了重新招聘和培养新员工的高额成本。

（2）薪酬制度未能激励技术人员一专多能。调查发现，华美度假村工程维修人员普遍技能单一。依照华美度假村原有的薪资制度，技术能力多样的技工，能够完成相对较多的任务，但其拿到的钱却与其他员工没有区别，因为工资的高低只与是否拥有证书和拥有证书的等级有关，而与个人的工作量无关。因此对技术人员而言，拥有一项专长就足够了，没有必要去学习其他类别的技能、承担更多的工作。再加上度假村各区域之间路途较远的现状，度假村不得不雇用很多工种的工人，但仍然时常出现人员短缺的现象。由于工程维修人员不能一专多能，这给该单位精减人员、优化分配资源、提高服务效率和质量带来了不小的问题。

请结合案例讨论：

1. 如果你是华美度假村的人力资源部经理，针对华美度假村存在的上述问题，你将提出哪些改进建议？

2. 请根据华美度假村的特点，为该度假村的技术人员设计相应的薪酬制度。

技能操作题

森达公司的薪酬问题①

森达公司是一家具有60多年历史的大型国有制造企业，主营业务为工程机械产品制造，人员规模4000余人，主要面对华北和西北市场。随着中国工程机械市场的爆发性增长，森达公司的销售规模增长迅速，目前已发展成为行业内领先品牌。销售收入也从10年前的26亿元增长到40亿元左右。然而，在风光的销售业绩背后，是企业内部的管理问题，其中最突出的就是薪酬问题。森达公司目前有几种适用于不同类型岗位的工资制度：（1）职能部门采用的是以岗位工资为主导的工资制度，即在每月发放的工资中，岗位工资约占80%，绩效工资占20%左右；（2）技术部门实行的是组合工资制，即由基本工资、岗位工资和项目奖金三部分组成；（3）车间工人采用的是计件

① 参见张霞编著：《绩效考核与薪酬管理》，西安电子科技大学出版社2019年版，第171~172页。

工资+奖金的工资制度。

随着企业的发展，高学历、高素质的员工越来越多，森达公司对产品研发、市场销售人员以及一线生产工人的操作技能和专业能力的要求越来越高。于是，分管人力资源管理工作的副总经理张彬先生开始关注薪酬制度的改革问题，并考虑在企业推行技能工资制的可能性，试图通过构建技能和能力工资体系，调动员工提升个人能力和素质的主动性，从而促进学习型组织的建立。

请思考：

1. 结合案例说明，推行技能工资制需注意哪些问题?

2. 假如你是张彬，请为森达公司设计一个切实可行的技能工资方案。

第五章　绩效薪酬体系设计

【学习要点】

1. 了解绩效薪酬的定义、特点及设计原则。
2. 熟悉常见的绩效薪酬的类型。
3. 掌握常见的绩效薪酬设计方法。
4. 掌握不同类型的绩效薪酬实施方式。
5. 了解个人绩效薪酬制度可能导致的主要问题。
6. 理解不同类型群体绩效薪酬制度的含义与特点。

【引导案例】

薪酬激励的六大痛点①

价值评价和价值分配，看似简单易懂的道理，但现实情况是几乎所有的老板、管理者、人力资源和员工都很难对绩效与薪酬激励体系感到满意。每一方都有道不尽的苦水，每一方又都有看似矛盾的诉求，这才导致大部分企业对公司现行的绩效与薪酬激励体系在提升员工工作积极性和公司业绩方面的效果感到失望。

（1）M 公司是跨境出口电商企业，主要业务是对国内优质的定点生产制造企业的产品进行品牌包装，并通过海外线上平台与渠道直接销售给海外 C 端消费者，简称“联合运营业务”。对公司来说，联合运营业务的主要收益是公司从该工厂对应的产品销售额和利润中的分成。

（2）A 公司是一家国有独资集团公司，承担政府融资平台及基础设施建设项目。企业参照政府事业单位，采用职务级别工资制，工资体系简单明确，设有总经理、副总经理、科长、副科长、科员级别，基于总经理薪酬往下按照一定系数确定每个级别的工资数额，员工只要是同一级别就是同样的工资收入。

（3）C 公司是一家民营多元化集团企业，以传统地产和建设业务起家，目前通过兼并收购准备涉足金融行业，集团董事长对金融板块的发展寄予厚望，希望未来形成

① 参见孙晓平、季阳：《薪酬激励新实战：突破人效困境》，机械工业出版社 2019 年版，第 7~11 页。

产业和资本联动发展。

（4）F公司是一家以建筑装饰工程施工为主营业务的公司，F公司的项目管理与实施模式采用项目经理负责制，即项目经理统筹施工员、材料员、安全员等岗位人员，负责对项目的进度、质量、决算等一系列项目管理过程进行把控，项目经理及核心成员对于项目利润有着直接且显著的影响。

（5）T公司是一家处于快速发展期的服装电商公司，目前员工近50人，以“80后”和“90后”为主，公司业务发展迅速。

（6）J公司总经理陈总为了激发员工工作激情，提升工作效率，冲击年度挑战性经营目标，在公司大大小小的会议和正式、非正式的场合总是不断告诉员工，只要大家工作努力，年终奖金的数额不会少，一定不让大家失望。员工为了拿到更多的奖金，工作非常投入且高效，最终实现了挑战性的业绩目标。

绝大部分情况下，企业老板并不是不舍得发钱，而是不敢发、怕发出问题，或者不知道该不该发、怎么发、发给谁、发多少。针对其中呈现的问题，总结出了薪酬激励的六大痛点，这六大痛点是所有企业老板、业务管理者和人力资源都应该重点关注和思考的，具体如表5-1所示。

表5-1　六大付薪痛点

案例场景	核心痛点
跨境电商M公司：激励与战略失联	你的钱真的花在刀刃上了吗？是否充分激励了对战略有重要支撑的关键岗位并有效引导了正确行为？
国有独资集团A公司：内部公平性失衡	你的员工是否理解和认可企业在不同岗位、不同能力、新老员工等方面的薪酬差异？
民营多元化集团C公司：外部竞争性偏离	你提供的薪酬真的有市场竞争力吗？是否能够帮助企业吸引和保留优秀的人才？
工程施工F公司：激励与业绩脱节	你支付的薪酬是怎么组成的？是否能充分体现“多劳多得”，最大化激励业绩优秀的员工？
服装电商T公司：被动无效的薪酬调整	你的薪酬调整是否被动无奈，付出了钱却无法引导与激励员工？
地产J企业：模糊政策引发过高期望	为什么员工的工资涨了、奖金发了，反而引起了不满和震荡？

第一节　绩效薪酬的基本原理

一、绩效薪酬的基本概念

1. 绩效薪酬的定义

绩效是指工作效果和效率。绩效薪酬是基本薪酬之外的员工薪酬的增加部分，即员工薪酬根据员工、团队或者组织绩效的变化而变化的一种薪酬设计。一般来说，绩效薪酬有广义绩效薪酬与狭义绩效薪酬之分。狭义绩效薪酬是指员工的个人工作效果和效率与其薪酬之间的匹配，而广义的绩效薪酬则是依据员工、团队和企业绩效的变化而做出的相应调整与匹配。

2. 绩效薪酬的特点

相对于基本薪酬来说，绩效薪酬具有以下几个方面的特点。

（1）绩效薪酬依据个人工作绩效的表现动态变化。与员工的基本薪酬不一样，员工的绩效薪酬一般不受员工所在的职位、技能、能力、工作年限等员工个人因素的影响。绩效薪酬的多少由员工工作绩效水平的高低确定，这保证了员工薪酬与工作绩效之间的相关性和一致性。这不仅在一定程度上解决了基本薪酬过于稳定、激励性不足的问题，也有利于员工在得到合理的绩效薪酬之后获得相应的心理满足感。

（2）绩效薪酬要基于对员工工作绩效的评价。对员工工作绩效的评价是实施绩效薪酬的基本前提，如果没有客观的工作绩效评价，就会影响绩效薪酬实施的有效性，从而造成企业薪酬内部公平性的缺失。常见的员工工作绩效评估方法有关键绩效指标评估法、平衡计分卡评估法和 360°评估方法。

（3）实施绩效薪酬要有特定的绩效目标。企业实施绩效薪酬必须让员工明白企业需要达到的绩效目标和员工自身所要实现的绩效目标是什么。只有如此，才能够帮助员工确定并努力实现自身工作目标，才能够使得企业绩效目标和员工个人绩效目标相统一，从而使绩效薪酬有效促进员工个人绩效和企业整体绩效之间的良性互动。

（4）实施绩效薪酬要注意建立完善的绩效管理体系。绩效管理包含计划、指导、评定和薪酬确定四个阶段，这四个阶段必须具有统一性和协调一致性。实施绩效薪酬还应该注意绩效本身的多样性和复杂性，以及员工绩效表现形式多样性和绩效薪酬表现形式多样性之间的统一和协调问题。

3. 绩效薪酬的设计原则

（1）条件原则。一般来说，只有当员工的绩效达到或者超过组织期望时，才可以获得相应的绩效薪酬，否则员工就不能获得绩效薪酬，这保证了绩效薪酬的公正性。当然，在一些企业中，为了激励那些没有达到企业期望但接近企业绩效期望的员工，企业通常也会给予一定的绩效薪酬，不过，这种做法容易对那些达到或者超过组织期望的员工的积极性产生消极影响。

（2）及时性原则。及时性原则是指企业应该对员工的绩效结果进行及时认定，并根据认定的结果确定相应的绩效薪酬。及时性能够对员工的行为产生积极的导向作用，促使员工继续保持那些取得高绩效结果的行为，也能够促使那些尚未完成绩效的员工改变自己的行为，从而在未来实现组织期望的绩效目标。

（3）公平性原则。公平性对绩效薪酬设计十分重要，只有保证了绩效薪酬的公平，才能够消除员工的不满进而对员工产生激励作用。在绩效薪酬的设计过程中，绩效应该是唯一和确定的衡量指标，企业只有依据员工的工作绩效和企业的绩效期望确定绩效薪酬，才能够保证绩效薪酬在组织内部的公平性。

（4）竞争性原则。绩效薪酬本身就包含竞争的性质。当企业绩效薪酬水平偏低时，企业很难吸纳优秀人才，在人力资本市场中就会缺乏竞争力。不仅如此，企业内部的员工也可能因为其他企业的绩效薪酬水平更高而产生不满情绪，进而降低工作积极性，甚至跳槽。因此，在企业确定绩效薪酬水平时，应了解市场中的绩效薪酬水平，结合自身情况，确定具有竞争力的薪酬绩效水平。另外，人力资本市场中的供求状况也是进行绩效薪酬设计时需考虑的影响因素之一，对一些特殊和专门的人才，如高级管理人员与专业技术骨干这类稀缺人才，也可以在绩效薪酬设计方面进行一些有针对性的特殊安排。

（5）经济性原则。良好的绩效薪酬设计有助于吸引和留住优秀人才，也能对员工的工作积极性产生一定的激励作用，但是，企业在进行绩效薪酬设计时还应该考虑经济性因素。因为，如果仅从激励和竞争的角度设计绩效薪酬，就很可能出现盲目提高绩效薪酬水平的情况，增加企业的薪酬负担，影响企业的经营活动。因此，绩效薪酬的设计应该兼顾激励、竞争和企业成本等多方面因素。

【知识链接】

六维动态薪酬激励模型①

为了帮助企业老板、业务管理者及人力资源共同应对六大付薪痛点，使用六维动态薪酬激励模型（见图5-1）指导企业搭建系统有效的薪酬激励体系，提升人员激励效果。

① 参见孙晓平、季阳：《薪酬激励新实战：突破人效困境》，机械工业出版社2019年版，第11页。

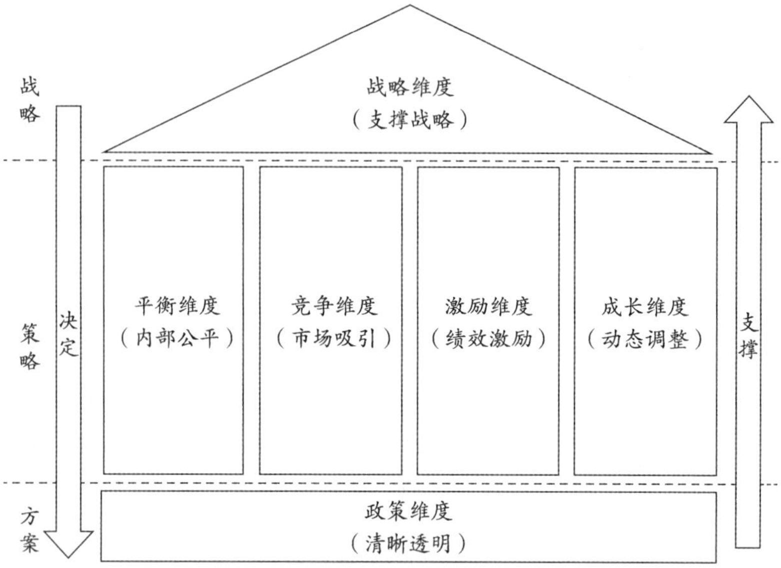

图 5-1　六维动态薪酬激励模型

二、绩效薪酬的类型

1. 基于生产计件的绩效薪酬制度

基于生产计件的绩效薪酬制度是一种比较典型的绩效薪酬制度，它是指企业基于员工生产的合格产品数量，运用一定的绩效薪酬率确定员工计件绩效薪酬的一种制度。其最简单的计算公式为：计件绩效薪酬额=计件单价×合格产品数量。但是在实际实施的过程中，为了体现企业与员工共同分享生产提高的收益，企业大多会确定一定的产量定额，然后基于产量定额来确定差别的绩效工资计算率。也就是说，产量较高的员工可能获得更高的单件绩效薪酬计算率，而产量较低的员工只能获得较低的单件绩效薪酬计算率。

基于生产计件的绩效薪酬制度的优点：（1）绩效成果能准确测量出员工的工作量，在此基础上的绩效薪酬设计容易使人们感觉公平，而且绩效成果也容易评定，不会受到评价者主观因素的影响。（2）与计时方式相比，以生产计件为基础的绩效薪酬不仅能反映不同等级工人之间的劳动差别，而且能反映同等级工人之间的劳动差别。即使是同等级的工人也会因为所生产合格产品的数量、质量不同而得到不同的绩效薪酬，这会促使工人更加关心自己的劳动成果，激发劳动积极性，促进劳动生产率的提高。（3）由于绩效成果与薪酬直接挂钩，基于生产计件的绩效薪酬制度能够促进计件工人经常改进工作方法，提高技术水平和劳动熟练程度，提高工时利用率，增加产品数量。（4）基于生产计件的绩效薪酬制度核算简单，方便易懂，有利于降低企业的管理成本和减少因评价标准模糊而造成的企业内部的摩擦与冲突。

基于生产计件的绩效薪酬制度的缺点：（1）以生产计件为基础的绩效薪酬，可能导致员工为了追求产量效率而忽视质量效率，还可能造成企业在原料成本、设备成本甚至安全等方面的重大浪费或者事故。(2) 如果企业因为技术进步或者工艺过程变化而提高劳动效率，那么为了提高绩效水平和增强竞争能力，企业就会有强烈的欲望来提高产品的产量定额或者压低工时定额，这可能受到来自员工方面的阻碍。(3) 以生产计件为基础的绩效薪酬制度缺少与其他企业之间的比较，也不能反映员工生活成本的变化，这就可能造成绩效薪酬脱离市场水平或不能够满足员工生活需要等问题。在这种情况下，企业需要解决在劳动效率不变的情况下，根据市场水平调整单件绩效薪酬计算率的问题。(4) 以生产计件为基础的绩效薪酬制度还可能造成员工延时劳动、工作过度紧张、损害身体健康等问题。

2. 基于销售绩效的佣金制度

基于销售绩效的佣金制度是另外一种比较典型的绩效薪酬制度，它是指在对销售人员的工作业绩进行评价的基础上，按照一定的标准确定员工绩效薪酬的制度。例如，常见的基于产品销量绩效的佣金计算方式是：佣金额=单位产品的佣金单价×产品销量。但是在企业实际实施的过程中，大多首先确定员工的销售目标任务，然后确定阶梯式佣金计算方案，也就是说，销售业绩较高的员工可能获得呈阶梯性增长的绩效薪酬。

基于销售绩效的佣金制度的优点：(1) 佣金与销售绩效直接挂钩能够有效提高销售人员的工作积极性。(2) 销售绩效的客观性和可测量性保证了佣金制度实施的公平性。(3) 核算方法简单，有利于降低企业的相关管理成本，减少企业内部的冲突与摩擦。

基于销售绩效的佣金制度的缺点：(1) 基于销售绩效的佣金制度可能导致销售人员过于重视短期业绩，在提高销售人员积极性的同时也可能造成为了提高销售绩效而出现一些不合理的内部竞争行为。(2) 销售绩效的评价可以采用多种指标，如销售量、销售额、回款金额、客户数量和新开拓客户数量等，这就可能造成员工为了提高自身的绩效薪酬而出现与管理层方面过多的讨价还价，导致销售人员绩效衡量指标频繁变动等问题。

【知识链接】

专业技术人员激励设计①

为了有效激励专业技术人员，企业的管理者在对专业技术人员实施激励时，首先需要了解他们的个人愿望和需求，然后结合企业专业技术人员的工作内容与特点，把握五个关键点（见图 5-2）。

① 参见刘亚萍编著：《薪酬管理工作手册》，人民邮电出版社 2015 年版，第 195~196 页。

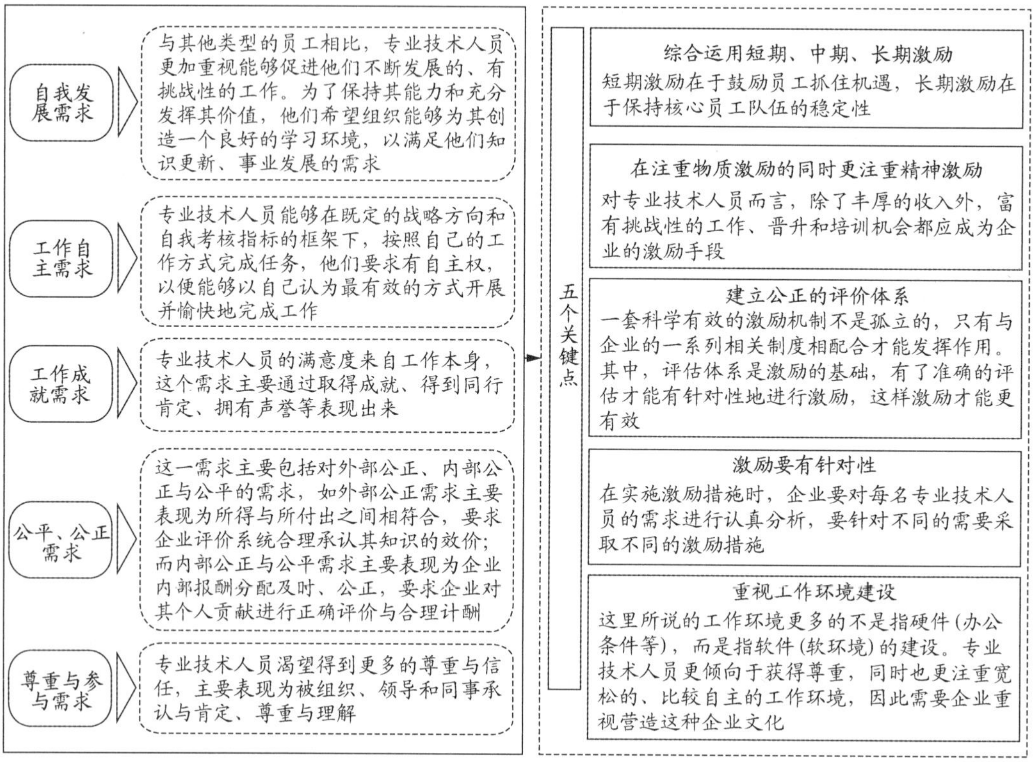

图 5-2　专业技术人员激励设计

三、绩效薪酬的设计要点

绩效薪酬设计主要包括三个方面：设立绩效指标与绩效标准，采取科学的绩效评估方法，设计绩效与薪酬之间的联系。实际上，前两方面都是绩效管理的工作，最后一方面才直接与薪酬管理有关，可见绩效薪酬制度是一种将绩效管理与薪酬管理相联系的制度。具体的设计要点包括绩效薪酬的总额核算、支付形式、关注对象、关联周期、配置比例、绩效等级、绩效分布、分配方式等。

1. 绩效薪酬的总额核算

绩效薪酬总额是指将多少收入作为企业全体员工的奖励基金。确定企业绩效薪酬总额应本着保证股东回报的原则，即要在保证股东回报的基础上制订经营计划，如果企业的实际效益实现了经营计划要求的指标，那么就要按照计划的薪酬总额扣除已经发放的工资、奖金、福利等确定绩效薪酬总额；如果企业的实际效益没有实现经营计划要求的指标，那么就要首先从实际收入中拿出股东要求的回报部分，剩余的才能用于分配，确定绩效薪酬总额。所以，确定绩效薪酬总额时需要收集股东回报资料、薪酬计划，以及已经发放的工资、奖金、福利等数据。

绩效薪酬总额的确定方法有以下几种。

（1）按企业超额利润的一定百分比提取绩效薪酬，其计算公式为：

本期新增绩效薪酬总额=（本期实际利润−上期利润或计划利润）×超额利润奖金系数

（2）按产量、销售量、成本节约量来发放绩效薪酬总额，依具体情况有以下三种不同的计算方法。

第一种，按企业实际经营效果和实际支付的人工成本两个因素决定绩效薪酬。其计算公式为：

绩效薪酬总额=生产（或销售）总量×标准薪酬比率-实际支付工资总额

第二种，按企业年度产量（销售量）的超额程度提取绩效薪酬。其计算公式为：

年度绩效薪酬总额=（年度实际销售额－年度目标销售额）×计奖比例

第三种，按成本节约量的一定比例提取绩效薪酬总额。其计算公式为：

绩效薪酬总额=成本节约额×计奖比例

（3）以附加价值（净产值）为基准计算。美国会计师艾伦·拉克（Allen Rucker）在1914~1947年研究发现，美国制造业薪酬总额占生产价值（生产额扣除原材料价值后的剩余部分，即附加价值或净产值）的比重（即劳动分配率）一般在39.395%左右。因此，他认为生产价值乘以39.395%即为应发的薪酬总额，而实际发的工资总额低于按这一比例提取的部分，应以奖金形式发给劳动者，这一方案被称为“拉克计划”。其计算公式为：

奖金总额=附加价值×标准劳动分配率-实际支付工资总额

2. 绩效薪酬的支付形式

其具体表现为企业以怎样的薪酬支付来建立与绩效的联系。从薪酬与个人绩效的联系紧密程度上看，如直接无限计件工资制、无底薪提成制是与个人绩效完全挂钩的绩效薪酬制度，而股票或利润分享计划则是与企业的整体效益相联系的。从发放形式上看，绩效薪酬主要体现为两种方式：一种是增加基本工资，另一种是一次性业绩奖励。绩效加薪体现为薪酬等级或基本工资的调整。绩效工资是按基本工资的一定比例加以浮动，也可以是按基本工资的一定比例发放的绩效奖金。该比例可以是一个固定数值，也可以是一个随业绩水平高低变化而变化的变动数值，如业绩水平越高，该比例越高。或者绩效工资还可以是一次性支付的一个固定数值的奖金，如优秀员工奖等。

由于增加基本工资将长久地提高员工工资水平，随着时间的推移，就变成了员工对薪酬的一种权利，而且考虑到薪酬易上难下的刚性特点，不利于企业薪酬的灵活决策。一次性业绩奖励是对达到或超过企业业绩标准的员工进行的一次性奖励支付，在数量上可以与企业当期收益挂钩，既可以使员工感受到激励的效果，也有利于企业薪酬的灵活决策。

3. 绩效薪酬的关注对象

绩效薪酬既可以关注个人，又可以关注团队，还可以在关注团队绩效的基础上注重个人业绩。如果某些工作不需要员工间太多的合作，个人绩效也容易计量，就可以实行以个人绩效为基础的绩效薪酬制度，从而有利于强化个人的行为与结果。为了满足团队协作和最大化团队绩效的需要，绩效薪酬也可以通过向一个团队或单位的每名员工提供一种群体绩效薪酬，即基于团队、业务单位或整个组织的绩效。还可以先衡量团队或单位的绩效以确定绩效薪酬总额，然后依据员工个人绩效对绩效薪酬总额进行划分，员工获得的绩效薪酬是基于自身的绩效。

4. 绩效薪酬的关联周期

绩效薪酬可以依影响方式、操作条件的不同而采取不同的计算方法和发放周期。

如果选择较短的发放周期，则员工会因关注短期效益而不关注长期利益，使绩效的管理作用大为降低；如果选择较长的发放周期，则操作不易，而且对企业绩效管理系统的要求很高。所以，绩效薪酬的关联周期应根据企业的具体情况而定。一般来讲，企业高层可能更倾向于中长期绩效薪酬激励，而低层员工更倾向于短期绩效薪酬激励。而且依据不同的支付形式，企业提供的绩效薪酬频率各不相同，可能是每月进行一次支付，也可能是每季度或每年进行一次支付。

5. 绩效薪酬的配置比例

绩效薪酬的配置比例即绩效薪酬在不同部门或不同层次职位中的配置标准。不同类型的工作人员由于其本身的职位工作特点不同，收入结构不同，应采取不同的绩效薪酬比重，没有一个绝对的标准，应具体情况具体分析。如销售人员的销售绩效薪酬就占较大部分，一般是采取“基薪+提成+奖金”的模式，而技术类工作人员的工资结构中，绩效工资所占的比重就相对要小些，但在这个处理过程中还存在一个“储蓄性业绩”问题。所谓“储蓄性业绩”，是指那些不能直接以数量衡量的，但又是实实在在存在的，且对企业现在的业绩和将来的发展都有贡献的职位业绩和技能业绩，如管理人员和科技人员的绩效就不可直接衡量。针对这个问题，一般可对企业的核心人员采取持有股权、股票期权和期股的间接薪酬方式。

另外，在企业的不同发展阶段，绩效薪酬在不同管理层次、具有不同职务特点的职位薪酬结构中所占的比重不同。企业的发展周期一般可分为创业期、成长期、成熟期和衰退期。在创业期和成熟期，绩效薪酬在薪酬中所占的比重高；在成长期，绩效薪酬所占比重相对要低一点；而在衰退期，绩效薪酬所占的比例将会较低。

6. 绩效等级

绩效等级即绩效评估后对员工绩效考核结果划分的等级层次。它既与具体的绩效指标和标准有关，也与企业考核的评价主体和方式有关。在做到公正、客观地对员工绩效进行评价的基础上，绩效等级的多少和等级之间的差距将会对员工绩效薪酬分配产生很大影响。在设计绩效等级时要考虑绩效薪酬对员工的激励程度，等级过多、差距过小将会影响绩效薪酬对员工的激励力度；等级过少、差距过大将会影响员工对绩效薪酬的预期，使员工丧失向上的动力。

7. 绩效分布

在确定了企业绩效等级以后，还应明确不同等级内员工绩效考核结果的分布情况，即每一等级内应有多少名员工或有百分之几的员工。通常来讲，企业员工绩效分布情况基本符合正态分布，即优秀的占10%~20%，中间的占60%~70%，而差的占10%左右。严格的绩效分布一方面有利于对员工的绩效进行区分，另一方面也有利于避免绩效评价各方模糊业绩而使得被评价对象的评价结果趋中。

8. 绩效薪酬的分配方式

绩效薪酬的分配方式即绩效薪酬如何在个人或团队中进行分配。常见的有两种方式：一种是绩效薪酬直接与个人业绩工资标准对应进行分配；另一种是绩效薪酬先在团队间进行分配，然后再依据个人绩效进行分配，这中间又包含两种形式——完全分配和不完全分配，完全分配是将企业计提的绩效薪酬总额在团队与员工中进行彻底划分，一分不剩；而不完全分配是在控制绩效薪酬总量的情况下，在团队与员工之间依考核等级进行层次分配，绩效薪酬总量存在一定剩余。

总之，绩效薪酬设计必须明确需要达到的目标。做到有效利用薪酬策略和绩效与薪酬的密切关联，使得企业不必为所有的工作支付高薪，只为那些具备关键技能、创造高绩效的员工支付高薪，而对那些具备一般技能、绩效一般或较低的员工支付平均或低于市场水平的薪酬，从而使企业既能够吸引所需的拥有关键技能的人才和留住高绩效员工以满足战略需要，又能够对企业的成本进行控制。

【知识链接】

薪酬激励与机制公平①

激励机制是指在组织中，激励主体运用多种激励手段并使之规范化和相对固定化，同时与激励客体相互作用、相互制约的结构、方式、关系及演变规律的总和。激励机制是企业将组织目标转化为具体事实的手段。通过激励机制，企业能够有效地调动员工的积极性和创造性，使员工努力完成组织的任务，实现组织的目标（见图 5-3）。

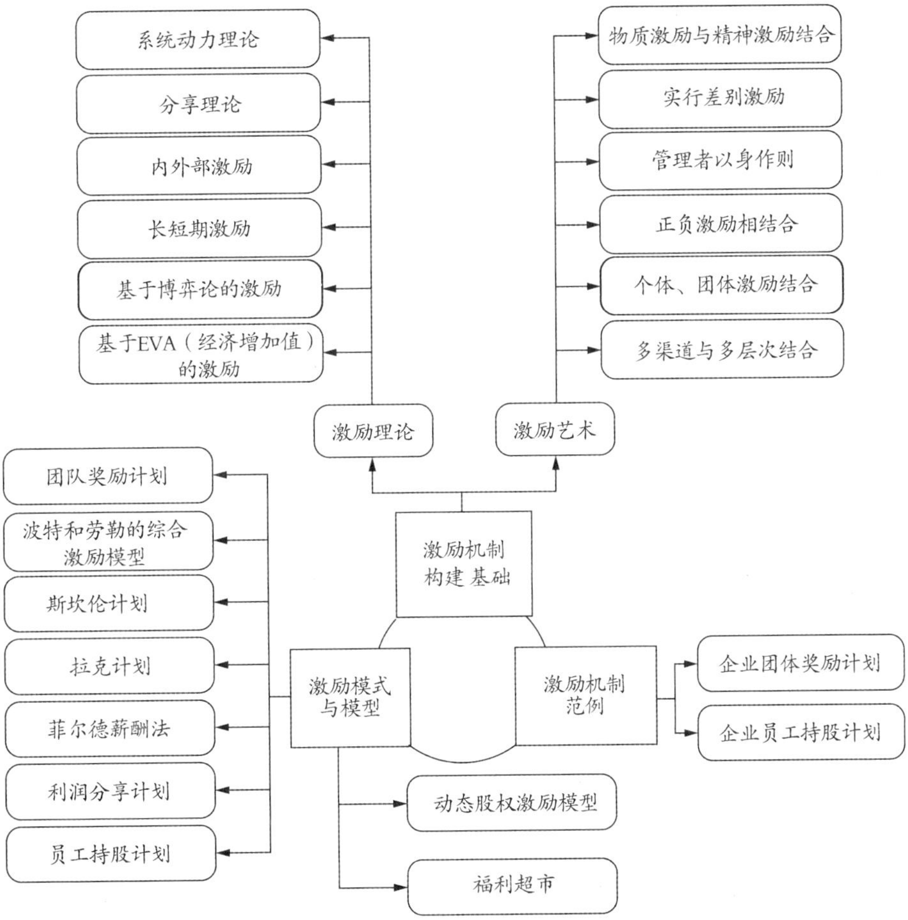

图 5-3 薪酬激励与机制公平图解

① 参见孙宗虎编著：《薪酬体系设计实务与范例》，人民邮电出版社 2014 年版，第 128 页。

四、绩效薪酬的实施要点

为了使绩效薪酬体系扬长避短，更好地发挥其应有的作用，在实施中应注意以下方面。

1. 绩效薪酬只是企业整体薪酬体系中的一个重要组成部分

尽管薪酬体系对于激励员工的行为和绩效有着重要的作用，但也有一定的适用性和局限性，不能取代其他薪酬制度，最好与其他薪酬制度密切配合，以确保薪酬管理更加完善。尤其像行政、后勤等与工作结果的联系不强、工作绩效不易准确衡量的职位，要充分考虑与职位薪酬的结合。一般而言，工作的程序性、规则性越强，绩效测量就越容易，越适合采用绩效薪酬体系。反之，工作非程序性、创造性、合作性越强，绩效测量越困难，就不太适合采用绩效薪酬体系，尤其是短期的绩效激励。

2. 实行绩效薪酬必须选准奖励所针对的绩效因素

绩效薪酬体系必须对那些圆满完成组织绩效或目标与组织目标一致的员工给予回报，而组织目标通常是和企业的战略经营计划和组织任务联系在一起的。因此，绩效薪酬体系必须与组织的战略目标及其文化和价值观保持一致，与企业的中长期利益相一致，与其他经营活动相协调。否则，如果绩效评价指标有偏差，则绩效薪酬就可能奖励的是有偏差的工作行为，绩效薪酬体系达不到原有的激励目的，就会影响企业的经营发展。事实上，在实践中经常发生这样一种情况，从局部上看设计非常合理的绩效奖励计划，最终对于企业整体业绩所产生的影响却是不利的。例如，很多企业在为销售人员发放绩效薪酬时，因片面强调个别财务指标而导致销售人员的短期行为，出现忽视售后服务质量等问题，使企业长远利益和整体利益受到损害。

3. 必须有一套科学合理的绩效评估体系

绩效薪酬体系以员工个人、员工群体甚至组织整体的绩效为奖励支付的基础，因此如果没有公平合理、准确完善的绩效评价系统，就不能精确地测量绩效，员工就看不到努力与绩效、绩效与奖励之间的明确关系，因而也不会产生努力工作的积极性。在这里，企业不仅要明确自己所要实现的成果是什么、什么样的员工行为有利于这种成果的实现，同时还要明确企业将如何对这些成果进行衡量、监督以及管理。如果没有明确的、具体的、可衡量的、富有挑战性的绩效衡量指标，经营目标就会模糊不清，绩效奖励就会成为上级的恩惠或者是铁板钉钉一样的既得利益。于是，以激励绩效为目的的绩效薪酬体系最终就会变成另外一种形式的“大锅饭”。

4. 有效的绩效薪酬体系必须在绩效和奖励之间建立起紧密的联系

无论企业的目标多么清晰，绩效评价多么准确，反馈多么富有成效，如果它与报酬之间不存在联系，与员工的个人利益没有什么关系，就不会对员工的行为产生太大的影响。因此，必须清楚地定义薪酬和绩效之间的关系，将绩效与薪酬水平密切挂钩。企业必须清楚地向员工说明工作绩效与绩效报酬之间的关系，以确保员工可以用所取得的绩效来获得额外的奖励，并在实际操作中公正地执行绩效薪酬体系，使员工确信这是可靠的、公正的。

5. 企业文化应当支持绩效薪酬体系的施行

企业文化倡导注重绩效、鼓励竞争，员工绩效薪酬的差距能够被大家充分地理解，并能对员工的工作行为产生激励作用。

6. 绩效薪酬体系必须获得有效沟通战略的支持

通过沟通，员工可以了解为什么自己会得到企业的奖励、为什么企业会对这些行为进行奖励、员工间的薪酬差距说明了什么问题等。沟通还可以帮助员工增强对绩效指标与标准的理解，增强对绩效与薪酬之间关系的认识，也可以帮助低绩效员工总结教训，认清努力方向，恢复心理平衡。

7. 绩效薪酬需要保持一定的动态性

绩效薪酬体系是围绕企业经营目标、企业外部的经营环境，以及员工的工作内容、工作方式等情况而不断发生变化的，因此过去曾经取得成功的绩效薪酬现在并不一定依然成功，这时就需要重新设计新的绩效奖励计划，或对原有的绩效奖励计划进行较大的修改和补充。例如，当企业产品严重积压时，加大对推销员的奖励是必要的，而当产品供不应求时，则应加大对生产人员的奖励力度，并撤销对推销员的高额提成制度。

【知识链接】

波特和劳勒的综合激励模型①

波特（L. W. Porter）和劳勒（E. E. Lawler）于1968年在期望理论的基础上提出一种更加完备的激励过程，被称为“激励过程综合理论”。该理论认为，工作绩效是一个多维变量，受以下五个因素的影响：（1）个人能力和素质；（2）外在的工作条件与环境；（3）个人对组织期望意图的感悟和理解；（4）对奖酬公平性的感知；（5）个人努力程度。个人工作努力程度的大小取决于对内在和外在奖酬价值，特别是内在奖酬价值的主观评价，以及对努力—绩效关系（即期望值）和绩效—奖酬关系（即工具值）的感知情况。该模型以“努力—绩效—奖酬—满意感”链和相应的影响因素与反馈，更充分地描述了员工受激励的整个过程，融合了需要理论、强化理论和公平理论的内容，进一步完善了期望理论，如图5-4所示。

① 参见孙利虎编著：《战略薪酬管理：理论与实务》，东北财经大学出版社2015年版，第107页。

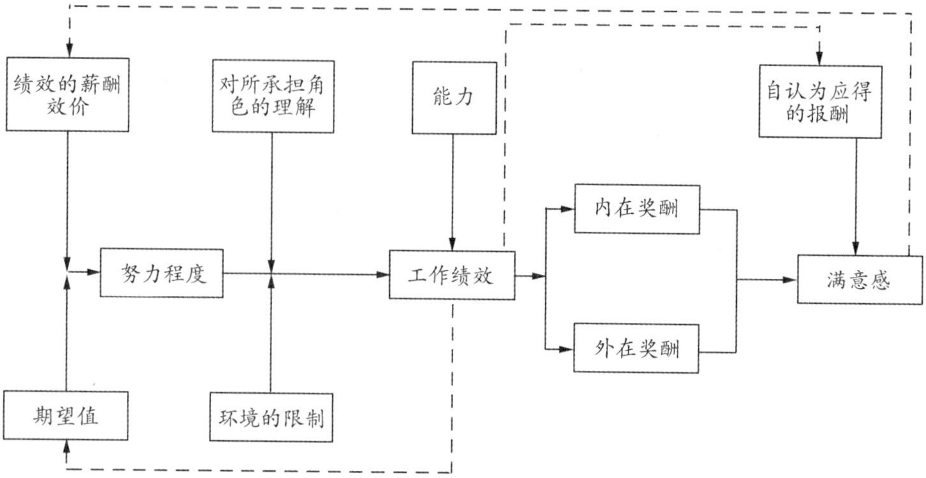

图 5-4　波特和劳勒的综合激励模型

第二节　个人绩效薪酬制度

一、个人绩效薪酬制度概述

个人绩效薪酬制度又被称为“个人绩效奖励计划”，是指针对员工个人的工作绩效提供奖励的一种报酬制度。它的基本特征是将员工的薪酬收入与个人绩效挂钩，重在奖励个人的工作绩效，给予员工差别化的薪酬。

个人绩效薪酬制度不仅关注员工的工作结果或产出，还要根据事先设定的客观的绩效标准来对员工的实际工作效果进行评估，并根据评估结果进行奖惩。绩效标准可以是质量、产量、客户满意度、安全生产或出勤率等。绩效标准可以是一个，也可以将几个标准结合在一起。绩效标准应该能够代表员工的实际工作绩效。例如，对于推销员来讲，考核他们绩效的指标应该是客户满意度和销售额，而是否按时上班则不太重要了；管理类人员的工作绩效难以衡量，可以以公司的整体业绩为绩效薪酬的计提基础，而技术类人员和营销类人员的绩效薪酬可以分别以项目收益和销售额为基数进行提取。

可见，个人绩效薪酬制度与其他绩效薪酬制度一样，对绩效考核体系有较高的要求。绩效考核的结果可以和员工的考核工资挂钩，也可以和绩效奖金挂钩，当然，还可以和调薪资格挂钩。

（一）针对生产工人的激励薪酬制度

相对其他员工而言，生产工人工作的一个明显特点就是其工作时间和结果即产量较容易度量。因此，其激励薪酬制度往往具有独特性，可以从两个维度进行分类：第一个维度是工资率的确定方法，第二个维度是产出水平与工资率的关系。根据这两个维度，针对生产工人的薪酬激励制度可分为以下几类。

1. 直接计件工资制

直接计件工资制是最古老，也是使用最广泛的激励形式。它通过确定产品的计件工资率，将工人的收入和产量直接挂钩。按照直接计件工资制，工人每生产一个单位的产品就会得到事先规定数目的工资，工资直接随产量函数变动。大多数计件工资制都有一定数量的产量基数，即劳动定额。而且，大多数计件工资制中都有工资最低保障线。

直接计件工资制简单易行，且员工容易理解，激励效果明显，但最大的不足在于难以确定合理的标准。标准太高会导致劳动纠纷，而标准太低、员工非常容易达到则会导致过高的劳动成本。很多企业让管理层和员工共同决定这个标准。在有工会的企业中，绩效标准往往通过谈判以合同文本的形式得到确认。对于那些个人贡献很难区分和衡量的工作，或者那些员工无法对其产出施加控制的工作，都不适合用直接计件工资制。另外，计件工资制主要是从产品数量上反映劳动成果，难以衡量优质产品、原材料节约和安全生产等方面的劳动指标。

2. 差额计件工资制和多重计件工资制

差额计件工资制和多重计件工资制都是以标准产量为依据，根据实际产量水平的不同确定不同的工资率。差额计件工资制包含了两个工资率。如果工人在给定时间内的产量高于标准产量，就按第一种工资率计算工资水平，这个工资率要高于规定的工资率标准。反之，如果实际产量低于标准产量，那就按第二种工资率计算工资水平。多重计件工资制在原理、操作方面和差额计件工资制基本相同，只是它设定了多个计件工资率。这两种制度都旨在激励工作效率高的员工，惩罚工作效率低的员工。

3. 标准工时制

标准工时制是按照在标准时间内完成工作的情况来计算工资的激励制度。如果员工能够在少于预期的标准时间内完成工作，他们的工资仍然按标准时间乘以其小时工资率计算。比如，如果装配一个半吨重卡车引擎的标准时间是 5 个小时，而一个机械师在 4.5 个小时内完成工作，其工资便是机械师小时工资率乘以 5 个小时。

标准工时制具有直接计件工资制的各种特征，它的优点在于计件报酬不必随着每一次产出率变化而重新计算。对于重复动作少、技巧要求很高的长周期工作和职位来说，标准工时制要比直接计件工资制更为实用。尽管标准工时制可以鼓励员工生产更多的产品，但是企业必须确保设备的运转效率和产品的质量不会由于员工为了得到额外的收入而降低。这种方式的科学运用必须保证员工始终以相同的努力程度和工作质量进行工作。

4. 其他工时激励计划

第一种是哈尔西（Halsey）五五分成计件工资计划。它是通过时间研究确定完成一项任务的标准时间限额。如果员工能以低于限额的时间完成任务，节约时间产生的成本节约在员工和企业之间进行五五分配。

第二种是罗恩（Rowan）计件工资计划。同哈尔西五五分成计件工资计划类似，罗恩计件工资计划主张工人和企业分摊由工作时间低于定额时间而产生的成本结余。而罗恩计件工资计划的主要不同在于，随着节约时间的增加，工人能够分享的收益所占的比例是上升的。例如，完成一项任务的标准时间是 8 小时，某人 7 个小时完成工作，则此人得到 20%的成本节约奖励，如果他能够在 6 小时内完成，则可得到 30%的成本节约奖励。

第三种是甘特计划。它将完成工作的时间标准有意设置成需要工人非常努力才能达到的水平。不能在时间定额内完成任务的工人只能得到预先确定的保障工资。这样的结果是，只要实际工时等于或少于定额工时，工人报酬的增长就会快于产量的增长。

（二）绩效工资

绩效工资又被称为“绩效加薪”，是将员工基本薪酬的增加与其在某种绩效评价体系中的评价结果联系起来的一种激励薪酬计划。因此，绩效工资取决于员工的绩效水平，是对员工过去工作行为和工作结果的认可。需要注意的是，与其他激励薪酬相比，绩效工资是在基本工资基础上的永久性增加。

绩效工资是用来奖励优秀的工作表现或业绩、创造未来工作动力和帮助企业保留有价值的员工的。通常的做法是，在基本工资的基础上实行一定的绩效工资率。例如，达到基本的绩效标准则实行一定比例的绩效加薪，如 2%，对于那些绩效高于平均水平的员工，则确定更高的绩效工资率，如 3%。

绩效工资包含三个关键要素，即加薪幅度、加薪时间和加薪方式。

1. 加薪幅度

绩效工资的加薪幅度主要取决于企业的支付能力、企业对绩效工资激励效果的预期、企业的薪酬水平与市场薪酬水平的对比关系，除此之外还跟员工的岗位和企业内部相对收入水平等因素有关。

2. 加薪时间

加薪时间往往是跟企业的绩效考核周期联系在一起的。企业的绩效考核可能会一年进行一次，也可能会实行半年考核或季度考核，一般情况下，企业会在每年年末根据员工的绩效考核结果确定具体的绩效工资率。当然，为了防止薪酬过度增长，减轻成本压力，也有企业采取几年一次的绩效加薪制度。

3. 加薪方式

企业可以采取基本薪酬累积增长的方式，也可以采取一次性加薪的方式。基本薪酬累积增长会给企业带来较大的成本压力，因为企业的总体基本薪酬水平始终处于增长状态；一次性加薪是常规的年度绩效工资的一种变通措施，可以减轻企业的成本压力，而企业也可以通过加大一次性加薪力度的做法来增加其激励力度。

（三）一次性奖金

为了避免固定薪酬成本的不断增加，越来越多的企业正在用一次性奖金取代绩效工资。例如，员工在每年年终时根据本人在过去一年中的工作绩效并结合公司经营状况得到一次性奖金，但不计入基本工资。一次性奖金具有以下几个特点。

1. 较强的针对性和灵活性

企业可针对某项特别工作或任务制定一次性奖金制度，完成任务或绩效优异者才能得到，也可以根据工作需要，灵活决定其标准、范围和奖励周期等。

2. 弥补基本工资制度的不足

基本工资确定下来后相对固定，跟员工的工作绩效没有关系，它对员工起的是保险作用。而一次性奖金却把员工的绩效和其收入直接联系起来，可以起到较强的激励作用。另外，基本工资的“刚性”会使企业面临日趋繁重的成本压力，而一次性奖金只在员工达到企业设定的绩效标准之后才会支付。

3. 较强的激励性

在各种工资制度和工资形式中，奖金的激励作用是最强的，一方面是由于一次性奖金是以现金的形式即期发放的，另一方面是由于奖金完全是依据个人劳动贡献来确定的。员工的收入与劳动贡献通过奖金联系在一起，能够起到奖励先进的作用。

4. 将员工贡献、收入及企业效益三者有机结合

一次性奖金既随着企业的经济效益而波动，又能体现个人对企业效益的贡献。例如，当企业经营效益好时，企业和员工的总体奖金水平都提高，但个人奖金不一定与总体水平同步提高，因为每个人的贡献是有差异的；反之，企业经营效益不变，总体收入水平下降，但贡献大的员工的奖金收入不一定会下降，甚至会脱离总体奖金水平而提高。

（四）特殊绩效认可计划

特殊绩效认可计划是指在个人或部门远远超出工作要求，表现出特别的努力而实现了优秀的绩效或做出了重大贡献的情况下，组织额外给予的一种奖励与认可。奖励的形式多种多样，可以是现金、股票，也可以是非现金的表扬、实物或旅游等。

特殊绩效认可计划的激励作用不局限于被激励者，也会鼓励所有员工为企业做出超额贡献，使员工通过谨慎地承担风险以获得奖励认可。这种激励计划有助于吸引那些能够做出卓越贡献的人才加入和留在企业中。

特殊绩效认可计划的种类有以下两种。

1. 超额绩效奖励

超额绩效奖励是对员工或团队大大超越预期工作的优秀绩效实施的奖励。此时，按照传统或正式的绩效加薪方式能够给予员工的回报有限，但员工或团队为组织创造

的利益却远远超出预期，特殊绩效认可计划能够让组织更好地感谢和鼓励员工。

2. 周边绩效奖励

周边绩效奖励是对那些因周边行为表现突出而被组织高度认可，或通过周边行为为组织做出重大贡献的员工或团队进行的奖励。具体形式有出勤奖、员工建议奖、伯乐奖、工作年限奖等。

【案例链接】

九阳股份的股权激励计划①

九阳股份有限公司是一家典型的民营上市公司，最早成立于1994年。2007年9月由山东九阳小家电有限公司改制成为股份制公司，2008年5月28日于深圳证券交易所发行上市。近年来，家电行业整体上受到全球经济发展不均衡、透支消费等因素的负面影响。面对传统业务的持续衰落，九阳股份努力寻求产品的持续创新以及商业模式的转变，并且认为积极稳定管理层、留住核心人才尤为重要。在此背景下，九阳股份于2011年发布了股权激励方案，以期通过“金手铐”的方式实现管理层、核心骨干与股东利益的捆绑，稳住人才。

2011年2月15日，九阳股份公布了《2011年限制性股票激励计划（草案）》，采用定向增发的方式以7.59元/股的价格，向公司246位激励对象授予426万只限制性股票。具体如下：面向公司的董事、高级管理人员各发行6万股，占总股本的0.03%；其余243位核心骨干（包括市场、销售中心、核心部门的经理）共发行408万股，占总股本的0.53%。该方案一经公布，立刻引来各方的激烈论战，尤其是其行权条件和行权价格饱受质疑。2011年8月6日，九阳股份以“内外部环境发生较大变化，激励目标难以实现”为由，发布了《关于撤销公司2011年限制性股票激励计划（草案）的公告》，当日九阳股份的股价再次下跌7.07%。

2014年6月6日，在撤销第一次股权激励方案三年之际，九阳股份重新推出《2014年限制性股票激励计划（草案）》及《实施考核办法》，7月19日再次公布了《2014年限制性股票激励计划（草案修订稿）》。九阳股份这一次同样采用发行新股的方式，以4.42元/股的价格向包括部分董事、高级管理人员以及核心经营骨干共计119人授予729万股限制性股票。不同的是，公司高管获授股票数由原来的6万股分别增加到50万股、20万股和10万股；核心骨干由原来的243人精简为108人，股票数由408万股增加到613万股。这一次股权激励方案公布后各方面反应良好。2014年9月25日，九阳股份宣布此次股权激励授予完成，正式标志着第二次股权激励方案获得了阶段性的成功。

---

① 参见李颖、黄亚盛、伊志宏：《什么导致了民营上市公司股权激励计划的失败?》，《中国人力资源开发》2015年第10期。

二、个人绩效薪酬制度的优缺点

（一）个人绩效薪酬制度的优点

1. 促进员工个人绩效的提高

个人绩效薪酬制度加强了个人绩效与个人收入的联系。员工为了获得更多报酬，会更加努力地工作，增加“产出”，而个人绩效通常与企业绩效是一致的，从而能够带来企业绩效的改善。

2. 降低监督成本

个人绩效薪酬制度会激发员工自主控制工作速度和工作质量，将一部分外部监督内部化，可以节约企业的监督成本，可以有效改变在传统薪酬体制下，员工出工不出力，上班看报、喝茶、打电子游戏、上网聊天等情况。

3. 更具公平性

个人绩效薪酬制度对于员工的奖励通常是以客观产出为基础的，如所制造的零件数量，而不是以主观的绩效评价结果为基础的，劳动结果也最能集中体现劳动的实际情况，因此，这一制度也更为公平，只要业绩标准定得合理，就容易被员工接受。例如，计件工资制就比计时工资制引发的公平问题少。

4. 指引努力方向，培育企业文化

由于绩效薪酬往往有明确的绩效目标，而且可以向员工提供企业关于其绩效的反馈信息，因此，个人绩效薪酬制度能够把员工的努力集中在企业认为重要的一些目标上，如提高绩效、创新、协作等，激发出符合企业需要的员工行为，从而有利于企业通过灵活调整员工的工作行为来达成企业的重要目标。同时，绩效薪酬突出了一种关注绩效的企业文化，使员工认识到薪酬与努力是呈正相关关系的，可以促使员工将其个人努力投入实现企业目标的重要活动中去。

5. 有助于吸引和留住成就导向型和高绩效的员工

通过对企业的研究发现，如果薪酬基于个人的绩效，低绩效者的离职率就高；如果个人的绩效不与薪酬挂钩，则高绩效者的离职率就高。

6. 盈亏共享，减轻固定成本开支

由于绩效薪酬中的报酬支付实际上变成了一种可变成本，可以有效避免出现员工生产率很低但是薪酬水平却不能变动的情况。因此，个人绩效薪酬制度的实施减轻了企业在固定成本开支方面的压力，有利于企业根据自身的经营状况灵活调整自己的支付水平，可以缓解固定成本过高以及裁员的问题。

在实际工作中，这种基于物质利益的薪酬制度对增强员工工作积极性、提高生产率以及提高员工的收入起到了积极的作用，尤其是当某些工作并不需要员工间太多的合作时，对个人的奖励往往具有显著的成效。

【思政小贴士】

赏罚分明　公平竞争

“敞为人敏疾，赏罚分明，见恶辄取，时时越法纵舍，有足大者。”①

2022 年 10 月 23 日，习近平总书记在《为实现党的二十大确定的目标任务而团结奋斗》一文中提出“要坚持多劳多得，鼓励勤劳致富，提高群众就业能力、致富带富本领，推动形成幸福生活都是奋斗出来的、共同富裕要靠勤劳智慧来创造的社会风尚”，“要完善促进机会公平、维护社会公平正义的制度机制”，“让每个人都获得发展自我和奉献社会的机会，共同享有人生出彩的机会，共同享有梦想成真的机会”。②

（二）个人绩效薪酬制度的缺点

虽然个人绩效薪酬制度能对员工的工作行为产生积极的激励效果，但其在实践中产生的问题和弊端也是十分明显的，主要有以下几个方面。

1. 如不能准确衡量员工个人绩效，将动摇绩效薪酬体系的公平性

绩效薪酬同样存在相对比较的公平问题，即使绩效薪酬使员工的收入有所增加，员工也不会仅关注薪酬增加的绝对值，而是要与他人的薪酬或绩效进行比较。要使绩效与薪酬之间建立起合理的关系，必须对员工的绩效进行正确的考核与衡量，而绩效有着多方面的含义，包括业绩、行为与能力等，对员工绩效的准确评价和衡量是非常困难的。因此，绩效薪酬体系更适合那些可以准确衡量实际产出（产量、质量、销售额等）的职位，如一线的生产工人、销售员。但是现代企业中的大多数工作一般都没有可以衡量的物质产出，如行政事务性的管理工作，对从事这类工作的员工来说，与其他员工之间的工作关系都非常紧密，因而很难以物质产出的方式区分员工的个人绩效。即使用团队或组织的绩效来衡量，也与管理者个人的努力没有十分直接和确切的联系。

2. 员工的努力与取得的绩效的关联度往往不高

第一，企业很难准确可靠地衡量单个员工所贡献的绩效，尤其对于业务过程化、需要相互协作完成工作任务的企业。换言之，员工个人常常对自己的绩效很难拥有单独的控制能力，企业也很难明确区分究竟谁具体负责了多少生产率、质量或销售量。对此，赫伯特·西蒙（Herbert A. Simon）指出，组织中的人是相互依赖的，因此组织的成果是集体行为和表现的结果。的确，在复杂的组织里，无须依赖其他部门或个人产出的情况是很少的。例如销售量，可能更多地取决于由研发部门开发的优质产品或者是营销部门的广告投入，而不是推销员个人的销售能力。

第二，员工绩效的取得不可避免地要受到市场经济环境的影响，如经济周期、市

---

① 《汉书·张敞传》。

② 习近平：《为实现党的二十大确定的目标任务而团结奋斗》，《求是》2023 年第 1 期。

场竞争力，而这种影响是员工个人无法控制的。例如，某年某地夏日极其凉爽，其空调销售必然大受影响，销售人员即使非常卖力也无济于事；而另一个地方则正好相反，产品供不应求，销售人员乐享其成。这时，在考核上就应当考虑行为指标或其他因素。实际上，很多因素都可能对员工的绩效产生影响，如组织竞争能力、工作环境、原材料、设备、上级的管理水平、同事的工作状况、客户等。这些要素在很大程度上超出了员工个人所能控制的范围，完全让员工为此承担责任是不合理的。如果因外部因素导致员工绩效低下，这时员工会觉得绩效薪酬不合情理。

第三，产出标准的水平是否准确和公正，也会严重影响绩效薪酬制度的有效性。例如在年薪制中，如果高层主管的业绩指标是轻易就能实现的，那么高额的年薪就不是其努力所得，这在一些有垄断性质的行业中最为明显。可见，如果绩效评价被认为是不公平的，那么以评价结果为基础的绩效工资制也是不公平的。

3. 有损团队精神，员工间合作水平低，易引发不良竞争

个人绩效薪酬制度旨在将个人薪酬与其努力程度联系起来，所以对个人的奖励既不要求也不会在很大程度上促进员工间的合作。员工相信能否获得高的奖励，只取决于其个人努力所创造的绩效，如销售量、产量等。在企业奖励金额有限制的情况下，员工之间容易产生不良与过度竞争，这种竞争在无形中阻碍了员工之间的互相帮助和学习，导致合作水平较低。这种各自为战的情况可能有助于个人业绩的提升，但却忽略了企业整体目标的实现，不利于企业总体利益的实现。实际上，在很多时候，团队工作方式可能会比个人工作方式对企业更有利，而个人绩效薪酬制度显然不利于团队工作方式的形成。

另外，由于少数业绩优秀的员工不仅会反衬出多数一般员工的能力低下，还有可能导致管理层根据这些业绩优秀员工的表现，提高工作标准和劳动定额，甚至解雇其他员工，这时就容易在员工之间形成强烈的妒忌或敌对状态，暗中破坏其竞争对手的各种努力，产生内耗，从而在整体上损害企业竞争力。

4. 奖励指标的片面性可能会歪曲激励

员工可能只关心上级所考核的那项指标，只关心有利于提高自己薪酬的工作，而忽视其他对整个组织利益有利但又与奖励性回报没有直接关系的工作。个人绩效薪酬制度在大多数情况下是以产出数量为基础的，产出质量只作为一种限定性要求，员工只会追求达到质量要求这一最低水平，而不会主动去改进产品的质量。例如，当企业仅根据员工的产量来决定员工的奖金时，员工可能只关心产量而忽视质量、客户满意度等重要因素，还有可能会导致员工不注意设备的保养和维护、滥用设备，或者通过浪费生产资源来达成个人的绩效。

5. 鼓励员工注重短期效益，损害企业长期利益

在衡量绩效时，企业往往侧重的是可量化的绩效，如销售量、销售收入、产量等，将之与员工薪酬挂钩，而忽视其他影响企业长期效益的因素。例如，按销售量获取分红的推销员会推销质量欠佳的产品，而这会损害长期客户关系，他们还可能会不顾企业能力做出超出生产能力的订货承诺。

6. 可能不利于员工去获取更多的技能

员工可能担心学习其他技能会影响他们的生产速度，甚至完全停止生产，进而引起短期收入的减少。同时，现代工作复杂性程度越来越高，而知识型员工的产出往往不宜直接量化，单纯以绩效薪酬来对员工进行衡量不利于员工学习新的知识与技能。此外，绩效薪酬制度对于需要进行长期性、试验性的科研工作也是不利的，容易造成短期行为，不利于高水平科研成果的出现。

7. 增加管理层与员工之间发生摩擦的机会

由于绩效薪酬与员工的切身利益直接相关，而其本身又具有可变性，不像职位薪酬那么明确，因而在设计和执行过程中容易产生矛盾与争执，如工作机会不均等、绩效指标不合理、考核结果不公正等。尤其是因市场环境、管理或技术改造而使劳动效率增加时，企业有必要提高劳动定额或业绩衡量标准，如对推销员销售额标准的不断加码，而这容易破坏企业和员工之间的心理契约，引起员工的不满和反对。而且，一些员工由于担心新技术会带来业绩衡量标准的变化，可能会抵制引进新技术的尝试。一些技术熟练的员工为保持自己的相对生产率优势，也会在对新员工的培训中有所保留。这些显然都不利于企业生产率的进一步提高。

8. 绩效薪酬的波动性太大

在以职位、技能、能力为基础的薪酬模式中，员工所处的职位、所具有的技术水平或能力水平在短期内具有一定的稳定性，不会改变，因此其薪酬水平也具有一定的稳定性和连续性。但在以个人绩效为基础的薪酬模式下，员工的薪资收入是由其动态的绩效表现决定的，薪酬数额在短期内会随特定绩效目标的完成情况而波动，这样员工之间薪酬差距就会拉大，员工的安全感就会较低。

【案例链接】

麦当劳的简明化薪酬①

麦当劳实行按工作表现支付薪酬的原则，具体工作表现主要分为五个等级（见表5-2）。在具体确定员工应在何种等级上获得工资时，由员工的上级主管根据员工的工作表现决定。麦当劳的各个餐厅对每一名员工都建有评价手册，由店长在每年的1月、4月、8月和11月对每一名员工做一次评价，对员工的工作表现定出不同的等级，然后由店铺经理考察，由店长做最后审查。对员工进行评价的依据是员工的职位内容，据此考察员工工作的完成情况。在整个绩效考核期间，并非管理者一个人说了算，而是要充分听取员工本人的意见，做出一分为二的评价，这充分体现了对员工的尊重。麦当劳公开的薪酬制度明确规定了每一等级的薪酬，这不仅减少了员工心理的不平衡感，而且可以让员工清楚地看到自己未来的努力方向。在考核结束后，店长会根据评估等级来具体确定员工的工资以及工资增长的百分比，工资增长的百分比会根据每年的情况进行适当的调整。

---

① 参见彭剑锋主编：《战略人力资源管理：理论、实践与前沿》，中国人民大学出版社2014年版，第421页。

大多数情况下，在制定工资标准时，工资不会超过本职务工资的最高标准。一旦发生了这种情况，只要是在评价等级为良好或良好以上，员工仍然可以按照绩效考核的结果获得应该增长的工资。只不过要在该员工评估百分比的基础上乘以2/3，这种增长将一直持续到该员工获得提升为止。

在薪酬奖金激励方面，麦当劳还为员工提供了形式多样的特殊奖励计划，只要员工个人努力，工作表现优异，就有机会获得丰厚的奖励。麦当劳为员工提供的奖励具体包括总裁奖、金色拱门奖、团队奖、服务工龄奖、优胜奖、年度杰出经理奖、积极管理奖等。

表 5-2　麦当劳薪酬增长情况

等级	具体表现	工资增长幅度
杰出	工作表现一贯卓越，能预计各种情况的发生，并能够保持获得赞扬的工作表现	11%～13%
优秀	工作经常超出目标期望，能够对目标做出有效的反应并根据情况予以调整	8%～10%
良好	工作表现符合组织期望，能够圆满地完成任务，能够对目标做出有效的反应	5%～7%
需要改进	工作表现达不到组织的期望，并且被列入工作改进计划中去	—
不满意	工作表现不被接受，很大程度上达不到工作要求，并没有被列入工作改进计划中去	—

三、个人绩效薪酬制度的适用条件

一般来说，要有效实施个人绩效薪酬制度，需要具备以下几个条件。

（1）员工的绩效取决于个人努力和能力，而非取决于先进的技术或他人的绩效。也就是说，在个人的努力和个人的绩效之间存在直接的和明确的联系。相反，如某些在流水线作业的工人，当其绩效受其他员工的影响而不能完全由自己所控制时，就不适用于个人绩效薪酬制度。

（2）企业必须能准确地衡量员工个人的绩效，而且必须能将衡量结果与薪酬结构挂钩。如果无法衡量和评价个人的绩效，则个人绩效薪酬制度就失去了其存在的基础，而且必须能让员工体会到绩效差别和薪酬差别之间的关系。个人绩效薪酬制度很适合推销员、生产工人等职位员工。

（3）工作并不需要员工间太多的合作，即员工的工作独立性强，易于个人独立完成，对群体间相互合作的依赖性小。

（4）个人之间的业绩有显著差异，而且薪酬范围应该足够大，以便拉开员工薪酬的距离。

（5）企业文化支持薪酬与业绩挂钩的薪酬体系。企业倡导注重绩效、鼓励竞争的企业文化，强调“能者多得”“多劳多得，少劳少得”的观念，主张拉开个人收入差距，反对平均主义。反过来，个人绩效薪酬制度也会进一步强化这种企业文化，有助于吸引和留住成就导向型的人才。

（6）人力资源管理制度强调员工个人的专业性。个人绩效薪酬制度容易鼓励员工在同一职位上长期工作，提高工作的熟练性，这样，企业就应为员工提供专业化的培训，为员工设计单一的职业发展通道等，以帮助员工提高专业技能。

（7）企业的产、供、销等内外经营环境必须是相对稳定的。例如，因为企业在原材料、能源等方面供应不足而导致生产开工不足，不仅会使员工的收入受到很大的影响，尤其对于没有基本薪酬的员工，还会对员工的工作积极性和绩效产生限制作用，达不到激励的目的。另外，也可能被迫改变员工个人的绩效标准，从而影响员工对于绩效薪酬制度的看法。

【案例链接】

“同工不同酬”问题①

大学毕业后，马艳和孙丽同时进入重庆一家通信公司从事营销工作。由于孙丽是与主公司签订的劳动合同，而马艳是与主公司下属的一个三产企业签订的用工合同，所以孙丽拥有了公司正式员工的身份，而马艳只能算一名劳务工。

一进公司，孙丽的基本工资就是2000元/月，而马艳只能拿到1200元/月。到发年终奖的时候，工作业绩更好的马艳只象征性地领到了千把块钱，而公司却发给孙丽1万多元。不仅如此，孙丽还能享受各种很高的福利待遇，每年还有1万多元的房屋补贴，而这一切，都没有马艳的份儿。工作4年后，孙丽晋升到主管职位，而业绩比孙丽更为突出的马艳，工作5年后才享受到主管的待遇。

“如果把工资、福利待遇、晋升机会全算上，劳务工与正式工之间的收益差距为1∶X，且这个差距只会越来越大！”在气愤之余，马艳更多的是无奈。

---

① 参见黄艳、黄浩苑、李俊义等：《劳务派遣乱象纷呈：用工突破法律界限》，《经济参考报》2012年7月6日。

第三节　群体绩效薪酬制度

一、群体绩效薪酬制度概述

1. 群体绩效薪酬制度的含义

群体绩效薪酬制度也被称为“群体奖励计划”或“团队绩效奖励制度”，它是将员工的薪酬与所在群体（或企业、部门）的绩效相联系并以群体（或企业、部门）为主要激励对象的一种绩效激励制度。它通常可以分为利润分享计划、收益分享计划、成功分享计划以及班组（或小团队）奖励计划等几种类型。前三种原本是面向企业高级经理人员的一种激励方式，目前在发达国家企业中已普遍应用到基层员工。

实施群体绩效薪酬有两个主要的前提：一是企业目标或工作本身要求员工之间协作配合，二是群体内每一名成员的贡献难以精确衡量。

应当说明的是，这里所说的“群体”并非真正意义上的人与人之间有着直接心理与行为上相互联系与影响的小群体，实际上它也包含着部门层面和企业层面，它可以是班组，也可以是部门（车间、科室等）及至全企业，如利润分享计划就是针对全体员工实施的奖励计划。而且，“群体”与“团体”的含义也是有区别的，这种区别不在于规模大小，而在于其有效性方面。工作团队是由一些知识技能互补、彼此承诺完成一项共同目标的成员所组成的，是能产生积极协同作用的特殊群体，每名成员都负有共同的责任。团队在组织目标的认同与承诺、成员间的协同与配合、对群体的共同负责、工作技能上的互补以及成员之间的相互依赖程度等方面都比一般群体要高。

2. 群体绩效薪酬制度的优点

群体绩效薪酬制度可以有效避免因采用个人绩效薪酬制度所造成的对团队精神的损害，可以防止员工因过分关心个人绩效而忽视群体利益或整体组织目标，也可以避免上下级之间由于工作差距过大而导致的下层人员的心理不平衡，从而有利于引导员工互相合作，共同完成组织的整体任务目标。它提倡协作配合与集体主义精神，能够有效地提高群体成员的团队意识。另外，对于企业来讲，群体绩效比个人绩效更容易衡量，开发衡量群体绩效的考评体系的成本相对较低，因为群体的数量显然比个人的数量少，群体绩效指标也比员工绩效指标的总和少得多。

另外，虽然群体绩效薪酬制度是一种现金激励制度，但群体奖励如会餐、联欢会、集体旅游等往往对员工团队精神的培养作用更大。

3. 群体绩效薪酬制度的缺点

（1）“搭便车”或“社会懒惰行为”是群体激励中面临的重大潜在问题。因为这种薪酬模式在一定程度上淡化了员工个人努力、贡献与报酬之间的关系，一些群体成员可能会不付出或付出很少努力而坐享其他团队成员努力的成果。而且，群体规模越大，产生“搭便车”行为的可能性就越大。

（2）群体奖励计划可能会引起群体间的竞争。类似于个人绩效薪酬制度，各个群体之间也会为了自己的小集体利益互相竞争，在有些情况下不利于整个企业的协作和发展，会损害整体的工作效果。当然这只是就一些消极的恶性竞争而言，如一些群体可能不愿向企业调动有助于提升其整体业绩的优秀员工；不愿意接受新员工，因为对新成员的培训等可能会影响该群体的短期绩效；抵制对各种标准的修改，甚至以其他团队为代价来获取一己之得。

（3）要设计对所有群体都公平的目标比较困难。因为各个群体所从事的工作不同，判断各项任务的难易程度比较困难，这不可避免地会在目标设定以及奖金分配上引起争执。

（4）因为有些工作只需要个人完成，所以并非企业中的所有成员都可以被放到某个群体中。当工作任务能够由个人单独完成时，群体反而可能产生消极作用，尤其是当员工个人并无合作意向时。

【知识链接】

为什么会产生“搭便车”或“社会懒惰行为”？

“搭便车”或“社会懒惰行为”产生的主要心理原因如表5-3所示。

表5-3　“搭便车”或“社会懒惰行为”产生的主要心理原因

主要心理原因	解释
个人努力与报酬之间的关系模糊	不能准确衡量个人的贡献，个人报酬也与其努力没有直接的联系
个体知觉	认为群体其他成员不如自己努力，从公平的角度出发，降低自己的努力（“你懒我也懒，这样才公平”）
群体责任扩散	群体活动的结果不能归结为具体某个人的作用，个体投入与群体产出之间的关系模糊，员工也不认为自己的努力会对群体绩效产生多大的影响，从而导致个人责任心丧失
大的群体中管理协调的复杂性	人际关系会有意无意地受到群体管理协调复杂性的影响，从而产生内耗，如群体中表现出色的员工可能不愿意看到其他员工影响自己的收入，对群体中的后进成员存在怨气，也可能引发对群体奖励计划的不满
不受控制的外部因素	员工获得高报酬还必须依赖团队内其他成员的表现和外部的一些因素，因此这也可能降低对员工的激励作用
分配不公平	高绩效者因为自己的努力和成绩得不到认可和回报而放弃努力或者干脆离开群体

资料来源：周斌、汪勤编著《薪酬管理：理论·实务·案例》，清华大学出版社2014年版，第183~184页。

二、群体绩效薪酬制度的类型

1. 利润分享计划

1985 年，美国麻省理工学院经济学教授马丁·L. 威茨曼（Martin Lawrence Weitzman）在其《分享经济》一书中提出了以利润分享的薪酬制度为核心的分享经济理论。但其实西方企业进行的利润分享实践已有近百年的历史。

利润分享计划（Profit-sharing Plan）是指企业实现或超过某一既定的绩效指标（利润、权益报酬率或股价等）后，将部分利润在全体员工间进行分配的一种绩效奖励模式。根据这一计划，企业将在会计期末（季度末或年末）根据企业利润与既定指标的比较情况，决定是否将企业的一部分利润分配给员工。当企业的效益较好时，员工可以分享收获，而当企业的效益较差时，员工就无法获得奖励。应当说明的是，利润分享计划主要适合于企业，也可用于独立核算的团队，以及实行模拟分权制的企业内部组织。严格来讲，利润分享计划并不完全是一种群体绩效薪酬计划，而主要是一种针对全体员工的组织绩效薪酬计划。但是，这里所说的利润分享计划，企业员工无股权亦无控制权，他们只是在年终或某一时段根据企业利润状况得到奖金。

利润分享计划的资金来源于企业的经营成果——利润，即职工以某种形式参与企业利润分红。它使员工在正常劳动报酬之外能分享到一部分公司利润，是一种完全依赖于企业利润状况的个人收入补充形式，因此在实施利润分享之前，通常要求实施单位能够达到某一最低投资收益率（绩效水平）。但利润分享通常不会成为基本工资的组成部分，以使员工的基本利益受到保护。因为企业经济目标的完成是盈利还是亏损，是由多种因素影响的，尤其是组织因素，并不能完全由劳动者来承担，员工付出了劳动，就应享有劳动报酬，所以基本工资部分一般不应受企业经营盈亏情况的影响。而利润分享可以看作绩效薪酬的一部分，是可变薪酬。与利润分享相比，一般的绩效薪酬（如奖金、绩效加薪等）来源于成本或工资总额中剥离的部分，且主要与个人绩效直接有关。实际上如果奖金（如年终奖）来源于利润，这种奖金形式就与利润分享没多大区别了。可见，现有的薪酬体系已经包括了利润分享的形式。

利润分享计划并非对所有企业或企业的所有部门都有效，如那些效益严重依赖外部政策环境的企业，或者利润变化很大、无法预测的企业都不太适合使用这种薪酬模式。而在同一个企业中，也并非所有的部门都适合，如在 IT 企业中，研发人员或销售人员的努力对公司业绩的影响可能巨大，可以采用利润分享计划，但操作工人的工作相对来说对企业利润目标的完成并不那么重要，而且他们的工作成果非常容易衡量，所以可以采用其他激励方式而不是采用利润分享计划，如个人业绩挂钩工资制等。

2. 收益分享计划

收益分享计划（Gain-sharing Plan）是企业提供的一种与员工分享因生产率提高、成本节约和质量提高而带来的额外收益的绩效奖励模式。这种额外收益可以是额外的利润，也可以是额外的某种产出。收益分享计划常常是与某一项具体的经济活动效益相联系的，而不是与企业的总体利润直接挂钩，目的是使员工在满足企业生产经营的一般要求之上，尽可能通过努力实现更好的业绩。最常见的一种形式是成本分享计划，员工除了可获得正常的薪酬外，还可分享一定比例的群体所节约的成本（人工成本、生产成本等），但并不一定是企业增加的利润。因此，从一定程度上讲，利润分享计划主要是由于“开源”所获得的收益，而成本分享计划主要是由于“节流”所获得的好处。

在美国企业界，曾普遍推崇和广泛推行的著名收益分享计划模式主要有三种：除了前面介绍过的拉克计划（Rucker Plan）外，还有斯坎伦计划（Scanlon Plan）、费恩计划（Fein Plan）。斯坎伦计划规定，如果工厂的劳动力成本占产品销售额的比重低于某一特定的标准，员工和组织将获得货币奖励。每人按其工资的一定百分比领取奖金，这一比例对员工都是一样的，但由于员工的工资基数不一样，因而各人所得的奖金数额也不同。换言之，这种制度强调的是集体奖赏和团结合作的集体精神。举例来说，如果实际的生产成本比标准生产成本低，则工厂获得成本节约的50%，员工团体获得成本节约的另外50%，并在团体内以相同比例并结合员工的工资基数进行分配。另外，员工份额的一部分还可能被储备起来，以预防下个月出现实际成本超出标准成本的情况。

收益分享计划的基础是群体绩效而不是个人绩效，并且这种群体绩效通常是一种短期的群体绩效。因此，当群体按一个事先设计好的收益分享公式，获取了一定比例的绩效改进带来的收益后，通常会在群体内所有员工之间公平地进行分配，具体可以采用以下四种分配方式：

（1）所有员工获得同等数量的奖励。

（2）所有员工按基本薪酬的同一比例获得奖励。

（3）不同类的员工按不同的比例分享额外收益。

（4）根据分配标准，员工依据不同的表现或贡献获得不同的比例或数量。

3. 成功分享计划

成功分享计划（Success-sharing Plan）又被称为“综合绩效薪酬计划”或“目标分享计划”，是运用平衡计分卡来为某个经营单位制定目标，然后对超越目标的情况进行衡量，并根据衡量结果来为经营单位提供绩效奖励的一种群体绩效奖励制度。

早期的成功分享计划并不复杂，只要达成预定的目标，就能获得预定的奖励。对于企业来说，通常只需要对组织所关心的方面确定一个目标，然后针对每一个目标制定一个奖励标准即可。问题在于，设置哪些目标才能更好地体现组织战略。我们知道，分析一个企业的绩效薪酬制度和激励效果，除了要看绩效薪酬制度本身是否合理外，还要考察绩效考核制度是否有效，因为这是绩效薪酬制度得以实施的基础。

哈佛商学院的财会学教授罗伯特·S. 卡普兰（Robert S. Kaplan）和诺朗诺顿研究所所长大卫·P. 诺顿（David P. Norton）提出了具有革命性意义的“平衡计分卡”，又被称为“综合平衡计分卡”，这是一种主要针对组织绩效的绩效管理方法。平衡计分卡认为企业应当从学习与成长、内部业务流程、顾客、财务四个角度来整体审视自身绩效，它通过财务与非财务考核手段之间的相互补充，使绩效考核的地位上升到组织的战略层面，使之成为组织战略的实施工具。

成功分享计划就是根据平衡计分卡中四个维度的考核指标的完成情况来对员工实施奖励的。其中，财务维度是最终目标，顾客维度是关键，企业内部业务流程是基础，企业学习与成长是核心，它们有着不同层次的上下关系。每个战略目标或考核维度都有一个或多个量化指标，每个指标又设有目标值（标准），同时还要制订一个行动方案以实现每个关键目标。当然，企业还应该根据自己的实际情况来设置合理的指标体系。这样，企业就可以根据绩效指标的进展与改善情况来对员工实施薪酬激励，并且能够保证每一项绩效目标都是相互独立的。经营单位每超越一项预定的绩效目标，就会单独获得一份奖励，经营单位所获得的奖励总金额等于其在每一项绩效目标上所获得的奖励总和。在设计指标体系时，不仅要为每个经营单位（组织、部门或员工群体）确定一整套公平的目标，而且在对各绩效指标进行权重设计时要特别注意"平衡"二字。

成功分享计划往往会将一个经营单位中的所有员工都纳入计划中，从而获得全体团队成员对于绩效目标的一种承诺。这种全面参与的特点实际上向员工传达了这样一种信息，即所有的员工都在一个大的团队当中，每个人都会对组织的业务流程产生影响，从而增强员工的责任感和归属意识。所以，它更像一个绩效管理过程。

4. 班组（或小团队）奖励计划

班组（或小团队）奖励计划（Team-base Incentives）是群体绩效薪酬制度中最简单也最接近个人奖励制度的一种。在这个计划中，只有当班组的目标实现后，每个成员才能得到奖金，而且即使个人绩效很好，但班组的绩效目标没有实现，个人也不能获得奖金。班组往往是为了完成某个项目组建的，各个成员有不同的分工，班组目标不是个人单独工作能实现的，需要班组所有成员的协作，一个员工的绩效不仅反映出其个人的努力，也反映出班组成员共同的努力，因为在一个班组中，各个职位往往是相关的。此时，企业往往会对该团队采用班组奖励计划。班组的目标由企业根据企业整体战略和班组的工作来决定，可以是会计利润、客户满意度、质量指数、安全记录和生产记录等。

在这种情况下，员工所获得的奖金是以班组的业绩而非整个部门、事业部或者工厂的绩效为确定依据。这些计划尤其是班组奖励计划，常常与项目或风险任务联系在一起，根据项目或任务的完成情况来确定奖励金额。班组奖励计划往往持续时间不长，项目或者任务完成后奖励计划也随之消失。在班组奖励计划下，员工个人之间的竞争可能会受到削弱，但班组之间的竞争却可能会加强。由于班组规模越小，群体绩效薪酬制度的效果就越好，因此，企业班组通常侧重对小规模团队设计奖励方案。

在班组奖励计划中，班组奖金最后是要在班组成员间分配的。分配方式一般有三种：第一种是将奖金在班组成员间平均分配，第二种是根据班组成员对班组业绩的贡献大小来决定其奖金金额，第三种是根据每名成员的基本工资占班组所有成员基本工资总额的比例来确定其奖金分配比例。第一种平均分配的方式可以加强班组成员的合作，但可能会引起某些班组成员"搭便车"，自己不努力而坐享其他成员努力的成果，因此若班组成员认为各自的贡献或业绩不同，则这一方式就不可取了。第二种根据贡献大小区别奖金的方法体现了奖金与个人绩效挂钩的思想，但对个人的贡献评价提出了很高的要求，同时也可能会有损班组成员间的合作，因为一些员工可能会只重视个人的绩效而不是团队的绩效。第三种分配方式的假设是基本工资高的班组成员对班组绩效的贡献大。

实际中，还有的企业采用“修订后的目标总和法”作为班组奖励计划。在这种方法下，每个班组成员都有一个目标奖金额，班组成员目标奖金的总和就是班组目标奖金库。年末，根据班组实际业绩与标准业绩的差异调整目标奖金库。如果未达到底限业绩，那么奖金库为零，同时奖金库有封顶，一般为奖金库总额的若干倍。根据班组成员的个人目标奖金额，将班组奖金库分配到个人，也可以先从班组奖金库中拿出一部分用于奖励有杰出贡献的个人。

【知识链接】

利润分享计划、收益分享计划、成功分享计划的区别

利润分享计划、收益分享计划和成功分享计划都属于群体绩效奖励计划。利润分享计划侧重企业层面的利润指标；收益分享计划更关注群体或团队的绩效改善；成功分享计划则结合了平衡计分卡方法和绩效奖励，强调目标的设定和超越。这三种计划各有优劣，企业应根据自身实际情况选择适合的奖励计划。利润分享计划、收益分享计划和成功分享计划的区别如表 5-4 所示。

表 5-4　利润分享计划、收益分享计划、成功分享计划的区别

	利润分享计划	收益分享计划	成功分享计划
目标	组织层次的利润指标，如企业的利润或股价	部门或团队层次与成本有效性相关的财务指标，如生产率、产品质量、成本等	部门或团队层次上的广泛绩效指标体系，既包括财务指标，又包括质量、客户满意度等各方面绩效的改善，学习与成长以及流程的改进等领域
业绩的衡量角度对员工的激励力度不同	涉及目标利润的确定，管理阶层的决策质量，当期利润的核算方法，而且利润的最终形成还要受经济周期等企业外部因素的影响。因此，利润的增加或者减少是难以观察和控制的。员工努力与个人收入之间的联系被减弱，这使得激励效果相应被减弱	是对某一群体或者部门的绩效进行衡量，准确地说，它不是要分享利润的一个固定百分比，而是与生产率、质量改善、成本有效性等方面的既定目标达成联系在一起的。这些成本、质量和效率指标更容易被员工理解	通过组织上下共同参与目标的制定，员工对于这一计划的内容、自身努力与这一计划之间的关系等更加了解，从而激励效应更大
实施范围	通常是在各个部门内部来实施的	通常是在整个组织范围内来实施的	经营单位中的所有员工

三、群体绩效薪酬制度的适用条件

群体绩效薪酬制度的适用条件具体有以下四点。

（1）从绩效评价上看，产出是群体共同努力的结果，无法评价个人对产出的贡献。

（2）从组织适应性上看，个体绩效标准变化以适应环境对相对稳定的组织目标的压力，生产方法和劳动力结构必须适应变化的压力。

（3）从组织承诺上看，对组织的高度承诺建立在对组织目标和绩效标准的良好沟通之上。

（4）从工会状况上看，主要有两种工会状况：工会化或非工会化。对“培育集体谈判单位内聚力的计划”和“在整个群体内部平均分配奖金的计划”，工会不会持反对态度。

所有的群体激励计划都可以通过以下共同的特征进行描述：参加计划的群体规模、绩效比较的标准、报酬支付的时间计划。表 5-5 呈现了一些领先公司的群体激励计划中有趣的组成部分。

表 5-5　实施群体激励计划的公司实例

公司	群体激励计划
通用电气	以团队为基础的激励，同时也与个人的奖金支出挂钩。设定团队与个人的绩效目标。如果团队实现了绩效目标，团队成员只有在实现了个人绩效目标的情况下才能获得激励报酬。团队激励报酬是月基本工资的 12%~15%
康宁	一种收益分享计划（目标分享），其中 75%的奖金支出基于公司目标，如质量指标、客户满意度指标和生产目标等，其余部分基于公司的净资产收益率
3M	以风险收益计划运作。基本工资被固定在市场水平的 80%，员工要使自己的薪酬达到市场水平的 100%，需要完成一系列目标。此外，还进行适度的利润分享
杜邦	一种风险收益计划，员工在五年内获得的加薪额减少——导致基本工资降低 6%。如果部门完成了每年的利润目标，员工就可以全部获得被降低的 6%的基本工资。可变奖金支出浮动范围是 0（完成率低于目标的 80%）~19%（完成率达到目标的 150%）

资料来源：孙晓平、季阳《薪酬激励新实战：突破人效困境》，机械工业出版社 2019 年版，第 168~180 页。

【知识链接】

团队分享制[①]

团队分享制是一种里程碑式的即时激励，是指针对一些非常规的成功绩效表现或一个项目、方案、产品的完成予以奖励。它可能在事件发生前制定，也可能在事件发生后制定。这种方式更多适用于针对不同客户/产品以小组或项目组进行营销或交付的服务性企业，如咨询公司、软件公司、设计行业等。

从中可以看出，团队分享制是基于团队创造的价值确定对应的奖金包，再根据团队中不同成员的贡献度进行分配的，所以设计团队分享制激励方案的核心步骤主要有三步：定对象、定奖金包、定分配系数。

团队分享制有很多优点，也在企业激励中起到了明显的作用，是激励方式的大趋势之一，在实践中也取得了很多成功，但在运用时仍然要依照企业的实际情况客观衡量，需要对各种适用前提进行判断。例如，能够基于客户/产品清晰合理地核算出小组/项目所创造的价值；项目/小组有合适的责权；项目/小组机会均等，公平竞争；企业文化支持内部竞争与人才流动；具有有效的机制以避免项目组/小组的短视或唯利是图行为。

第四节 实操案例：安泰燃气公司绩效薪酬方案优化设计

一、安泰燃气公司概况

安泰燃气公司成立于1989年，于2007年加入X燃气集团，自此由国有企业改制为民营企业。公司注册资本人民币2000万元整，持有燃气经营许可证、建筑业企业资质证书、安全生产许可证、企业法人营业执照及十余家分支机构营业执照。公司拥有天然气门站1座、高中压调压站11座、CNG（压缩天然气）加气站1座，输气管网超过600余公里，为全市近80000家客户提供天然气，年销售天然气量3000万立方米。

公司本身是国企改制的背景，且现有25%左右的员工是曾经的国企老员工，所以公司一直维持着原有体制下的完善福利制度，并长期在薪酬上执行平均主义，导致现有员工普遍存在工作自主性较低、执行力较弱及流动意愿不强等现象。随着近几年老职工的退休，一批大专、本科学历的毕业生涌入，但在职位晋升上却受到了限制，且薪酬上又执行同级同酬制，这批新员工很难得到薪酬的上涨，新兴力量的积极性受到打击。再加上2019年起企业面临许多外部的市场压力，用气量的提升也越来越困难，

① 参见［美］巴里·格哈特、杰里·纽曼：《薪酬管理》，成得礼译，中国人民大学出版社2022年版，第289~290页。

公司需要一批积极且专业的团队来执行公司的发展战略，提高公司的整体营业收入。

二、安泰燃气公司薪酬现状

1. 薪酬结构

集团公司人力资源中心每年会根据各子公司的经营效益情况，对子公司除高管以外人员的薪资总额做一定比例的上浮，具体分配细则可由各子公司自行决定。安泰燃气公司目前的薪酬由固定薪酬和变动薪酬两部分构成。

（1）固定薪酬不与员工的工作表现挂钩，是比较稳定的一种薪资报酬。固定薪酬由基本薪资、职称津贴及福利补贴构成。

（2）变动薪酬是指与公司员工工作表现挂钩，有一定变化幅度的报酬，包括全面质量管理（TQM）奖、月度绩效薪酬、市场推广奖、绩效年终奖、优秀员工奖、优秀部门经理奖。

2. 薪酬类型

薪酬类型包括年薪制、绩效工资制及提成制，公司的安检和整改业务外包给其他公司来负责，这部分员工采用的是计件薪酬制度。

（1）年薪制。公司高管执行年薪制，高管包含总经理及副总经理。年薪制由岗位薪资、年终奖、福利补贴组成，年终奖根据公司目标值的完成情况而定，这部分由集团统一管理并分配。

（2）绩效工资制。绩效工资制由基本薪资、绩效薪资、职称津贴、TQM 奖、年终奖组成，适用于 CNG 加气站、人力资源及行政部、财务部、风险管理部所有岗位。

（3）提成制。提成制由岗位薪资、绩效薪资、职称津贴、TQM 奖、市场推广奖励、年终奖组成，适用于公司市场发展部、管网运行部、客服服务部、乡镇管理部、工程管理部、安装子公司所有岗位，其他部门个别销售燃气产品的员工也可以享受个人市场推广奖。

3. 绩效薪酬的现状

（1）公司在月度绩效考核指标和年度绩效考核指标的设置上相对合理，根据部门设置不同的月度绩效考核指标，由人力资源部协同对应部门一起制定，考核指标有历史数据作为支撑，整体相对科学合理。

（2）公司整体的绩效薪酬结构比较丰富，包含月度绩效薪酬、年终绩效奖、TQM 奖、市场推广奖等。

（3）公司在绩效薪酬执行上一直都比较照顾弱势个体，让员工感受到了大家庭的温暖。

三、安泰燃气公司绩效薪酬存在问题

1. 同岗同酬不能体现相同岗位不同人员的差别

目前只要是同一个岗位，无论学历高低、经验能力差异大小，都按照同样的薪酬支付，这明显与实际情况不符。即使是在同一岗位，也可能由于经验、能力及态度不同导致绩效产出不同，公司并未对这些因素的不同给予差异付酬。

2. 同级同酬不能体现不同部门同级别人员的差别

人力资源部经理、工程管理部经理及乡镇管理部经理实行相同的岗位薪酬，实际上工程管理部的工作更辛苦，而且工作时间不固定且更长。乡镇管理部是在乡镇上工作，工作地点较远，且工作条件相对艰苦，虽然有交通和住宿补贴，但依然不能体现乡镇管理部和其他部门存在的岗位工作条件差异。目前公司只有将调去乡镇管理部的人员职级往上调一级，才会有人愿意去当地工作。

3. 绩效考核流于形式，绩效与个人薪酬不挂钩

由于绩效考核不强制分布，部门经理更倾向于做“老好人”，为了不扣员工的绩效薪酬，绩效考核结果都在 91 分以上，因此所有员工都能拿到全额绩效薪酬，最终即使设置了绩效考核，依然是同职级员工薪酬相同。这种干好干坏一个样、干多干少一个样，无法体现岗位价值差距以及员工对公司的贡献差异，导致内部不公平，员工的积极性严重受挫。

4. 职位发展通道单一

目前公司只设了管理通道，只有员工、主办、高级主办、主管、副总经理、总经理及总监这几个级别的薪资档，且同级同酬。如果得不到职级的提升，薪资就不会有变动，就连技术岗位的人才都只能通过管理通道才能拿到更高的薪酬，公司没有其他晋升通道。

5. 缺乏绩效沟通和绩效辅导环节

人力资源部只在最初与各部门一起制定绩效考核制度，但实际在执行过程中，人力资源部基本不参与考核和绩效反馈，都是由各部门经理独自完成的。除非绩效考核得分严重异常，人力资源部才会核实情况，其他情况就只需按照收到的绩效考核得分情况进行绩效薪酬核算。由于各部门经理的人力资源管理能力不同，大部分部门的绩效考核结果直接由部门经理一个人说了算，没有绩效辅导沟通，员工其实并不清楚自己在工作上存在什么样的问题，更不知道如何改进。

除了以上大家的共性意见以外，也有一些人对目前执行的绩效薪酬存在不一致的见解，主要表现在同部门同岗位员工是否执行同一绩效考核标准方面。有员工提出对于部分技能偏差、年龄偏大的老员工，应该适当放宽绩效考核标准，虽然由于身体或其他原因影响本职工作，但毕竟已经为公司贡献了十几年，公司应该考虑一下他们的实际情况，如果都严格按照同一标准考核，可能会极大影响此类员工的忠诚度和积极性。也有员工表示，虽然公司弱势个体得到了有效照顾，但会让部分积极员工认为这样的制度其实并不能体现公司的公平公正，反而降低了认真努力工作员工的积极性。对于部分年龄偏大的员工不应该从调整绩效考核指标和标准入手，而是需要调整其工作岗位，找到适合该员工目前现状的岗位。对于技能偏差的员工可以先做相关的职业培训，提高其岗位技能，如果还不能达到该岗位的要求，后续也可以考虑调整岗位。

四、安泰燃气公司绩效薪酬现存问题的原因分析

1. 全员普遍缺乏绩效观念，导致绩效薪酬落地执行能力较差

由于公司还实行之前的员工保障制度，除特例以外，企业一般不会裁员，因此员工的危机意识相对较为欠缺。主要表现在两方面：一是公司分管领导相对缺乏成本意识。为了完成本部门的工作任务指标，不考虑人工成本费用，也不考虑内部员工情况，只尽可能地向上级领导争取更多的人员支持，盲目扩大分管部门的职工队伍，而不考虑如何提高部门内部人员效率，如何深挖员工的潜力。二是全体员工缺乏绩效观念。员工对于公司已经执行了几十年的同工同酬制度已经相对习惯，但随着近几年一些新观念的引入，也意识到了绩效存在问题，但对于如何改革，大家都非常模糊。

当然这也是公司的国企背景导致的。公司由改制前的国企领导一直管理至 2018 年，有 25%左右的员工是国企改制留下来的员工，其中还包含 1 名高管。公司的整体管理文化偏柔性，只要员工没有犯太大错误，领导一般不会对员工采取严厉惩罚措施，大多是以上级谈话为主。例如上班时间，有的员工在工作岗位玩手机，打无关的电话，甚至偶尔离开工作岗位办私事，这样消极怠工的员工最终拿到手的薪酬与其他积极认真工作的员工一样，其他积极工作的员工就会产生不公平感，为了平衡内心的公平感，他们就会效仿这种消极怠工的工作态度，减少自己的付出，长此以往，这种不重视绩效的文化就会严重影响企业整体效率的提升。

2. 职业晋升途径单一导致薪酬无法拉开差距

由于燃气行业受经营权地区限制的影响大，公司规模、岗位编制有限。从整体来说，数量有限的晋升空间会挫伤员工的工作积极性，如果职位没有调整或岗位级别没有得到提升，无论其工作多么优秀，都不能在薪酬上得到更多的回报。也很可能是这个原因导致调查结果中对薪资水平非常不满意的员工集中在主办及以下岗位。公司执行同级同酬制度，职级较低的员工难以晋升，即使这些未晋升的员工一直以来的工作结果都非常不错，但因为职级未得到提升，薪资还是会一直停留在原有水平。这样会严重打击工作比较积极主动员工的积极性，使这部分人员对绩效薪酬的满意度下降。

3. 绩效薪酬实行平均主义，与绩效结果不挂钩

在绩效薪酬分配结果上公司整体实行的是平均主义，也就是做好做坏、做多做少一个样。企业实施绩效薪酬一方面是为了稳定并鼓励企业内部的优秀员工，另一方面也是希望提高企业整体的工作效率，降低企业的运营成本。要想绩效薪酬发挥作用，还是需要将绩效薪酬和绩效考核结果紧密联系起来。绩效考核形式化，为了考核而考核，员工当然也不会重视此项工作。

4. 缺乏有效的培训辅导，绩效薪酬流于形式

绩效薪酬从方案制订到执行再到复盘是一个复杂且系统的过程，这个过程对各方面工作人员的专业性要求都较高。而作为燃气行业来说，本身业务指标又较多，因此绩效薪酬更为复杂。从绩效考核评估方面来讲，如果不同管理人员的评价标准和尺度不同，就会导致评分差异较大，影响绩效薪酬本身的公平性。所以在制订绩效薪酬方

案之前，需要对各层级进行系统化的专业培训，使管理者能够把握好分配的标准和尺度，同时也使员工能更好地理解绩效薪酬方案，并愿意去执行该方案。

五、安泰燃气公司绩效薪酬方案的优化设计①

1. 绩效薪酬优化的关键

（1）对月度、季度、年度绩效考核结果强制分布，让绩效考核结果与绩效薪酬挂钩，达到多劳多得的效果。调整绩效考核管理流程：首先，成立绩效考核小组，一定要让绩效考核结果可以追溯。其次，增加绩效辅导和沟通环节，让员工知道自己的绩效指标和标准设置的原因、如何考核、结果将有哪些影响，结果出来后还需要员工认同此结果，且与领导一起制定下个月的绩效考核指标。最后，增加绩效考核申诉环节，如果有人不认同绩效考核结果还有渠道可以申诉。

（2）绩效积分可以让员工得到宽带薪酬中职级和薪级的晋升，积分的多少与月度、季度、年度的绩效考核结果挂钩，绩效考核分数越高绩效等级越高，绩效等级越高积分越高。对于管理岗位及通用岗位员工，当累积积分达到薪级晋级要求就可以向上晋升一级，享受对应的报酬；当有空缺岗位时，满足积分条件的也可以参加竞聘，竞聘成功便可以晋升为对应职级。对于技能岗位员工，薪级的晋升既可以根据绩效积分，也可以通过技术评定。

（3）通过缩短兑付周期、增强奖励分配的合理性及奖罚的合理性优化市场推广奖。将奖励的兑付周期由年调整为每月，增强激励的及时性。增加奖励分配合理性，将公司提取的市场推广奖励更多地用于激励绩效结果及销售业绩较好的员工，而非直接根据职级进行分摊；对于未完成指标者给予一定的处罚，并将其与部门和个人评优结合起来。

2. 绩效薪酬优化的原则

（1）战略性原则。应该基于公司整体的战略规划来制定公司的薪酬管理制度，尤其是对企业整体绩效产生激励作用的绩效薪酬体系。企业整体的绩效薪酬设计要与公司的发展战略有机结合。每年年底董事会会对公司来年要做的事项进行讨论分析并形成决议，其中包括四大目标中的各项指标及发展转型、延伸业务的一些重点工作，对于具体的绩效指标，公司可将指标拆分至各部门，并进行年度、季度、月度的层层分解，将每一项考核指标落实到员工的具体工作中，如此才能与公司整体的战略目标匹配，最终完成公司的年度考核指标。对于重点事项工作，公司需成立专门的小组，将各项工作分配到各部门的日常工作中，制定工作日程表，明确完成标准，并将其列入各部门的重点工作进行考核。绩效考核要充分反映公司的整体目标，如公司倡导的是什么、要做哪些工作、具体要做到什么程度才能达到公司的整体目标。

（2）公平性原则。绩效薪酬方案设计的公平性主要体现在两个方面：一是内部公平性。在企业内部，无论是相同职位还是不同职位，员工与员工之间由于岗位、贡献

① 参见冯静：《X公司绩效薪酬现状诊断与方案设计》，电子科技大学硕士学位论文，2020年，第35~37页。

以及绩效的不同，其所获得的薪酬也应不同，绩效和贡献越高的员工，拿到的薪酬应当越高。二是外部公平性。与所在地区规模相当、行业相同的企业相比，类似岗位的薪资水平应当基本相同。

（3）公开性原则。公开性原则是指将绩效薪酬考核制度、绩效考核指标和评价标准、绩效管理流程公开的原则，为企业营造一个透明和公开的氛围。公开性原则可以让员工通过更多的渠道了解绩效薪酬的分配方式，如有意见也可以有畅通的沟通渠道，减少上下级以及员工之间的猜忌和摩擦。将绩效考核的支持性工作公开也是为了让全员参与和监督，让员工认可最终的绩效考核结果，保证绩效考核结果的有效性，减少员工内心的不满，减少考核过程中的摩擦，最终提高绩效薪酬方案的有效性。

（4）激励性原则。激励包含的三个关键要素有努力、组织目标和需要。在企业的激励方面还需要坚持以正激励为导向，以调动各类员工的积极性和创造性，有效的激励会点燃员工的工作热情，并且促使他们的工作动机更加强烈，让员工产生超越自我、超越他人的欲望，并将潜在的内驱力通过努力工作释放出来。当然员工对企业的贡献还是取决于员工本身能力上的差异。激励性原则就是根据不同员工的贡献大小将员工的绩效薪酬拉开差距。

（5）可操作性原则。要达到绩效薪酬的可操作性必须做到以下几点：第一，绩效薪酬方案简单易懂，分配过程和结果一目了然。第二，绩效薪酬方案切合企业目前的实际情况，考虑到一些不可控因素，在绩效的分配上可留有一定的灵活性和自主权。第三，将绩效考核指标与企业的经营战略相匹配，使企业整体绩效考核指标可以得到逐层分解，落实到部门、个人每个周期的考核指标上。第四，要转变员工的观念，让员工认同企业绩效薪酬制度，并且期望可以通过自身的努力提高自己的绩效薪酬。

3. 绩效薪酬优化的思路

（1）优化绩效考核流程。设立绩效考核小组，增加绩效辅导与沟通环节，增加绩效考核申诉流程。对于公司绩效考核标准、实施过程、完成情况进行实时沟通，建立沟通渠道。

（2）对月度、季度、年度绩效薪酬的考核结果进行强制分布。打破公司做多做少、做好做差一个样的局面，拉开优秀人员和普通人员以及消极怠工人员的绩效薪酬差距。同时，让绩效考核结果与职级和薪级挂钩，绩效考核结果越优秀，职位晋升越快，薪酬调整幅度也越大。

（3）引入宽带薪酬及职位积分，打破原有的职级限制。由于前期一直执行同岗同酬制度，员工如果不升职，就无法得到薪酬调整。绩效考核结果与职位积分挂钩，职位积分累积达到一定额度，就有机会进行职级和薪级的调整。

（4）调整市场推广奖的考核周期及分配合理性。调整考核周期可以让员工及时感受到激励的效果，相反延迟激励会大大降低员工的积极性。

复习思考题

1. 绩效薪酬具有哪些特点？
2. 绩效薪酬有几种类型？其优缺点分别是什么？
3. 开展绩效薪酬设计时应注意哪些方面？
4. 个人绩效薪酬制度具有什么优缺点？
5. 个人绩效薪酬制度的适用条件分别是什么？
6. 群体绩效薪酬制度的类型有哪些？

情景仿真题

李武刚来到A制造公司人力资源部工作，他最想做的事情之一就是通过公司每一个层级上的团队合作来提高生产效率。作为这家郊区工厂的新任人力资源总监，李武准备改变公司文化，从而实施他非常热衷的团队工作计划。

A公司的绩效评价流于形式，在实施绩效薪酬的同时，企业员工之间、群体之间容易产生不正当的竞争行为。而企业内部不正当竞争行为的产生也会对企业的整体绩效产生不利影响，员工的绩效薪酬也会受到企业整体绩效的影响。A公司因为缺乏良好的协商机制，导致在绩效目标的制定、员工工作绩效的认定与评价过程中员工与管理层之间不时出现摩擦。除此之外，A公司单纯地提高绩效目标和绩效考核标准，也导致员工为了绩效薪酬而疲于奔命，进而使员工对工作和管理层，甚至对企业产生了反感。

基于A公司存在的绩效薪酬问题，李武首先在高层管理人员中传递团队管理的概念，使大家自上而下地审视工厂的总体运营状况。随后他采取相应的措施，将团队的理念传递给公司中的所有员工。沟通的过程很顺利，他非常高兴地看到自己宣传的“所有者员工”理念正在逐渐形成。团队成员一起接受培训，一起制订生产计划，热烈地欢迎由上级、下级、同事以及其他内部和外部客户来共同完成对员工的绩效评价。

公司绩效开始改善，员工士气逐渐高涨，生产率也出现了上升的势头。公司甚至已经开始偶尔召开庆祝会来庆祝团队所取得的成就，团队结构似乎已经稳稳当当地建立了起来。然而，当李武着手进一步完善时，却受到A公司一个长期以来的政策的冲击：给所有的员工提供相同幅度的年度加薪。李武认为，在新型的团队环境中，杰出的绩效应当成为加薪的标准。在与公司首席执行官协商之后，他向所有的员工发出一份备忘录，宣布公司将转而实行以团队为基础的绩效薪酬。

员工立即做出了反应，大家坚决反对。没有一名员工对这种变革感到舒服，在他们的抱怨中，有两条最为显著：第一，反馈系统让每一个人都要对其他人的绩效做出自己的评价，但没有人愿意看到自己的加薪会被同事的意见所左右。第二，大家普遍觉得做出这种变革决策的方式以及公布变革的方式似乎表明公司并不是真的愿意以团队的方式来完成工作。简而言之，员工们觉得他们被排除在了决策过程之外。李武和公司首席执行官在第二天一早进行了会面。他们在办公室里一边喝着咖啡，一边进行争论：到底是应当将这一刚刚通过的政策撤销，还是坚持实施下去呢？

请思考：

1. 在制订并传达新的薪酬计划时，他们犯了哪些错误？
2. 李武本来可以采取何种不同的方式来推动这场重大变革？

案例分析题

浮动工资引发的风波①

QY 是一家软件开发公司，公司在创业初期只有十多个人，谁技术过硬、贡献大，谁工资、奖金就高，全凭老板“一支笔”。即便如此，大家仍觉得老板的判断是公平的，个个干得都很开心，没有人有怨言。然而，随着公司的规模逐渐扩大，人员增多，老板的判断也不是那么准确了，员工就开始议论，人心也开始浮动。不是因为个人工资拿得少，而是觉得内部不公平。于是，老板要求人力资源部去了解市场薪酬情况，但苦于没有可靠的信息来源，只好通过同行之间非正式沟通获得零碎信息，并建立起一个初步的薪酬体系，员工的议论似乎也少了。

不久，人力资源部发现招聘工作遇到了困难。经过了解，倒不是公司提供的待遇低，是因为公司的工资结构是“基本工资+年终奖”，初次应聘者只认基本工资，对年终奖他们认为是公司画的“大饼”，不愿意到公司来工作。为此，公司决定将工资结构变成“基本工资+浮动工资”，虽然取消年终奖，但员工的工资总额却上调了。在月度考核时，绩效优秀的员工除可以拿到全额工资外，还可以拿到超过个人工资标准的浮动工资；绩效差的员工浮动工资就要被部分扣除或全部扣除。但是为了有效控制公司的工资成本，公司的工资总额不能被突破，即有人被奖励多少钱，就要有人被扣除多少钱。

新问题又出现了。当有员工被扣浮动工资后，他就觉得公司的这个制度是变着法子克扣员工的工资，本来一个人的工资标准是固定的，可是现在变得没有保障了，部门经理掌握着“生杀大权”。通过一再的沟通与解释，员工仍然无法接受。而那些绩效优秀的员工，即便是拿着超额工资，也觉得不自在，因为他们多拿的钱是同事被扣的工资，同事之间总是抬头不见低头见，钱拿得多也不好意思。在实施过程中，部门经理也感受到了来自员工的压力：如果浮动工资扣得过严，员工流动性增大，如果放松标准，优秀员工又得不到激励。所以部门经理最终放弃了这种与考核挂钩的浮动工资，部门所有员工都属于合格，既没有特别差也没有特别突出的员工。整个公司的浮动工资体系就这样失去了激励效应。虽然发牢骚的员工少了，但是优秀员工的不满却开始滋生。

公司领导认为，“基本工资+浮动工资”的工资制度对引进人才发挥了重要的作用。如果从公司的利润中额外拿出一部分资金作为年终奖来源的话，无疑会减少公司的利

① 参见何国玉主编：《人力资源管理案例集》，中国人民大学出版社 2004 年版，第 19~30 页。

润。如果将原有工资中的浮动工资全部拿出来作为年终奖的来源，他们会以为公司普遍降工资，肯定会影响员工的士气。为此公司领导和人力资源部经理都感到很头疼。

请结合案例思考：

1. 你如何评价该公司现有的浮动工资制？

2. 你如何评价该公司原来实行的“基本工资+年终奖”的激励方式？

3. 如果你是该公司的人力资源部经理，你将如何制定新的薪酬制度？如何才能让大部分员工支持新的薪酬制度？

技能操作题

分析你所在大学的行政管理干部的绩效薪酬制度，通过分析其存在的问题，制定科学合理的制度标准，优化行政管理干部绩效薪酬制度。

第六章 薪酬水平设计

【学习要点】

1. 理解薪酬水平的概念与内涵。
2. 掌握薪酬水平策略的类型。
3. 熟悉薪酬水平调整的影响因素。
4. 了解薪酬调查的种类。
5. 掌握薪酬调查的流程。

【引导案例】

王栋的烦恼①

王栋是新华公司的管理部副经理。最近，王栋感到有些苦恼和迷茫，因为接近年底，公司开始进行绩效考核和薪酬分配工作了，而他觉得自己的收入与付出明显不对等。思来想去，他决定给公司领导写一封信。具体内容如下。

尊敬的公司领导：

感谢公司这一年多对我的关心和支持。公司在成长，本人也在成长。作为管理部副经理，本人结合自身工作，郑重向公司提出加薪的申请，理由如下，望批准为谢！

自 2022 年 4 月 15 日入职以来，我从负责人事几个模块、管理 3~4 个人的工作，到逐步地接手总务和信息、管理 47 个人的工作，除了在原有基础上维持了管理部的正常运作外，还将过去一些被划分出去的职能模块接手了过来。例如，从稽核中心接手了绩效考核工作，还从生产管理部接手了快递工作，从财务接手了工资核算、固定资产管理工作等。2023 年 8 月，管理部的组织架构增加了车队，即原来资材的物流组，管理部的人员也从原来 47 人增加到 58 人。自本人负责管理部工作以来，带领部门全体同事脚踏实地、努力进取，现在管理部人员稳定、思

---

① 参见张霞编著：《绩效考核与薪酬管理》，西安电子科技大学出版社 2019 年版，第 254 页。

想活跃、职能完整。

现在人才市场上人力资源主管的工资一般在6000~9000元/月，人力资源经理的工资在8000~14000元/月，而公司内部副经理级的平均工资为7000元/月。在我来之前已有一名管理部顾问在职，他的薪资为9000元/月，在他离职后的一年时间里，我身兼两职，但工资仅为6000元/月，比某些部门的科长工资还略低。综上所述，为了贯彻绩效考核的公平公正原则，本人恳请加薪！

说明：王栋入职至今18个月，入职时职务为科长，薪资为4500元/月。3个月后部门原有的经理（顾问）离职，由科长代理部门工作，薪资调整为5000元/月。6个月后，为了培养和鼓励员工，王栋被提升为部门的副经理，全面整合管理部及人力资源部的工作，其间公司为他配备了3名科长，人员从原有的47人增加到58人，薪资也调整到了6000元/月。

第一节　薪酬水平概述

一、薪酬水平及其外部竞争性

1. 薪酬水平的含义

薪酬水平是指在一定时期内，从某个角度按照某种标准考察的某一领域内员工薪酬的高低程度。薪酬水平是相对的，它可以是企业内部各职位的薪酬水平，也可以是企业在劳动力市场上的薪酬水平，还可以特指某一领域范围内的劳动者的薪酬水平。①

对企业而言，企业内部的薪酬水平主要由员工的薪酬总额和企业员工总人数确定。可用公式表示为：

企业薪酬水平=该企业薪酬总额÷该企业在职员工人数

一般所说的薪酬水平不仅是指货币薪酬，更主要的是应看其实际薪酬水平。货币薪酬只是名义薪酬，不能真正反映员工的薪酬水平，而实际薪酬说明了货币薪酬的实际购买力，实际薪酬才真实地反映了员工的薪酬水平和生活水平。也就是说，应当按用货币薪酬所能买到的消费品（包括服务）的数量来认识薪酬水平。显然，实际薪酬受到两个因素的制约和影响：一是货币薪酬的高低，在其他条件不变的情况下，货币薪酬与实际薪酬成正比；二是物价高低，在其他条件不变的情况下，物价与实际薪酬成反比。实际薪酬和货币薪酬同物价之间的依赖关系，用公式表示为：

实际薪酬=货币薪酬÷物价指数

因此，虽然美国工人的年收入可能是中国工人年收入的几十倍，但由于两国物价

① 参见赵曙明、赵宜萱主编，唐春勇、敬永春编著：《薪酬管理：理论、方法、实务》，人民邮电出版社2018年版，第126页。

水平和人民币汇率的影响，两国工人间的实际薪酬水平（实际购买商品的能力）差距并没有这么大。[①]

2. 薪酬水平的外部竞争性

一项对美国高科技公司 1200 多名初级软件工程师的调查发现，这些工程师的基本工资的平均值是 54300 美元/年，基本工资的浮动范围却是 36500～94000 美元/年。那么如何确定一个尽可能低但又足以招聘到合格工程师的薪酬水平呢?[②] 这就涉及薪酬水平的外部竞争性问题了。薪酬水平的外部竞争性是指一家企业的薪酬水平高低以及由此产生的企业在劳动力市场上的竞争力大小，它会直接影响企业在劳动力市场上获取优质劳动力的能力强弱。

理解薪酬的外部竞争性主要注意以下两个方面。

（1）薪酬的外部竞争性主要是指职位和职位之间或者是不同企业同类工作之间的薪酬水平对比，而不是笼统的企业整体薪酬水平的对比。

例如，甲企业的平均薪酬水平很高，但是该企业的内部薪酬差距很小，重要职位和不重要职位之间的薪酬收入没有太大差异。而在乙企业中，尽管其平均薪酬水平低于甲企业的平均薪酬水平，但是该企业对于重要职位所支付的薪酬远远高于甲企业。如果此时在外部劳动力市场上存在大量能够从事不重要职位的劳动者，乙企业不会因为支付的薪酬水平比甲企业低而雇不到人，即在低技能劳动力的雇用方面乙企业不比甲企业的薪酬竞争力差。但是，在雇用能够从事重要职位的员工时，乙企业的薪酬竞争力反而比甲企业更强。这就说明，薪酬的外部竞争性应当落实到职位或职位族上，而不能简单地停留在企业层面。

（2）随着人才竞争的加剧，企业在薪酬的外部竞争性方面的考虑已经越来越超过企业对于内部薪酬一致性的考虑。

例如，根据公司内部的职位评价，A 职位和 B 职位的重要性和价值大小是类似的，处于相同的职位等级，因此两个职位的薪酬水平应当大体相同。但是，在此时的外部劳动力市场上，由于 A 职位的短缺，其劳动力市场价位超过了 B 职位的市场价位。甚至还有一种可能，A 职位的职责与相对价值高于 B 职位，而在职位薪酬的市场调查中得到的结果却是 A 职位的市场薪酬低于 B 职位。在这种情况下，企业就必须做出决策，到底是主要根据企业的内部职位评价来定薪酬，还是主要根据外部劳动力市场来定薪酬。

一个比较好的做法是在职位价值评估中，加入职位市场稀缺度的修正，以求得外部竞争性与内部公平性的一致。有两种方式：一种为直接在职位评价的因素设置中加入对市场稀缺度的评价；另一种为职位评价结果乘以职位市场稀缺度修正系数，但必须合理确定职位市场稀缺度的评价因素的权重、评价标准以及市场稀缺度修正系数。

3. 外部竞争性与薪酬水平定位方法

企业的薪酬水平与外部竞争力有着密切的联系，薪酬水平虽然不能为企业带来很强的竞争优势，但一旦企业的薪酬决策出现失误，就会导致企业陷入危险境地。企业

① 参见周斌、汪勤编著：《薪酬管理：理论·实务·案例》，清华大学出版社 2014 年版，第 48 页。

② 参见［美］乔治·米尔科维奇、杰里·纽曼、巴里·格哈特：《薪酬管理》，成得礼译，中国人民大学出版社 2014 年版，第 153 页。

薪酬水平的外部竞争性带来的影响主要体现在两个方面，即对企业运营成本的影响和对员工工作态度、行为的影响。具体而言，薪酬水平外部竞争性带来的影响主要体现在控制运营成本（劳动成本）、增加高素质员工数量、提高员工素质、增加工作经验以及减少自愿跳槽人数、减少与薪酬有关的停工等方面。

具备对外竞争力的薪酬水平是企业吸引、留住优秀人才的重要筹码，更是企业促进并维持高生产率的重要手段。因此，企业在确定薪酬水平时通常采用以下方法，如图 6-1 所示。

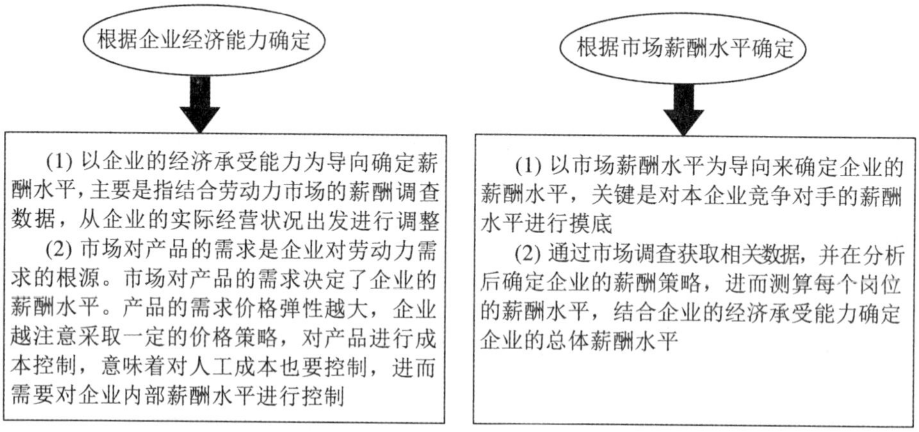

图 6-1　确定具有外部竞争性的薪酬水平的方法

【知识链接】

如何解决薪酬外部竞争力不足的问题①

（1）每年薪酬水平要保持适度增长，和行业薪酬水平增速一致，这样才不会掉队。

（2）在营业收入快速增长的情况下，要保持营业收入中的薪酬占比不降低，该发出去的钱要发出去。

（3）每年要有加薪机制，这种机制应坚持执行。

（4）减员之后，节省出 10%以上的薪酬总额，把这些钱加到其他员工身上。

（5）设计奖励机制，设定更高的业绩目标，目标达成后可以实现员工薪酬增长的目的。奖励给员工的钱，是员工通过努力换来的，不增加企业的成本和负担。奖励机制是成本最低、效果最好的提升薪酬外部竞争力的方法。

---

① 参见于彬彬：《HR 薪酬管理整体解决方案：共享价值分配新规则》，中国法制出版社 2018 年版，第 159 页。

【案例链接】

美国企业抢人大战愈演愈烈[①]

为了在当前的市场环境下留住人才，2022 年以来美国企业争相提高薪资待遇，其中硅谷科技巨头之间的“内卷”尤为严重。

2022 年 2 月，亚马逊把企业员工底薪上限提高一倍，从 16 万美元/年上调至 35 万美元/年。对于涨薪理由，亚马逊发言人当时表示是因为眼下劳动力市场竞争特别激烈。

2022 年 5 月，苹果公司在一封电子邮件中告诉员工，公司正在提高整体薪酬预算。美国小时工的起薪将升至每小时 22 美元，或根据市场情况更高，较 2018 年上涨了 45%。该公司美国员工的总体起薪预计也会提高。

同期，微软公司告诉员工，公司将把全球业绩挂钩的加薪预算增加近一倍。

美国劳工部表示，2022 年前三个月美国企业和政府在工人成本上的支出增加了 4.5%，这是自 2001 年以来的最大增幅，超过了 2021 年第四季度 4%的年增长率。然而，若将通化膨胀纳入考虑，这样幅度的劳动力成本上升并不算什么。经通货膨胀调整后，私营部门的薪资在此期间甚至还有所下降。

二、薪酬水平策略[②]

企业在确定自己的薪酬水平时虽然会受到来自外部劳动力市场和产品市场的双重压力，但是仍然存在一定的选择余地。通常来说，企业在做出薪酬水平竞争性决策时有以下五种策略可供选择。

1. 市场领先型薪酬策略

市场领先型薪酬策略又被称为“领袖型薪酬策略”。它是指企业采用薪酬水平高于竞争对手或市场平均薪酬水平的策略（见图 6-2）。这种薪酬策略以高薪为代价，在吸引和留住人才方面都有明显的竞争优势，并且将员工对薪酬水平的不满意度降至一个非常低的水平。

优点：可以吸引到企业所需要的优秀人才，能够有效降低员工的流失率，帮助企业树立良好的形象，容易形成更高的投入产出比，减少因薪酬问题引起的劳动纠纷，有效节约薪酬管理成本和监督员工所产生的费用等。

缺点：如果不能将高薪酬转化为高回报，企业就很有可能面临资金压力；对于员工而言，伴随高薪酬的往往是更高的工作强度和工作负荷。

适用范围：虽然市场领先型薪酬能够给企业带来一定的外部竞争优势，但也并非

---

① 参见卞纯：《通货膨胀！苹果为留人下大本 工资暴涨到一小时 148 元》，2022 年 5 月 26 日，https://news.mydrivers.com/1/835/835176.htm。

② 参见刘艳红、张艳萍主编：《薪酬管理理论与实务》，电子工业出版社 2016 年版，第 116~120 页。

所有企业都适用。一般而言，适用这种策略的企业有处于快速成长期、想要利用薪酬机制吸引人才的企业，效益好、崇尚劳资合作与利益分享的企业，资金雄厚、想要体现实力的企业，薪酬成本在总成本中占比较低的企业。

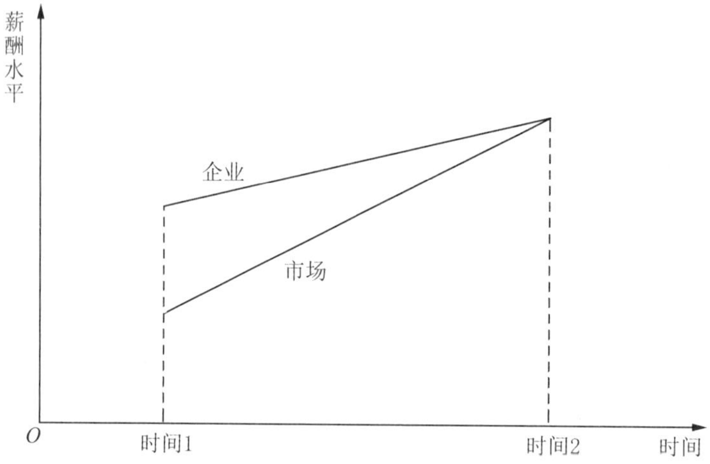

图 6-2 市场领先型薪酬策略

【案例链接】

胖东来的高薪策略①

创建于 1995 年 3 月，总部位于河南省许昌市的胖东来商贸集团有限公司，近年来通过给顾客提供“超预期的服务”和良好的口碑效应引发了企业界的关注。胖东来的优质服务是由所有员工极度敬业的工作热情支撑起来的。其管理秘诀就是用“薪”关爱员工，通过高薪酬、高福利政策，来保持员工极高的满意度和极低的流失率。胖东来上至店长、下至保洁员的薪酬水平基本是其他企业同岗位薪酬的两倍以上，甚至高于省会城市郑州的同行业工资。一般零售企业总经理的年薪为 50 万元，而胖东来店长的年薪高达 100 万元，副总、总监级别的年薪是 50 万～80 万元，生鲜处、百货处、采购处等处长的年薪是 30 万～50 万元，科长和主管的年薪是 10 万～30 万元。许昌市的保洁员、服务员和保安等的月薪在 1200～1800 元，大部分低于 1500 元，而胖东来的保洁员一个月能拿到近 3000 元，普通员工月薪达到 4500 元左右。

2. 市场匹配型薪酬策略

市场匹配型薪酬策略又称为“市场跟随型薪酬策略”。它是指企业根据竞争对手的薪酬水平或市场平均薪酬水平来确定本企业的薪酬水平的做法（见图 6-3）。例如当巨人食品公司（Giant Foods）在芝加哥地区的小时工资比最低工资高 1 美元时，温蒂汉堡（Wendy’s）和汉堡王（Burger King）很快就会跟进。竞争的结果是企业为现有员工支

① 参见《胖东来：你给员工吃肉　将迎来一群狼》，《现代营销》（创富信息版）2018 年第 4 期。

付更高的工资，但是人手仍然短缺。[1]

优点：采用这一策略制定薪酬水平对企业来说风险无疑是最小的，可以吸引到足够数量的员工为企业工作，人工成本压力也不大。

缺点：虽然能为企业吸引足够数量的员工，但在吸引优秀求职者方面缺乏优势；薪酬调整的滞后性易带来员工流失率上升或薪酬体系危机。

适用范围：市场匹配型薪酬策略经常被那些既想保持对求职者的吸引力，又不想承担高薪酬水平的企业采用。这些企业一方面希望自己能够吸引并留住员工，并且薪酬水平还能够达到激励员工的目的，使企业在人才竞争中不至于处于劣势；另一方面希望自己的薪酬成本与竞争对手的成本基本保持一致，以防止高薪酬成为企业的负担，影响产品的市场竞争力。

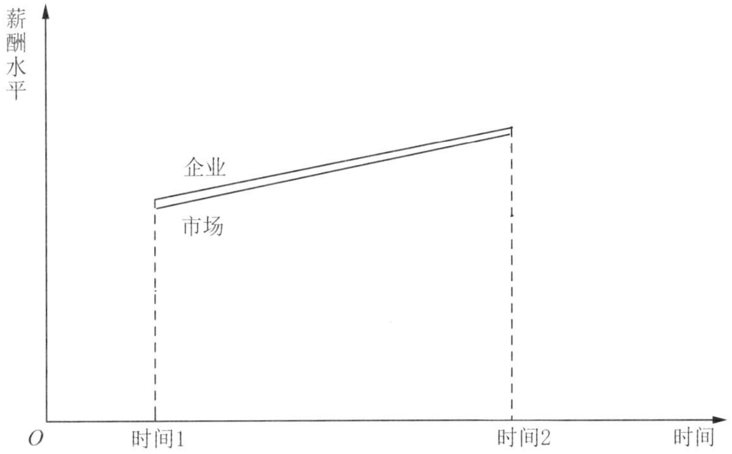

图 6-3　市场匹配型薪酬策略

3. 市场滞后型薪酬策略

市场滞后型薪酬策略又被称为"成本导向型薪酬策略"，即企业以节约成本为目的制定的薪酬水平低于其竞争对手的薪酬水平或市场平均薪酬水平的策略（见图 6-4）。

优点：节约企业的经营成本，有利于企业低成本战略的实现；如果采用这一策略是以牺牲当前收益为代价，以提高未来收益为目的的话，则可提高员工对企业的承诺度，增强企业凝聚力，加强企业的团队意识。

缺点：企业在劳动力市场上的外部竞争力不足，很难吸引到优秀的求职者；员工流失率较高；短期内企业的经营成本会下降，但从长远来看，员工的流失会造成人力资本的浪费，同时会加大招聘、培训的成本费用。

适用范围：一般采用这种薪酬策略的企业组织规模相对较小，大多数处于竞争性的产品市场上，边际利润率较低，成本承受能力较弱。也可能存在这样一种情况，即在薪酬水平上是滞后的，在工作的其他回报上却是领先的，如热门的任务、惬意的工

① 参见［美］乔治·米尔科维奇、杰里·纽曼、巴里·格哈特：《薪酬管理》，成得礼译，中国人民大学出版社 2014 年版，第 161 页。

作地点、舒适的工具、工作与生活的平衡等。

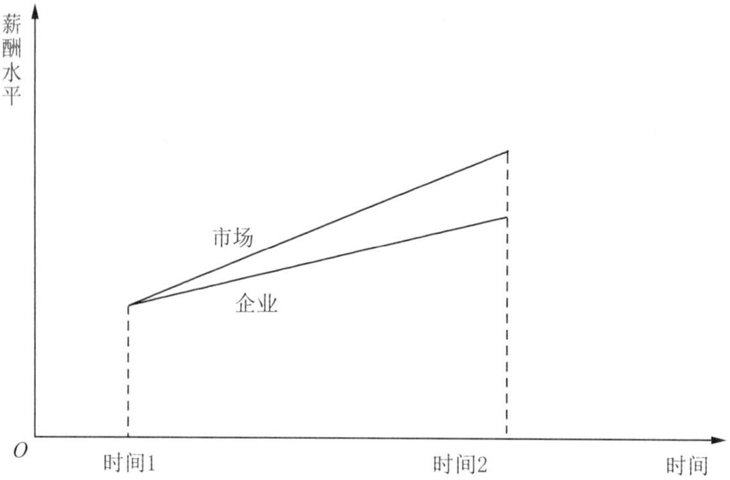

图 6-4 市场滞后型薪酬策略

【案例链接】

阿里巴巴的“十八罗汉”①

1999 年 2 月 20 日，在杭州的一间简陋公寓里，18 个年轻人聚在一起，凑了 50 万元，成立了阿里巴巴公司，发誓要将其发展为世界上最大的互联网公司。在很长的一段时间内，他们每个人每月只有 500 元工资。为了省钱，有的两三人一起合租，有的索性住进了农民房，吃饭基本就是 3 元的盒饭。经过十余年的拼搏奋斗，2014 年 9 月 19 日，阿里巴巴在美国纽约证券交易所成功上市，开盘价为 92.7 美元/股，市值达到 2383.32 亿美元。一起创业的 18 个人一下都成了亿万富翁。

4. 市场竞争型薪酬策略

市场竞争型薪酬策略是企业为了保持薪酬水平的竞争力，将市场领先型与市场滞后型薪酬策略结合起来的一种薪酬水平决策类型（见图 6-5）。常见的做法是，企业依据市场薪酬水平变化的趋势或变化的百分比，在初期采取高于市场平均水平的市场领先型薪酬策略，随后逐步降低百分比，到末期则采取低于市场平均水平的滞后型薪酬策略。

优点：能为处于发展期的企业以及急需紧缺人才的企业解决人才短缺的问题；在前期实施市场领先型薪酬策略有利于企业吸引优秀人才为企业服务，同时在业界也有着较好的口碑效应。

缺点：当企业解决了人才紧缺的问题之后开始实施市场滞后型薪酬策略时，容易

① 参见李龙俊：《阿里巴巴纽交所上市 开盘市值达 2290 亿美元 成全球最大电商企业》，2014 年 9 月 20 日，https：//m.163.com/news/article/A6IOOI1F00014AEE.html。

导致员工产生不满的情绪，甚至会使部分优秀员工离职，同时也不利于企业在未来的持续发展中招聘到合适的优秀人才。

适用范围：主要适用于处于发展期的企业或者在短期内急需人才的企业。

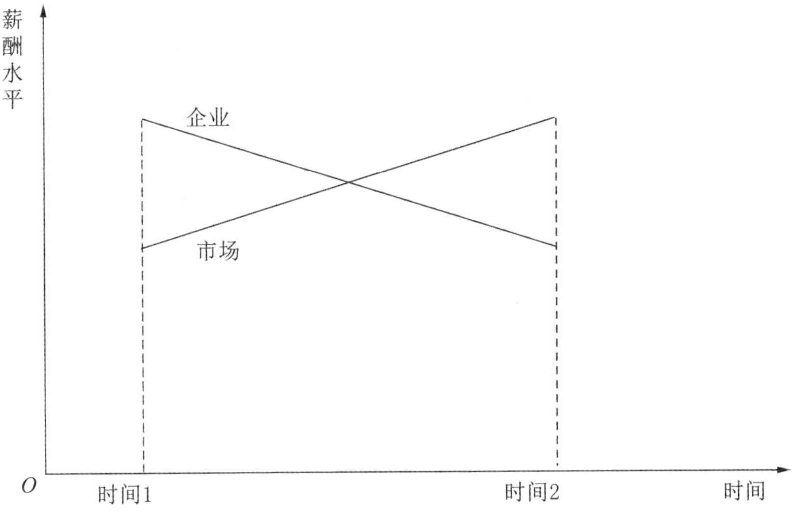

图 6-5 市场竞争型薪酬策略

5. 权变型薪酬策略

权变型薪酬策略又被称为“混合型薪酬策略”。它是指企业在确定薪酬水平时，根据职位的类型或员工的类型来分别制定不同的薪酬水平策略，而不是对所有职位和员工采用相同的薪酬水平策略（见图 6-6）。例如，有些公司没有针对所有职位族采用统一的薪酬策略，而是区别对待。对于企业的核心职位族采用市场领先型薪酬策略，如高级管理人员、核心技术人员等，他们的薪酬水平就是高于市场薪酬水平的；对于其他职位族，如一般员工，则采用市场匹配型薪酬策略，提供与市场薪酬水平相近的薪酬；而对于那些随时可以找到替代者的职位族，则采用市场滞后型薪酬策略，提供低于市场薪酬水平的薪酬。再如，有些公司在不同的薪酬构成部分之间实行不同的薪酬策略，比如在基本薪酬方面采用略低于市场平均薪酬水平的市场滞后型薪酬策略，而在激励性薪酬方面则采用高于市场平均薪酬水平的市场领先型薪酬策略。

优点：最大的优点就是其灵活性和针对性，对于市场稀缺人才以及企业关键职位所需人才采取市场领先型薪酬策略，对于较易从劳动力市场上获取的人才采取市场匹配型薪酬策略或市场滞后型薪酬策略。这样既有利于企业保持自己在人才市场上的外部竞争力，又可以合理控制企业的薪酬成本。此外，采用权变型薪酬策略还有利于企业传递自己的价值观以及达成自己的经营目标。

缺点：企业需要花费较多的时间、精力进行不同人员的甄别；需要经常进行市场调查，了解不同职位的薪酬水平；对企业的人力资源管理部门的要求比较高。

适用范围：主要适用于处于成熟期阶段的企业。

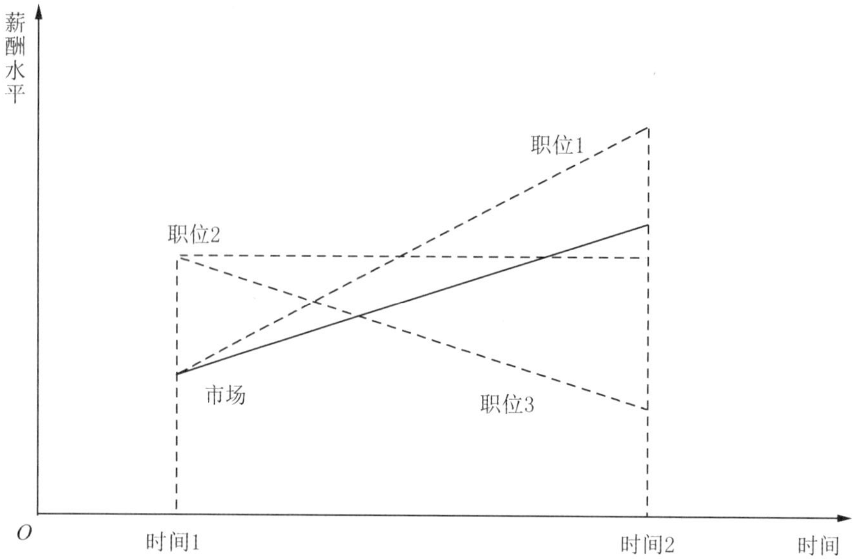

图 6-6　权变型薪酬策略

【案例链接】

以市场分位数衡量现行薪酬水平的外部竞争性①

CE 公司现存的岗位分为三大系列，即管理岗位、技术岗位和工人岗位。通过薪酬调查，CE 公司了解到本地区类似企业相关职位的薪酬状况，并以市场分位数来表明公司某一岗位的薪酬在市场中所处的地位。

CE 公司约 80%的管理岗位和技术岗位以及 65%的工人岗位的工资水平在本地区是有竞争力的，即使是没有竞争力的岗位，其工资水平也基本能与市场水平持平（见表 6-1）。但相对而言，一些核心岗位，如中高层管理岗位的竞争优势却并不明显。

表 6-1　CE 公司三大系列岗位市场分位统计情况

分位数	管理岗位		技术岗位		工人岗位	
	比例	累计比例	比例	累计比例	比例	累计比例
高于 75 分位	12.5%	12.5%	39.0%	39.0%	18.4%	18.4%
66~75 分位	22.6%	35.1%	9.7%	48.7%	16.0%	34.4%
56~65 分位	46.4%	81.5%	31.7%	80.4%	30.4%	64.8%
45~55 分位	18.5%	100%	19.6%	100%	28.8%	93.6%
40~44 分位	0	100%	0	100%	6.4%	100%

① 参见周斌、汪勤编著：《薪酬管理：理论 · 实务 · 案例》，清华大学出版社 2014 年版，第 55 页。

【知识链接】

劳动力市场的相关理论

劳动力市场是企业为了生存而必须参与的三大市场之一（其余两个市场是资本市场和产品市场）。企业在劳动力市场上对具有一定技术水平和能力素养的劳动者展开竞争，从而影响企业的薪酬水平和外部竞争性。影响劳动力市场运行的相关理论如表 6-2 所示。

表 6-2　劳动力市场的相关理论

理论	假设	影响
补偿性工资差别理论	需要用更高的薪酬吸引和留住员工从事具有负面特征的工作，如工作条件恶劣、培训费用非常高、成功机会比较小等	职位评价和报酬要素必须抓住这些负面特征
效率工资理论	由于存在失去高薪工作的风险，高于市场工资率的薪酬将吸引工作能力更强、更忠于职守的员工，从而提高公司效率。高薪政策或许可以取代高强度的监督	高薪政策的效果取决于员工甄选制度识别出最优秀员工的能力
保留工资理论	如果工资低于某个特定水平，无论该职位的其他方面如何诱人，求职者都将拒绝接受它	薪酬水平会影响招聘能力，薪酬必须达到某种最低水平
筛选和信号理论	薪酬政策向求职者传递了组织所看重的员工特质信息。求职者通过对自身所进行的投资向企业传递他们的特质信息，如能力	薪酬支付水平和薪酬支付方式将影响组织对求职者的吸引力、员工的甄选及工作过程中的内耗，最终也将影响组织劳动力的构成

资料来源：［美］乔治·米尔科维奇、杰里·纽曼、巴里·格哈特《薪酬管理》，成得礼译，中国人民大学出版社 2014 年版，第 162~164 页。

三、薪酬水平调整

1. 薪酬水平调整的含义

薪酬水平调整是指企业为了适应外部经济、政治、社会、文化、市场等因素的变化和内部组织结构、业务模式、人才结构等的变化，而对其薪酬水平进行调整，以应对企业内外部环境发展变化的过程。

2. 薪酬水平调整的影响因素

除了外部经济、政治、社会、文化、市场等影响因素外，企业内部还有如下五点影响因素。

（1）企业资金实力。企业具有较强的资金实力，可以对优秀人才实施较强的薪酬激励模式，采用市场领先型薪酬策略，对于员工的薪酬调整具有较大的容纳度和自由度；相反，如果资金实力不强，则会限制薪酬调整的空间。①

（2）企业经营状况。企业经营状况良好，具有优质资产和稳定的现金流、利润率，会对薪酬的调整起到正面的促进作用；反之，则相反。

（3）企业薪酬政策。企业是采用积极的薪酬政策，把多数盈利用来激励员工，还是采用消极的薪酬政策，把盈利进行资本积累用在企业经营发展方面，这对薪酬的调整也有很大的影响。

（4）企业文化。一个注重员工精神激励的公司在物质方面不一定会有很高的激励措施。如果员工更多的是需要物质上的激励，那么很可能会因为对公司薪酬调整措施不满而跳槽。

（5）员工的工作表现。这是最基本的薪酬调整影响因素。随着时间的推移，一个对组织做出较大贡献的员工往往会得到职务或职称的晋升，由此而得到较大的调整薪酬的机会；相反，如果员工工作业绩平平，调整薪酬的机会就比较小。

3. 薪酬水平调整的类型

（1）薪酬整体调整。薪酬整体调整是指公司根据国家政策和物价水平等宏观因素的变化、行业及地区竞争状况、企业发展战略变化、公司整体效益情况以及员工工龄和司龄变化，而对公司所有职位人员的薪酬水平进行的调整。②

薪酬整体调整就是整体调高或调低所有职位和任职者的薪酬水平，调整方式一般有三种：一是等比例调整。等比例调整是所有员工都在原工资基础上增长或降低同一百分比，工资高的员工调整额度大于工资低的员工，从激励效果来看，这种调整方法能对所有人产生相同的激励效用。二是等额式调整。等额式调整是不管员工原有工资高低，一律给予等额调整。三是综合调整。综合调整考虑了等比例调整和等额式调整的优点，同一职等职位调整幅度相同，不同职等职位调整幅度不同。一般情况下，高职等职位调整幅度大，低职等职位调整幅度小。在薪酬管理实践中，薪酬的整体调整是通过调整工资或津贴补贴项目来实现的。

特别提示：如果是因为物价上涨等因素增加薪酬，应该采用等额式调整，一般采取增加津贴补贴项目数额的方法；如果是因为外部竞争性以及公司效益进行调整，应该采用等比例调整法或综合调整法，一般都是通过调整职位工资来实现；如果是因为工龄（司龄）因素进行调整，一般采取等额式调整，对工龄（司龄）工资或津贴进行调整。

对于职位工资的调整，一般都是对每名员工职位工资调整固定的等级，以工资等级表的形式进行调整。一般情况下，不同等级员工职位工资调整大致符合等比例原则，同等级员工职位工资调整大致符合等比例原则或者等额原则。

---

① 参见王瑞永编著：《薪酬福利管理方法与工具》，中国劳动社会保障出版社 2014 年版，第 216 页。

② 参见刘艳红、张艳萍主编：《薪酬管理理论与实务》，电子工业出版社 2016 年版，第 121~123 页。

（2）薪酬部分调整。薪酬部分调整是指定期或不定期根据公司发展战略、公司效益、部门及个人业绩、人力资源市场价格变化、年终绩效考核情况，而对某一类职位的薪酬水平进行的调整，可以是某一部门，也可以是某一职位序列，抑或符合一定条件的员工。年末，人力资源部门根据公司效益、物价指数以及部门、个人绩效考核情况，提出职位工资调整方案，经公司讨论后实施。在一般情况下，个人绩效考核结果为员工职位工资调整的主要影响因素。对年终绩效考核结果优秀的员工，进行职位工资晋级激励；对年终绩效考核结果不合格的员工，可以进行职位工资降级处理。根据人力资源市场价格变化，可以调整某职位序列员工薪酬水平。薪酬调整可以通过调整职位工资，也可以通过增加奖金、津贴补贴等形式来实现。根据公司发展战略以及公司效益情况，可以调整某部门员工薪酬水平。薪酬调整一般不通过调整职位工资实现，因为那样容易引起其他部门内部不公平感，一般情况下是通过增加奖金、津贴补贴等形式来实现。

（3）薪酬个人调整。薪酬个人调整是由于个人职位变动、绩效考核或者为公司做出突出贡献，而给予职位工资等级的调整。员工职位变动或者试用期满正式任用后，要根据新职位进行工资等级确定；根据绩效管理制度，绩效考核优秀者可以晋升工资等级，绩效考核不合格者可以降低工资等级；对公司做出突出贡献者，可以给予晋级奖励。

【知识链接】

如何平衡新老员工薪酬倒挂问题①

新老员工薪酬倒挂产生的原因主要有两个：第一是薪酬水平长期得不到调整，老员工晋级不及时，但是社会招聘的新员工要按市场价格定薪酬。第二是即便企业薪酬水平能随外部市场水平及时调整，但是针对市场稀缺的人才，企业必须支付高于行业平均水平的工资才能招聘到新员工，所以仍然存在新老倒挂现象。

新老倒挂的危害主要是老员工感觉不公平，失去工作的动力。有时候能力高、工资低的老员工还要带能力低、工资高的新员工，一旦老员工知道自己工资低的事实，愤然辞职也有可能。但从另外一个角度来看，如果老员工不学习、不进步、工作懈怠、爱攀比抱怨，则老员工薪酬低是正常的。这种老员工并不适合组织发展，这时新老倒挂对公司是有利的。

解决新老员工薪酬倒挂的对策：

（1）在公司支付能力允许的情况下，可以在年终调薪时将新老员工薪酬调整为正常水平。

（2）如果不适合一次调整老员工的薪酬标准，可以在年终奖金方面予以倾斜，即平时工资发少了，用年终奖予以补偿。

（3）给予老员工更多晋升机会。

---

① 参见于彬彬：《HR 薪酬管理整体解决方案：共享价值分配新规则》，中国法制出版社 2018 年版，第 157 页。

（4）给予老员工更多的股权激励，这对老员工来说是一种弥补。

4. 薪酬水平调整的方法

薪酬水平调整是对工资实际数量的增加或减少。具体调整方法有以下三种。

（1）降低工资水平。工资增加一般是呈刚性上升式的，即工资标准随经济发展和物价水平上涨呈上升趋势。在一般情况下，同一职位的工资只升不降。所以当出现通货膨胀时，企业员工工资必然上涨。由于企业工资预算总额大大增加，造成了实行绩效工资的企业难以运转，因为工资成本大幅度上升，企业难以给绩效优秀者更多的奖励，其结果是绩效优秀者与绩效平平者收入差异微小，激励机制失效。一些经营业绩不佳的企业便在薪酬管理上采取短期和长期两种方式应付难关。短期措施有工资冻结、延缓提薪、暂停生活补贴等。长期措施有解雇一些高级管理人员或让他们提前退休；缩短假期，延长工作时间，降低福利标准或者减少福利项目；控制企业非经营性支出；调整奖金计划，将薪酬结构更多地与刺激性奖励联系起来，而不是与固定工资联系在一起。

（2）提高工资水平。具体方式有四种：一是奖励性调整。对绩效或贡献突出的员工予以加薪。二是生活指数调整。为了补偿物价上涨造成的实际收入水平下降，给全体员工加薪。三是效益性调整。因为企业效益上升而给全体员工加薪。四是工龄性调整。因为员工在本企业服务的年限增加了而予以加薪。

（3）工资指数化。工资指数化是指工资与物价挂钩。在工资表上，只列出等级工资的指数，实际工资的货币额等于工资指数乘以最低生活费，最低生活费则依物价的变动而变动。工资指数化的目的是消除市场经济条件下物价波动对员工工资水平的影响。对工资制度实行物价补偿的原则，根据物价指数的变动而相应调整工资，使工资的增长高于或至少不低于物价的上涨。

【案例链接】

某公司年度薪酬调整工作计划①

一、现状分析

（1）近几年来，社会平均工资持续上涨，本企业所在地平均工资已达3275元/月，较上一年增长14%，目前来看，本企业工资水平的竞争力较弱。

（2）从上一年度的工资及考核办法运行效果来看，与预期效果有一定差距，主要原因是绩效考核制度不完善，工作绩效与工资兑现脱节，对员工的激励效果不是太明显。

二、适用范围

除董事长、总经理及其他实行年薪制的人员以外的所有员工。

三、计划目标

① 参见王瑞永编著：《薪酬福利管理方法与工具》，中国劳动社会保障出版社2014年版，第220~221页。

为吸引并留住需要的人才，使关键员工的保有率达到95%，同时增强企业的薪酬竞争力。

四、薪酬总量调整

鉴于社会平均工资上涨，结合本企业实际情况，建议企业对薪酬总量予以适当增加。幅度为在本年度人工成本预算总量基础上增加13%左右。

五、调整重点

(1) 调整企业部分工作岗位的薪酬水平，提高薪酬的外部竞争力。

(2) 调整员工薪资构成比例，以体系岗位和职务为基础，坚持按贡献和绩效支付劳动报酬的原则。

(3) 简化企业和员工的薪酬等级，增强薪酬激励机制的弹性。

六、遵循原则

(1) 经济性原则。提高薪酬水平固然可增加企业薪酬竞争力和提高激励水平，但同时不可避免地导致企业人工成本增加，因此企业在薪酬设计时也要考虑其承受能力。

(2) 竞争性原则。企业薪酬要和同行竞争者保持一定的水平，达到吸引人才、保留人才的目的。

(3) 公平性原则。在薪酬调整过程中，要保持员工薪酬的公平性，按劳分配，既要保持薪酬的合理差距，也要保证整体薪酬水平的均衡。

七、计划实施

1. 薪酬水平调整

(1) 奖励性调整，主要是对业绩优良员工进行的奖励。薪酬水平调整以销售岗位奖金调整为例，见表6-3。

表6-3　奖励性调整实施标准

职称	奖金发放标准（万元）		奖金提取比例	
	调整前	调整后	调整前	调整后
高级销售工程师	100	120	15%	18%
销售工程师	70	90	12%	15%
销售代表	30	50	10%	12%

(2) 生活指数调整，主要用于补偿因通货膨胀等因素导致的员工实际收入的损失。根据实际情况，企业对员工工资进行相应的调整，其基本工资调整幅度为8%~15%。

(3) 效益性调整，当企业效益好时，对企业全体员工的薪酬进行整体调整；如果效益不好，再根据实际情况对薪酬进行调整。

(4) 工龄调整，在原有的基础上每年增加10%。

2. 岗位工资调整

(1) 岗位工资是员工薪酬的主体，根据每个岗位的要求制定相应的考核标准和考核办法，每半年或一年进行一次考核，依据考核情况调整兑现。

(2) 员工每年1月进行一次岗位工资层级调整，调整的主要依据是上一年度绩效考核成绩。层级调整包括层级晋升、层级不变和层级降低三种。凡年度绩效考核优秀者，岗位工资晋升一个层级；年度绩效考核有待改进者，岗位工资下降一个层级；年度绩效考核称职者，岗位工资层级不变。

八、薪酬调整后的反馈

在薪酬调整后，应及时反馈调整过的信息，及时发现并解决问题，确保达到预期效果。

第二节　薪酬调查

一、薪酬调查的含义

薪酬调查是指通过一系列标准、规范和专业的方法，对市场上各职位进行分类、汇总和统计分析，形成能够客观反映市场薪酬现状的调查报告，为企业提供薪酬设计方面的决策依据及参考。薪酬调查是薪酬设计中的重要组成部分，重点解决薪酬的对外竞争力和对内公平性问题，薪酬调查报告能够帮助企业达到个性化和有针对性地设计薪酬的目的。①

据统计，美国约93%的企业利用薪酬调查来确定薪酬水平，50%以上的企业认为进行薪酬调查是非常必要，也是非常重要的。②

二、薪酬调查的类型

薪酬调查种类繁多，按照调查主体划分，主要有政府部门、专业机构、网站媒体及企业自主进行的薪酬调查。③

1. 政府部门的非营利性薪酬调查

非营利性薪酬调查通常是由政府部门组织实施的，对全国范围内各行各业的薪酬水平进行调查，为社会提供薪酬水平、薪酬成本及有关薪酬的其他信息，主要目的是发挥政府的主观指导作用，促进劳动力市场的合理配置。

这类调查涉及的样本范围广、数量多，数据的准确性和权威性较高，大部分调查结果分类细致，分类标准涵盖地区、行业、岗位、企业类型、所有制、劳动者人口统计学信息等。除此之外，由于各地政府部门均执行相对统一的指标体系，其数据具有很强的可比性。政府部门一般会将调查结果以多种方式公布，企业和个人都可以无偿使用。政府薪酬调查的不足之处显而易见，主要体现为信息的有效性和及时性有所欠缺，数据有一定的延迟；往往只选取行业中高度标准化的基准工作，不能满足企业个

---

① 参见张正堂、刘宁编著：《薪酬管理》，北京大学出版社2016年版，第112页。

② 参见刘艳红、张艳萍主编：《薪酬管理理论与实务》，电子工业出版社2016年版，第77页。

③ 参见苏中兴主编：《薪酬管理》，中国人民大学出版社2019年版，第75~76页。

性化的薪酬信息需求。

2. 专业机构的营利性薪酬调查

怡安翰威特、美世等国际咨询公司是开展营利性薪酬调查的代表，国内的咨询公司和薪酬顾问公司也开展类似的薪酬调查。在调查形式上，它们一般采用国际通行的会员制，即与会员单位签订协议，会员单位按照咨询机构拟定的调查表提供本企业翔实的数据。这种薪酬调查的数据来源多为特定行业或地区的代表性企业，调查结论对于企业了解地区内和行业内特定职位的平均薪酬状况有较大的参考价值。调查内容除薪酬水平外，还可能包括股票期权、培训计划、医疗待遇等方面。与非营利性调查相比，管理咨询机构的营利性薪酬调查的最大优点在于，为组织提供同行业可比的薪酬信息和贴合实际的合理化建议。但这类调查的成本较高，而且调查指标定义不一，调查结果的可比性不高。例如关于年薪这个指标，既可以定义为货币收入与非货币收入之和，也可以仅定义为货币收入。

3. 网站媒体的营利性薪酬调查

随着网络技术的发展，网络薪酬调查成为一个重要的薪酬数据来源。国内目前较多的是人力资源服务业相关网站，如中华英才网、前程无忧、智联招聘等发起的薪酬调查。这类调查一般采用在线调查的方式，参与者以不记名的方式提交薪酬情况和年龄、学历、工作经验等与工作有关的信息，然后分享信息。这类调查的特点是贴近求职者，如行业平均薪酬水平排名榜，个人跳槽前后薪酬水平的比较等。但调查的专业性不强，对被调查者缺乏直接的指导，容易导致被调查者对指标的理解不一致。被调查者属于自愿参与，所获得的样本不能代表行业的平均水平，一些典型职位难以获得有效的数据。

4. 企业自主进行的市场薪酬调查

此类调查的针对性很强，有利于满足企业的个性化需要。这种方式适合有良好对外关系的企业。目前，很多企业构建了人力资源管理联盟，凭借自身的信用和承诺，定期交换人力资源相关信息，实现了信息的互通和共享。在我国薪酬调查系统和服务还不完善的前提下，企业间的相互调查无疑是简便、可靠和经济的。但在实际中，薪酬调查是一项非常烦琐的工作，需要花费大量的人力，大多数企业没有从事这项工作的合格员工。同时，有相当多的企业不愿把自己的薪酬信息透露给别的企业。

表 6-4 给出了几种薪酬调查方式的简单对比情况。

表 6-4　薪酬调查方式比较

薪酬调查方式	调查方法	获取成本	数据质量
政府部门调查	企业获得政府公布的数据	货币成本为零	有一定价值，但数据具有滞后性
专业协会调查	以成员企业的关键性职位为调查对象	除了会费，通常成本很小	数据质量因调查设计和实际参与者不同而相差很大
咨询公司调查	建立在广泛的数据调查的基础上	向咨询公司购买，成本较高	可靠性较高，一般会得到足够多的薪酬数据

续表

薪酬调查方式	调查方法	获取成本	数据质量
网络薪酬调查	参与者自愿在线填写问卷	不支付报酬或只向网站支付少量报酬	可靠性低，能够获得一些职位的薪酬数据
企业自主调查	凭借自身信用和承诺开展调查	时间成本高，货币成本较高	如果设计与实施合理，则数据非常精确且有针对性，价值高

【思政小贴士】

“没有调查，没有发言权”

“知彼知己者，百战不殆；不知彼而知己，一胜一负；不知彼，不知己，每战必殆。”①

1930 年 5 月，毛泽东同志在《反对本本主义》中，最早提出了“没有调查，没有发言权”②。这个著名的论断成为毛泽东思想的重要组成部分，也为党的实事求是思想路线的创立做出了巨大贡献。毛泽东阐述了调查研究的重要性和调查研究的基本方法。他认为调查研究是理论联系实际的中心环节，而调查研究的基本方法有三种：阶级分析方法是了解中国社会的基本方法，眼睛向下是进行调查研究的根本态度，开调查会是进行调查研究的基本形式。

三、薪酬调查的流程

（一）确定薪酬调查的目的

薪酬调查的目的一般有以下四个方面：制定薪酬标准，调整薪酬水平，制定薪酬预算，控制人工成本。不同企业、同一企业在不同阶段都存在不同的薪酬调查需求，薪酬调查的侧重点也不一样。③ 因此，企业在进行薪酬调查之前，需要思考以下几个方面的问题。

（1）员工对薪酬不满意的地方主要有哪些？

（2）流动性最大的岗位是什么？最难招到人才的岗位是什么？

（3）哪些岗位上的员工存在质量和效率问题？

（4）哪些新岗位在企业内部没有可参照的薪酬标准？

（5）企业的薪酬投入与产出比率存在问题吗？

---

① 《孙子兵法·谋攻篇》。

② 《毛泽东选集》第 1 卷，人民出版社 1991 年版，第 109 页。

③ 参见刘艳红、张艳萍主编：《薪酬管理理论与实务》，电子工业出版社 2016 年版，第 80~93 页。

（6）需要对企业整体薪酬水平还是对个别岗位薪酬水平进行调整？

（7）是想制定薪酬预算还是想控制人工成本？

对这些问题的思考和回答有利于企业明确调查的具体目的。

（二）确定薪酬调查的范围和对象

1. 界定相关劳动力市场

在进行薪酬调查之前，必须对企业薪酬所面临的环境进行分析，以界定企业薪酬调查的相关劳动力市场。相关劳动力市场主要包括三大类企业。

（1）从劳动力市场角度来看，与本企业从事相同工作或具备相似技能员工的企业。

（2）从产品市场角度来看，与本企业在相同或相似行业中竞争的企业。

（3）从地理位置角度来看，与本企业在同一地域范围内竞争员工的企业。

因此，通常企业会通过行业划分、产品市场和地理位置三个维度来界定劳动力市场，如表 6-5 所示。

表 6-5 特定岗位类型的薪酬调查中劳动力市场范围划分

	产品市场范围			
	所有行业	相关行业	特定行业	特定规模的特定企业
地方劳动力市场	岗位类别 A			
地区劳动力市场		岗位类别 B		岗位类别 E
全国性劳动力市场	岗位类别 C		岗位类别 D	
国际性劳动力市场				岗位类别 F

通常在任职资格条件增加、责任扩大，调查的地理范围也随之扩大时，管理职位和专业性很强的竞争范围可能涉及全国。其中，岗位类别 C 一般为企业所需的高新技术人才和高级管理岗位的复合型人才，如市场部总监、首席执行官（CEO）、首席财务官（CFO）等，这类人才流动性较大，适合进行全国性的薪酬调查。岗位类别 A 一般是低薪或无专长的普通工作岗位，如一般职员、生产工人等，在企业所在地调查就可以，前台等就属于 A 类岗位。

2. 确定调查企业

在明确了相关劳动力市场的基础上，还要确定参与薪酬调查的企业的类型与数量。调查时一般会选择行业内知名、具有代表性的公司，但也可以根据企业不同的薪酬策略来选定调查企业，如采用市场领先型薪酬策略的大企业一般仅和少数几个支付高薪酬的竞争对手比较，而采用跟随型薪酬策略的企业通常是调查 10~30 个有代表性的竞争对手。

3. 选择基准职位

企业不可能也不需要对所有的职位都进行调查，因此需要对不同企业中工作内容相似、工作价值相当的职位进行归类，从中选取有代表性的职位进行调查，并将这些职位的薪酬水平作为本企业薪酬水平的参照。这些有代表性的职位就是基准职位。这类职位的普遍特点是：工作内容众所周知、相对稳定；得到从事该职位员工的广泛认可；在被调查的大多数企业中大量存在并以类似的方式执行；能代表当前所研究的完整的职位结构，从高级、中级到低级；在劳动力市场上被广泛用来确定工资水平。

应该使用多少基准职位来进行调查没有统一的标准，企业可以根据自己的调查目的而定。如果是对某些关键职位或存在薪酬问题的职位进行调查，就只需要有针对性地选择这些类似的目标职位作为基准职位；如果是全面薪酬调查，通常可以选择企业全部职位的1/3左右，或15~50个（平均30个为宜）基准职位来进行调查。

（三）选择薪酬调查的方法

通常进行薪酬调查可使用的方法包括电话调查、个人访谈、问卷调查（包括纸质问卷和电子问卷）等。对企业来讲不同的调查方法成本、效率和质量大不一样。企业选用哪种调查方法受调查要求的期限、调查成本、数据要求的准确性、参加调查的公司数量和职位数量等因素影响。

1. 电话调查

电话调查通常是最迅速、成本最低的薪酬信息收集方式，一般用以获取有关工资政策、工资管理以及少数几个工作的工资信息等。其适合对相近职位进行简单信息的调查，调查结果的可靠性较低。

2. 个人访谈

个人访谈能获得最有效的薪酬信息，其最大的优点是可以获取关于被访谈者的高质量和深入的信息，信息的可信度和可靠度都很高，但成本高，样本量小。同时对调查者素质要求较高，调查者应该是经过训练、对被调查工作有一定了解的人，应具备较好的人际沟通技巧和能力，能取得被调查者的配合，很好地控制调查的进行。

3. 问卷调查

薪酬调查中最常用也是最有效的方法是问卷调查，这种方法具有调查面比较广、信息相对可靠和较为经济等特点。问卷调查法的关键在于设计一份适合的调查问卷。调查问卷所要涵盖的内容通常由具体调查内容的四个方面决定，即企业背景信息、企业薪酬政策、员工福利、具体工作资料。薪酬调查问卷除了要涵盖以上有关内容外，有时还需要做出更加详细的划分，如员工福利就包括养老金、医疗、住房、休假、交通、餐饮等，而且福利通常不是以现金形式发放给员工的，因而对于福利一般以单项福利标准为调查内容。

在设计调查问卷时，应注意一些技巧，包括问卷易读、易懂、易回答；多使用封闭性问题；每一个问题只针对一则信息提问；尽量使用现成的量表；语言尽可能准确、无歧义；为确保所有的调查参与者都能够理解调查内容，最好准备一份详细的问卷填写说明。

（四）薪酬调查数据分析

调查问卷收回来以后，需要尽快进行检查、核对等一系列的整理工作。整理好薪酬调查问卷后，收集统计结果，并对统计结果进行分析。数据分析方法一般包括频率分析、集中趋势分析、离散趋势分析等。

1. 频率分析

频率分析是最简单也是最直观的一种分析方法，即将所得到的与每一职位相对应的薪酬数据从高到低排列，然后看落入每一薪酬范围内的企业数量。哪一个薪酬范围内企业的数量越多，表示这个薪酬范围越接近目前市场的薪酬水平。

如果被调查单位没有给出某类职位完整的薪酬数据，就只能采集到某类职位的平均薪酬数据。在进行薪酬调整数据分析时，可以采取频率分析法，记录在各薪酬额度内各类企业职位平均薪酬水平出现的频率，从而了解某类职位人员薪酬的一般水平。

以北京市为例，对企业行政主管一职的薪酬调查数据进行频率分析之后，得到如表 6-6 所示的结果。

表 6-6　企业行政主管薪酬数据频率分析

薪酬浮动范围（元/月）	此范围内的企业数量（个）	薪酬浮动范围（元/月）	此范围内的企业数量（个）
4501～4750	0	5751～6000	6
4751～5000	1	6001～6250	7
5001～5250	2	6251～6500	2
5251～5500	4	6501～6750	1
5501～5750	5	6751～7000	1

从表 6-6 可以看出，该职位的主要薪酬浮动范围为 5251～6250 元/月，这也是大部分企业为其支付的薪酬范围。

2. 集中趋势分析

集中趋势分析是描述一组数据聚焦在某一中心点的程度，这个点代表一个职位典型的薪酬数据，通常用平均数和中位数来度量。以北京市为例，销售工程师一职的薪酬数据如表 6-7 所示。

表 6-7　销售工程师薪酬调查数据统计

公司代码	职位数（个）	平均工资（元/年）
A	5	60000
B	11	68000
C	30	62000
D	7	63000
E	16	61000
F	9	65000
G	26	66000

续表

公司代码	职位数（个）	平均工资（元/年）
H	8	69000
K	12	64000
L	8	67000
N	4	70000

平均数是应用得最多的反映集中趋势的指标，又可细分为简单平均数、加权平均数和中位数。

（1）简单平均数。简单平均数是一种最为常见的分析方法，将所有数据相加然后除以数据个数即可获得。这种方法操作起来比较简单，但极端值有可能会破坏结果的准确性，所以有些公司会首先使用频率分布将极端值剔除掉。当调查者所获得的数据不能全面代表行业或竞争对手的情况，或者因为一些重要的目标公司拒绝参与而导致数据不完善时，采用简单平均数的方法是最好的。在本例中，简单平均数为 65000 元［=（60000+68000+62000+…+70000）÷11］。企业可以利用简单平均数来判断销售工程师的薪酬水平是高于市场薪酬水平，还是低于市场薪酬水平。

（2）加权平均数。与简单平均数不同，在加权平均数中，不同企业的薪酬数据将会被赋予不同的权重。而权重的大小则取决于每一企业中在同种职位上工作的员工人数。本例中，薪酬的加权平均值为 64426.47 元［≈（5×60000+11×68000+…+4×70000）÷136］。采用这种方法求得的最终结果比简单平均数更为科学。在调查结果基本上能代表行业总体状况的情况下，加权平均数的分析结果是最好的，因为经过加权的平均数比较接近劳动力市场的真实状况。

（3）中位数。中位数是指把所有数据从小到大进行排列后，位于数据中点位置的数值。当样本数为奇数时，中位数为第（N+1）/2 处；当样本数是偶数时，中位数为第N/2和 N/2+1 个数的平均数。本例中，样本数共计 136 个，其中位数应为第 68 和第 69 个数的平均数，如表 6-8 所示，即中位数为 64000。

表 6-8　销售工程师薪酬调查数据中位数

公司代码	职位数（个）	平均工资（元/年）
A	5	60000
E	16	61000
C	30	62000
D	7	63000
K	12	64000（中位数）
F	9	65000
G	26	66000

续表

公司代码	职位数（个）	平均工资（元/年）
L	8	67000
B	11	68000
H	8	69000
N	4	70000

3. 离散趋势分析

离散趋势分析是用来描述一组数据的分散程度的。在薪酬调查分析中运用离散趋势分析是为了分析公司薪酬与市场薪酬水平之间的差异。描述离散趋势的指标主要有标准差、四分位和百分位。

（1）标准差。标准差是指每一个薪酬数据和平均薪酬水平之差平方的平均数的平方根。用平均值加减标准差，还可以用来判断本企业的薪酬范围是否接近市场薪酬范围。标准差具体的计算方法如下：

$$SD = \sqrt{\frac{1}{n-1}\sum_{i=1}^{n}(x_i - \bar{M})^2}$$

式中，SD——标准差；x_i——薪酬调查数据；$\bar{M}$——薪酬调查数据的平均值。下面我们将通过表 6-9 来学习离散趋势分析。

表 6-9　销售助理薪酬调查数据

公司代码	职位数（个）	平均工资（元/年）
A	5	26500
B	16	31000
C	30	23000
D	7	34500
E	12	32000
F	9	28000
G	26	25000
H	8	25500
I	11	29000
J	8	30500
K	4	24500

以表 6-9 为例，SD 为 3595 元，它反映了员工工资“高于”或“低于”平均值对市场来说是不是“典型”。比如，员工工资为 23000 元/年时，比市场平均水平低 5136 元/年，高出标准差很多，说明该数据比典型数据和平均数之间的差距大很多。员工的

工资是31000元/年时，比市场平均水平高出2864元/年，与标准差3595元/年相差不多，说明这个数据和典型数据相当。

通过标准差，我们还可以知道大多数公司薪酬的范围在24541~31731元/年，排除其他因素，高于这个范围的公司将容易吸引到优秀人才，如公司E、D；反之，将很难留住人才或吸引到人才，如公司C、K。

（2）四分位。四分位是将所有的薪酬数据从小到大排列，以25%、50%、75%三个百分比将这些数值分为四组，第1个四分位数的薪酬数据位于最低的25%范围内，常用25P表示；第2个四分位数的薪酬数据位于25%~50%，常用50P表示；第3个四分数的薪酬数据位于50%~75%，常用75P表示；第4个四分位数的薪酬高于均值，在薪酬数据中位于75%以上，常用100P表示。

（3）百分位。百分位是把薪酬数据按百分比划分，所代表的是有百分之多少的公司的薪酬水平低于位于该百分位上的公司的薪酬水平。较为重要的一般是位于整数百分比（如10%）处的数据。在百分位分析法中，第50个百分位是中间值。百分位分析在企业的薪酬水平战略定位中是最常用的，因为它提示了本企业的薪酬水平在劳动力市场上的地位。

企业可以将薪酬调查数据和统计分析结果在统一的分析表中进行展示，以方便了解同一职位在不同企业中的不同薪酬水平和不同企业采用的不同薪酬结构（见表6-10）。

表6-10　薪酬分位数

薪酬水平（元/年）	分位数
23000	
23000	第10个百分位数
23000	
24500	
24500	
25000	第1个四分位数（25P）
25000	
25500	
25500	
26500	
26500	
28000	第2个四分位数（50P）（中位数）
28000	
29000	
29000	
30500	

续表

薪酬水平（元/年）	分位数
30500	
31000	第 3 个四分位数（75P）
31000	
32000	
32000	
34500	第 90 个百分位数
34500	第 4 个四分位数（100P）

将所有职位薪酬水平的 75P（中上值）和 25P（中下值）从高到低排序，然后分别连接起来，就可以得到一张反映所有基准职位的市场薪酬水平图。在图中加上本企业自身的薪酬中值线，就可以直观地了解到在不同的岗位上企业薪酬水平的相对市场位置，或高于市场水平，或与市场水平持平，或低于市场水平。

（五）提交薪酬调查报告

薪酬调查报告分为综合性分析报告和专项性分析报告两种。综合性分析报告是对薪酬调查涵盖地区不同性质、规模、行业领域的企业的薪酬与福利数据进行综合分析与统计处理，全面反映被调查地区企业薪酬与福利现状的全貌。专项性报告是根据企业需要，从参加薪酬调查的公司中选择一定数量具有可比性的公司，经过数据分析处理，获得针对性、指导性更强的专项薪酬报告。这两种报告对企业制定薪酬策略都具有重要的参考价值。

薪酬调查报告通常包括：（1）宏观经济、政策背景信息；（2）被调查企业背景资料；（3）职位薪酬福利水平、结构分析，即汇报每个职位的样本量，并提供每个职位在各薪酬福利项目上详细的数据分析结果，如 25P、50P、75P 以及平均值等数据；（4）其他信息，如专有名词解释、专业工具（职位等级评估工具、调研结果查询工具）简介等。

【案例链接】

海南省 2020 年企业薪酬调查报告①

本报告是在调查海南省不同行业、规模的 2500 户企业、164868 名职工的 2020 年度人工成本和工资数据的基础上，进行统计、汇总和分析后形成的。其中，中类企业

① 参见海南省人力资源和社会保障厅：《海南省 2020 年企业薪酬调查信息》，2021 年 11 月 26 日，https：//hrss. hainan. gov. cn/hrss/ttxw/202111/6b47976085ee45ffbe8a71abd 8cbd80f. shtml。

不同职业的从业人员工资价位可以分为10分位、25分位、50分位、75分位和90分位。分位越低，所代表的工资水平越低，如表6-11所示。

表6-11 分职业中类企业从业人员工资价位（节选）

序号	职业	分位值（元/年）				
		10分位	25分位	50分位	75分位	90分位
1	企事业单位负责人	42463	58059	87564	154846	269970
2	科学研究人员	31315	49814	60523	89916	149635
3	工程技术人员	37643	49000	66401	103234	158349
4	农业技术人员	37406	41732	54373	70445	95072
5	飞机和船舶技术人员	76793	130724	217363	329576	466344
6	卫生专业技术人员	34585	41400	59800	88055	141805
7	经济和金融专业人员	38400	51205	88574	140839	206758
8	法律、社会和宗教专业人员	27274	41273	61978	97946	139944
9	教学人员	26400	33745	45458	57463	76400
10	文学艺术、体育专业人员	31806	37391	45038	59996	80687
11	新闻出版、文化专业人员	41971	57613	84685	102161	134177
12	批发与零售服务人员	29490	36000	47148	70440	107445
13	交通运输、仓储和邮政业服务人员	38013	50078	68360	88502	110628
14	住宿和餐饮服务人员	25845	31056	38400	50510	67322
15	信息传输、软件和信息技术服务人员	42587	53230	71210	95601	127234
16	金融服务人员	57618	81210	112370	164990	235089
17	房地产服务人员	24089	30011	43543	64100	102400
18	租赁和商务服务人员	25200	30000	37100	50294	65769
19	居民服务人员	22800	29000	37233	48769	64176
20	电力、燃气及水供应服务人员	37646	51111	67874	80192	100000
21	修理及制作服务人员	32651	40800	55189	74557	100214
22	文化、体育和娱乐服务人员	25638	32889	42900	56001	64700
23	食品、饮料生产加工人员	27246	34098	41583	60579	95103
24	纺织品、服装和皮革、毛皮制品加工制作人员	26514	29777	30000	34575	37484
25	木材加工、家具与木制品制作人员	22535	25621	34701	49932	58935
26	化学原料和化学制品制造人员	36004	40641	54042	68875	82473
27	机械制造基础加工人员	28494	33185	56695	88422	105135

续表

序号	职业	分位值（元/年）				
		10 分位	25 分位	50 分位	75 分位	90 分位
28	电气机械和器材制造人员	53637	57864	65351	87768	95868
29	建筑施工人员	36556	47712	58130	81392	102919
30	运输设备和通用工程机械操作人员及有关人员	42949	49734	58529	83187	129614
31	生产辅助人员	30000	38013	48009	65407	89342
32	其他生产制造及有关人员	27535	37195	44400	55113	73645

注：工资价位是指企业从业人员在报告期内的工资水平，包括基本工资、奖金、津贴和补贴、加班加点工资和特殊情况下支付的工资等。它在一定程度上体现了劳动力市场价格水平。

本次调查的岗位主要分为管理类、技术类和技能类三大类。不同岗位等级的从业人员的工资价位如表 6-12 所示。

表 6-12　分岗位等级企业从业人员工资价位

岗位等级		分位值（元/年）				
		10 分位	25 分位	50 分位	75 分位	90 分位
管理类	高层管理岗	55302	72000	112835	211205	393993
	中层管理岗	44355	59558	89119	150517	260000
	基层管理岗	36736	47904	69728	111034	191667
	管理类员工岗	30624	37920	51500	76999	118831
技术类	高级职称	50051	75311	128087	229169	323416
	中级职称	45436	63613	104352	152048	218161
	初级职称	36655	47400	67650	112359	168223
技能类	高级技师	63780	76955	101783	126554	153401
	技师	55833	73754	87913	110553	132320
	高级技能	48663	68000	86467	103004	127724
	中级技能	42606	58050	76931	92591	127330
	初级技能	30399	39045	54488	84495	124512

四、薪酬调查应注意的事项

1. 企业薪酬调查时间的选择

薪酬调查不是一朝一夕就能完成的，它需要投入大量的人员、时间和精力，而且如果委托调查公司，还需要支付一定的费用，所以企业往往不会轻易引入薪酬调查。一般只有在以下三种情况时才应考虑引入薪酬调查。

（1）在每年进行薪酬调整的时候。

（2）企业产生新的岗位时。

（3）遇到特定的问题时，如出现高流失率。

2. 对职位的描述是否清晰准确

企业在进行薪酬调查时，必须对所调查的职位进行清晰准确的描述。在进行薪酬调查时，一定要注意对所调查的职位进行职位描述，有职位描述的调查结果要比没有职位描述的调查结果准确可靠得多，因为同样的职位名称在不同企业中工作内容可能差别很大。尤其是国内的企业职位行政体系比较混乱，同样是办公室主任，在有的企业可能实际从事的是后勤、保安等工作，而在有的企业实际从事的可能还有人事工作。

3. 职位层级是否清晰

企业在进行薪酬调查时，一定要对职位层级进行说明，因为某些职位族可能会包括不同层级的职位，比如人力资源职位族就可能包括人力资源总监、人力资源经理、人力资源主管、人力资源专员、人力资源助理等。如果薪酬调查所包括的职位层级与公司的职位层级不完全一致，应与咨询公司协商来确定每一层级职位的薪酬水平。

4. 劳动力市场的界定是否合适

劳动力市场过宽或过窄，数据都不具有代表性，所以企业在进行薪酬调查时还应注意明确薪酬调查的地域和行业。通常，对于一般技术人员类的低层级职位而言，所调查的区域应该是和公司在地理位置上比较接近的地方；对于市场部经理等中高级职位而言，所调查的区域应该更大；对于高级管理人员的薪酬情况，则最好进行全国性的调查；对于特定行业的特定职位，如同声传译等，可进行全球范围的薪酬调查。

5. 了解数据搜集的方法

数据搜集是薪酬调查中重要的一环。采用不同数据搜集方法会得到不同的结果。不管采用什么样的数据搜集方法，都应在调查报告中附上调查问卷或者调查提纲。

6. 注意数据是否最新

薪酬调查不是一朝一夕就能完成的，从调查的策划、实施、数据处理到最后得出薪酬调查结果，需要一段时间。时间越长，受外界环境变化的影响就越大，数据的有效性就越值得怀疑，尤其是那些薪酬变化受外界影响较大的职位。因此，在进行薪酬调查时，必须注意调查时间的合理分配，以使企业得到效果更为理想的数据。

【案例链接】

内部薪酬满意度调查实用范本①

1. 您对自己目前的薪酬水平（　　）。

A. 非常满意　　B. 比较满意　　C. 一般　　D. 不满意　　E. 非常不满意

如果选择 D 或 E，请具体说明原因________________________________

① 参见王瑞永编著：《薪酬福利管理方法与工具》，中国劳动社会保障出版社 2014 年版，第 86~87 页。

2. 以下关于薪酬与工作的关系，哪个最接近您的观点（　　）。
A. 通过工作我感到生活充实并获得合理的薪酬回报
B. 我工作的基本目的就是挣一份工资
C. 干什么工作都是次要的，只要有钱赚
D. 给我多少钱，我就干多少活
E. 没有钱什么也别谈
3. 以下关于薪酬与生活的关系，哪个最接近您的实际情况（　　）。
A. 因为薪酬很高，自己的生活过得非常富裕
B. 目前的薪酬除维持基本生活外，有一定的节余
C. A 和 B 之间
D. 目前的薪酬只能维持最基本的生活开支
E. 因为目前的薪酬太低，自己过得非常贫苦
如有其他叙述，可写出＿＿＿＿＿＿＿＿＿＿＿＿＿＿＿＿＿＿＿＿
4. 您认为现有的薪酬制度公平吗？（　　）
A. 非常公平　　B. 比较公平　　C. 一般　　D. 不公平　　E. 非常不公平
如果选择 D 或 E，请具体说明原因＿＿＿＿＿＿＿＿＿＿＿＿＿＿＿＿
5. 您的努力工作在工资中有明显的回报吗？（　　）
A. 一定有　　B. 可能有　　C. 不确定　D. 没有　　E. 完全没有
如果选择 D 或 E，请简要写明理由或感受＿＿＿＿＿＿＿＿＿＿＿＿＿＿
6. 您认为与同行业其他公司相比，本公司的薪酬（　　）。
A. 很高　　B. 比较高　　C. 差不多　D. 偏低　　E. 很低
7. 与本部门相似资历的员工相比，您对自己的薪酬水平（　　）。
A. 相当满意　　B. 比较满意　　C. 差不多　D. 比较不满意　E. 非常不满意
8. 您对公司目前的福利状况（　　）。
A. 非常满意　　B. 比较满意　　C. 一般　　D. 不满意　　E. 非常不满意
如果选择 D 或 E，请简要写明理由或感受＿＿＿＿＿＿＿＿＿＿＿＿＿＿
9. 您认为目前本公司主管级人员的薪酬相比普通员工来说（　　）。
A. 太高　　B. 偏高　　C. 合理　　D. 偏低　　E. 太低
10. 您认为目前本公司经理级人员的薪酬相比普通员工来说（　　）。
A. 太高　　B. 偏高　　C. 合理　　D. 偏低　　E. 太低
11. 您认为薪酬保密好还是透明好（　　）。
A. 保密　　B. 无所谓　　C. 透明
12. 您觉得公司大部分员工的辞职（　　）。
A. 由薪酬直接导致　　B. 和薪酬有一定的关系　　C. 不明确
D. 与薪酬关系不大　　E. 绝对与薪酬无关
13. 您认为本公司的薪酬结构中最不合理的部分是（　　）。
A. 基本工资　　B. 福利　　C. 电话补助　　D. 工龄　　E. 车油补助
F. 出差补助
请简要说明理由＿＿＿＿＿＿＿＿＿＿＿＿＿＿＿＿＿＿＿＿＿＿＿＿
14. 您认为目前的薪酬制度对员工的激励（　　）。

A. 很好　　B. 较好　　C. 一般　　D. 较差　　E. 非常差

15. 您认为多长时间调整一次薪酬比较合理（　　）。

A. 三个月　　B. 半年　　C. 一年　　D. 两年　　E. 两年以上

16. 您认为决定工资最重要的因素是（请按顺序列出前五位）（　　）。

A. 个人业绩　　B. 个人能力　　C. 学历　　D. 资历　　E. 职位高低

F. 专业　　G. 工作复杂程度　　H. 工作中承担的责任和风险

17. 结合自己的岗位及贡献度，您理想的待遇是________元/月。

18. 和公司其他同职位的人相比，自己的工资（　　）。

A. 非常高　　B. 较高　　C. 一般　　D. 较低　　E. 非常低

如果选择D或E，请简要写明理由或感受________________

19. 您觉得目前的工资就是您个人价值的体现吗？（　　）

A. 肯定　　B. 应该是　　C. 不确定　　D. 不是　　E. 绝对不是

如果选择D或E，请简要写明理由或感受________________

20. 您对目前公司薪酬制度对人才吸引性的评价是（　　）。

A. 非常吸引　　B. 较吸引　　C. 一般　　D. 不够吸引　　E. 几乎没有吸引力

如果选择D或E，请简要写明理由或感受________________

21. 您对目前公司薪酬制度公正性和公平性的评价是（　　）。

A. 非常公正和公平　　B. 较公正和公平　　C. 不确定

D. 不够公正和公平　　E. 完全不够公正和公平

如果选择D或E，请简要写明理由或感受________________

22. 您认为您的薪酬与您的职位（　　）。

A. 非常相称　　B. 基本相称　　C. 不确定　　D. 不相称　　E. 非常不相称

如果选择D或E，请简要写明理由或感受________________

23. 您认为公司员工的工资层级差别（　　）。

A. 有一定的层级差别，很合理　　B. 有一定的层级差别，比较合理

C. 不确定　　D. 层级差别过大（小），不太合理

E. 层级差别非常大（小），非常不合理

非常感谢您完成了这份调查问卷！

第三节　实操案例：WQ 工业园区企业薪酬调查报告[①]

一、WQ 工业园区企业薪酬调查

1. WQ 工业园区简介

WQ 工业园区始建于 2014 年 7 月，规划面积 61.5 平方千米。建设单位坚持以规划建设为基础、以招商为重点、以项目为中心、以服务为根本的方针，扎实工作，工业园区建设初具规模。同时，坚持“多予少取”的方针，认真清理园区的各项行政性收费，力求将园区建设成无收费园区。该园区还把服务和效率作为招商工作的中心环节，逐步建立起了项目一站式联合审批制度，为投资者提供宽松、优良、高效、满意的投资环境。

WQ 工业园区从 2014 年至 2018 年年底共完成固定资产投资 5.7 亿元，其中基础设施投入 1.07 亿元，约占总投资的 18.8%。目前已完成入驻项目配套的道路 21 千米、供电 55.024 千米、供水 5.5 千米、排水管网 15 千米、排污明渠 7.6 千米、道路绿化 83.3 平方千米、16 吨蒸汽锅炉供热站 1 座等基础配套设施建设。WQ 工业园区实施了“一区多园”的战略布局，将园区分为北、东两区。北工业园区占地面积为 34.5 平方千米，东工业园区占地面积为 27 平方千米，其中北工业园区主要接纳对环境影响较小的投资项目，重点发展技术、资金、劳动密集型产业；东工业园区重点发展以煤化工为主导、经济带动力强的化工、造纸、印刷等产业。此外，还根据该地区资源环境，在园区内大力发展绿色食品加工、煤化工、能源基础工业、制药、建材及新材料加工等产业。

2020 年，工业园区实现产值 3.76 亿元，增长 5.3%，全年实现建筑施工产值 8.97 亿元，比 2019 年增长 49.1%。实现建筑业增加值 2.61 亿元，比 2019 年增长 9.5%。完成施工面积 38.79 万平方米，增长 24.8%。

2. 薪酬调查的对象

本案例所调查的企业主要为 WQ 工业园区的企业，总共选取了 6 家比较有规模的企业，包括 3 家内地企业和 3 家山东本地企业，企业以生产制造业的民营企业为主，企业规模基本相同，以中小型企业为主。

3. 确定调查内容

调查的主要内容包括工业园区企业的薪酬结构、奖金、福利、员工福利满意度以及薪酬与员工离职的关系等。为了方便对工业园区企业员工薪酬进行对比分析，我们

---

① 参见张霞、胡建元、王一帆编著：《薪酬设计与薪酬管理案例教程》，东北财经大学出版社 2017 年版，第 202～216 页。本书采用时进行了一定的改动。

选取了车间普工、车间技工、车间管理人员、办公室基层员工这4个普遍性岗位进行薪酬调查分析，对比山东本地企业和内地企业薪酬差异。通过对各个岗位的调查和了解，我们总结了6家企业的岗位类别和职位描述（见表6-13）。

表6-13　工业园区企业岗位概述

岗位	岗位类别	职位描述
车间普工	操作工、一线员工等	完成生产中心生产车间的日常工作，按时交货，做到原料、电费、低值易耗品、人员成本的节省。协助车间经理完成公司下达给生产车间的考核指标和各项工作任务
车间技工	焊工、电工、维修工等	中专以上学历，有工作经验者优先，主要负责车间机器维修、现场运作管理，进行技术指导
车间管理人员	车间班长、师傅、车间主任	搞好生产计划管理、生产调度、全面质量管理以及安全生产等工作
办公室基层员工	办公室文员	大专及以上学历，主要负责文件整理、会议记录、档案管理等
	会计	大专及以上学历，主要负责公司现金的日常管理及收付，银行账户的日常结算，账目的及时清理，现金、印章、支票的保管等

4. 实施调查

此次调查共发放问卷175份，回收问卷161份。样本分布见表6-14。

表6-14　选取的样本容量及其分布

		频数	占比
山东本地企业	企业1	36	22.36%
	企业2	23	14.29%
	企业3	22	13.66%
内地企业	企业4	18	11.18%
	企业5	27	16.77%
	企业6	35	21.74%
总计		161	100%

5. 分析调查结果

（1）工业园区企业平均薪酬频数分布。由表6-15和表6-16可知，工业园区山东本地企业和内地企业的薪酬大都集中在2000～3999元/月，平均值为3100元/月，最高值与最低值差距较大。

表 6-15　工业园区企业员工平均薪酬频数分布

员工月平均薪酬	频数
2000 元/月以下	8
2000~2999 元/月	62
3000~3999 元/月	73
4000~4999 元/月	11
5000 元/月及以上	7

表 6-16　工业园区企业员工平均薪酬的总体状况

员工月平均薪酬水平	员工月平均薪酬（元/月）
最高值	6000
最低值	1600
平均值	3100

（2）不同岗位员工平均薪酬的调查状况。工业园区企业薪酬平均值最高的为车间技工，最低的为办公室基层人员。其中，车间普工薪酬平均值为 2981 元/月，车间技工为 4115.4 元/月，车间管理人员为 3595.2 元/月，办公室基层员工为 2714.3 元/月。

（3）不同规模企业员工平均薪酬的调查状况。如表 6-17 所示，100~299 人规模企业的员工平均薪酬主要集中在 2000~2999 元/月，500 人及以上规模企业的员工平均薪酬集中在 3000~3999 元/月。

表 6-17　工业园区不同规模企业员工平均薪酬的调查状况

	100 人以下	100~299 人	300~499 人	500 人及以上
2000 元/月以下	2	4	0	2
2000~2999 元/月	9	33	0	20
3000~3999 元/月	4	29	0	40
4000~4999 元/月	2	3	0	6
5000 元/月以上	1	3	0	3

薪酬的平均值随着企业员工规模的扩大而增加。100 人以下规模企业的薪酬平均值为 2916.7 元/月，100~299 人规模企业的薪酬平均值为 3055.6 元/月，500 人及以上规模企业的薪酬平均值为 3331 元/月。

（4）不同营业额企业员工平均薪酬的调查状况。由表 6-18 得出，300 万~3000 万元（不含 3000 万元）营业额的企业的薪酬平均值主要集中在 2000~2999 元/月，3000 万元及以上营业额的企业的薪酬平均值主要集中在 3000~3999 元。

表 6-18 工业园区不同营业额企业员工平均薪酬的调查状况

	300 万元以下	300 万~1000 万元（不含 1000 万元）	1000 万~3000 万元（不含 3000 万元）	3000 万元及以上
2000 元/月以下	0	3	3	2
2000~2999 元/月	0	11	6	45
3000~3999 元/月	0	8	5	60
4000~4999 元/月	0	1	3	7
5000 元/月及以上	0	0	1	6

企业员工的平均薪酬随着企业营业额的增加而增加。300 万~1000 万元（不含 1000 万元）营业额企业的员工薪酬平均值为 2804. 3 元/月，1000 万~3000 万元（不含 3000 万元）营业额企业的员工薪酬平均值为 3111. 1 元/月，3000 万元及以上营业额企业的员工薪酬平均值为 3196. 7 元/月。所以，营业额较高的企业员工的薪酬平均值也较高。

（5）不同学历员工平均薪酬的调查状况。由表 6-19 可知，工业园区企业员工的学历主要集中在高中，主要原因是工业园区的企业大多为生产制造型企业，对员工学历要求不是很高，而且随着员工学历的增高，员工的平均工资也是不断增加的。初中及以下学历的员工薪酬平均值为 2619 元/月，高中学历的员工薪酬平均值为 3161. 5 元/月，大中专学历的员工薪酬平均值为 3530. 3 元/月，本科及以上学历的员工薪酬平均值为 3595. 2 元/月。

表 6-19 工业园区不同学历员工平均薪酬的调查状况

	初中及以下	高中	大中专	本科及以上
2000 元/月以下	6	2	0	0
2000~2999 元/月	23	22	9	8
3000~3999 元/月	12	38	17	6
4000~4999 元/月	1	2	4	4
5000 元/月及以上	0	1	3	3

二、基于薪酬调查的 WQ 工业园区企业的薪酬比较

1. 薪酬的构成及比例

由表 6-20 和表 6-21 可知，工业园区山东本地企业和内地企业的薪酬构成相差无几。在薪酬的比例中，车间员工以变动薪酬为主，办公室员工以固定薪酬为主，所有企业薪酬调整的频率都是不定期的，主要是因为企业的薪酬制度尚不健全。

表 6-20　工业园区内地企业薪酬的构成及比例

企业	岗位	薪酬构成	薪酬比例	薪酬调整频率
企业 1	车间员工	计件工资+三险+加班工资+全勤奖+工龄工资	全部变动	不定期
	办公室员工	岗位工资+绩效工资+三险+全勤奖+工龄工资	固定（80%） 变动（20%）	
企业 2	车间员工	计件工资+三险+加班工资+全勤奖+季度奖	全部变动	不定期
	办公室员工	岗位工资+绩效工资+三险+全勤奖+电话补贴	固定（70%） 变动（30%）	
企业 3	车间员工	计件工资+五险+工龄工资+年终奖+伙食补贴+交通补贴	全部变动	不定期
	办公室员工	岗位工资+绩效工资+五险+工龄工资+年终奖+伙食补贴+交通补贴	固定（80%） 变动（20%）	

表 6-21　工业园区山东本地企业薪酬的构成及比例

企业	岗位	薪酬构成	薪酬比例	薪酬调整频率
企业 4	车间员工	计件工资+三险+加班工资+全勤奖+工龄工资+补贴	全部变动	不定期
	办公室员工	岗位工资+绩效工资+三险+加班工资+工龄工资+全勤奖+补贴	固定（70%） 变动（30%）	
企业 5	车间员工	计件工资+三险+加班工资+月度（季度）奖+全勤奖+伙食补贴	全部变动	不定期
	办公室员工	基本工资+绩效工资+三险+加班工资+奖金+伙食补贴+电话补贴	固定（80%） 变动（20%）	
企业 6	车间员工	计件工资+五险+工龄工资+补贴+全勤奖	全部变动	不定期
	办公室员工	岗位工资+绩效工资+五险+工龄工资+全勤奖+补贴	固定（80%） 变动（20%）	

2. 薪酬水平

工业园区内地企业与山东本地企业员工平均薪酬频数分布如表 6-22 所示。工业园区内地企业的平均薪酬水平为 3300 元/月，山东本地企业的平均薪酬水平为 3043. 2 元/月，前者要比后者高出约 8. 4%。

表 6-22　内地企业与山东本地企业员工平均薪酬频数分布

	内地企业	山东本地企业
2000 元/月以下	3	5
2000~2999 元/月	26	36
3000~3999 元/月	40	33
4000~4999 元/月	6	5
5000 元/月及以上	5	2

3. 奖金支付

通过调查发现，山东本地企业的奖金形式比内地企业更丰富，主要是由于内地企业进驻工业园区时间较短，企业的薪酬制度还不够完善，奖金形式少，而山东本地企业虽然规模小，但是在工业园区的发展时间较长，薪酬制度比较完善（见表 6-23）。在对企业奖金支付形式的调查中还发现，全勤奖、计件工资基本大多数企业都有，可见工业园区企业基层车间员工比较多，企业更加重视车间生产和员工工作效率。

表 6-23　内地企业与山东本地企业员工奖金支付形式及比例

奖金支付形式	内地企业	山东本地企业
全勤奖	100%	100%
月度（季度）奖	0	61.30%
计件工资	93.70%	92.40%
分红	0	0
个人突出贡献奖	23.70%	55.50%
年终奖	43.70%	68.70%
其他	57.70%	38.40%

4. 员工福利

通过调查发现，法定福利企业都有所涉及，但是大多数企业只给员工缴纳三险，对员工的保障还很欠缺；所有企业都对员工进行培训，可见企业比较重视员工的工作能力和经验（见表 6-24）。但是在调查中还发现，内地企业的福利形式比较多，福利机制相比山东本地企业更加健全，主要原因是工业园区所有企业都面临招工难的问题，其中内地企业的员工大多数来自省外，员工对福利的要求比较高，企业需要提供食宿，给予一定的交通补贴；而山东本地企业员工大多来自本地，员工居住地离工作地点比较近，所以企业基本不提供住房补贴等福利。

表 6-24　内地企业与山东本地企业员工福利形式及比例

员工福利形式	内地企业	山东本地企业
五险或三险	100%	100%
员工培训	100%	100%
体检	0	0
交通补贴	56.30%	22.20%
伙食补贴	43.80%	25.40%
住房补贴	40.30%	0
电话补贴	6.25%	3.70%
服装补贴	77.50%	44.40%
特困补贴	0	0
其他	30.70%	14.60%

5. 员工福利满意度

从样本数据发现，山东本地企业与内地企业的员工福利满意度的差异主要体现在不太满意上（见图 6-7）。山东本地企业有 38%的员工不太满意企业福利待遇，主要原因是内地企业的福利形式多于山东本地企业。内地企业有 25%的员工不太满意企业福利待遇，主要原因是企业进驻该地区时间不长，薪酬体制不完善，而且员工对企业薪酬的认同感不强。

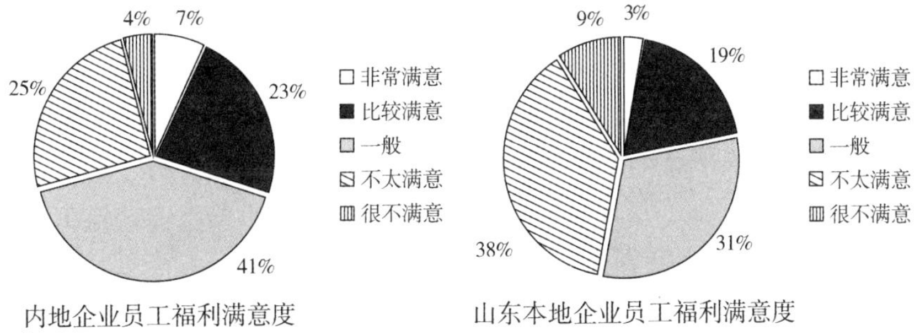

图 6-7　工业园区内地企业与山东本地企业员工福利满意度对比

6. 薪酬与员工离职

无论是内地企业还是山东本地企业，大多数员工认为员工离职和薪酬有一定的关系，只有少部分员工不确定或者认为二者关系不大。山东本地企业员工认为二者有一定关系的占 65.43%，主要原因是山东本地企业薪资水平低于内地企业导致部分员工流失。内地企业员工认为二者有一定关系的占 75.27%，主要原因是内地企业污染较严重，劳动强度较大，但薪酬并未有所体现，导致大量员工流失。

三、WQ 工业园区山东本地企业薪酬管理的不足

1. 薪酬水平方面的不足

（1）薪酬缺乏内部一致性。在山东本地企业的薪酬满意度调查中，被调查员工在回答“您对自己努力付出与工资回报二者公平性的感受”时，有 46%的人认为不公平或非常不公平（见图 6-8）。这个问题反映了员工的自我公平感，与工作的付出相比，只有 38%的员工感到基本公平或非常公平。

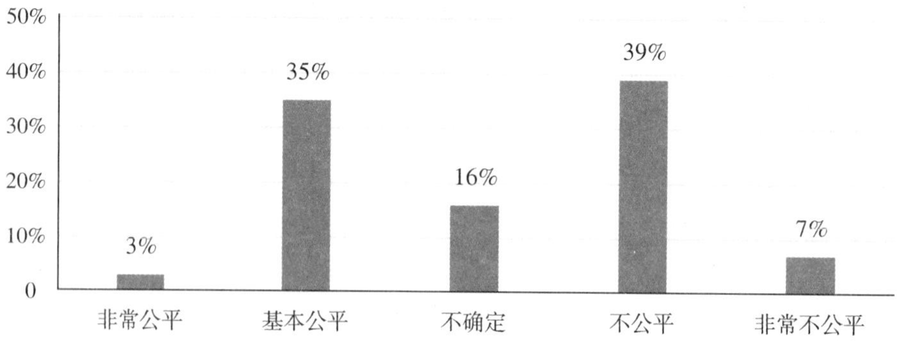

图 6-8 山东本地企业薪酬公平性

（2）薪酬水平缺乏外部竞争性。由于工业园区的进一步扩大，进驻企业的数量不断增加，加上进驻企业资金雄厚、规模较大，内地企业工资水平相对于山东本地企业占有优势，所以山东本地企业基层员工的薪酬与内地企业相比缺乏竞争力，从而导致基层员工对薪酬管理的不满，不利于基层员工潜能的发挥及企业目标的实现。

2. 薪酬的构成、奖金及福利方面的不足

（1）在薪酬的构成方面，山东本地企业车间员工的薪酬以计件工资为主，基本工资太低，这虽然可以调动员工的积极性，多劳多得，但是如果企业效益低迷、订单较少，员工就会缺少基本的生活保障。

（2）在奖金方面，山东本地企业只有全勤奖等形式，奖金形式过于单调，奖金的数额较小，导致员工对奖金不够重视，认为奖金可有可无，这就没有发挥出奖金的激励作用。同时，企业由于不了解不同类型员工的真正需求，所采用的激励形式主要是物质激励，缺乏文化、精神激励，因此无法挖掘员工内在的精神动力，不能充分满足员工受尊重、获得成就、自我价值实现等高层次的精神需要，不能充分调动员工的积极性。

（3）在薪酬管理制度方面，山东本地企业没有形成科学合理的薪酬管理制度，员工的工资标准是约定俗成或由企业领导随意确定的，员工的各种工资性项目的核算缺乏明确的依据和科学的方法，员工无法通过薪酬制度来了解自己的收入构成。

（4）在福利体系方面，福利体系很不完善，对于法定福利项目山东本地企业没有按照规定执行。如在山东本地企业中，依法为员工上缴养老保险的比例很低。关于企

业福利项目，山东本地企业在这方面普遍做得不好，更谈不上有完善的福利体系。

（5）在薪酬沟通方面，山东本地企业缺乏有效的沟通，员工薪酬管理尤其是福利不能被员工理解，导致薪酬的回报率低。在薪酬管理的整个过程中，薪酬沟通是不可或缺的一个组成部分，应当贯穿于薪酬方案制订的全过程。而山东本地企业管理者在相关决策过程中，与员工缺乏恰当的沟通，认为薪酬管理只是管理者的事情，与普通员工无关，也没有意识到自己工作中很重要的一部分是向员工“推销”自己的薪酬体系，当员工有意向进行薪酬谈判时，山东本地企业管理者往往将自己的意志强加于对方，导致薪酬沟通受阻，造成员工情绪不满，继而影响员工的生产率。

四、优化 WQ 工业园区山东本地企业薪酬管理的建议

1. 薪酬水平方面的建议

第一，关注员工薪酬内部公平观的建设。既然公平观念深刻地影响着员工对公平性的判断，企业在薪酬管理过程中就必须大力建设与企业文化和薪酬制度相一致的内部公平观，要致力于引导员工树立合理的评价标准，建立内部一致的薪酬公平观。

第二，关注职位相对价值，同工同酬，不同工则不同酬。这里的“同酬”不是指相同的薪酬绝对值，而是指相同的薪酬范围。企业内部各个职位在工作要求、工作责任等方面是不相同的。在制定薪酬的过程中，要充分关注员工劳动的多样性，确定企业内部各职位的相对价值。不同职位薪酬水平的排序必须保持公平性和一致性，在薪酬水平等级的多少、不同薪酬水平之间级差的大小及确定薪酬级差的标准等方面体现出公平性。

第三，关注个人绩效，按绩分配。区别同一职位上的胜任者、合格者和不合格者，将这些差异在薪酬制度中加以体现，确保员工的薪酬与绩效一致。

第四，薪酬调查重在解决薪酬的对外竞争力问题。企业在确定薪酬水平时，需要参考劳动力市场的工资水平，有必要进行相关调查。企业在选择薪酬调查的对象时，一般是选择与自己有竞争关系的公司或同行业的类似公司，重点考虑员工的流失去向和招聘来源，根据调查结果选择本公司的薪酬策略。

2. 薪酬的构成、奖金及福利方面的建议

第一，在薪酬的构成上，在以计件工资为主的同时适当增加基本工资的数额，使员工基本生活得到很好的保障。对于办公室文员，要增加可变薪酬的比重，使员工真正认识到绩效考核的重要性，从而调动员工的工作积极性。

第二，根据岗位性质的不同，运用不同的奖金方式，从而充分调动企业员工的积极性和创造性，提高企业员工的整体效率。注重满足员工的需求，实现薪酬在激励员工方面的巨大作用。同时，增加奖金的形式和数额，使员工认识到奖金的重要性。

第三，薪酬只是短期内人力资源市场供求关系的体现，而福利则反映了企业对员工的长期承诺。工业园区山东本地企业对基层员工实施的福利只有法定福利，而除此之外的企业补充保险以及员工服务福利没有涉及，企业应考虑到基层员工生活压力大、发展空间受限等特点，给予其一定的员工服务福利。

第四，增强沟通交流。山东本地企业基层员工对薪酬福利满意度不是很高，员工时有抱怨，但领导从未重视，这样会削弱薪酬制度的激励和满足功能。一种封闭式制度会伤害人们平等的感觉，而平等是实现薪酬制度满足功能与激励机制的重要手段之一。企业不仅需要获得一个有效的薪酬管理体系，更重要的是让公司及所有员工了解薪酬分配的战略思想，而这需要企业管理层与员工进行有效的双向沟通。

【案例链接】

WQ 工业园区企业薪酬调查问卷

一、调查企业的基本信息

1. 贵公司的名称（全称）：______________________
2. 贵公司的性质：(　　)。
A. 国有企业　　B. 合资企业　　C. 民营企业　　D. 其他
3. 贵公司所在行业：(　　)。
A. 生产制造业　　B. 交通、仓储、邮电、通信业　　C. 电子产业
D. 社会服务业（包括金融、保险、证券服务业）　　E. 其他（填写）________
4. 贵公司的员工数量：(　　)。
A. 100 人以下　　B. 100~299 人　　C. 300~499 人　　D. 500 人及以上
5. 贵公司的营业额：(　　)。
A. 300 万元以下　　B. 300 万~1000 万元（不含 1000 万元）
C. 1000 万~3000 万元（不含 3000 万元）　　D. 3000 万元及以上
6. 贵公司总部所在地：______________________

二、被调查人员基本信息

职位：________　　工龄：________　　年龄：________
性别：________　　学历：________　　专业：________

三、企业薪酬调查

1. 您所在职位薪酬的构成是：(　　)。(多选)
A. 岗位工资　　B. 技能工资　　C. 工龄工资　　D. 绩效工资
E. 月度（季度）奖金　　F. 年终奖　　G. 职称补贴
H. 五险一金　　I. 电话（交通）补贴　　J. 其他（填写）________
2. 每月固定工资和变动工资在薪酬总额中大致所占的比例：
固定工资（____%）　　变动工资（____%）

3. 您目前的月薪总额：(　　)。
A. 2000元以下　B. 2000~2999元　C. 3000~3999元
D. 4000~4999元　E. 5000元及以上
4. 岗位基本薪酬调整的频率：(　　)。
A. 三年一次　B. 两年一次　C. 每年一次
D. 每年两次　E. 不定期
5. 贵公司奖金的形式：(　　)。(多选)
A. 全勤奖　B. 月度（季度）奖　C. 销售提成　D. 计件工资
E. 分红　F. 个人突出贡献奖　G. 年终奖　H. 其他
6. 贵公司福利的形式：(　　)。(多选)
A. 五险一金　B. 带薪休假　C. 员工培训　D. 体检
E. 交通补贴　F. 伙食补贴　G. 住房补贴　H. 电话补贴
I. 服装补贴　J. 特困补贴　K. 其他
7. 您对公司福利的满意度：(　　)。
A. 非常满意　B. 比较满意　C. 一般
D. 不太满意　E. 很不满意
8. 您认为目前薪酬中最能调动您积极性的因素有：(　　)。
A. 基本工资　B. 奖金　C. 福利　D. 其他
9. 您认为公司目前的薪酬能否反映您对公司的贡献：(　　)。
A. 完全可以　B. 基本可以　C. 不可以
10. 您认为自己的薪酬水平与同行业其他公司相比：(　　)。
A. 远高于平均水平　B. 略高于平均水平　C. 与平均水平持平
D. 略低于平均水平　E. 远低于平均水平
11. 您认为公司员工辞职与薪酬的关系是：(　　)。
A. 不合理的薪酬直接导致　B. 和薪酬有一定关系
C. 不确定　D. 和薪酬关系不大　E. 和薪酬毫无关系
12. 如果您对本次调查问卷涉及的问题还有想要表达的观点，请在以下空白处填写您的想法、观点或希望被关注的问题：________________

非常感谢您完成了这份调查问卷！

复习思考题

1. 什么是薪酬水平的外部竞争性？其对于企业有什么样的意义？
2. 常见的薪酬水平策略有哪些？
3. 什么是薪酬调查？薪酬调查的意义是什么？
4. 简述薪酬调查的流程。
5. 企业在运用薪酬调查结果时应注意哪些问题？

情景仿真题

Z家电公司曾经取得过辉煌的经营业绩，其主导产品电视机在国内曾处于领先位置。然而，在日趋白热化的市场竞争中，Z家电公司逐渐有些招架不住，市场份额年年下滑。公司高层虽然进行了数次经营策略调整，但效果都不理想。公司上下被低落情绪笼罩着。公司高层经过讨论决定请专业咨询公司进行诊断。咨询小组经综合分析发现，问题主要出在研发部门，其问题主要表现如下。

（1）一批公司新品有进入市场的计划，许多计划还是相当有前瞻性的，但是企业的新品研发周期总是超过计划，往往错过了抢占市场的最佳时机。

（2）公司内部的员工满意度调查显示，各部门间对薪酬的满意度存在很大不平衡性，其中研发部门整体满意度最低，该部门的薪酬水平明显低于公司平均水平。

（3）公司人才流动性不是很大，但流失的往往是核心人才。例如，研发部门一位经验丰富的高级工程师跳槽了。同时，咨询小组在访谈中发现，有跳槽想法的人不在少数，这些人很多都是技术能手，他们对现行薪酬很不满意。同样是高级工程师，虽然个人能力相差较大，但都处在薪酬体系中的第30级，在薪酬分配上体现不出差别来。遇到项目也往往是少数人冲在前面，承担了更多工作，薪酬分配不公平的问题突出。

（4）目前公司薪酬体系是高度统一的，基本上都是50%基本工资、50%奖金，基本工资根据岗位确定。一般来说，部长级别的基本工资为3500~4000元/月，经理级别的基本工资为3000~3500元/月……奖金按月发给员工，如果员工工作没有大的失误，就可以领取全部奖金；只有出现违纪现象和工作出现重大失误，才会按规定扣除相应的奖金。当公司经营不利而降低奖金时，往往会遭到员工一致反对。

咨询专家认为，出现这些问题的原因在于：公司薪酬体系内部公平性有问题，对核心研发部门在薪酬上没有策略性倾斜，研发骨干积极性不高，导致新品研发一再拖延；公司的薪酬结构没有对不同职类、不同层级采用个性化设计，难以有效吸引和激励人才；奖金发放只有形式上的约束功能，而没有绩效上的激励意义，使得员工把奖金看作一种既得利益，对于核心研发部门没有激励作用；目前薪酬体系的窄带特征完全基于岗位，难以体现出研发人员所特有的能力特性。①

请思考：

根据咨询专家的诊断结果，提出Z家电公司薪酬体系再设计的基本方向和总体思路。

① 参见葛玉辉主编：《薪酬管理》，电子工业出版社2021年版，第152页。本书采用时有所改动。

案例分析题

BEST 公司的薪酬策略①

BEST 公司成立于 20 世纪 90 年代，是某国有大型集团旗下的证券公司，具有稳定持续的盈利能力、科学合理的风险管理架构和全面专业的服务能力。经过 20 多年的努力，BEST 公司以扎实的作风和卓越的服务致力于实现客户价值增长，推动证券行业进步，逐渐发展为产品丰富、服务一流、品牌卓越的国际化金融服务机构。

BEST 公司与其他证券公司一样，属于典型的人力资本密集型企业，目前已发展为拥有 11 个业务部门、13 个支撑部门、近 894 名员工的大型企业。公司总部主要分为总部前台部门（包括业务部门、研发部门）和中后台支撑部门等。其中，业务部门主要是指投资银行部、零售经纪部、债券销售交易部、股票销售交易部、证券投资部和资产管理部等。支撑部门主要是指战略发展部、人力资源部、法律合规部、财务部、稽核部、工程部、市场部、培训中心、信息技术中心、董事会办公室、总裁办公室、监事会办公室等。业务部门员工 462 人，占 51.68%；研发部门员工 89 人，占 9.95%；支撑部门员工 343 人，占 38.37%。

目前，公司共有 13 个职种：投资银行业务类、投资银行支撑类、研发、投资管理、营销服务、信息技术、风险控制、审计法律、财务、人力资源、清算运营、行政推广、后勤。据统计，员工人数最多的两个职种分别是投资银行业务类和营销服务类，员工人数分别占总部人数的 23.71%和 20.81%。

BEST 公司经过多年的发展，已经形成了一套较为完备的薪酬结构。公司总部前台部门人员和中后台支撑部门人员的经济性薪酬由固定薪酬、浮动薪酬、福利和津贴构成。BEST 公司业务部门将部门绩效作为确定个人绩效奖金调整系数的依据，若该月本部门绩效较好，则整体系数定为 1.2；若该月未完成绩效目标，则整体系数定为 0.8。支撑部门则以全公司的整体绩效为调整系数的依据，个人绩效仅作为员工表现的评价，暂时未作为核发绩效奖金的依据。公司的人才市场定位为证券行业，选取了其他 9 家证券公司作为目标人才竞争市场。

对公司内部员工进行薪酬问卷调查后发现，员工对薪酬制度的总体满意度为一般；前台部门员工对目前薪酬待遇在行业内的竞争力水平普遍感到不满意；中后台支撑部门的员工对此问题的态度表示一般；员工对公司现行绩效考核制度普遍不满意，仅有 4.57%的员工较为满意。

请结合案例思考：

1. BEST 公司的薪酬结构存在哪些问题？

2. BEST 公司的薪酬策略应该确定为哪一种？为什么？

---

① 参见赵曙明、赵宜萱主编，唐春勇、敬永春编著：《薪酬管理：理论、方法、实务》，人民邮电出版社 2018 年版，第 137 页。本书采用时有所改动。

3. 对于BEST公司的薪酬制度，你有哪些改进意见？

技能操作题

1. A公司近年来产销两旺，发展迅速，但仍有不少员工辞职。公司人力资源部认为，导致员工离职的主要原因可能是薪酬不合理。为此，人力资源部拟在员工中进行一次薪酬满意度调查。请你为A公司人力资源部设计一份员工薪酬满意度调查表。

2. 某企业对生产岗位进行了薪酬市场调查，结果如表6-25所示。

表6-25　生产岗位薪酬调查数据

企业名称	平均工资（元/月）
A	3000
B	1800
C	2000
D	2000
E	1200
F	1800
G	1800
H	1500
I	2500
J	2500
K	2200

目前，该企业处于初始创业阶段，企业管理工作基础十分薄弱，财务实力不足。请确定该企业人员岗位工资水平应定位在何处，其平均工资为多少元/月。

第七章　薪酬结构设计

【学习要点】

1. 掌握薪酬结构的相关概念。
2. 熟悉薪酬结构的类型。
3. 了解薪酬结构的策略。
4. 掌握薪酬结构的设计步骤。
5. 了解宽带薪酬的设计流程与实施条件。

【引导案例】

F 公司的薪酬结构设计①

F 公司成立于 2008 年，在发展初期主要从事汽车零部件的生产和销售。随着新能源汽车行业的兴起，A 公司转向为新能源整车生产企业提供零部件配套产品服务。经过多年的发展与创新，A 公司已成长为集研发、生产、销售全产业链的新能源汽车零配件企业。当前，公司的主营产品主要有新能源客车车身件、新能源汽车电气件和汽车零配件三大类的产品。

F 公司坚持“品质至上、诚信为本、协同共赢”的发展理念，被多家新能源汽车企业认可，先后与比亚迪汽车、银隆新能源、中国中车、吉利汽车、上汽申沃客车、上海申龙客车、北汽福田和扬州亚星等多家国内知名企业形成战略合作。

F 公司的快速发展对人才提出了巨大的需求。截至 2022 年 12 月，F 公司有在职员工 297 人，其中运营、研发、财务和销售等管理岗位是企业的核心岗位。

F 公司将管理岗位的薪酬水平分为 14 级九档，不同薪档标志着相同职位任职者不同的能力素质，薪档越高，任职者的能力素质和累计贡献度越高。其中，薪酬标准指基本工资和岗位工资之和，具体如表 7-1 所示。

---

① 参见杨蕃：《F 公司管理岗位员工薪酬问题研究》，扬州大学硕士学位论文，2022 年，第 2、16、47~49 页。本书采用时有所改动。

表 7-1　F 公司管理岗位薪酬等级标准

单位：元/月

	一档	二档	三档	四档	五档	六档	七档	八档	九档	档差
1 级	2600	2750	2900	3050	3200	3350	3500	3650	3800	150
2 级	3100	3280	3460	3640	3820	4000	4180	4360	4540	180
3 级	3650	3865	4080	4295	4510	4725	4940	5155	5370	215
4 级	4280	4535	4790	5045	5300	5555	5810	6065	6320	255
5 级	5010	5315	5620	5925	6230	6535	6840	7145	7450	305
6 级	5860	6225	6590	6955	7320	7685	8050	8415	8780	365
7 级	6860	7300	7740	8180	8620	9060	9500	9940	10380	440
8 级	8060	8590	9120	9650	10180	10710	11240	11770	12300	530
9 级	9510	10145	10780	11415	12050	12685	13320	13955	14590	635
10 级	11260	12020	12780	13540	14300	15060	15820	16580	17340	760
11 级	13360	14265	15170	16075	16980	17885	18790	19695	20600	905
12 级	15860	16940	18020	19100	20180	21260	22340	23420	24500	1080
13 级	18810	20100	21390	22680	23970	25260	26550	27840	29130	1290
14 级	22260	23800	25340	26880	28420	29960	31500	33040	34580	1540

此外，F 公司对新入职各级人员进行初次定档定薪时，需要根据任职者的社会工龄、企业工龄、初始学历、最终学历和专业技术职称情况进行综合评估，从而确定其薪级薪档，初次定档标准如表 7-2 所示。

表 7-2　F 公司初次定档标准

评价要素	权重	对应分值						
		1	2	3	4	5	6	7
社会工龄	15%	0~1 年	1~3 年	3~6 年	6~10 年	10~15 年	15~20 年	20 年以上
企业工龄	20%	0~1 年	1~3 年	3~6 年	6~10 年	10~15 年	15~20 年	20 年以上
初始学历	25%	初中	高中/中专	大专	本科	双学士	硕士	博士
最终学历	15%	初中	高中/中专	大专	本科	双学士	硕士	博士
专业技术职称	25%	初级（0~3 年）	初级（3 年以上）	中级（0~3 年）	中级（3 年以上）	高级（3 年以下）	高级（3~6 年）	高级（6 年以上）

通过合理的薪酬结构设计，激发员工工作的积极主动性，吸引更多的优秀人才加盟，进而提升员工对组织的满意度和忠诚度。

第一节　薪酬结构概述

一、薪酬结构的概念

薪酬结构是指在同一组织内不同职位或不同技能之间的员工薪酬水平的排列形式，强调薪酬水平等级的多少、不同薪酬水平之间级差的大小以及决定薪酬级差的标准，它反映了企业对不同职位和能力的重要性及其价值的看法。[①]

薪酬结构的确定应注意两点，一是其制定过程要科学、合理，二是薪酬之间的差异要合理。其设计思路一般有两种，一种是趋于平等的薪酬结构，一种是趋于等级化的薪酬结构。

完整的薪酬结构包括薪酬的等级数量，同一薪酬等级内部的薪酬变化范围（最高值、最低值以及中间值），相邻两个薪酬等级之间的交叉与重叠关系（见图 7-1）。

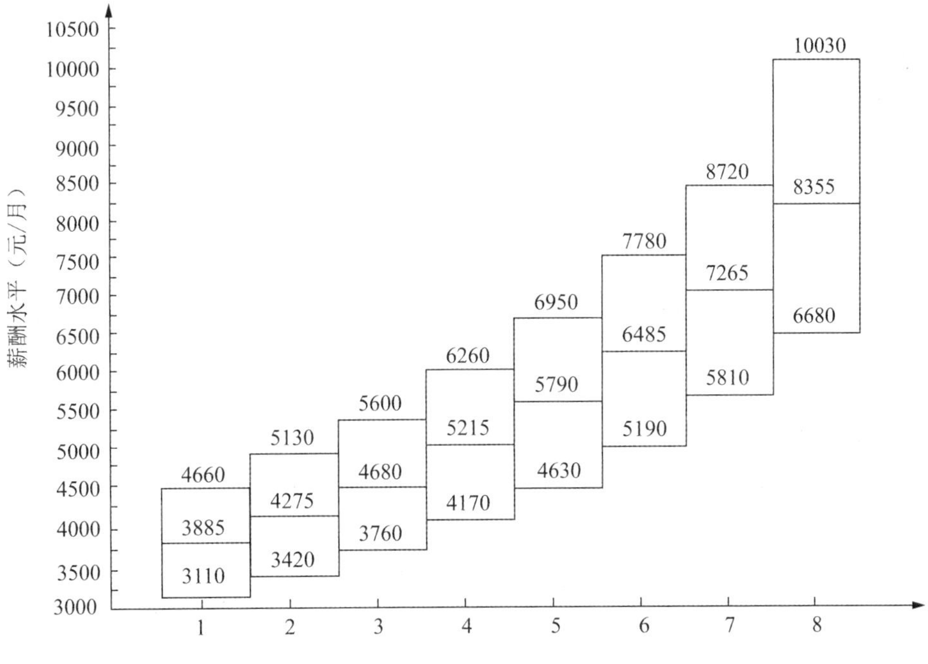

图 7-1　薪酬结构模型

① 参见刘艳红、张艳萍主编：《薪酬管理理论与实务》，电子工业出版社 2016 年版，第 135 页。

【知识链接】

内部一致性原则

内部一致性原则是公平理论在薪酬设计中的运用，它强调在设计薪酬结构时要保持组织内部的平衡。员工对于公平的感知不仅取决于同样的工作是否得到相同的报酬，还关心薪酬是如何体现技能水平、职责范围、服务质量及危险程度等要素的。因此，要保证组织薪酬的内部一致性，就必须合理确定组织内部不同职位的相对价值，做好组织内部的职位评价和绩效考核工作。影响薪酬内部一致性的因素有职位的高低、技术和训练水平、工作的时间段、工作环境（危险性、舒适性）、福利与待遇、工龄与资历等。

二、薪酬结构的主要内容

一个完整的薪酬结构包含薪酬等级的数量、同一薪酬等级内部的薪酬变动范围（最高值、中间值及最低值）及相邻薪酬等级之间的交叉与重叠关系。薪酬等级的数量主要通过职位评价或技能评价获取，同一薪酬等级内部的薪酬变动范围主要考虑薪酬变动范围与薪酬变动比率、薪酬区间中值、薪酬区间渗透度这几个因素，相邻薪酬等级之间的交叉与重叠关系主要看薪酬等级内部的区间变动比率及薪酬等级的中值极差两个因素。

（一）确定薪酬的等级数量

根据职位评价结果以及外部薪酬调查数据，将公司所有职位划分为若干职等，薪酬等级的数目应适中。职等的划分要结合目前职位所在层级状况，职位层级差别较大的职位尽量不要归在一个职等，将职位评价价值相近的职位归入同一个职等。

1. 确定薪酬的等级数量主要考虑的因素

（1）企业规模以及组织结构。企业规模越大、管理层级越多，薪酬职等数目应该多一些；反之，企业规模小、组织扁平化，薪酬职等数目就少一些，表 7-3 描述了企业人数与职等划分之间的一般关系。

（2）职位工作性质、工作复杂程度。如果职位工作性质差异性大，工作复杂程度高，那么就应该多设薪酬等级，反之，少设薪酬等级。

（3）企业薪酬策略。如果企业员工之间薪酬差异比较大，则薪酬等级应该多一些；如果企业员工之间薪酬差异比较小，则薪酬等级应该少一些。

表 7-3　人数与职等之间的关系

人数	职等
1 万人及以上	24 个以上
0.8 万~1 万人（不含）	22~24 个
0.5 万~0.8 万人（不含）	20~22 个
0.3 万~0.5 万人（不含）	18~20 个
0.1 万~0.3 万人（不含）	16~18 个
0.05 万~0.1 万人（不含）	14~16 个
0.03 万~0.05 万人（不含）	12~14 个
0.01 万~0.03 万人（不含）	12 个
0.01 万人以下	10 个

资料来源：刘艳红、张艳萍主编《薪酬管理理论与实务》，电子工业出版社 2016 年版，第 137 页。

注：一般企业的职等在 7~10 个，目前的趋势是等级数目减少，幅度拉宽，差距拉大，适应组织扁平化的趋势。

2. 薪酬等级数量设计原则

薪酬等级在适用的前提下，尽量少一些为好。因为薪酬等级越多，需要的职位价值区分度越大（细），越容易产生矛盾。如果等级数量少，就不用把岗位价值划分得太细，也就减少了矛盾。

【知识链接】

空等级的设置①

在设计薪酬结构时，会有意地设置一些空等级，即薪酬结构中这些等级存在但并没有职位在其中。一般可以设置底部空等级、中部空等级、顶部空等级。

（1）底部空等级。最低等级是从 2 等级开始的。为什么最低等级不是从 1 等级开始呢？这主要是考虑到心理因素，任何人都不希望自己所在职位是价值最低（工资最低）的，所以薪酬结构下部可以设计若干空等级。

（2）中部空等级。有些公司出于发展的原因，现阶段中层职位数量不多，区分度也不大，设计 2~3 个薪酬等级已经够用。考虑到公司还会继续发展，中层还会设置更多职位（职务），那么就可以增加设计 1~2 个空等级，未来有新职位时可以使用。

（3）顶部空等级。薪酬结构顶部也可以预留 1~2 个空等级。顶部空等级能够为高管发展预留空间。

① 参见于彬彬：《HR 薪酬管理整体解决方案：共享价值分配新规则》，中国法制出版社 2018 年版，第 65 页。

（二）同一薪酬等级内部的薪酬变动范围

1. 薪酬变动范围与薪酬变动比率

薪酬变动范围（最高值、最低值及中间值）也被称为“薪酬区间”，是在某一薪酬等级内部允许薪酬变动的最大幅度，是最低薪酬水平与最高薪酬水平之间的绝对差距。薪酬变动范围的主要影响因素有职位价值、职位层级、基本称职和非常娴熟之间的能力差距，以及企业文化和管理倾向。

薪酬变动比率是指同一薪酬等级内部的最高值与最低值之差和最低值之间的比率，或以中值为基础的薪酬变动比率，具体公式如下所示。

薪酬变动比率=（最高值-最低值）/最低值

上半部分薪酬变动比率=（最高值-中间值）/中间值

下半部分薪酬变动比率=（中间值-最低值）/中间值

我们以图 7-1 的第 1 个等级为例来计算薪酬变动范围与薪酬变动比率，如图 7-2 所示。

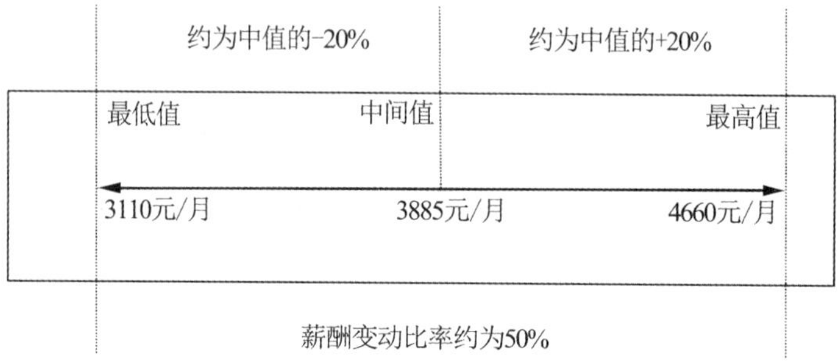

图 7-2　薪酬变动范围与薪酬变动比率举例

根据公式得出：

薪酬变动比率=（最高值-最低值）/最低值≈50%

上半部分薪酬变动比率=（最高值-中间值）/中间值≈20%

下半部分薪酬变动比率=（中间值-最低值）/中间值≈20%

薪酬变动比率大小取决于职位要求的技能水平高低、个人绩效对企业的影响程度大小及职位的晋升空间大小。不同职位类型，其薪酬变动比率是不同的，如表 7-4 所示。

表 7-4　不同职位类型及其薪酬变动比率

职位类型	薪酬变动比率
生产、维修、服务人员等	20%~30%
办公室文员、技术工人、专家助理	30%~40%
专家、中层管理人员	40%~50%
高层管理人员、高级专家	50%以上

2. 薪酬区间中值、薪酬比较比率与薪酬区间渗透度

（1）薪酬区间中值。薪酬区间中值通常代表该薪酬等级中的职位在外部劳动力市场的平均薪酬水平。

（2）薪酬比较比率。薪酬比较比率表示员工实际获得的基本薪酬与相应薪酬等级的中值或者中值与市场平均薪酬水平之间的关系。具体公式如下所示，案例如表 7-5 所示。

①薪酬比较比率=员工实际获得的基本薪酬/相应薪酬等级的中值

②薪酬比较比率=本企业某薪酬等级中值/市场平均薪酬水平

表 7-5　同一职位和市场平均薪酬水平的比率比较

	公司内部				其他公司
	员工甲	员工乙	员工丙	平均	
基本薪酬（元/月）	6750	7500	8250	7500	7350
中值（元/月）	7500	7500	7500	7500	7500（市场平均水平）
薪酬比较比率（实际基本薪酬/区间中值）	90%	100%	110%	100%	98%

（3）薪酬区间渗透度。薪酬区间渗透度是考察员工薪酬水平的一个工具，它是员工的实际基本薪酬与区间的实际跨度之间的关系，反映了员工在其所在的薪酬区间中的相对位置，具体公式如下所示。

薪酬区间渗透度=（实际基本薪酬-区间最低值）/（区间最高值-区间最低值）

【案例链接】

薪酬变动比率与区间渗透度

假定某一薪酬等级的薪酬变动比率恒为 50%，企业每年的总体薪酬水平提高幅度恒为 2.5%，同时某一员工的薪酬总是以每年 6%的速度上升，且其进公司第一年的基本薪酬为 3840 元/月，则该员工的长期薪酬变化如表 7-6 所示。

表 7-6　通过薪酬变动比率与区间渗透度分析员工的长期薪酬变化

工作年限	区间最低值（元/月）	区间中值（元/月）	区间最高值（元/月）	实际基本薪酬（元/月）	区间渗透度
1	3840	4800	5760	3840	0.00%
2	3936	4920	5904	4071	6.86%
3	4035	5043	6051	4314	13.84%
4	4134	5169	6204	4575	21.30%
5	4239	5298	6357	4848	28.75%
6	4344	5430	6516	5139	36.60%

续表

工作年限	区间最低值（元/月）	区间中值（元/月）	区间最高值（元/月）	实际基本薪酬（元/月）	区间渗透度
7	4452	5568	6681	5448	44.68%
8	4566	5706	6846	5775	53.03%
9	4680	5847	7017	6120	61.62%
10	4797	5994	7194	6489	70.59%
11	4917	6243	7374	6876	79.73%
12	5040	6297	7557	7290	89.39%
13	5166	6456	7746	7728	99.30%

（三）相邻薪酬等级之间的交叉与重叠

一般情况下，相邻薪酬等级之间的薪酬区间交叉与重叠程度（简称“薪酬区间叠幅”）取决于两个要素：一是薪酬等级内部的区间变动比率，二是薪酬等级的中值级差。前者我们在前面分析过了，接下来主要介绍相邻薪酬等级的区间中值级差问题。

1. 薪酬等级中值级差

薪酬等级中值级差是指相邻薪酬等级之间的区间中值变动比率，表明由于其劳动复杂程度和熟练程度不同，不同等级的劳动有不同的劳动报酬。薪酬等级中值级差可以用绝对额、级差百分比或薪酬等级系数表示。

确定薪酬等级中值级差首先要确定薪酬等级表的倍数，也被称为“幅度”，即最高薪酬等级区间中值与最低薪酬等级区间中值的比值。倍数的确定需要考虑以下因素：最高与最低等级劳动复杂程度上的差别、政府规定的最低工资率、最高等级工资现实达到的收入水平、企业工资基金的支付能力和工资结构。

在最高薪酬等级区间中值和最低薪酬等级区间中值一定的情况下，各薪酬等级中值之间的级差越大，则薪酬结构中的等级数量就越少；反之，则越多。

假设最高薪酬等级区间中值和最低薪酬等级区间中值以及准备划定的薪酬等级数量都已经确定，就可以运用现值公司计算出一个恒定的中值级差。其计算公式如下，其中 PV 表示最低薪酬等级区间中值，FV 表示最高薪酬等级区间中值，n 表示等级数量，i 表示级差。

$$PV = \frac{FV}{(1+i)^n}$$

例如，某公司希望设计出一个有 8 个等级的薪酬结构，最低薪酬等级区间中值是 5475 元，最高薪酬等级的区间中值是 12492 元。根据公式，我们可以知道，$PV=5475$，$FV=12492$，$n=97$，则可以算出 $i=12.5\%$。

2. 薪酬等级区间中值级差的确定方法

薪酬等级区间中值级差的确定方法有四种，分别是等比级差、累进级差、累退级差及不规则级差。

（1）等比级差。等比级差即各薪酬等级之间以相同的级差百分比逐级递增。某公司薪酬区间中值的等级分布情况测算，如表 7-7 所示。

公式为：

$$D + 1 = \sqrt[n-1]{A}$$

式中：D 表示等比级差，n 表示薪酬等级数目，A 表示薪酬等级表的倍数。

表 7-7　等比级差示例

薪酬等级	区间中值（元/月）	级差
1	1825	—
2	2053	12.5%
3	2310	12.5%
4	2599	12.5%
5	2923	12.5%
6	3289	12.5%
7	3700	12.5%
8	4162	12.5%

（2）累进级差。累进级差是指各薪酬等级之间以累进的百分比逐级递增。按照累进方式确定的薪酬级差之间的绝对额悬殊，收入差距大，较之等比级差对员工的激励作用强，对一些需要突出个人能力的工作比较适用，如表 7-8 所示。

表 7-8　累进级差示例

薪酬等级	级差	区间中值（元/月）	绝对级差（元/月）
1	—	1825	—
2	13.0%	2062	237
3	14.5%	2361	299
4	15.0%	2715	354
5	16.0%	3149	434
6	17.5%	3700	551
7	18.2%	4373	673
8	19.0%	5204	831

（3）累退级差。累退级差是指各薪酬等级之间以累退的比例逐级递增，如表 7-9 所示。累退级差适用于劳动强度大、技术差别小，又需要对员工定期升级的工作。

表 7-9　累退级差示例

薪酬等级	级差	区间中值（元/月）	绝对级差（元/月）
1	—	1825	—
2	27.0%	2318	493
3	21.3%	2812	494
4	17.6%	3307	495
5	14.9%	3800	493
6	13.0%	4294	494
7	11.5%	4788	494
8	10.3%	5281	493

（4）不规则级差。不规则级差即各薪酬等级之间按照分段式来确定级差百分比和级差绝对额的变化，各段分别采用等比、累进或累退的形式，如表 7-10 所示。如一些企业采用“两头小中间大”的级差，不规则级差在确定上较其他级差方式灵活，也比较符合工资分布的规律。

表 7-10　不规则级差示例

薪酬等级	级差	区间中值（元/月）	绝对级差（元/月）
1	—	1825	—
2	12%	2044	219
3	15%	2351	307
4	20%	2821	470
5	20%	3385	564
6	18%	3994	609
7	16%	4633	639
8	14%	5282	649

3. 不同薪酬等级之间的薪酬区间叠幅

薪酬等级的区间中值级差越大，同一薪酬区间的变动比率越小，则薪酬区间叠幅就越小。相反，薪酬等级的区间中值级差越小，同一薪酬区间的变动比率越大，则薪酬区间叠幅就越大。

三、薪酬结构的类型

人力资源部门的薪酬政策制定者经常会考虑这样一个问题：如何用相同的薪酬水平更好地留住和激励人才？要解决这个问题，第一要明确企业的薪酬支付理念，选择相应的薪酬结构类型，第二要确定合理的薪酬结构比例。如果说薪酬水平会对企业对员工的吸引力产生重大影响，那么薪酬结构的合理与否往往会对员工的流动率和工作积极性产生重大影响。

薪酬结构的类型主要有四种：基于职位的薪酬结构、基于技能和能力的薪酬结构、基于绩效的薪酬结构和组合薪酬结构。[①]

（一）基于职位的薪酬结构

基于职位的薪酬结构是指首先对员工所从事的工作本身的价值做出客观评价，然后根据所评价的结果赋予担任这一工作的员工与其工作价值相当的薪酬。基于职位的薪酬结构的特点是：以职位（工作）评价为基础，完成工作所需的技能越多，薪酬越高；工作条件越差，薪酬越高；工作对组织的贡献越大，薪酬越高。发达国家中约70%的企业都采用基于职位的薪酬结构。

1. 基于职位的薪酬结构的优缺点

优点：实现了职得其人和人尽其才，容易实现同工同酬。

缺点：职位（工作）评价容易主观化，难以激励员工进行创新。

2. 基于职位的薪酬结构的理论前提

（1）职位的重要性及其对组织的贡献是可以评价并准确计量的。

（2）职位本身的价值与该职位的任职者关系不大，即任职者的实际能力不会影响该职位的职能。

只有在理论前提成立的条件下，职位工资才能准确地反映出员工的业绩水平，才能有效地发挥作用。

【知识链接】

不同职位序列的薪酬结构

职位序列对企业薪酬结构的影响较为直接，不同职位序列受不同劳动力市场的影响，其对企业的贡献方式也不同，薪酬结构需要随之做出调整。按职位序列，薪酬结构可以分为以下五大类别，具体如表7-11所示。

表7-11　不同职位序列的薪酬结构

序号	职位序列	职位说明	薪酬结构的整体框架
1	管理序列	从事管理工作并拥有一定管理权限的职位	年总收入=年基本收入+年其他收入=（月固定工资+月绩效工资+年度延迟支付工资）+（企业业绩分享+工龄工资+各类补贴或补助）

① 参见刘艳红、张艳萍主编：《薪酬管理理论与实务》，电子工业出版社2016年版，第141~144页。

续表

序号	职位序列	职位说明	薪酬结构的整体框架
2	职能序列	从事生产管理等工作且不具备或不完全具备管理职责的职位	年总收入=年基本收入+年其他收入=（月固定工资+月绩效工资+年度延迟支付工资）+（企业业绩分享+工龄工资+各类补贴或补助）
3	技术序列	从事技术研发、设计、操作工作，该职位人员需要具备一定的技术	年总收入=年基本收入+年其他收入=（月固定工资+月绩效工资+项目奖金+年度延迟支付工资）+（企业业绩分享+工龄工资+各类补贴或补助）
4	销售序列	该职位人员从事专职销售工作，工作场所不固定	年总收入=年基本收入+年其他收入=（月固定工资+佣金+销售奖金+年度延迟支付工资）+（工龄工资+各类补贴或补助）
5	操作序列	该职位人员在公司内部从事生产或销售工作，工作场所比较固定	年总收入=年基本收入+年其他收入=（月固定工资+计件工资+年度延迟支付工资）+（工龄工资+各类补贴或补助）

资料来源：乔继玉、郭梅主编《薪酬与绩效管理操作指南：管理制度+考核办法+实用图表+操作方案》，人民邮电出版社 2021 年版，第 20~21 页。

（二）基于技能和能力的薪酬结构

基于技能和能力的薪酬结构是根据员工所掌握的技能和能力确定的薪酬结构。

1. 基于技能和能力的薪酬结构的类型

（1）以知识为基础的薪酬结构。根据员工所掌握的完成工作所需要的知识的深度来确定薪酬，在教师职业中应用最为普及。例如，两个教师承担相同的工作，其中一个具有本科学历，另一个具有博士学历，在接受教育过程中花费的时间不同，意味着他们具有不同的知识深度。具有博士学历的教师，工作效果更好的可能性更大，而且可以承担更高级别的科研活动，其薪酬应该高于具有本科学历的教师。

（2）以多重技能为基础的薪酬结构。根据员工能够胜任的工作的种类或者员工技能的广度来确定薪酬，员工所掌握的技能种类越多，得到的薪酬也就越高。

2. 基于技能和能力的薪酬结构的优缺点及适用范围

优点：有利于激励员工学习，可以灵活地调配员工，有利于留住精干的员工。

缺点：如果员工的技能普遍很高，则组织运营成本较高，经济负担较重，从而使组织失去一定的竞争力。

适用范围：比较适合学校、研发机构等技术密集型组织。

公司在采用该机制时，需要先搞清楚自己对能力的定义及其在企业发展中的作用，企业员工对该机制的了解及接受程度，以及公司在这方面的经验等。通常情况下，完全以能力为基础提供薪酬并不可取。

此外，市场工资模式也在很多企业中广泛应用。市场工资模式是指企业根据市场对人才价值的评判来支付薪酬。企业在引进高级管理人才或其他特殊人才时可采用这种模式，售货员、保安、收银员等工种也可采用市场工资模式。市场工资模式保证了工资的外部公平性，但很难保证工资的内部公平性，因此市场工资模式只适合于部分特殊的、特定的职位。

基于职位的薪酬结构与基于技能和能力的薪酬结构的区别如表 7-12 所示。

表 7-12 基于职位的薪酬结构与基于技能和能力的薪酬结构的区别

	基于职位的薪酬结构	基于技能和能力的薪酬结构
结构基础	承担的工作	掌握的技能
价值依据	工作的价值	技能的价值
对应关系	薪酬对应工作，员工与工作匹配	薪酬对应员工，员工与技能相连
激励机制	追求工作晋升，以获得更高报酬	追求更多技能，以获得更高报酬
必要步骤	评估工作内容，估值工作	评估技能，估值技能
绩效评估	业绩考核	能力测试
提薪依据	年资、业绩的考核结果，结果和实际产出	技能测试中表现出来的技能高低
工作变动	引起工资变动	不引起工资变动
培训作用	是工作需要，而非员工愿意	是增强工作适应性和增加报酬的基础
晋升条件	需要工作空缺	不需要工作空缺，需要通过能力测试

（三）基于绩效的薪酬结构

基于绩效的薪酬结构是根据员工的绩效来确定薪酬，因工作绩效的不同而变化，处于同一职位的员工不一定能获得相同数额的劳动报酬。

1. 基于绩效的薪酬结构的优缺点

优点：首先，员工的收入与工作目标的完成情况直接挂钩，“干多干少、干好干坏不一样”，激励效果明显。其次，员工的工作目标明确，通过层层分解目标，企业目标容易实现。最后，企业不用事先支付过高的人工成本，在整体绩效不好时能够节省人工成本。

缺点：以绩效为导向的薪酬结构基于这样一个假设，即金钱对员工的激励作用很大。这将导致在企业发展缓慢时，员工拿不到较高的物质报酬，对员工的激励力度下降，在企业困难时，很难做到“共渡难关”，造成离职率上升。

2. 基于绩效的薪酬结构的理论前提

（1）员工的业绩表现可以准确测量，绩效考核的结果必须令人信服。

（2）员工对其工作绩效具有很高的可控性。也就是说，员工的工作独立性较高，只要付出了努力，就可以取得相应的绩效。

3. 基于绩效的薪酬结构的类型

（1）销售人员的绩效薪酬模式。销售人员有别于一般管理人员和生产人员，因为他们的工作时间自由，完全以销售业务为核算薪酬的标准。销售人员的绩效薪酬模式比较简单，基于这种模式不同的企业可以有不同的选择。常见的销售人员的绩效薪酬模式包括纯基本工资、基本工资+奖金、基本工资+业务提成、基本工资+业务提成+奖金、纯业务提成五种，具体如表 7-13 所示。

表 7-13　销售人员的绩效薪酬模式

模式	底薪	业务提成	奖金	福利	优点	缺点
纯基本工资	A	0	0	V	员工收入稳定	没有激励作用
基本工资+奖金	A	0	B	V	员工收入稳定且有一定的激励性	激励性不强
基本工资+业务提成	A	N×业务量	0	V	员工收入稳定且有较强的激励性	—
基本工资+业务提成+奖金	A	N×业务量	B	V	员工收入稳定且有较强的激励性，员工的归属感强	—
纯业务提成	0	N×业务量	0	V	激励性非常强	员工收入没有保证

资料来源：乔继玉、郭梅主编《薪酬与绩效管理操作指南：管理制度+考核办法+实用图表+操作方案》，人民邮电出版社 2021 年版，第 23 页。

注：A＝有，B＝按一定比例发放，0＝无，V＝与其他员工相同，N＝提成比率。

（2）生产人员的绩效薪酬模式。生产人员的绩效薪酬模式通常包括计时制、计件制及计效制。计时制又可分为简单计时制和差别计时制，计件制也可分为简单计件制和差别计件制。具体内容如表 7-14 所示。

表 7-14　生产人员的绩效薪酬模式

序号	模型	说明
1	简单计时制	月薪或工作天数×日薪
2	差别计时制	工作天数×日薪+加班时间（小时）×时薪
3	简单计件制	生产数量×产品生产单价
4	差别计件制	标准产量×产品生产单价 1+超额产量×产品生产单价 2
5	计效制	完成标准产量部分的基本薪酬+超额奖金

注：产品生产单价 1 表示员工应该完成日核定产量数的产品单价，产品生产单价 2 表示员工超额完成日核定产量数的产品单价。

（3）管理人员的绩效薪酬模式。管理人员的绩效很难测量，一般情况下，企业采取的薪酬模式通常为"绩效工资基数×绩效评价系数"。绩效工资基数一般通过职位测评来确定，或参照市场同类职位的劳动力价格的平均数确定。绩效评价系数则是根据测评结果在 0. 8～1. 2 区间取值，正常的绩效表现对应的系数为 1，优秀对应的系数为

1.2，差对应的系数为0.8。绩效薪酬适用于经营性的企业，工作的独立性高、结构性低，组织文化上更强调个人的绩效表现而非合作。如果一个企业的价值取向是强调团队合作精神，则强调个人表现的绩效工资就会与这种企业文化相冲突。

（4）技术人员的绩效薪酬模式。技术人员是指生产工程师、品质工程师、网络工程师等。通常，企业设计技术人员的绩效薪酬模式有两种方法：第一种是以职称高低为依据的职称评定法，第二种是以内部层级为依据的评聘分离法。企业在按照评聘分离法建立技术人员的绩效薪酬模式时应包含两个前提条件：一是打破职称等级制度，二是建立适合企业的技术人员层级关系并实行聘用制度。

【案例链接】

某企业技术人员的层级关系

表7-15是某企业技术人员的层级关系，该企业主要业务包括通信产品的研发、生产、销售及技术支持服务，因此在一些非技术部门（如生产部、工程服务部等）也安排了大量的技术人员。

表7-15　某企业技术人员的层级关系

层级	技术部		生产部		工程服务部	
	管理线	技术线	管理线	技术线	管理线	技术线
B1						
B2						
B3	经理				经理	
B4			经理			
B5						
B6						
C1						
C2						
C3		高级工程师				高级工程师
C4						
C5						
C6	主任	主任工程师	主任	主任工程师	主任	主任工程师
D1						
D2						
D3		技术工程师			客服工程师	
D4						
D5						
D6	管理员	技术员	管理员	技术员	管理员	技术员

续表

层级	技术部		生产部		工程服务部	
	管理线	技术线	管理线	技术线	管理线	技术线
E1						
E2						
E3	文员		文员		文员	
E4						
E5						
E6	员工		员工		员工	

资料来源：乔继玉、郭梅主编《薪酬与绩效管理操作指南：管理制度+考核办法+实用图表+操作方案》，人民邮电出版社2021年版，第24~25页。

【知识链接】

网红薪酬体系设计①

网络红人（简称“网红”）是在现实或者网络生活中因为某个事件或者某个行为而被网民关注从而走红的人或因为长期持续输出专业知识而走红的人，是近年来依托于互联网而产生的一种新兴的职业。

目前网红多数是由专门的运营团队负责经营，在挑选、包装、文案、策划、摄像等方面均有专门的人员负责完成。一方面，网红通过观众直播互动过程中赠送的礼物获得收入；另一方面，网红通过代言、引流线上或线下店铺某些商品，从其带来的店面营业利润中获得提成，或者独立成为一个大的IP（Internet Protocol，网际互连协议）平台，依靠互联网中的流量，并通过某种方法将巨大流量进行转化与变现，从而获得收入。

网红市场竞争相对激烈，每时每刻都有新的网红诞生，从原有的流量库中分食流量。对于网红来说，每一天的流量波动都可能是巨大的，很可能因为某个事件而使得流量爆炸性地增加或减少，所以每一名网红在每一天的工作中都要时刻保持紧张，以防止自己的流量流失而对收入产生损失，同时还要制造或寻找热点、爆点以获取更多的流量，从而在激烈的市场竞争中求得生存与发展。

网红一般由专门的孵化公司或团队运营与管理，而网红作为孵化公司或团队中的核心人员，其薪酬体系的设计自然是公司利益分配的核心。网红的薪酬构成相对简单，与多数公司的业务人员类似，但是一般不对其进行绩效考核，所以网红的薪酬构成为“基本薪酬（可选）+礼物提成+网店利润分红+额外奖金”。有的公司对网红也不设置基本薪酬，而采用更为简单的佣金模式，即仅由礼物提成和网店利润分红两部分组成，不过多数公司为了将网红这一核心资源留在公司内部，更多地采用前者的薪酬构成

① 参见常雪松、张磊编著：《薪酬体系设计实操全案》，中国铁道出版社有限公司2021年版，第159~161页。

方式。

对于网红在直播互动过程中获得的礼物提成，公司通常采用类似于销售员工等级管理的薪酬设计方法。根据网红在一定周期（例如月度）内通过礼物获取的金额，确定其所在等级，并根据等级确定网红的基础薪酬标准以及相应的礼物金额提取比例。

对于网红通过网店获取的利润分红，通常采用正常的利润分红设计方法。例如，某家公司对网红年利润的计算公式为“网店总销售额×45%－库存成本－推广费－人工成本－运营成本－公司分成”，在此基础上根据网红所处的等级范围，确定其网店的分红比例范围，而具体的分红比例还需要根据其当月或当年所带来的利润金额而定。

一般情况下，网红的等级越高，基本薪酬水平、礼物的提成比例、网店分红比例也是越高的，由此可以激励网红向获取更高的等级而努力。

网红还有一部分收入是额外奖金，这一部分主要是对与孵化公司建立劳动关系的网红所采取的一种激励方法。孵化公司会定期组织一些比赛项目并设置相应奖项和奖金来引导网红有倾向性地开展某些活动，如最佳人气奖（流量、观看数量最多的网红）、礼物王（获取礼物金额最高的网红）、网店引流王者（网店销量最高的网红）等，引导网红更加积极、努力地创造更高的业绩水平。

网红高风险、高波动的工作特质，决定了其收益方式具有短、快的特点，因此，网红的薪酬体系设计特点是分等级、共捆绑、快兑付，建立多收多得的分配机制，通过网红效应所带来的收入实现孵化公司或团队与网红个人的共赢与发展。

四、薪酬组合策略

薪酬组合主要是指企业总体薪酬所包含的固定部分薪酬（主要指基本工资）和浮动部分薪酬（主要指奖金和绩效薪酬）所占的比例。供企业选择的薪酬组合策略有三种：高弹性模式、高稳定性模式和调和模式（见表 7-16）。

表 7-16　三种薪酬组合策略比例

	固定薪酬	浮动薪酬
高弹性模式	0~60%	40%~100%
高稳定性模式	80%~100%	0~20%
调和模式	60%~80%	20%~40%

1. 高弹性模式

这是一种激励性很强的薪酬组合策略，浮动薪酬是薪酬的主要组成部分，固定薪酬所占的比重非常低。基于这种薪酬组合策略，员工能获得多少薪酬完全依赖于工作绩效的好坏。

优点：激励性很强，薪酬与员工绩效密切相关。当员工的绩效非常优秀时，薪酬非常高；而当绩效非常差时，薪酬则非常低甚至为零。

缺点：员工收入波动性很大，缺乏安全感和收入保障。

【案例链接】

张爽为何辞职[①]

张爽曾经在上海的一家房地产企业做销售，企业为他提供的固定工资是3000元/月，每销售出去一套房子还有千分之三的提成。例如，销售出去一套500万元的房子，提成就是1.5万元。因为在上海这样的一线城市，房子的价格普遍较高，所以入职前张爽还觉得非常高兴，自认为一个月销售出去一套房子应该非常简单。

无奈两个多月过后，他一套房子都没有销售出去，而有些同事却已经能拿到几万元甚至十几万元的提成，这让他感到非常慌张。于是，他便决定再工作一个月试试，如果依然没有什么起色，就要辞职去一家固定工资高一点的企业。实际上，在保险、汽车，甚至是课程等销售领域，张爽这样的员工比较常见，他们往往会因为与处在同一个职位层级的员工拿着不同的薪酬而感到不满，从而选择辞职。

2. 高稳定性模式

这是一种稳定性很强的薪酬组合策略，固定薪酬是薪酬的主要组成部分，浮动薪酬所占的比重非常低。基于这种薪酬组合策略，员工的收入非常稳定，几乎不用努力就能获得全额的薪酬。

优点：员工收入与绩效关联不大，波动小，员工安全感很强。

缺点：缺乏激励功能，容易造成员工懒散。

【案例链接】

王亮的改变[②]

大学毕业以后，王亮去了一家规模不是很大的互联网程序开发企业，当时每个月的固定工资是5000元。在刚刚入职的时候，他的干劲非常足，但是经过了一段时间，他就变得越来越怠惰，因为每天的工作量是一定的，最初确实需要多花费一些精力，但是工作熟练之后效率就不断提高，每天不用花费很多精力就可以把工作做完。

于是，在一些老员工的提醒下，王亮每天把要求的工作做完就会找一些自己喜欢的事情打发时间，一直到下班。实际上，王亮之所以会变得很怠惰，工作性质只是一个表层原因，更深层次的原因应该是薪酬结构。因为每一名员工在职位上只要经过一段时间的训练，对于工作的熟悉程度都可以有大幅度提高，每天的工作效率也可以得到迅速提升。但是，当员工发现自己每天多做的工作对薪酬并没有太大的帮助时，就会因为缺乏动力而选择磨洋工的工作方式。

---

① 参见胡华成：《薪酬管理与设计全案》，清华大学出版社2019年版，第41页。

② 参见胡华成：《薪酬管理与设计全案》，清华大学出版社2019年版，第40页。

3. 调和模式

这是一种既有激励性又有稳定性的薪酬组合模式，浮动薪酬和固定薪酬各占一定的比例。对员工有一定激励性，员工也会有一定的安全感。当两者比例不断调和变化时，这种薪酬模式组合既可以演变为以激励为主的模式，也可以演变为以稳定为主的模式。

【案例链接】

张明的薪酬组合①

在郑州一家企业做人力资源管理的张明，其薪酬组合就是固定工资加浮动工资（以招聘人员的数量和质量来决定具体的金额）。不仅如此，企业还会根据他的出差频率和出差距离提供一定的食宿和用餐补贴。还有一些做职能工作的员工，如行政总监、审核编辑、文案策划等，他们的薪酬模式也都是固定工资加浮动工资的调和模式。

第二节　薪酬结构的设计步骤

本节以要素计点法进行职位评价的情况为例来说明薪酬结构的设计过程。尽管薪酬结构实际上本身就是在薪酬的外部竞争性和内部一致性之间平衡的一种结果，但是即使是在同一个企业内部，职位等级不同，对该职位的薪酬的内部一致性和外部竞争性的考虑也会出现不同的侧重，一般情况是职位等级越高，对外部竞争性的强调可能会越多。

一般薪酬结构的设计大致分为以下六个步骤。②

步骤一：根据职位评价点数对职位进行排序。

步骤二：对职位进行初步分组。

步骤三：确定职位等级的数量及其点数变动范围。

步骤四：将职位等级划分、职位评价点数与市场薪酬调查数据结合起来。

步骤五：比对薪酬区间中值与市场薪酬水平的比较比率，对问题职位的区间中值进行调整。

步骤六：根据确定的各职位等级或薪酬等级的区间中值建立薪酬结构。

下面以某公司为例来阐述如何进行薪酬结构的设计，其流程如下。

---

① 参见胡华成：《薪酬管理与设计全案》，清华大学出版社 2019 年版，第 40 页。

② 参见刘昕编著：《薪酬管理》，中国人民大学出版社 2021 年版，第 198~206 页。

一、根据职位评价点数对职位进行排序

这一步骤的目的在于从整体上观察通过要素计点法所得到的职位评价点数是否存在明显问题。在对评价点数做好初步审核后，可以用升序或降序的方式对所有经过评价的职位进行排序（见表 7-17）。需要注意的关键问题是：职位排序的结果是否反映了不同职位的职能差异？点数之间的差异能否反映职位之间的价值差异？

表 7-17　根据评价点数对职位进行排序

序号	职位名称	点数
1	出纳	140
2	离退休事务主办	210
3	行政事务主办	260
4	工会财务主管	335
5	总经理秘书	345
6	行政事务主管	355
7	报销会计	355
8	招聘主管	405
9	会计主管	425
10	项目经理	470
11	总经办主任	545
12	财务部经理	550
13	市场部经理	565

二、按照职位点数对职位进行初步分组

通过对职位评价点数的观察，可以发现虽然不同职位的评价点数不同，但是有些职位的评价点数与另一些职位相当接近，因此可以初步判断，点数接近的职位应当属于同一个级别。如表 7-18 所示，以 100 点为界线对表 7-17 中的职位进行等级划分，可以初步将其划分为五个等级。

表 7-18　根据点数分布所做的初步职位等级划分

职位等级	职位名称	点数
1	出纳	140
2	离退休事务主办 行政事务主办	210 260
3	工会财务主管 总经理秘书 行政事务主管 报销会计	335 345 355 355
4	招聘主管 会计主管 项目经理	405 425 470
5	总经办主任 财务部经理 市场部经理	545 550 565

三、根据职位的评价点数确定职位等级的数量及其点数变动范围

在实际操作过程中，由于不可能对企业的所有职位进行职位评价，因此在划分职位等级时，还要考虑其他未被评价的非典型职位的情况。这时，就需要仔细考虑到底划分多少个职位等级比较合适，并且确定每一个职位等级的最低点数和最高点数。显然，最终划定的等级数量有赖于企业中的职位数量以及职位之间的差异大小，企业的报酬哲学和管理理念也会起一定作用。

我们可以采取几种不同的方式来进行不同职位等级内部的点数区间划分。前面介绍了确定薪酬区间中值级差的四种方法，这里再介绍一种简单便捷的方式，即以恒定的绝对级差方式来确定每一职位等级的最大点数。我们以恒定绝对级差的方式对表 7-17 中的职位进行进一步的职位等级划分，将其划分为 11 个等级的职位等级结构，不同职位等级的最大点数之间的级差为 39，如表 7-19 所示。

表 7-19　职位（薪酬）等级划分及其点数变动区间

职位（薪酬）等级	点数跨度
1	137～175
2	176～214
3	215～253
4	254～292

续表

职位（薪酬）等级	点数跨度
5	293~331
6	332~370
7	371~409
8	410~448
9	449~487
10	488~526
11	527~565

四、将职位等级划分、职位评价点数与市场薪酬调查数据结合起来

假定我们通过市场薪酬调查得到了相应职位的市场薪酬水平，就可以得到与被评价职位有关的两列数据，一列是点数值，一列是市场薪酬水平数值（见表 7-20）。根据这两列数据，可以制成类似于图 7-3 的散点图，其中纵轴表示职位的市场薪酬水平，横轴表示职位评价点数。

表 7-20　职位评价点数与市场薪酬水平

职位（薪酬）等级	职位名称	点数	市场薪酬水平（元/月）
1	出纳	140	4590
2	离退休事务主办	210	5400
3	无	—	—
4	行政事务主办	260	6090
5	无	—	—
6	工会财务主管 总经理秘书 行政事务主管 报销会计	335 345 355 355	6900 6900 7290 7680
7	招聘主管	405	8760
8	会计主管	425	9480
9	项目经理	470	10800
10	无	—	—
11	总经办主任 财务部经理 市场部经理	545 550 565	14700 15900 17100

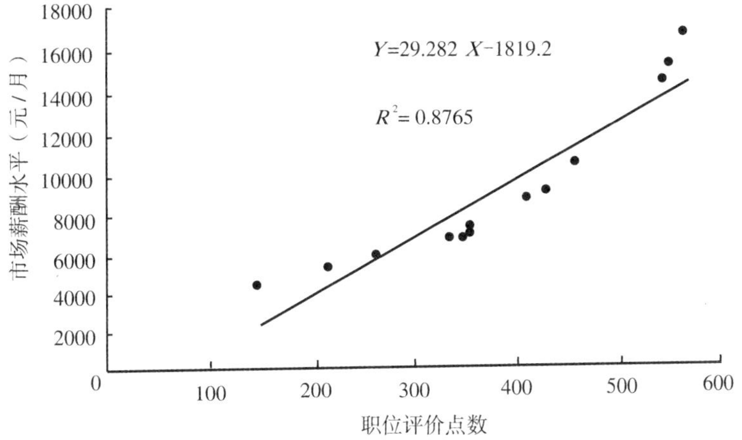

图 7-3　职位评价点数与市场薪酬水平散点图及其拟合直线

我们可以运用最小二乘法来对两列数据进行拟合，以得到一条能够体现不同职位等级的薪酬趋势直线。设 X 为职位评价点数，Y 为市场薪酬水平，只要从下列联立方程中解出 a 和 b 的值，便可推出回归直线方程 $Y=a+bX$：

$$\sum Y=na+b\sum X \tag{1}$$

$$\sum (XY)=a\sum X+b\sum X \tag{2}$$

解上述方程可以得到：

$$a=\frac{\sum X^2\cdot\sum Y-\sum X\cdot\sum (XY)}{n\sum X^2-(\sum X)^2}$$

$$b=\frac{n\sum (XY)-\sum X\cdot\sum Y}{n\sum X^2-(\sum X)^2}$$

根据表 7-20 中各个职位的点数和薪酬水平，可以得出表 7-21 的相关数据。

$$a=\frac{\sum X^2\cdot\sum Y-\sum X\cdot\sum (XY)}{n\sum X^2-(\sum X)^2}$$

$$=\frac{2098900\times121590-4960\times52437150}{13\times2098900-4960\times4960}$$

$$=-1819.2$$

$$b=\frac{n\sum (XY)-\sum X\cdot\sum Y}{n\sum X^2-(\sum X)^2}$$

$$=\frac{13\times52437150-4960\times121590}{13\times2098900-4960\times4960}$$

$$=29.282$$

表 7-21　薪酬政策线推导示例

职位	点数 X	市场薪酬水平 Y（元）	X^2	XY
出纳	140	4590	19600	642600
离退休事务主办	210	5400	44100	1134000
行政事务主办	260	6090	67600	1583400
工会财务主管	335	6900	112225	2311500
总经理秘书	345	6900	119025	2380500
行政事务主管	355	7290	126025	2587950
报销会计	355	7680	126025	2726400
招聘主管	405	8760	164025	3547800
会计主管	425	9480	180625	4029000
项目经理	470	10800	220900	5076000
总经办主任	545	14700	297025	8011500
财务部经理	550	15900	302500	8745000
市场部经理	565	17100	319225	9661500
合计	4960	121590	2098900	52437150

用上述方法推导出来的直线方程为 $Y=29.282X-1819.2$，即为用最小二乘法拟合出的直线（又称为“薪酬政策线”）。通过此薪酬政策线，我们可以得到各薪酬区间的中值。具体的计算方法是：第一，在已经划定的每一个职位等级中，将其中包括的所有职位，根据职位评价点数从高到低排列，从而确定该职位等级中的最高点数和最低点数之间的职位评价点数中值。例如，某个职位等级共包括 5 个职位，其中评价点数最低的职位点数是 100 点，最高的点数是 200 点，则这个职位等级所对应的职位评价点数中值就是 150 点。第二，将这个职位评价点数中值（150 点），即 X，代入上述回归方程，便可得到该职位等级所对应的薪酬区间中值 Y。这个薪酬区间中值是薪酬区间设计的基准点，以薪酬区间中值为基准上下各延伸一定的比例，便可以形成一个薪酬区间。

根据上述计算方式，我们得出如表 7-22 所示的与 11 个职位等级相对应的薪酬区间中值（这个薪酬区间中值是利用表中第 3 列各职位评价点数中值带入回归方程计算出来的）。

表 7-22　经过平滑处理后各职位等级所对应的薪酬区间中值

等级	薪酬区间中值（元/月）	对应职位等级中的职位评价点数中值
1	2749	156
2	3891	195
3	5033	234
4	6175	273
5	7317	312
6	8459	351
7	9601	390
8	10743	429
9	11885	468
10	13027	507
11	14169	546

采用类似的做法，也可以根据每一个职位等级的最低职位评价点数和最高职位评价点数计算出每一个职位等级即薪酬等级对应的该薪酬区间的最高值和最低值，如表7-23所示。

表 7-23　根据职位等级的最高点数和最低点数计算出来的薪酬区间的最高值和最低值

职位（薪酬）等级	职位等级最低点数	薪酬区间最低值（元/月）	职位等级最高点数	薪酬区间最高值（元/月）
1	137	2192	175	3305
2	176	3334	214	4447
3	215	4476	253	5589
4	254	5618	292	6731
5	293	6760	331	7873
6	332	7902	370	9015
7	371	9044	409	10157
8	410	10186	448	11299
9	449	11328	487	12441
10	488	12470	526	13583
11	527	13612	565	14725

五、比对薪酬区间中值与市场薪酬水平的比较比率，对问题职位的区间中值进行调整

理想的薪酬结构应该体现两个方面的关系：一是所评价职位之间的关系，二是推导出的职位所对应的薪酬区间中值与外部市场薪酬之间的关系。一般来讲，比较比率在 100%的基础上下浮动 10%以内都是可以接受的，表明该职位等级的薪酬内部一致性和外部竞争性是比较协调的。对于浮动超过 10%的职位，企业可以考虑适当调整。如表 7-24 所示，与市场薪酬水平相比，总经理秘书、工会财务主管以及行政事务主管三个职位所对应的薪酬区间中值明显偏高。对于这些相对市场报酬水平明显过高的职位，企业在是否调低其薪酬区间中值方面的自由度较大。如果薪酬成本在企业看来并不十分重要，可以不进行调整。但是如果出现了相对市场报酬水平明显过低的职位，企业就应调高该职位所对应的薪酬区间中值，因为如果只考虑内部一致性而不考虑外部竞争性，这些职位可能很难招募到合适的人员。

表 7-24　经过平滑处理后各职位等级所对应的薪酬区间中值与市场薪酬水平的比较

职位等级	点数跨度	职位名称	职位评价点数	市场薪酬水平（元/月）	薪酬区间中值（元/月）	比较比率（薪酬区间中值/市场薪酬水平）
1	137～175	出纳	140	4590	2749	60%
2	176～214	离退休事务主办	210	5400	3891	72%
3	215～253	无	—	—	5033	—
4	254～292	行政事务主办	260	6090	6175	101%
5	293～331	无	—	—	7317	—
6	332～370	工会财务主管 总经理秘书 行政事务主管 报销会计	335 345 355 355	6900 6900 7290 7680	8459	123% 123% 116% 110%
7	371～409	招聘主管	405	8760	9601	110%
8	410～448	会计主管	425	9480	10743	113%
9	449～487	项目经理	470	10800	11885	110%
10	488～526	无	—	—	13027	—
11	527～565	总经办主任 财务部经理 市场部经理	545 550 565	14700 15900 17100	14169	96% 89% 83%

六、根据确定的各职位等级或薪酬等级的区间中值建立薪酬结构

在考虑到各职位等级内部各职位的价值差异及相应的市场薪酬水平的情况下，确定各个薪酬区间的变动比率，就可以建立如图 7-1 所示的薪酬结构图。有时，为了管理方便，企业会在一个薪酬等级内部再划分几个小层级，这些层级之间可以是相互重叠的，也可以是相互衔接的。同时，企业也可以采用多种薪酬结构，以反映企业的管理哲学和经营状况。

【思政小贴士】

薪酬公平

薪酬公平指的是薪酬分配的合理与平等，即分配机会、分配尺度、分配过程和分配规则的公平。

要引导员工树立正确的公平观，就要：(1) 认识到绝对的公平是不存在的；(2) 不盲目攀比；(3) 不“按酬付劳”，“按酬付劳”是在公平问题上造成恶性循环的主要杀手；(4) 倡导公平竞争的文化，创造公平竞争的环境和机会。

2022 年 10 月 16 日，习近平总书记在中国共产党第二十次全国代表大会明确提出：“坚持多劳多得，鼓励勤劳致富，促进机会公平，增加低收入者收入，扩大中等收入群体。”“规范收入分配秩序，规范财富积累机制。”① 通过完善分配制度促进机会公平，就是让每个人都有平等的机会参与竞争，通过发挥个人最大潜能去创造收入和财富，使每个人都能以有尊严的方式获得美好生活的物质基础。

第三节　宽带薪酬

一、宽带薪酬概述

宽带薪酬（Broad Banding）是 20 世纪 80 年代末美国提出的一种新型的薪酬设计方式。根据美国总报酬协会的定义，宽带薪酬是指通过对多个薪酬等级以及薪酬变动范围进行重新组合形成的只有相对较少的薪酬等级以及相应较宽的薪酬变动范围的薪酬结构。宽带薪酬模式打破了传统薪酬结构中职位等级的观念，强调个人的绩效水平和能力拓展。具体来说，就是企业将原来十几甚至几十个固定的薪酬等级压缩成几个

① 习近平：《高举中国特色社会主义伟大旗帜　为全面建设社会主义现代化国家而团结奋斗——在中国共产党第二十次全国代表大会上的报告》，人民出版社 2022 年版，第 47 页。

薪酬带（一般不超过 10 个），同时将每个薪酬带所对应的薪酬浮动范围拉大，并参照市场薪酬率来确定薪酬浮动的范围。

一般来说，典型的宽带薪酬模式有 4～8 个等级的薪酬带，每个薪酬带的最高值与最低值的区间变动比率通常在 100%以上。传统薪酬结构中，同一职位等级上的薪酬浮动范围通常只有 30%～40%，而在这种薪酬体系设计中，员工不是沿着公司中唯一的薪酬等级层次垂直往上走，相反，他们在自己职业生涯的大部分或者所有时间里可能都只是处于同一个薪酬宽带之中。员工在企业中的流动是以横向为主的，随着工作时间的增加，员工只要能不断获得新的技能、能力，承担新的责任，或者改善自己的绩效，他们就能够获得更高的薪酬。因此，宽带薪酬是一种真正鼓励发挥自身优势的以人为本的薪酬制度，不同于传统薪酬等级制（见图 7-4）。[①]

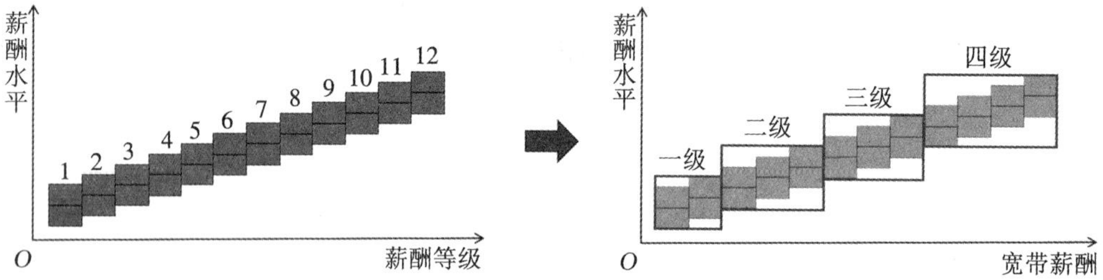

图 7-4　传统薪酬与宽带薪酬的区别

二、宽带薪酬的特征

1. 较强的灵活性

宽带薪酬打破了传统薪酬结构所维护和强化的等级观念，减少了工作之间的等级差别，有利于企业提高效率以及营造学习型企业文化，有助于企业保持自身组织结构的灵活性以及更有效地适应外部环境。

2. 引导员工重视个人技能的增长

在传统薪酬结构中，员工的薪酬增长往往取决于个人职位的提升而不是能力的提高，即使能力达到了较高水平，如果企业中没有空缺职位，员工仍然无法晋升到更高职位并获得更高的薪酬。而宽带薪酬打破了原来只有职位晋升才能大幅加薪的限制，给了员工较大的薪酬空间，有利于员工技能的不断增长。

3. 适合组织结构扁平化发展趋势

宽带薪酬制度淡化了等级观念，有利于组织成员之间开展团队合作，提高企业效率，适应现代企业扁平化发展趋势。

4. 以市场为导向

宽带薪酬要求企业管理者有较高的管理水平和责任感，否则会给员工定薪带来很大的随意性，引起内部不公，同时增加企业人工成本。

① 参见刘艳红、张艳萍主编：《薪酬管理理论与实务》，电子工业出版社 2016 年版，第 150～153 页。

【案例链接】

美团升级现有职级体系[①]

2020年10月，美团通过内网宣布，在保证员工薪酬竞争力及加薪力度的前提下，将实行以“扁平职级，宽带薪酬”为原则的新职级与激励体系。美团升级现有职级与激励体系，目的是更好地服务下一个十年，聚焦“以客户为中心”，建设面向未来的人才发展体系。新职级与激励体系，将更加提倡业绩导向，让业绩突出的员工在获得职位晋升之外还能获得更充分的薪酬激励，这有利于员工与业务共同成长，实现自我价值，也有利于公司的长期发展。

升级后，美团员工职级线由双职级线变为单职级线，职级更扁平，原“M（管理序列）+P（专业序列）”的双职级线变为以“L”命名的单职级线。与此同时，美团此次将原有的职级晋升窗口由一年春季和秋季两次改为每年春季一次，同时推出宽带薪酬，每一职级对应的薪酬带宽变宽，员工在本职级内也能得到充分的薪酬激励，同时增加了一次秋季调薪。美团称，职级体系升级是为了更好地适配多业务和多通道员工的发展诉求，也是保持公司发展敏捷性的基础。这样一来，公司可以在一定程度上实现薪酬激励与职级晋升的解绑，员工便可不单纯依赖职位晋升实现涨薪。

三、宽带薪酬的设计流程

宽带薪酬的设计流程与传统薪酬的设计流程大致相同，只是具体步骤有自身的特点，因此在实际应用过程中要格外留意。

1. 理解企业战略

企业人力资源战略是依据企业总体战略制定的，同时为企业总体战略的实现提供强有力的支持，而薪酬战略又是企业人力资源战略的一种量化体现。因此，在设计宽带薪酬时，首先要考虑企业总体战略。

2. 整合职位评价

职位评价是宽带薪酬的基础，其目的在于确定企业内每个职位的相对价值，以确保薪酬体系的内部公平性。由于大多数企业设有性质多样的职位类别，因此企业应该着手开发符合其实际情况的职位评价量表，用于职位分类和分级。

3. 完善薪酬调查

企业的薪酬水平除了符合内部公平性的原则，还应该满足外部公平性的要求，以提高企业在人力资源市场上的吸引力与竞争力，所以进行薪酬调查就显得很有必要。薪酬调查的主要内容应该包括了解同行业其他企业的薪酬水平、调查本地区的薪酬水平、梳理企业内部薪酬体系。

---

① 参见老喵：《美团升级现有职级体系：扁平职级　宽带薪酬》，2020年10月10日，https：//www. tech-web. com. cn/internet/2020-10-10/2806613. shtml。

4. 构建薪酬结构

企业根据内部职位评价和外部薪酬调查的结果可以确定每一级薪酬的带宽，并设定每一级的上限和下限，即企业愿意支付的最高薪酬和最低薪酬，这里需要注意两个指标，即每一级薪酬的浮动幅度和中点值。中点值由市场的薪酬水平和企业的薪酬策略决定，反映受到良好培训的员工在其工作达到规定标准时应该得到的薪酬。

（1）确定宽带的数量。在薪酬等级之间通常有一个分界点，每一个薪酬宽带对人员的技能、能力的要求是不同的，企业要确定使用多少个薪酬宽带。

（2）确定宽带内的薪酬浮动范围。根据薪酬调查的数据及职位评价结果来确定每一个宽带的浮动范围以及级差，同时根据市场薪酬情况和职位评价结果，确定每一个宽带中不同职能部门的薪酬等级和水平。

（3）宽带内横向职位轮换。同一宽带中薪酬的增加与不同等级薪酬的增加相似，在同一薪酬宽带中，建立不同职能部门员工跨部门流动机制以增强组织的适应性，提高员工多角度思考、解决问题的能力。

（4）做好任职资格及薪酬评级工作。宽带薪酬虽然有很多优点，但由于企业在决定员工薪酬时有更大的自由，人力成本有可能大幅度上升。为了有效地控制人力成本，在建立宽带薪酬体系的同时，还必须构建相应的任职资格体系，明确工资评级标准及办法，营造一种以绩效和能力为导向的企业文化氛围。

5. 加强控制调整

宽带薪酬的灵活性增强了企业对环境变化的反应能力，但灵活性中也潜藏了一些随意性，一旦问题爆发将给企业带来致命的打击。这就需要企业在实施宽带薪酬的过程中重视对细微环节的反馈。收集来自行业、市场、员工与管理等各方面的信息，根据变化及时调整，采取合理措施化解危机。

四、宽带薪酬的实施条件

1. 对组织结构和企业类型的要求较高

宽带薪酬通常与扁平化的管理结构相匹配，不强调员工的资历，提倡职业发展和成长；对强调低专业化程度、多职能工作、跨部门流程、更多技能的团队型组织非常有用；通常情况下，技术型、创新型的企业更适合宽带薪酬管理模式。

2. 完善相关管理制度与办法，减少宽带管理的消极影响

掌握好实行宽带薪酬的时机，在企业内外部环境符合实施宽带薪酬的必要性条件，并且人力资源部门职责和主管责任的定位都发生了适应宽带薪酬转变的情况下，其实施才能收到好的效果，同时注重加强除人力资源经理外其他管理人员的人力资源管理技能。实施宽带薪酬的基础是建立一个公平的内部级别体系。

3. 鼓励员工参与、加强沟通

企业要想实施宽带薪酬，就必须与管理层和员工进行及时全面的沟通，让全体员工都能清晰地理解这种新的薪酬结构设计方式的用意，让员工看到自己的发展方向，鼓励员工的工作行为和结果与企业的目标保持一致。只有员工明白某种薪酬决策是如何做出的，这种薪酬决策才能真正发挥预期的作用。

4. 配套的员工培训和开发计划

宽带薪酬为员工的成长以及个人职业生涯的发展提供了更大的弹性。它鼓励员工努力提高自己的能力，掌握更多的技能，以增强企业的竞争力，因此企业必须建立配套的员工培训和开发计划，确保员工能不断获取新的知识和技能，帮助他们充分利用宽带薪酬所提供的薪酬增长空间。这样企业才能从实施宽带薪酬中获利，打造出一支真正有竞争力的员工队伍。

第四节　实操案例：华新公司宽带薪酬设计①

一、企业背景

华新建筑工程有限责任公司（简称“华新公司”）是全国建筑企业500强之一，年承揽建筑工程任务的施工能力为120万平方米，涉及的施工对象有工矿企业、学校、医院、通信、国防、民航、高层住宅、科研院所、酒店、水利、公寓、市政公共建筑等。华新公司有一整套质量、安全、技术、设备、资金保证体系，有一流的施工技术、高素质的施工队伍、科学的管理手段，公司立志在新的发展时期与时俱进，改革创新，开拓进取。

华新公司现有员工2330人，其中男员工1543人，占比66%；女员工787人，占比34%。从学历结构来看，本科及以上学历652人，占总人数的28%；大专学历1142人，占总人数的49%；中专学历536人，占总人数的23%。从年龄结构来看，30岁以下有631人，31~40岁有871人，41~50岁有658人，50岁以上有170人。

华新公司管理人员为1149人（其中工程技术人员有548人），占总数的49.3%，其中有职称人员为873人；技术工人为1181人，占总人数的50.7%，其中有职称人员为210人（见表7-25）。

表7-25　职称人员结构　　单位：人

类别	高级职称	中级职称	初级职称	总数
工程系列	61	250	447	758
会计系列	3	53	90	106
经济系列	17	48	124	189
统计系列	1	2	7	10

华新公司的职位分为三类，分别为技术工人、工程技术人员及专业管理人员。高、

① 参见张霞、胡建元、王一帆编著：《薪酬设计与薪酬管理案例教程》，东北财经大学出版社2017年版，第27~39页。本书在采用时有所改动。

中、初级各类人员专业齐全，比例协调。华新公司现有专业管理人员中，具有大专及以上学历者占员工总数的77%，他们已成为公司实现可持续发展的不竭资源。

二、华新公司薪酬管理现状

华新公司实行的是职位效益工资制。公司下属各分公司领导班子成员、公司机关正副部门职位和分公司高层管理人员薪酬由基本薪酬和绩效薪酬构成。其中，基本薪酬是根据职位的责任大小、职责范围确定的薪酬，包括职位技能工资（基本月薪）和职位津贴，约占全部薪酬的60%。绩效薪酬是员工在年度内因创造价值而获得的激励性薪酬，包括完成经济目标的效益薪酬和超利润奖励薪酬，约占全部薪酬的40%。

华新公司中层和基层管理人员的薪酬由职位工资、工龄津贴和职称津贴构成。施工项目管理人员薪酬由职位责任工资和承包兑现（不含质量奖、安全奖、文明现场奖等专项奖励）构成。操作层（不执行计件工资的员工）薪酬由职位工资、工龄津贴和技能等级津贴构成（见表7-26）。

表7-26　华新公司薪酬构成

职位类别	薪酬构成
高层管理人员	薪酬=基本薪酬+绩效薪酬
中层和基层管理人员	薪酬=职位工资+工龄津贴+职称津贴
施工项目管理人员	薪酬=职位责任工资+承包兑现
操作层	薪酬=职位工资+工龄津贴+技能等级津贴

三、华新公司薪酬管理问题评析

通过对华新公司人力资源部和员工的访谈以及对公司薪酬制度资料的分析发现，华新公司的薪酬管理主要存在下述问题。

1. 薪酬制度以职位为基础，与员工个人技能的增长和能力的提高脱钩

华新公司实行的是职位效益工资制，主要是以职位为基础，也就是说，职位级别越高，薪酬水平越高。因此，在当前这种体制下，员工只有升职才有提薪的机会。这种以职位为基础的薪酬制度导致的结果之一就是员工对于个人能力和业绩提升没有积极性。由于加薪的途径只有一条，大家都往一条通道上挤，而组织可以提供的职位又有限，势必会造成内部不公平现象。在现行的薪酬体系下，员工的薪酬水平在聘任时就已确定，除非员工的职务得到提升，否则其薪酬水平很少会因员工个人技能的增长和能力的提高而进行调整，即使员工能力达到了较高水平。这种机制挫伤了员工努力提高自身素质的积极性，易于形成不思进取、安于现状的工作态度。

2. 员工晋升通道狭窄

华新公司组织结构扁平化，员工的晋升通道狭窄，高层职位数量有限，不可能每位表现出色的员工都能够晋升到上一层级。当前，华新公司实行的是职位工资，员工

在无法获得晋升时，薪酬水平保持固定不变。员工的需要得不到满足，必然会影响员工的工作积极性，也势必会影响公司能否留住技术骨干和关键职位员工。因此，本案例通过宽带薪酬设计，对华新公司员工实行宽带薪酬制度，通过增加薪幅、提薪不提职的方式，尽可能地满足员工在物质上的需求。

3. 薪酬级别过多，级差小，级幅小

华新公司的职位工资一共划分为 43 个层级，最高为 1625 元/月，最低为 201 元/月，二者相差 1424 元/月，每层级的平均级差为 33 元/月。华新公司将所有职位划分为 18 个薪酬等级，根据职位贡献大小划分各个类别的薪酬区间。其中，管理人员的薪酬层级见表 7-27。

表 7-27　管理人员薪酬层级

薪酬层级	薪酬标准（元/月）	正厅级	副厅级	正处级	副处级	科级	副科级
43	1625	★					
42	1571	★					
41	1517	★					
40	1463	★					
39	1409		★				
38	1356		★				
37	1303		★				
36	1251			★			
35	1199			★			
34	1147			★			
33	1096				★		
32	1044				★		
31	992				★		
30	946					★	
29	900					★	
28	854					★	
27	814						★
26	774						★
25	734						★

通过表 7-27 可以看出，首先，过多的薪酬层级会导致大量的行政工作，并导致员工将注意力集中在薪酬层级上，而非自身技能和绩效的提高上。其次，由于相邻的两个职位工资的差异很小，员工晋升一级，所获得的激励并不多，高级别职位的薪酬与基层职位的薪酬拉不开差距。再次，级幅小，员工的薪酬只与所任职级相关，只能通

过职位逐级提升而增加薪酬，在相同职位上，业绩并不从根本上影响薪酬，员工即使业绩出色也只能通过今后按部就班的职位提升而得到滞后的薪酬调整。最后，企业薪酬结构中相邻级别的工资没有重叠的部分，这就意味着员工不管工作多少年，表现多么优秀，如未能获得级别的晋升，工资都是不变的，这不利于鼓励员工追求优秀的工作表现以及培养多项技能。

四、华新公司实施宽带薪酬的可行性分析

1. 发展战略

薪酬制度和企业发展战略的匹配程度与企业的绩效正相关。宽带薪酬体系具有较强的灵活性，适合成长中的技术型和创新型企业。华新公司近期的目标是实现经营总产值10亿元，力争达到12亿元，保持当地市场，开拓外省区市场，以质量取胜，以信誉加大市场范围，继续保持公司在所在地区建筑施工企业中的领先水平。为此，华新公司必须选择比传统薪酬制度更具灵活性的薪酬制度来配合公司的战略。

2. 公司组织结构

华新公司组织结构基本采取直线—职能制框架，三级管理，三级核算，设置9个职能部室，下辖多个建筑施工单位、生产单位和控股子公司。近年来，华新公司先后对职能部室及下属公司、项目部实行扁平化改革，并按照横向结构一贯管理、主业纵向结构集中管理的思路，进行了二级单位、机关扁平化改革试点，人力资源一级管理等多项组织结构改革试点工作、组织扁平化的改造初见成效。

3. 公司管理基础与人力资源管理体系

公司有完善的生产经营管理体系，有完备的管理工作标准和规章制度，如全面计划管理标准、质量管理标准、技术管理标准、项目承包实施条例、安全生产责任制、工程回访维修管理标准。

推行宽带薪酬需要企业内部建立健全的人力资源管理体系。华新公司有一整套管理规章制度，有完善的行政管理组织条例，对人力资源管理、行政管理、财务、审计等相关工作进行了细致的规定。所以，从华新公司的管理基础和人力资源管理体系来看，它具有推行宽带薪酬的条件。

4. 公司人员素质结构

推行宽带薪酬要求技术、创新、管理等智力因素对于企业的发展具有支撑作用，员工的创造性、主动性与企业绩效存在明显的正相关关系。华新公司员工中具有大专及以上学历的员工占总人数的77%，高、中、初级各类人员齐全，比例协调，是一家知识化程度非常高的企业。同时，华新公司拥有一批高素质的管理技术人员，能为客户提供优质、高效的产品，具有非常大的影响力。以上这些情况都完全符合推行宽带薪酬所需要的智力因素和工作创造性、主动性的要求，因此在华新公司推行宽带薪酬是有理论基础的。

经过上述分析得出结论：华新公司具有实行宽带薪酬体系的基础。根据宽带薪酬的特点及适用范围，考虑薪酬设计的变迁成本，加上公司高层实行的是年薪制，不适

宜划入宽带薪酬的范畴，因此，此次薪酬设计主要针对公司中层和基层的管理、行政、技术、操作人员。

五、华新公司宽带薪酬设计

由于华新公司已建立完善的人力资源管理体系，制定了详细的工作说明，并采用要素计点法对各职位进行了职位评价，因此本案例的宽带薪酬设计将直接引用原有的工作成果。

1. 薪酬等级设计

薪酬等级是根据职位价值评估的结果和公司的薪酬政策，将各职位的薪酬水平用不同的等级体现出来。薪酬等级设计需要解决两个方面的问题：一是层级数的确定，包括每个层级分几个梯级数；二是设计每个梯级的薪资幅度。这也是宽带薪酬区别于传统薪酬的地方。

2. 薪酬带宽确定

对于不同的职位应该采取不同的薪酬等级和带宽幅度。这里根据华新公司的人力资源状况和职位设置情况，将具有相似工作性质及任职素质要求的职位归为一类。因此，根据宽带薪酬理念以及具体工作的差异，将职位依次划分为四个薪酬带宽（不包括高层管理类），分别为职能管理类、行政事务类、专业技术类及生产技工类（见表 7-28）。

表 7-28　带宽划分

类别	划分标准	主要专业职位
职能管理类	负责企业经营管理的职能职位	分公司经理、副经理，部门（如生产管理部、规划投资部、人力资源部等）部长等
行政事务类	负责行政、党务、工会等管理	党群、工会、团委、办公室等科员
专业技术类	负责工程、项目的管理和技术开发	工程施工部工程师、项目技术负责人、工程施工部技术管理员等
生产技工类	负责操作机械、现场施工	维修电工、机修工、钳工、动力工等

（1）薪酬等级划分。一般来说，层级的划分应与企业的组织结构相一致。在四个薪酬带宽的基础上，依据企业原来的组织结构，再配合当前组织结构扁平化的趋势，华新公司可将员工划分为三个层级，即核心层 A、中间骨干层 B 和基层 C。

参考薪酬管理相关文献，结合华新公司各职位的评价分数分布在 78~902 分的情况，确定华新公司的最低和最高职位评估分数分别为 50 分和 1000 分。因此，将华新公司原有的职位评价结果代入上述分级中，并将其归入 10 个薪酬等级，分别用 G1，G2，…，G10 表示（见表 7-29、表 7-30）。

表 7-29　薪酬等级

职类		职能管理类	行政事务类	专业技术类	生产技工类
职层	职等				
核心层 A	G10				
	G9				
	G8				
中间骨干层 B	G7				
	G6				
	G5				
	G4				
基层 C	G3				
	G2				
	G1				

表 7-30　公司部分代表性职位分层

职类		职能管理类	行政事务类	专业技术类	生产技工类
职层	职等				
核心层 A	G10	总经理	党委书记		
	G9			总工程师	
	G8	人力资源部部长			
中间骨干层 B	G7	项目部经理			
	G6			分公司主任工程师	
	G5	劳务站站长、材料管理处处长	分公司生产技术科科长		
	G4				作业队长
基层 C	G3		行政管理员	项目材料员	
	G2				服务司机
	G1				技工

但是，有些员工职位相同但能力存在差异，为实现内部公平性，应该使其处于不同的薪酬级别，从而可以激励优秀的员工，在保持其职位不变的条件下，为其提供一个良好的薪酬晋升空间。因此，将每一个薪酬等级进一步划分为 15 级，分别用 R1，R2，…，R15 表示，制定“一岗十五薪”的薪酬等级制度，从而体现出宽带薪酬的基本原理。

为了充分体现职位价值对企业的贡献，根据职位评估的分值和层级的性质，层级越高的，职位责任越大，能力要求越高，其相应的薪酬等级也就越高，可发展的空间也越宽广。参照华新公司原有的职位评价分数段，将最高等级（G10）的级差定为37，最低等级（G1）的级差定为2。同时，根据适度重叠原则，将较高职位系列评估值中的中低级别与较低职位系列评估值的中高级别重叠，使得没有晋升职位级别的员工有比较大的薪酬浮动空间。因此，将每一职位系列的最小值与前一职位系列的R5级设为相等。根据以上原则，确定了各职位系列级差标准和起止分值（见表7-31）。

表7-31　职位评估层级

		基层C			中间骨干层B				核心层A		
		G1	G2	G3	G4	G5	G6	G7	G8	G9	G10
职位评估等级	R1	50	58	74	98	130	170	218	282	370	482
	R2	52	62	80	106	140	182	234	304	398	519
	R3	54	66	86	114	150	194	250	326	426	556
	R4	56	70	92	122	160	206	266	348	454	593
	R5	58	74	98	130	170	218	282	370	482	630
	R6	60	78	104	138	180	230	298	392	510	667
	R7	62	82	110	146	190	242	314	414	538	704
	R8	64	86	116	154	200	254	330	436	566	741
	R9	66	90	122	162	210	266	346	458	594	778
	R10	68	94	128	170	220	278	362	480	622	815
	R11	70	98	134	178	230	290	378	502	650	852
	R12	72	102	140	186	240	302	394	524	678	889
	R13	74	106	146	194	250	314	410	546	706	926
	R14	76	110	152	202	260	326	426	568	734	963
	R15	78	114	158	210	270	338	442	590	762	1000
级差		2	4	6	8	10	12	16	22	28	37

之所以将每一个薪酬等级又划分为15级，是因为同一职位上的两个人必然在知识构成、管理能力等方面存在差异，同一等级设置不同的薪酬水平，可以更加有效地激励员工了解并弥补自身的不足，为其提供更加广阔的薪酬上升空间，充分发挥薪酬的激励作用。

（2）薪酬等级区间的设定。设定G1R1的层级系数为1，用各层级评估分数除以G1R1的评估分数，计算得出各个层级的职位评估系数（见表7-32）。通过表7-32可以看出，推行宽带薪酬制度以后，各个薪酬等级之间有了较大的差距，在多个薪酬区间中，薪酬等级的薪酬差距达到100%以上。k值由企业在年度总体薪酬策略的指引下根据市场薪资水平、外部薪酬竞争性和内部薪酬的激励性来确定，因此不同层级的k

值一般取不同的值。而且，在不同的年份，基于华新公司的年度薪酬预算，k 值也可能是变化的。根据已经计算的薪酬总额除以公司各职位系数之和可得出 k 值，即 k=年度薪资标准总额÷各职位评估系数之和。同时，用求出的 k 值乘以各个职位评估系数，就得出各职位的薪酬总额，即薪酬总额=各个职位评估系数×k。

表 7-32　公司职位薪酬区间

职位评估等级	基层 C			中间骨干层 B				核心层 A		
	G1	G2	G3	G4	G5	G6	G7	G8	G9	G10
R1	1k	1.16k	1.48k	1.96k	2.60k	3.40k	4.36k	5.64k	7.40k	9.64k
R2	1.04k	1.24k	1.60k	2.12k	2.80k	3.64k	4.68k	6.08k	7.96k	10.38k
R3	1.08k	1.32k	1.72k	2.28k	3.00k	3.88k	5.00k	6.52k	8.52k	11.12k
R4	1.12k	1.40k	1.84k	2.44k	3.20k	4.12k	5.32k	6.96k	9.08k	11.86k
R5	1.16k	1.48k	1.96k	2.60k	3.40k	4.36k	5.64k	7.40k	9.64k	12.60k
R6	1.20k	1.56k	2.08k	2.76k	3.60k	4.60k	5.96k	7.84k	10.20k	13.34k
R7	1.24k	1.64k	2.20k	2.92k	3.80k	4.84k	6.28k	8.28k	10.76k	14.08k
R8	1.28k	1.72k	2.32k	3.08k	4.00k	5.08k	6.60k	8.72k	11.32k	14.82k
R9	1.32k	1.80k	2.44k	3.24k	4.20k	5.32k	6.92k	9.16k	11.88k	15.56k
R10	1.36k	1.88k	2.56k	3.40k	4.40k	5.56k	7.24k	9.60k	12.44k	16.30k
R11	1.40k	1.96k	2.68k	3.56k	4.60k	5.80k	7.56k	10.04k	13.00k	17.04k
R12	1.44k	2.04k	2.80k	3.72k	4.80k	6.04k	7.88k	10.48k	13.56k	17.78k
R13	1.48k	2.12k	2.92k	3.88k	5.00k	6.28k	8.20k	10.92k	14.12k	18.52k
R14	1.52k	2.20k	3.04k	4.04k	5.20k	6.52k	8.52k	11.36k	14.68k	19.26k
R15	1.56k	2.28k	3.16k	4.20k	5.40k	6.76k	8.84k	11.80k	15.24k	20.00k

以上薪酬等级区间的设定，给每一个职位系列的职位薪酬都提供了宽松的空间，员工通过自身的不断努力，可以在自身的等级区间内获得上一职位系列的薪酬。同时，如果员工在现有职位上工作出色，但并不适合或者本人不愿意上升到管理职位，那么完全可以通过科学的任职能力评估，设定其薪酬层级。这也正是宽带薪酬理论所提倡的提薪不提岗的原则。

3. 任职能力评估与薪酬等级定位

宽带薪酬虽然具有很多优点，但由于部门领导在决定员工工资时有更大的自由，因而人力成本有可能大幅度上升。因此，在建立了宽带薪酬的框架之后，企业所要做的工作就是对员工的任职能力进行评价，并在宽带薪酬体系中对其予以定位。

建立任职能力评估量化表，可以有效地对员工的能力进行客观评估，从而能够对宽带内的薪酬级别进行准确的定位，保证薪酬设计的内部公平性。本案例以职能管理类人员为例，建立任职能力评估量化表（见表 7-33）。

表 7-33　职能管理类人员任职能力评估量化表

评价因素	评价内容及尺度					得分			
	项目	A	B	C	D	A	B	C	D
工作成效（40分）	工作质量（15分）	能提前完成工作且工作无差错，效果明显	按期完成工作，有个别问题，效果较明显	一般能完成工作，但完成效果不好，差错较多	不能完成工作，工作无效果，差错多	15分	11分	7分	3分
	工作效率（15分）	守时惜时，解决问题迅速、准确，业务处理得当	工作速度较快，解决问题较迅速、准确，业务处理较好	工作速度一般，能解决问题，业务处理一般，有时需催促	解决问题慢，工作拖拉，业务处理不当，经常需要催促	15分	11分	7分	3分
	工作协调和指导（10分）	能主动为各部门、各分公司生产经营中的问题提出指导意见，并协调各项工作	能为各部门、各分公司生产经营中的问题提出指导意见，能协调各项工作	对各部门、各分公司生产经营中的问题提出较少的指导意见，协调各项工作不力	不能为各部门、各分公司生产经营中的问题提出指导意见，不能协调各项工作	10分	7分	4分	1分
工作能力（30分）	专业能力（6分）	对本职工作有丰富的经验，善于总结工作，专业技术水平高	对本职工作有经验，能总结工作，专业技术水平较高	本职工作经验不多，一般不总结工作，专业技术水平一般	对本职工作无经验，不总结工作，专业技术水平差	6分	4分	2分	1分
	组织能力（6分）	能承担并独立完成大型活动，归纳能力强，能全面负责活动策划，提交见解独特的活动报告	能承担并独立完成一般活动，有一定的归纳能力，可以全面负责活动策划，提交较好活动报告	能承担并完成小型活动，并请教领导，归纳能力弱，策划不得当，活动报告一般	不能承担并独立完成各项活动，需上级、同事帮助才能完成，无归纳和策划能力，活动报告简单	6分	4分	2分	1分
	团队精神（6分）	具有很强的团队意识，能积极团结同事，工作协作性强	具有较强的团队意识，能够团结同事，工作协作性较强	有一定的团队意识，基本能团结同事，工作有协作性	无团队精神，不能团结同事，工作无协作性	6分	4分	2分	1分

续表

评价因素	评价内容及尺度					得分			
	项目	A	B	C	D	A	B	C	D
工作能力（30分）	发现、分析问题能力（6分）	能运用已有知识结合实际情况及时发现生产经营中的问题，正确解决问题并提出建议	能运用自身知识通过分析发现生产经营中的问题，能较好解决工作中的问题	能运用自身知识分析并找出个别问题，解决问题的方法较得当	运用自身知识分析不出生产经营中的问题，不能解决问题	6分	4分	2分	1分
	创新能力（6分）	有新办法、新思路，给工作带来新面貌	对工作有一定见解，工作有所改变	尚能出主意、想办法，工作面貌一般	工作比较守旧，无创新	6分	4分	2分	1分
工作态度（30分）	纪律性（10分）	自觉遵守公司各项规章制度，无迟到、早退、旷工现象	能遵守公司各项规章制度，偶尔有迟到、早退、旷工现象	尚能遵守公司各项规章制度，出现多次迟到、早退、旷工现象	不能遵守公司各项制度，经常有迟到、早退、旷工现象，时间观念差	10分	7分	4分	1分
	责任心（10分）	尽心尽责、任劳任怨，勇于主动承担工作责任	工作尽责，能承担工作责任	工作较尽责，可以承担一定的工作责任	对工作不负责，经常推卸责任	10分	7分	4分	1分
	积极性（10分）	不讲条件，工作积极主动，热情高	能积极做好各项工作，工作热情高	能做好各项工作，但工作热情一般	讲条件，对工作不主动，必须让领导催，工作热情低	10分	7分	4分	1分

根据任职能力评估得分情况，判断员工薪酬等级区间，从而决定是否提高或降低其薪酬等级。根据任职能力评估得分，如果员工的得分低于50分，则说明该员工的任职能力达不到所在职位的要求，应当降低其薪酬等级；如果员工的得分高于85分，则说明该员工的任职能力达到甚至超过了所在职位的要求，可以考虑提高其薪酬等级。我们将50~85分划分为7个区间，分别对应相应等级（见表7-34）。

表 7-34　薪酬等级定位

职位等级	得分
R1~R2	50~55 分
R3~R4	56~60 分
R5~R6	61~65 分
R7~R8	66~70 分
R9~R10	71~75 分
R11~R12	76~80 分
R13~R14	81~85 分
R15 至晋升	85 分以上

在对员工的任职能力进行评估时，还应考虑到任职能力评估中可能存在的误差，因此还应参考员工在工作中的实际情况，对评估分数做一定程度的调整。

复习思考题

1. 什么是薪酬结构？完整的薪酬结构包括哪些内容？
2. 薪酬等级级差有哪些确定方法？
3. 薪酬结构有哪些类型？
4. 薪酬结构有哪些策略？
5. 简述薪酬结构的设计步骤。
6. 简述宽带薪酬的设计流程与实施条件。

情景仿真题

BC 公司的薪酬管理体系①

BC 公司于 2010 年 12 月 16 日正式成立，是隶属中央企业的三级股份制公司，也是国内中速大功率柴油机的专业化生产企业。BC 公司成立 10 多年来，经历了创立、增长、成熟、平稳、衰退、再造 6 个阶段。目前公司处于再造阶段，正着力于构建人力资源管理体系，改革其薪酬管理体系。

改革后的薪酬管理中，公司负责人实行年薪制，其年薪由基本年薪、绩效年薪、特殊奖励等构成；管理人员、技术人员、无定额的其他人员实行职位绩效工资制，其职位绩效工资由岗位工资、绩效工资、工龄工资、职称补贴、其他补贴、年度奖金等

① 参见赵曙明、赵宜萱主编，唐春勇、敬永春编著：《薪酬管理：理论、方法、实务》，人民邮电出版社 2018 年版，第 86 页。本书在采用时有所改动。

构成；生产车间有定额的生产工人实行计件工资制，其工资由技能工资、工龄工资、绩效（计件）工资和补贴等构成。

在新的薪酬管理体系方案实施半年后，公司人力资源部对其实施情况进行了全面调研，结果显示，新的薪酬管理体系存在的问题有：（1）公平性问题。公司没有开展相应的职位评价工作，职位等级常由管理人员随意判定，导致薪酬分配的内部不公平。（2）科学性问题。薪酬等级结构设计不科学，未得到各层级员工的认可。（3）专业技术职务评聘问题。因技能评定内容复杂，等级界定困难，公司往往根据工龄长短进行套改，技能工资变成了工龄工资，致使有人达到高技能水平，也拿不到高技能职级和工资，尤其对年轻员工不利。（4）激励效果问题。对员工工作绩效的考核不到位，重视物质激励而忽视精神激励，对经营者的激励力度不够等。同时，员工薪酬总额主要由所在职位的工资系数决定，员工只有在职位晋升时工资才会有较大变动，而职位的调整又存在很多障碍。这在一定程度上导致了近半年公司员工（特别是一线高技能人员）离职人数达到67人。

请思考：

1. BC公司应该怎样进一步完善薪酬管理工作？

2. 构建合理科学的薪酬管理体系应该做好哪些准备工作？

案例分析题

MJ公司的薪酬结构设计①

MJ公司中除了高级管理人员实行年薪制外，其他人员普遍实行职位薪酬制度。员工薪酬=职位工资+工龄工资+奖金（包括年终奖）+福利。职位工资是薪酬结构中的主要部分，由职位评价分数确定。工龄工资根据员工实际参加工作的时间和员工在本公司工作的时间确定，员工在其他单位的工龄工资为每年10元，在MJ公司的工龄工资为每年20元。月工龄工资=（10×其他单位工龄+20×本公司工龄）÷12。奖金主要由公司经营情况和员工业绩考核情况决定。除高层管理人员和营销人员外，其余公司正式员工都参加年终奖金的分配。福利按照有关规定和员工需求设计。

职位工资是MJ公司薪酬体系中的主体部分，根据职位评价结果在薪酬结构中体现。MJ公司的职位评价采用要素计点法，考虑到公司高层领导的薪酬由董事会决定，评价范围覆盖了除公司高层人员外的138个职位。通过职位评价得到了职位评定排序表，其中最高分是636分，最低分是178分。

1. 确定职位等级数量和评价点数变动范围

公司现有的组织结构是直线职能制，运行情况良好，职位等级的数量不宜过少，过少会导致员工的晋升机会减少；当然也不宜过多，过多的话可能会增加管理的难度

① 参见周斌、汪勤编著：《薪酬管理：理论·实务·案例》，清华大学出版社2014年版，第299~301页。本书在采用时有所改动。

（如职位内部流动困难），导致公司的薪酬成本快速攀升。经过讨论，职位等级的数量设为 10 个。

职位等级的数量确定后，还要确定每一个职位等级的最低点数和最高点数。公司采用每一职位等级与最低值之间恒定级差比例来划定，公司职位等级的覆盖范围采用的是恒定的级差比例 i，计算公式为 $V=U/(1+i)^n$，其中 V 为职位评价最低分值 178，U 为评价最高分值 636，n 为 10。套用公式求出 $i=13.6\%$，并由此得到公司各个职位等级的分值分布（见表 7-35）。

表 7-35　职位等级的分值分布

职位等级	最低点值	最高点值	级差	点值跨度	绝对差值
1	178	201	13.6%	178～201	23
2	202	229	13.6%	202～229	27
3	230	260	13.6%	230～260	30
4	261	295	13.6%	261～295	34
5	296	336	13.6%	296～336	40
6	337	382	13.6%	337～382	45
7	383	434	13.6%	383～434	51
8	435	493	13.6%	435～493	58
9	494	560	13.6%	494～560	66
10	561	636	13.6%	561～636	75

2. 确定职位等级的点值区间及相邻等级点值区间的重叠

相邻的职位等级的点值区间设计成有交叉重叠的，即各个相邻的职位等级的最高点值和最低点值之间有一段交叉和重叠的区域，使低等级职位的优秀员工有可能拿到高等级职位的薪酬，而高等级新员工的薪酬有可能低于技术熟练的低等级的资深员工。

点值区间的浮动比例的大小取决于评价职位等级的高低。职位等级越高，浮动比例越大。MJ 公司设计的浮动比例为 30%和 40%两种。公司以各职位等级所评价职位点数的平均数作为各职位等级点值的中间值，即中间值=（最低值+最高值）/2，中间值依浮动比例上下浮动。

然后，根据中间值算出各等级的最低值，计算公式为：

$$最低值=中间值/（1+浮动比例/2）$$

最后，根据最低值算出各等级的最高值，计算公式为：

$$最高值=（1+浮动比例）\times 最低值$$

依不同浮动比例和不同等级制定出各等级点数浮动区间和职位级档。职位级档数目也取决于职位等级的高低，职位等级越高，级档数目也越多（见表 7-36、表 7-37）。

表 7-36　各等级点数浮动区间

工资等级	中间值	浮动比例	最小值	最大值	差值
一级	189	30%	164	214	50
二级	217	30%	189	245	56
三级	246	30%	214	278	64
四级	278	30%	242	314	72
五级	309	30%	269	349	80
六级	365	30%	317	413	96
七级	401	30%	349	453	104
八级	460	40%	383	537	154
九级	512	40%	427	597	170
十级	611	40%	509	713	204

表 7-37　职位点数级档

	一级	二级	三级	四级	五级	六级	七级	八级	九级	十级
档一	164	189	214	242	269	317	349	383	427	509
档二	174	199	225	255	283	331	365	402	445	528
档三	184	210	238	269	299	346	381	422	464	549
档四	194	221	250	283	314	362	398	443	484	570
档五	204	233	264	298	331	378	415	465	505	591
档六	214	245	278	314	349	395	434	488	526	614
档七						413	453	512	549	637
档八								537	573	661
档九									597	687
档十										713

请结合案例思考：

1. 该公司采用了恒定级差比例来划定职位等级的级差，请问还可以采用其他哪些方式来确定等级级差？

2. 该公司在设计各职位等级的浮动范围时，为何采取“职位等级越高，浮动比例越大”的方法？

3. 对 MJ 公司职位工资的结构设计有何建议？

技能操作题

1. 某企业同一薪酬区间内甲、乙、丙三名技工的实际基本薪酬分别为 3850 元/月、4100 元/月和 4200 元/月，该薪酬区间中值为 4000 元/月，而同等技工的市场平均薪酬为 4200 元/月。试从内部比较和外部比较的角度分别计算薪酬比较比率，说明该组员工实际获得的基本薪酬与相应薪酬区间中值之间的比较关系，以及薪酬区间中值与市场平均薪酬水平之间的比较关系。

2. 已知某公司薪酬区间最低值为 3600 元/月，区间最高值为 5600 元/月，实际基本薪酬为 4200 元/月，请计算薪酬区间渗透度。

第八章　员工福利体系设计

【学习要点】

1. 掌握员工福利的概念、特点和分类。
2. 了解员工福利对企业和员工的作用。
3. 掌握法定福利及各个项目的特点。
4. 掌握弹性福利计划的特点及实施方法。
5. 了解员工福利的发展趋势。

【引导案例】

ESI 公司台湾公司员工福利计划①

美国电子科技工业公司（Electro Scientific Industries，ESI）为全球的电子市场供应高价值的高科技制造设备，创立于 1944 年，1959 年更名为“Electro Scientific Industries”。ESI 公司的制造厂房设在美国俄勒冈州和加利福尼亚州，办事处遍及全球，包括欧洲、中国、日本、韩国以及新加坡等地。目前该公司有 800 多名员工。

ESI 公司素以提供创新方案与卓越服务而闻名。它成功的关键在于能够吸引并留住最有才干的员工。“全方位奖励”代表着薪资—福利—工作经验的最佳结合。

ESI 公司的“全方位奖励”方案旨在提供与公司的目标一致且能在市场上获得竞争优势的福利：员工持有公司股份，收入保障，工作弹性，工作/生活平衡。

公司特别设计了福利方案，为员工提供兼具全面性与竞争优势的保险计划。结合国家与当地的市场情况，其福利可分为以下几大类：健康保险、储蓄计划、收入保障计划、请假和休假以及工作/生活平衡。每一种方案的设计都具有弹性，以便满足员工及其家人的需要。

（1）促进员工的健康。ESI 公司的健康保险计划，提供全面的医疗与牙科诊疗服务保险。医疗计划提供处方、视力以及复健治疗服务保险。牙科计划提供预防、基本以及主要齿科服务的保险。员工可以将税前薪资的一部分存入一个弹性的开支账户，

① 参见仇雨临主编：《员工福利管理》，复旦大学出版社 2004 年版，第 134~135 页。

支付个人与亲属额外的医疗健康开销。

（2）投资员工的未来。公司的401（K）退休储蓄计划提供员工投资自己未来的通道。员工可以依照当地税收政策，选择存入最高可达薪资（税前）的50%的补充养老金。员工每存入退休储蓄计划中1元，公司相对应的存款项目会配合存入0.5元。

（3）员工股票认购方案（ESPP）。提供一种便利的薪资扣除方式让员工认购ESI公司的股票。员工可以选择拿出其薪资的一定比例（1%~15%），通过ESPP认购公司股票。购买价格应为发价有效期第一个工作日或最后一个工作日中较低的股票价格的85%。

（4）保障员工的收入。公司提供收入保障方案，协助员工及其家人在遇到伤残、死亡或严重事故时能够保障员工的基本生活。公司向合格的员工提供免费的伤残保险、基本寿险与意外险。员工也可以选择自行购买额外的寿险及意外险。

（5）请假和休假。公司为员工休假、请事假和家庭病假提供弹性方案。新进的全职员工每年可以累积四周的弹性休假（FTO）。除了FTO外，员工每年还可获得3天浮动假日。

（6）取得工作/生活平衡。公司致力于协助员工在个人、专业和家庭责任等各方面取得平衡。公司的工作/生活方案可以协助员工学习如何调适并享受人生。工作/生活平衡方案包括员工辅助方案（EAP）、教育辅助方案以及领养协助方案。员工还在各地的公司办事处提供现场员工托儿与餐厅服务。

第一节　员工福利概述

在企业的薪酬体系中，员工福利扮演着非常重要的角色，是企业总薪酬中不可或缺的重要组成部分。一个良好的保险福利系统，不仅能给员工带来方便实惠，解除员工的后顾之忧，增强员工对企业的满意度和忠诚度，而且可以节省在个人所得税上的支出，同时提高企业的社会声望。

近年来，发达国家中员工福利占企业总薪酬的比重在不断增加，企业支付的员工福利成本已经占到薪酬的30%，甚至更高。在我国，员工福利成为企业留住人才的重要手段。

一、员工福利的含义与作用

（一）员工福利的含义

员工福利是企业基于雇佣关系，以企业自身的支付能力为依托，并在一定程度上受国家的强制性法律法规所制约，而向员工提供的、用以改善其本人和家庭生活质量的各种以非货币性薪酬和以延期支付形式为主的补充性报酬与服务。

从性质上看，员工福利是一种间接或边缘薪酬，是对直接货币性薪酬的补充或延续，是全部报酬的一部分。所以，员工福利并不是企业的恩惠，它同工资或薪金一样是员工劳动所得，属于劳动报酬的范畴。即使是法律规定的社会保险等福利项目，也是基于雇佣关系的薪酬支出，是对员工劳动成果的回报。它的分配观是“平均分配”或“按需分配”，是一种具有“大锅饭”特征的薪酬形式。大多数福利项目的特点是低差异、高刚性，即多数福利项目具有内部普享性，且不会被轻易取消，因而比工资和奖金更恒定、更可靠。

员工福利的给付形式多样，企业自主性福利更是如此，包括现金、实物、带薪假期以及各种服务，而且可以采用多种组合方式，要比其他形式的报酬更为复杂，更加难以计算和衡量。

（二）员工福利的作用

1. 对企业的作用

员工福利是企业在货币性薪酬之外又一项吸引和留住员工、提高员工工作积极性的重要薪酬措施。企业希望通过主动提供福利传达企业对员工的关爱，换取员工的绩效和忠诚，提高员工士气，增强企业凝聚力，同时也提高企业的社会声望，如有责任感、以人为本、关心员工等。由于福利通常实行平均主义的分配方法，尽管员工在薪酬等级上存在高低，但在大多数福利项目上都可以平等享受，而且一般而言，福利对于经济水平低的员工的效用更大，因此，福利可以适当缩小员工之间的薪酬差距。

员工福利也使企业能获得税收上的优惠。许多福利项目是免税或税收递延的，所以企业可以通过发放福利达到既减轻税收负担而又不降低员工实际薪酬水平的目的，同时，也可以避免因过多的现金报酬而导致社会保险等费用的上升，因为这些费用是以工资总额为基数征收的，工资增加意味着企业所要缴纳的社会保险费也要随之增加。

一般来说，员工福利对工作绩效并没有直接的影响。与直接薪酬，尤其是可变薪酬相比，福利对员工的激励作用也不明显，不能直接满足竞争战略的要求。因此，过于优厚的福利不仅大幅增加人工成本，可能成为企业发展的障碍，甚至还可能使员工变得懒惰或坐享其成，从而使企业在福利方面的付出得不到相应的回报。另外，福利项目繁多，它的规划与管理也比直接薪酬要复杂得多。

2. 对员工的作用

因为货币可以作为所有商品与服务的代表，可由使用者任意选择支配与使用，能够最大限度地满足其个性化需要，所以与同值货币相比，福利的效用通常要稍低一些，但福利在集体消费与价格优惠、提升员工满意度与忠诚度以及促进员工全面发展等方面具有独特的作用。

福利项目往往能够满足员工个人难以实现的需求。例如，企业提供的健康保险可以帮助员工应对医疗费用，减轻经济负担；集体福利，如运动场所、劳务服务等，虽然对个人来说可能不是必需的，但它们能够提升员工的生活质量，增强员工的归属感和团队凝聚力。这种集体消费方式不仅能够降低个人成本，还能提高员工的满意度。通过集体购买或与企业合作，员工可以享受到比市场价格更低的服务或商品。这种价格优惠对于员工来说是一种实实在在的实惠。例如，企业可以与保险公司合作，为员工提供团体保险，从而降低保险费用，员工在享受企业提供的福利时，会更加珍惜自己的工作机会，提高对企业的忠诚度和满意度。

更重要的是，福利项目具有递延性和实物性的特点，可以获得政府的税收优惠，因而具有减少税负功能，这对于高收入员工尤其具有吸引力。所以，只要福利项目设计得当就会得到员工的认可和欢迎，从而产生其应有的功效。

但从另一个方面看，福利本身也是劳动报酬的一部分。从某种意义上来讲，福利就是直接薪酬的一种替代品，福利水平的提高实际上是以降低直接薪酬水平为代价的。固定的福利会导致员工失去对这部分报酬的自由处置权，即便企业实行弹性福利计划，员工的选择也是有限的，从而形成一种变相的强制消费，而直接薪酬就不是这样，直接薪酬具有完全的个人自由处置性。

在其他条件都相同的情况下，如果不存在税收优惠等条件，与实物、延期性的收入相比，人们宁愿得到的是相同数量的即期现金收入。因为不同员工有不同的生活需要或个人偏好，有了现金，员工可以随心所欲地购买不同的商品，从而能更好地满足其个人需要。有时在福利存在税收优惠等优势的情况下，人们也更愿意选择现金报酬，因为在出现突发性事件、急需可支配的现金时，相同数目的现金收入比福利能为员工带来更大的效用。也正是基于这样的原因，企业有时会觉得发放福利吃力不讨好，企业花了不少钱，而员工未必领情。从这一点来看，福利效用的大小相当程度上取决于福利对于员工个人需求的满足程度。

（三）员工福利的特点

与其他形式的报酬相比，福利有三个主要特点：一是补偿性。福利是对员工为企业提供劳动的一种物质补偿，也是员工工资收入的一种补充形式。二是均等性。在企业内履行了劳动义务的员工，只要符合条件都可以平等地享受企业的各种福利。三是集体性。企业兴办各种集体福利事业，员工集体消费或使用物品等是员工福利的主要形式，也是员工福利的一个重要特征。

【案例链接】

一种类似家庭关系的感情成分①

通过福利的形式为员工提供各种照顾，会在雇佣关系中增加一种类似家庭关系的感情成分，提高员工的工作满意度，使得员工生产率上升，缺勤率和离职率下降。美国 SAS 公司不仅为员工提供配备 2 名医生和 6 名专业护士的免费诊所、一个 5110 平方

① 参见杨莉虹、黄一鸥、李强主编：《薪酬管理》，电子科技大学出版社 2020 年版，第 138 页。

米的体育场、有补贴的住房、乡村俱乐部会员资格等福利，而且为员工提供婴幼儿日托服务，每个月只要交25美元，同时还为员工的子女上私立学校提供学费补助。该公司还实行每日7小时工作制，让员工有机会享受家庭生活以及处理私人事务。结果，虽然该公司并未提供股票期权，薪酬水平在本行业中也不是最高的，但是它的年度员工流失率仅为4%，大大低于同行业20%的一般水平。

二、员工福利与直接薪酬的关系及发展趋势

（一）员工福利与直接薪酬的关系

1. 相互联系

（1）直接薪酬与福利同属员工的劳动所得，属于劳动报酬的范畴，在劳动报酬总量一定的情况下，两者存在一定程度的此消彼长或替代关系。

（2）两者均具有经济保障功能。

（3）都要在一定程度上受到法律法规的约束。

（4）两者均具有一些弹性项目，可以依据经济条件的变化而做出调整，以满足不同的员工需求。

（5）两者同为经济性报酬，有时也可以相互转化。例如，职工住房在计划经济体制下是作为一种福利分配给大家的，主要与工作年限挂钩，而实行市场经济体制后，随着住房的商品化、货币化，福利分房已被取消，住房福利通过住房补贴等形式逐步向工资转化。

2. 相互区别

（1）产生的效用不同。直接薪酬对于员工的生活水平起决定性作用，而福利则是在此基础上起到一种保障和提高的作用。

（2）支付依据不同。直接薪酬是按劳付酬，主要根据员工的能力、业绩或所在职位的情况支付，员工之间存在较大差别；而福利不是按照员工向企业提供的工作时间计算的，通常也不与员工的工作业绩和能力挂钩，因而具有固定成本的特点。

（3）支付形式不同。直接薪酬具有即期支付和现金支付的特点，而福利以实物、服务机会、特殊权利和延期支付的形式为主，较直接薪酬更为复杂多样。

（4）支付对象与福利水平差异。直接薪酬具有个别性，员工之间差异较大；而员工福利则具有集体性，享受对象通常包括企业全体员工，同时，它在很大程度上是按需支付或平均分配的，员工之间福利差别一般不大。

（5）缴纳税金不同。超过缴税基数的直接薪酬收入需要缴纳个人所得税，而福利保险中很多项目是免税的或者税收是递延的，这样员工获得的可支配收入会随福利保险项目待遇的增加而增加，无形中提高了税后收入。国外公司实行的员工持股制，有时也被看作一种福利形式，因为它能享受政府提供的巨额免税优惠。

（6）影响其总量发生变化的主要因素不同。直接薪酬在成本项目中属于可变成本，

工资总额通常会随着劳动时间的变化而发生变化；而员工福利总额则随员工人数的变化而变化，通常具有固定成本的特点。

（7）项目设计的灵活性不同。在福利构成中，虽然有一部分是国家强制规定的，但大多数是由企业根据自身条件和员工的需求及偏好自主制定的，其灵活性比直接薪酬大，能够充分体现企业的个性化色彩。由于企业可以自由决定福利项目以及工资和福利的组合，薪酬方案的设置更具有灵活性，但直接薪酬的项目是固定的，其灵活性主要体现在具体数额上。

（8）列支渠道不同。有些福利项目从企业利润中支付，不列入成本，享有税收优惠，而直接薪酬则从企业成本中列支。

（二）员工福利的发展趋势

随着组织面临的市场竞争日趋激烈，福利成本成为总薪酬成本中非常重要的一个组成部分，企业不得不考虑如何使福利成本的收益最大化，因此进入 21 世纪以后，企业员工福利出现以下两个重要的发展趋势。

（1）弹性福利计划大行其道并且日趋完善。弹性福利计划又被称为“自助餐式的福利计划”，起源于 20 世纪 70 年代。员工在企业规定的时间和金额范围内，可以按照自己的意愿搭建自己的福利项目组合，可以根据自己的需要和生活方式的变化不断改变自己认为有价值的福利项目。弹性福利计划的重要特征是个性化、可选性。

（2）组织开始寻求与其战略目标、组织文化和员工类型相匹配的福利模式。随着福利种类的增多和福利覆盖范围的扩大，摆在企业面前的福利计划越来越多，但是，并非所有的福利计划都适合任何组织中的任何员工群体。从实际情况来看，很多福利计划是与组织的目标、价值观乃至经营战略相违背的。因此，企业在制订福利计划时，不仅要考虑现在市场上流行什么样的福利计划，而且要对自己的组织进行深入的分析，知道组织的价值观是什么、组织的目标是什么、组织的员工队伍是如何构成的、未来组织要经历什么样的变革等。在回答这些问题的基础上，要考虑所设计的福利计划是否有助于完成这些组织目标，如果福利计划有助于组织目标的实现，则需考虑公司是否具备实施这种福利计划的能力，包括成本承受能力和管理能力。

【案例链接】

某公司的福利目标陈述

从实际操作的角度来说，企业在选择提供给员工的各种福利项目时，最好首先明确提供这种福利包的目标是什么，这是设计组织福利体系的一个合乎逻辑的起点。它有助于组织选择最为有效的福利项目，并且有利于组织对这些福利项目是否真正达到了预期目的进行监控。在实践中，一些公司还就自己的福利体系设计给予书面的陈述，表 8-1 就是某公司的福利目标陈述。

表 8-1　某公司的福利目标陈述

1. 建立和维持一项员工福利计划的宗旨是：满足员工对于闲暇时间的需要以及降低员工在年老、健康状况不佳以及死亡等情况下所面临的各种风险。

2. 建立和维持一项员工福利计划的基本原则是：在员工自己做出努力的基础上，组织提供适当的补充。

3. 每年根据员工的离职率、未填补职位空缺数、出勤率、员工投诉率以及员工意见等因素，就员工福利计划对于员工的士气和生产率所产生的影响进行评价。

4. 每年将本公司的员工福利计划与本领域中领袖企业的员工福利计划进行比较，将一项福利计划所提供的总体福利水平维持在这样一个位置上，即员工的人均福利成本处于这些领袖企业的第二个五分位上。

5. 每年核算新建的、调整过的以及现有的各种福利计划的成本相当于固定薪酬的百分比，并且尽可能地维持在这个水平上。

6. 从福利计划能够为组织带来长期的成本节约以及避免各种重大损失的角度来看，福利计划应当能够实现基金的自我筹集。

7. 做好公司的全部福利计划与公司参与缴费的各种社会保险计划之间的协调工作。

8. 除了那些必须由员工自己承担一部分成本的面向员工家属的福利计划之外，其他员工福利计划都不根据员工的缴费来决定福利的提供。

9. 与所有的员工就福利计划保持沟通

资料来源：杨莉虹、黄一鸥、李强主编《薪酬管理》，电子科技大学出版社 2020 年版，第 138 页。

三、员工福利管理

福利管理的主要内容包括明确实施福利的目标、确定福利的支付形式和对象、评价实施福利的效果。

1. 福利预算

随着市场经济的不断发展，企业需要提供多样化的福利项目，选择灵活的福利提供方式。企业在设置福利项目时，应对每项福利的大概费用进行预算，以方便企业在实际执行过程中对各项福利费用的控制、调整，确保福利计划项目的有效实施。企业可采用两种方法进行福利预算，具体如下。

（1）参照往年福利项目及福利费用标准编制预算，包括福利项目总费用和各分项费用。结合本年度企业预计在福利方面的总投入费用额度，适当地调整各分项福利费用标准，或者增减福利项目数量。此方法的优点是操作简单，便于对福利费用总额的控制。

（2）根据企业福利费用计划编制预算。企业首先确定计划给予员工的单项福利费用标准，然后确定计划给予员工的福利项目数量，在此基础上，汇总得到企业总的福利项目预算额度。此方法能直接反映企业的员工福利水平，但在总成本上不好控制，容易超出企业支付能力。

企业初步确定福利项目后，还应结合自身的财务状况，综合考虑各项福利的受益人群、覆盖范围等，编制员工福利总额的年度预算。只有将福利总额控制在薪酬总额计划之内，确保企业有足够的财务能力支付各个福利项目，才可以实施各项福利计划。如果企业财务状况不足以支持所有的福利项目，则企业应保证员工享有国家法定的福利项目，再酌情设立一些员工迫切需要的福利项目。

2. 福利申请与审核

当员工根据公司的福利制度和政策向公司提出享受福利的申请时，企业需要对这些申请进行审查，即审查本企业是否实施了某种相关的福利计划、该员工是否在计划覆盖的范围之内以及该员工应该享受何种福利待遇等。

3. 福利沟通

企业与员工进行福利沟通，一方面可以让员工知道企业提供了哪些福利，进而了解企业为此支付的成本状况；另一方面可以了解员工对现有福利的看法和满意程度。

福利沟通的方式主要有问卷调查、面谈法、编写福利手册、向员工介绍和解释企业的各项福利计划、定期向员工公布有关福利信息、建立网络化的福利管理系统。

4. 索赔处理

当员工声称发生了某一特定事件，如伤残、住院、失业，并要求企业履行赔偿承诺时，就会出现索赔处理，此时索赔处理人必须首先确定这一事件是否真的已经发生。如果事件确实发生，就要确定该员工是否具备享受这一福利的资格。如果在这一阶段没有拒绝赔偿要求，索赔处理人就要计算赔偿水平。在这一阶段，确保福利的协调尤其重要。如果有多家保险公司负责赔偿，如由不同保险公司承保的员工配偶，一名优秀的索赔处理人通过确保共同承担赔偿责任可以节省10%～15%的索赔成本。

5. 成本控制

员工福利的出发点是激励员工，提高其生产效率，从而使企业获得相应的收益。由谁来享受福利、如何分担福利成本、在多大程度内实行福利计划以及如何控制福利成本，都有可能影响福利成本控制的效果。因此，员工福利的管理还必须注意成本控制，这可以从以下几方面进行考虑。

（1）福利享受对象的确定。企业实施员工福利计划的目的是吸引人才、留住人才，提高员工工作效率，明确福利提供给哪些人员，并与制度设计的目标吻合，是成本控制的第一步。

（2）员工分担福利支出。为了适度控制企业福利计划成本，同时也为了避免日后企业因负担不起而被迫降低福利标准引起员工不满，可以采取员工和企业共同负担福利开支的方式。完全免费的福利容易引起员工对福利的过度使用，产生浪费现象，不利于控制成本。研究表明，员工承担一些福利费用还可以提高其对福利的评价。不少企业全部负担福利的开支，久而久之，员工视其为理所当然，并且倾向于低估企业提供的福利价值。

（3）实行弹性福利计划。不同员工的需求偏好是有差异的，弹性福利计划可以满足员工的不同需求，在企业福利投入一定的情况下，最大限度地满足不同员工的不同需求，提高员工满意度。员工在规定的货币额度内，自由选择福利组合，可以实现个人享有的福利价值最大化。在实施过程中，应尽量设法降低和减少弹性福利计划的复杂度和可能的缺点。

（4）规定福利支付上限。通过对企业内所有福利的开支和某些福利项目的支付设置上限，控制成本。

（5）控制管理成本。成本控制最常用的策略是员工福利外包，许多公司通过雇用外部人员来管理福利计划，通过竞争性投标，选择质量价格比最优的外部组织管理员工福利，这种做法使企业对成本和福利的控制更集中、更一致，效果更好。如果由本企业自行管理福利项目，要尽可能在《福利手册》中详细介绍福利项目，让员工了解企业的福利计划，这样有助于福利沟通，提高福利管理效率。

6. 福利管理中的主要问题

福利管理在企业文化和价值观的传递方面具有非常好的作用，能够在提高员工实际收入水平的同时减轻员工的税收负担，吸引和留住人才，激励员工的工作积极性，并最终提升组织凝聚力。尽管如此，当前大多数企业的福利管理依然存在一些问题。

（1）缺乏激励性。目前，中国大多数企业的福利体系确实相当薄弱，即使制定了相关的福利政策，也存在平均化倾向。企业的福利被员工认为是普惠性的，并不与绩效挂钩，久而久之，员工认为福利就是企业支付的薪酬的一部分，是企业必须做的，感受不到企业的关怀，还会导致企业福利成本的攀升，无法实现福利成本的付出应带来的收益。同时，企业里的每一位员工都享受同样的福利待遇，没有差别也谈不上激励。对于员工而言，相同的福利被视为“大锅饭”，员工可以理所当然地享受。这种管理模式一方面增加了企业的成本，另一方面无益于调动员工的积极性。

（2）福利项目设计单一。传统的福利制度都是为员工提供相同的福利而且很多年都不曾改变，但是，随着劳动力队伍构成的变化，不同文化层次、不同收入层次的员工对福利的需求存在较大的差异，这就导致一方面企业付出了大量成本，而另一方面员工却并不需要。这种福利与员工需求之间的脱节造成了很大的浪费，也无法实现企业的目标。

（3）漠视员工福利，激化劳资矛盾。员工福利计划的不健全逐渐成为我国企业发展的“软肋”。虽然一些企业在公众场合也常把“以人为本”挂在嘴边，但真正执行起来，却打了折扣。许多企业只对员工提供法定福利，对自主性福利形式普遍不太重视，甚至对于法定福利，有些企业执行的力度都不够，员工利益得不到保障，这使得近年来劳动争议案件数量呈上升趋势，处理不好往往影响到劳资关系的和谐，甚至会激化矛盾。

【知识链接】

明确福利管理的权责归属①

从业务性质上，福利管理可以分为两大方面：一是福利政策和福利体系建设，主要由人事部负责；二是福利业务的具体经办和联系，主要由行政部负责。此外，福利管理必然会涉及资金管理，所以财务部也需要参与到福利管理之中。具体而言，企业

① 参见张志英、杨爱喜：《一本书读懂薪酬管理》，中国经济出版社 2021 年版，第 209 页。

各部门福利管理权责如表8-2所示。

表8-2　企业各部门福利管理权责

部门	管理权责	具体内容
人事部	主要负责福利政策制定与体系完善	(1) 负责公司福利政策的规划、制定与完善 (2) 根据政策审核员工福利的享受级别及条件，并报公司领导审批 (3) 签订、保存员工福利协议 (4) 联络行政部办理具体事项 (5) 审核福利资金的使用、费用定额，做好年度福利资金的预算、使用情况报告与福利效益评估
行政部	主要负责福利业务的联系、经办与管理	(1) 根据公司相关政策及公司领导的审批文件，按照享受级别办理相关手续 (2) 负责厘清、核查、归档管理公司现有福利项目的相关合同及关系 (3) 负责制定并完善与福利相关的管理实施细则（如办理程序及方法等） (4) 执行经过公司领导审批或认可的福利项目
财务部	主要负责福利资金管理	(1) 建立独立的福利资金使用的财务账目 (2) 根据福利制度和相关财务管理制度审核资金的使用情况 (3) 及时支付，定期结算福利资金的使用情况

第二节　员工福利种类

一、员工福利的分类

员工福利项目繁多，形式多样，常构成一个复杂的福利体系。为对福利有较为清晰和全面的了解，可以根据不同的标准对其进行类别上的划分。

根据福利项目的提供是否具有法律的强制性，可以将员工福利划分为法定福利和自主性福利。

根据福利项目的实施范围或支付对象，可以将员工福利划分为全员性福利、特种福利以及特困补助。大多数的福利都是提供给企业所有员工的全员性福利，这种福利多少带有一些平均主义或“大锅饭”色彩，如生日礼金等；特种福利是为企业高层人才设计的福利，这种福利多少带有一些奖励的性质，如对高层人员的高档轿车服务、出差可乘坐飞机和住宿星级宾馆、交际费及其他职务消费；特困福利是为企业困难员工提供的福利，这是按需分配的。

根据员工对福利项目是否具有选择权，可以将员工福利划分为固定性福利和弹性福利。固定性福利是由企业设定、员工被动接受的福利，弹性福利是由企业设定、允许员工按照自己意愿选择的福利。

根据福利的性质，可以将员工福利划分为经济性福利和非经济性福利。实际上，大多数福利都是经济性福利。非经济性福利的目的在于全面改善员工的工作生活质量，主要包括咨询性服务，如法律咨询、心理健康咨询、职业生涯辅导、员工帮助计划（EAP）等；保护性服务，如隐私权保护、平等就业权利保护等；工作环境保护，如弹性工作时间、弹性工作地点、员工参与民主化管理等。

根据福利的具体项目，可以将员工福利划分为现金补贴、保险和服务等。

【案例链接】

有趣的与医疗相关的福利①

眼睛保健计划最早可以追溯到1976年美国汽车工人联合会与三大汽车制造商签订的合同。此后，这一福利延伸到其他与汽车相关的行业和部分公共部门。大多数大型企业提供某种形式的眼睛保健计划，大多数眼睛保健计划不需要员工缴费，眼睛检查、镜片和镜架的部分费用也由企业提供。

二、员工福利的形式

现代企业的福利可以分为两大组成部分：一部分是法定福利，是企业根据国家的政策、法律法规必须为员工提供的各种福利，主要包括基本养老保险、基本医疗保险、失业保险、工伤保险、生育保险和住房公积金；另一部分是自主性福利或者企业补充福利，是企业根据自身管理特色和员工的内在需求，向员工提供的各种补充保障计划以及各种服务、实物、带薪休假等（见表8-3）。

表8-3　福利的形式

法定福利	社会保险（基本养老保险、基本医疗保险、失业保险、工伤保险、生育保险）、住房公积金、法定休假	
自主性福利	经济性福利	住房补贴、交通补贴、饮食补贴、教育培训、免费体检、带薪假、文化旅游、金融、生活性福利、津贴、补充保险和商业保险等
	非经济性福利	咨询性服务、保护性服务、工作环境保护

资料来源：孙利虎编著《战略薪酬管理：理论与实务》，东北财经大学出版社2015年版，第127页。

法定福利管理一般遵照强制性原则、公平性原则、差异性原则、防范性原则（见

① 参见［美］巴里·格哈特、杰里·纽曼：《薪酬管理》，成得礼译，中国人民大学出版社2022年版，第380页。

图 8-1）。

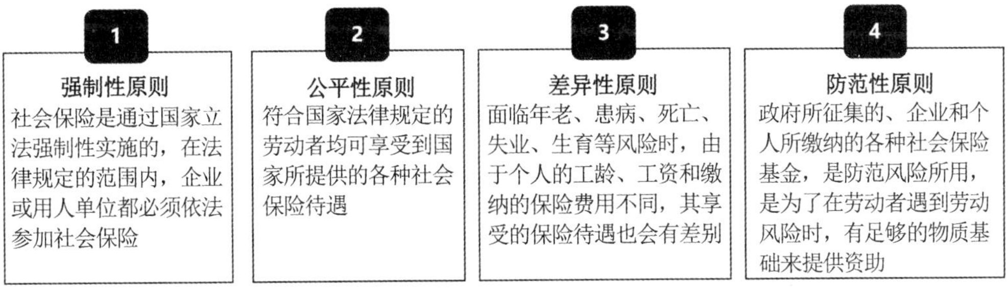

图 8-1　法定福利管理的四项原则

资料来源：王瑞永编著《薪酬福利管理方法与工具》，中国劳动社会保障出版社 2014 年版，第 158 页。

我国法定福利中的五险一金各地缴费比例不一样，但一般规定缴费比例如表 8-4 所示。

表 8-4　五险一金缴费比例

项目	个人缴费	企业缴费
基本养老保险	月工资收入的 8%	不超过职工工资总额的 20%
基本医疗保险	月工资收入的 2%	职工工资总额的 7.8%
失业保险	月工资收入的 1%	职工工资总额的 2%
工伤保险	不缴纳保险费	职工工资总额的核定比例（按本行业差别费率确定）
生育保险	不缴纳保险费	职工工资总额的核定比例（按本行业差别费率确定）
住房公积金	住房公积金管理规定，职工和单位住房公积金的缴存比例均不得低于职工上一年度月平均工资的 5%；有条件的城市，可以适当提高缴存比例	

资料来源：周斌、汪勤编著《薪酬管理：理论·实务·案例》，清华大学出版社 2014 年版，第 237 页。

五险一金日常解答是一项非常烦琐的内容，表 8-5 为企业管理中的五险一金常见问题。

表 8-5　五险一金常见问题

类别	员工最关心的常见典型问题
基本养老保险	离开就业地区到外地工作，如何转移养老保险？ 退休后每月大概能领取多少养老金？
基本医疗保险	如何选择定点医院？ 如何变更定点医院？ 社保卡丢失如何补办？ 如何报销医疗门诊费用？ 住院费用报销需要提交哪些材料？
失业保险	领取失业金需要满足什么条件？ 如何申请失业金？ 办理失业保险需要提交哪些材料？

续表

类别	员工最关心的常见典型问题
工伤保险	工伤的范围有哪些？ 发生工伤如何享受工伤保险待遇？
生育保险	生育保险都有哪些待遇？ 生育津贴大概能领取多少钱？
住房公积金	如何查询个人公积金？ 第一次提取公积金需提交哪些材料？ 什么时间可办理公积金提取？多久到账？ 将要离职，公积金如何转移？

资料来源：贺清君《老 HRD 手把手教你做薪酬》（精进版），中国法制出版社 2022 年版，第 178~179 页。

【知识链接】

最受员工欢迎的十大福利①

员工福利是“花小钱办大事”的薪酬项目，直接影响员工的生活质量和员工对企业的满意度。某人力资源服务有限公司开展了“最受员工欢迎的福利调查”，根据员工对各项福利的喜爱程度推出了“最受员工欢迎的十大福利”（见表 8-6）。

表 8-6　最受员工欢迎的十大福利

排名	福利名称	受欢迎程度
1	住房补贴	76. 30%
2	派驻国外工作机会	74. 50%
3	晋升机会	73. 10%
4	休假及旅游补贴	71. 50%
5	学历教育	70. 20%
6	企业年金	68. 00%
7	节假日、生日等重大事件庆祝类补贴	68. 00%
8	商业补充养老保险	67. 70%
9	各类培训	67. 70%
10	子女教育储蓄型保险	66. 90%

① 参见白睿：《全面薪酬体系设计新实战：从 Payroll 到 C&B 的快速晋升》，人民邮电出版社 2021 年版，第 205~206 页。

【思政小贴士】

薪酬合法性

《中华人民共和国劳动法》第三条规定：劳动者享有平等就业和选择职业的权利、取得劳动报酬的权利、休息休假的权利、获得劳动安全卫生保护的权利、接受职业技能培训的权利、享受社会保险和福利的权利、提请劳动争议处理的权利以及法律规定的其他劳动权利。

“立善法于天下，则天下治；立善法于一国，则一国治。”①

以习近平同志为核心的党中央对全面依法治国高度重视，从关系党和国家长治久安的战略高度来定位法治、布局法治、厉行法治，把全面依法治国放在党和国家事业发展全局中来谋划，来推进。在党的二十大报告中，习近平总书记指出：“全面依法治国是国家治理的一场深刻革命，关系党执政兴国，关系人民幸福安康，关系党和国家长治久安。”②

三、福利设计的实施

1. 福利规划的内容

图 8-2 从企业和员工两个角度描述了一个福利选择的影响因素模型。在确定合意的福利组合内容时，许多因素会对企业的偏好产生影响，而员工对各种福利选择的偏好取决于他们个人的需求，最能满足个人需求的福利通常最受欢迎。这些需求部分源于员工对福利公平性的感知。

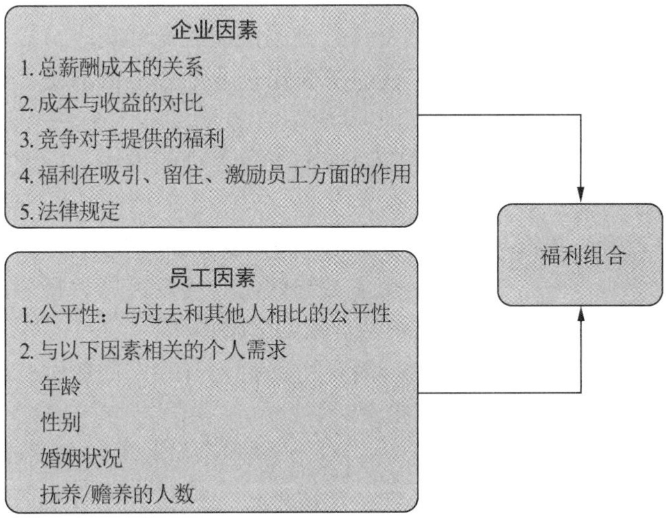

图 8-2　影响福利组合选择的因素

① （北宋）王安石：《周公》。

② 习近平：《高举中国特色社会主义伟大旗帜　为全面建设社会主义现代化国家而团结奋斗——在中国共产党第二十次全国代表大会上的报告》，人民出版社 2022 年版，第 40 页。

2. 福利计划模式

按照不同的划分标准，企业设置的福利计划有不同的模式，具体内容如图 8-3 所示。

项目模式	1. 实物型模式：企业主要以直接发放实物或者直接提供服务的方式向员工提供福利 2. 货币型模式：企业主要以货币或者准货币的形式向员工提供福利
享受模式	1. 免费型模式：不论员工的工作绩效如何或者员工现在是否在岗，只要是企业的正式员工，都可以无条件享受企业设置的福利项目 2. 绩效型模式：员工要想享受一定的福利项目，就必须达到一定的工作绩效标准 3. 资历型模式：它并不是以绩效为导向，而是以员工在企业里的工作时间为享受福利的标准
覆盖模式	1. 统一型模式：也被称为“全员型模式”，企业向员工提供的福利在内容上都是一致的，也就是说，所有的员工享受的福利项目都是一样的 2. 差异型模式：企业向员工提供不同内容的福利，以满足员工不同的需求
实施模式	1. 自主型模式：企业作为员工福利的实施主体，直接向员工提供各种福利 2. 外包型模式：企业将员工福利的实施责任全部或部分地委托给外部的组织或机构，这些机构或组织为员工福利的实施主体或者部分员工福利的实施主体，向员工提供各种福利

图 8-3　福利计划模式

资料来源：刘亚萍编著《薪酬管理工作手册》，人民邮电出版社 2015 年版，第 103 页。

3. 福利设计的原则

对于法定福利，企业需要严格按其要求执行，但对于企业自行拟定的福利，其福利设计就较为灵活多变。整体而言，福利设计需遵循以下原则。

（1）合法性原则。福利设计首先要符合相关法律制度的规定，按法律法规要求给员工提供相应的保障，如五险一金，这也是确保企业不违法的前提，在福利设计中占有最高的比例。

（2）支付控制原则。福利设计需在企业的支付能力范围内，因此需要严格控制福利开支，并提高福利服务效率，减少浪费。

（3）多样化原则。根据员工的需要和企业特点提供多样化的福利项目。

（4）差异化原则。由于福利有平均主义的倾向，所以可以选择一些福利项目，将它们与员工的业绩紧密联系，以提高福利分配的激励作用。

（5）引导原则。选择的福利项目应对员工的行为有一定的影响，如在职培训等项目，能够引导和促进员工人力资本的投资。

4. 福利策略的选择

企业可以设计的福利项目有很多种，总体来讲，福利可分为固定性福利和弹性福利。每种类型的福利都有自己的优缺点。企业常见的福利策略的类型及其优缺点如表 8-7所示。

表 8–7　福利策略及优缺点

福利策略	定义	优点	缺点
固定性福利策略	是一种固定的福利项目组合策略，是根据员工福利需求，在福利成本预算的基础上设计的	福利项目固定，方案简单，操作成本低，便于成本预算，易于操作，能够满足绝大多数员工的福利需求	不能满足员工的个性化福利需求，针对性不强，导致激励作用失效，甚至会导致福利资源的浪费
弹性福利策略	是指员工根据自己的喜好，可以自由挑选福利项目的策略。这种方法同样要基于福利成本预算，了解员工对福利项目的需求	灵活地自主选择福利项目，满足了不同员工的不同福利需求，增强了福利项目的有效性和针对性，体现了企业管理的人性化，使员工感到受尊重，从而提高员工工作的积极性	福利成本预算的难度加大，不利于制定精确的福利成本预算，运作成本加大，增加了人力资源部门的工作量
固定性+弹性福利策略	是在进行福利成本预算的基础上，根据员工福利需求设计出的福利项目，并将所有福利项目划分成固定部分和自助部分，固定部分为基础福利，是所有员工均可享受的项目，自助部分可由员工根据自己的需求自主选择	灵活地结合了福利需求的普遍性和自主性，有利于调动员工工作的积极性。通过调整固定性福利项目和弹性福利项目，可以控制福利支出总额	难以准确地计算所有福利项目的成本，增加了人力资源部福利管理的难度，在一定程度上增加了运作成本

资料来源：赵曙明、赵宜萱主编《薪酬管理：理论、方法、工具、实务》（微课版　第 2 版），人民邮电出版社 2019 年版，第 182~183 页。

企业在进行福利策略选择时，需要注意以下几个问题。

（1）福利政策应该支持企业的战略计划。不同的企业战略需要不同的福利策略来支持，如差异化战略需要提高企业核心人才的福利；为支持低成本战略，可以通过减少正式员工、增加临时员工的方式减少福利支出。

（2）充分了解国家相关法律政策。企业制定的福利政策要避免与法律政策相冲突，同时企业可以充分发挥法定福利的作用。

（3）制定个性化的福利政策。受性别、年龄、婚姻状况、职业等因素的影响，员工对福利的需求不尽相同。企业可以通过有效沟通等方式，为员工制定更符合其需求的福利政策。

【案例链接】

各类企业福利设计的偏好①

通过对国际知名企业和国内大、中型企业各项福利项目的设计内容进行比较，可以发现各类企业在福利制度采用程度上是存在设计偏好的，同时，国际知名企业和国内大、中型企业在各类福利项目的设计偏好上有较大的差异，具体如表8-8所示。

表8-8　各类企业福利制度采用程度比较

序号	福利项目	国内大、中型企业	国际知名企业
1	医疗保险	★★★☆☆	★★★★★
2	养老保险	★★★☆☆	★★★★★
3	工伤保险	★★★☆☆	★★★★★
4	失业保险	★★★☆☆	★★★★★
5	生育保险	★★☆☆☆	★★★★★
6	住房公积金	★★☆☆☆	★★★★★
7	住房资助或补贴	★★☆☆☆	★★★★★
8	法定带薪假期	★★★★★	★★★★★
9	年度全额带薪假期	★☆☆☆☆	★★★★★
10	非工作时间报酬	★★☆☆☆	★★★★★
11	加班报酬	★★☆☆☆	★★★★★
12	免费工作餐、茶点	★☆☆☆☆	★★★★☆
13	免费班车	★☆☆☆☆	★★★☆☆
14	带薪病假	★★☆☆☆	★★★★★
15	家庭病假及事假	★★☆☆☆	★★★★★
16	出差补助	★★★★☆	★★★★★
17	出差意外伤害险	★★★☆☆	★★★★★
18	人身意外伤害险	★☆☆☆☆	★★★★☆
19	企业股份期权	★☆☆☆☆	★★★★☆
20	员工子女医疗费补助	★☆☆☆☆	★★★★☆

① 参见袁立涌：《薪酬体系设计实务操作手册》，中国纺织出版社2010年版，第256~257页。

续表

序号	福利项目	国内大、中型企业	国际知名企业
21	培训及学费报销	★★☆☆☆	★★★★★
22	再就业援助	★★☆☆☆	★★★★☆
23	保健活动	★★☆☆☆	★★★★☆
24	员工俱乐部	★☆☆☆☆	★★★★★
25	带薪婚假、产假	★★★☆☆	★★★★★
26	通信费补助	★★☆☆☆	★★★★★
27	交通费补助	★★☆☆☆	★★★★★
28	书刊费补助	★☆☆☆☆	★★★★★

注："★"越多，表示越重视。

第三节 弹性福利计划

一、弹性福利计划

自 20 世纪 70 年代以来，一种允许员工自行选择福利项目的弹性（柔性）福利制度逐渐成为时尚，这种增加员工的自由选择余地而更具人性化的制度，正被越来越多的企业和员工认可、采用。

1. 弹性福利制度的含义与作用

弹性福利制度又被称为"自助餐式福利制度""菜单式福利制度""一揽子福利制度"或"自选式福利制度"，是允许员工在一定时间和金额范围内从企业所提供的福利项目中按照自己的意愿进行选择与组合的福利计划模式，即企业根据多数员工的特点和具体需求列出一些福利项目，并规定一定的福利数额，再让员工根据个人需要从中自由选择或组合，各取所需，而且每隔一段时间，还可以给员工一次重新选择的机会，以满足员工不断变化的需求。

当然，这种选择也不是完全随意的。实际上，法定项目仍然是固定不变的，如法定的社会保险，弹性计划只是针对企业自主福利中的一些项目。而且，该计划可以是每个人享受同一个标准，但通常是将福利总额分等执行，即根据员工的工资、工作年限、职位、业绩等因素来设定员工所拥有的福利项目与限额，同时福利清单所列出的福利项目都会附一个金额，员工只能在自己的限额内选择自己喜好的福利项目。

例如，企业提供的自助福利项目中有人身意外伤害保险，并且不同保险计划的保费不同，那么想要选择这个福利项目的员工，就需要根据自己的福利额度、各种保险计划的保费以及自己想要选择的其他自助福利项目进行选择。如果这名员工只选择了人身意外伤害保险和教育资助两个项目，那么从他的自助福利额度中减去人身意外伤害保险的保费余额，就是他能够报销其在企业外部参加各种培训和进修所支付学费的额度。

可见，自助福利的实质不在于向员工支付多少钱，而是把以往固定的福利分配方案转化成一个较为固定的资金投入方案，其实质在于赋予员工一种选择的权利，即在一定范围内选择自己所能够享受的服务，其基本思想是使福利方案具有个性化和可选性。

2. 弹性福利制度的优点

对于企业来说，可以在福利投入一定、成本支出相同的情况下，最大限度地满足不同员工的不同需求，有助于改变目前一些企业因武断、主观地确定企业的福利结构而形成的福利措施花钱不得人心、吃力不讨好的窘境。同时，由于员工只能在自己的福利限额中仔细考量最能满足自己需要的福利项目，企业不再提供那些员工不需要的福利，从某种意义上讲这也节约了福利成本。反之，如果企业将全部福利项目都列入每个人都能享受的项目，势必会加大企业的福利成本；如果某些项目只针对某一类型员工，就会引起其他员工的不满，如对员工提供住房或家属子女的福利措施，单身职工或不愿生育的职工就无法获益，他们就会要求通过另外一些福利项目来满足其需求，以体现福利的平等性。而且，在每个福利项目之后标示其金额，让员工自己选择和衡量，可以使员工了解到企业为福利支付的成本，改变员工对企业福利缺乏深切感受、认为其理所当然和低估福利价值的倾向。

对于员工来说，由于在年龄、性别、文化、收入以及家庭情况等方面的差异，对同一福利项目会有不同的看法，其主观“效价”是不一样的。弹性福利制度非常强调员工的参与，企业在设计福利项目时会广泛征求员工的意见，并允许员工在规定的货币额度内，根据自己的需要和偏好选择福利组合，增强了福利的适应性与针对性，提高了福利资金的使用效率，实现了个人享有的福利价值最大化，因而容易受到员工的欢迎，也有利于吸引人才。另外，让员工在与其利益相关的工作领域担任设计者、决策者而不是被动角色，这种机会本身就是满足高层次需要的内在报酬因素，因而有着内在激励的作用。总之，这种人性化的福利制度，突出了企业对员工的关怀、体贴和信任，是一种企业和员工双赢的方案。

由于传统的固定福利在项目设计上不能满足员工的个性化要求，如许多企业喜欢给职工发放大米、食用油等，有些员工觉得搬运不方便，还不如发钱自己去买。因此，一些企业为了简化员工福利的管理，免去设计福利项目和迎合员工偏好差异的麻烦，干脆直接向员工发放与原来福利项目等值的现金，这样既省去了大量的行政工作，又符合员工的要求。但这种福利货币化的做法改变了员工福利原有的性质，使之成了企业为员工发放的“第二奖金”，不能体现企业文化，失去了设立福利的意义。另外，它也不再能够享受国家的税收优惠和政策支持，不能够体现规模采购的好处。而弹性福利制度既不会改变福利的性质与作用，又能在很大程度上满足员工的个人意愿，无疑是一种更为理想的选择。

3. 弹性福利制度的缺点

（1）弹性福利制度的设计和管理相对复杂、烦琐，会增加管理、核算的工作量和难度，行政费用也会增加。

（2）弹性福利制度可能会遭遇员工的“逆向选择”问题，也就是说，在自助餐式最高限额的条件下，员工可能为了使享受的金额最大化而选择了并不是自己最需要的福利内容，或者为了完成自己的福利限额而购买了自己本来并不需要或不实用的东西。因此，当员工以这种方式进行福利选择时，企业的福利成本可能会不降反升。

（3）对团队精神有冲击。弹性的、个性化的福利制度给了员工选择福利项目的自主权利，员工可以根据自己的生活变化调整其所享受的福利待遇，但对日益重要的团队精神无疑有分化的作用。所以，主要以团队方式工作的企业，要慎重执行这种方法。

（4）不容易形成福利的规模效应。员工各取所需，其选择就会分散，造成福利项目实施的不统一。而有些企业福利是需要规模的，如集体旅游就可以获得优惠的团体价格。还有些集体项目，往往需要集中大量资金，如建设员工免费健身场所等，如果采用弹性福利制度，就很难达成一致。

【案例链接】

ICL公司的弹性福利计划①

ICL公司是一家大型信息技术公司，坐落在美国。“除非你是自营职业者，否则你或许就要重视公司福利的价值，”ICL公司的就业指导凯瑟琳·特纳在解释ICL公司最近采用弹性福利方案的原因时说，“我们最初的目标是双重的，一方面我们想找到一种用于向个人通告有哪些福利的工具，另一方面我们想给人们机会去选择他们想要的福利。”

在各种中心小组帮助识别一揽子福利计划应该包括哪些福利之后，该方案于1997年展开。ICL公司的方案允许员工选择较高的薪金+较低的一揽子福利计划，或者选择较低的薪金+较高的一揽子福利计划。该方案包括的福利有养老金计划、免费午餐、公司产品打折、汽车保险、节假日时间的买卖、牙科保险、危重疾病保险以及托儿津贴等。对享有的所有福利权利的计算，公司是依据员工本应获得的薪金进行的，弹性方案没有改变总收入在福利上的支出比例。

除此以外，公司还为每名员工开立了灵活支出账户。所谓“灵活支出账户”，是指员工在付税之前，可将一部分收入转入用于支撑某些福利的账户。这些灵活支出账户允许员工将税前的货币收入用来购买额外的福利。举例来说，假定某一名员工月收入

① 参见［美］劳埃德·拜厄斯、莱斯利·鲁：《人力资源管理》，李业昆等译，华夏出版社2002年版，第334页。

为5000元，其中的500元被扣除并放入一个灵活支出账户。从税收的角度来看，这500元不能算作总收入，从而需要纳税的收入就相应地降低了，但是这500元必须用于购买额外的福利。法律规定灵活支出账户中的资金只能用于购买额外医疗保险、家庭医疗保险、人寿保险等。此外，税收法规还规定，如果到年底员工未将这些灵活支出账户的钱用完，那他们将丧失剩余的部分。因此，对员工来说，在向灵活支出账户划拨款项时，必须尽可能准确地估计自己今后到底需要享用哪些额外福利。

公司给试点小组两个月的时间去选择，然后要求试点小组签约。特纳说："最普遍的选择是提高了养老金的积累率，滥用节假日的人不太多。实际上更多的员工是出售节假日而不是购买，大多数人的问题是寻找时间去休假。"公司对其英国的所有员工推出弹性福利计划，在最早的试点小组中，超过90%的员工签署了弹性方案。这种福利措施出台的实质即公司是真正从员工角度出发的，员工在一个相当宽泛的范围内自主决策，以满足自己的最大需求。虽然这一项目的推出增加了公司的管理难度，但成本的降低和员工满意度的提升却为公司带来了更大的收益。

二、弹性福利制度的种类

1. 完全自助型

完全自助型即完全由员工自由选择福利项目。首先，按照组织福利计划总盘子，确定每名员工应享受的福利水平，如1000元、800元、950元等，或以计点的方式分配相应分值。其次，把各种不同的福利项目以其成本费用高低标价，给出一系列福利项目价格一览表，或将价目以计点方式给出，如医疗保险成本高，计100点，人寿保险成本低，计10点等。最后，由职工在总福利水平约束的限度内，以自己所期望的任何形式，自主选择各自的福利项目组合，或用所分配的点数去购买自己需要的福利，直到把所分配点数都用完为止。在既定的福利预算约束下，完全自助型福利计划可以给职工提供灵活性最强、效用价值最大的福利项目，但其实施条件要求比较高，福利管理难度大、成本高，另外，其要求福利信息沟通渠道畅通，以保证员工做出恰当选择。

若福利项目定价及构成设置不当，完全自助型福利计划有可能引发"逆向选择"问题，如有跳槽意图的员工可能多选与离职补助或在职消费有关的福利项目等，这样会使福利管理目标与组织人力资源整合目标脱节，使员工福利管理工作处于被动地位。为此，可以采取设置绩效标准限定条件、收入账户支用阈值等措施加以补救或防范。

2. 附加型

在现有的福利计划之外，再提供其他不同的福利措施或扩大原有福利项目的水准，供员工选择。例如，原来的福利计划包括房屋津贴、交通补助、免费午餐等，实行附加型弹性福利后，可以在执行上述福利的基础上，额外提供附加福利，如补充养老保险等。员工要根据自己分配到的限额去认购所需要的额外福利。有些公司甚至还规定，员工如果未用完自己的限额，余额可折发现金，不过要和其他所得合并，而且还要缴纳所得税。此外，如果员工购买的额外福利超过了限额，也可以从自己的税前薪资中扣抵。

3. 核心+选择型

核心+选择型是由核心福利项目和弹性（选择）福利项目组成的福利计划，它将一些既有的普适性的基本项目设定为“核心项目”，所有员工都可享有，另外再设置一些有特殊针对性的项目供员工自由选择，或者提升某一种核心福利项目的保障水平。每一个项目都附有购买价格，同时每名员工也都有一个福利限额，如果总值超过了所拥有的限额，差额就要折为现金由员工支付。福利限额一般是未实施弹性福利时所享有的福利水平。

核心+选择型弹性福利计划和附加型弹性福利计划较大的不同在于核心福利部分：附加型弹性福利计划的核心福利完全取自原来的福利项目，附加的项目是新增的；而核心+选择型弹性福利计划等于是重新设计了一套福利制度，如果公司以前就有福利制度的话，那么在新制度中要全部重新调整，以决定新的福利计划要包括哪些项目以及哪些项目属于核心部分、哪些项目属于选择部分。

4. 福利套餐

福利套餐又被称为“标准组件式福利”，是由企业提供多种固定的福利项目组合，每一个组合所包含的福利项目或优惠水准都不一样，员工只能自由地选择某种福利组合，而不能自行对福利项目进行构建或组合，就好像西餐厅所推出的 A 餐、B 餐一样，顾客只能选其中一个套餐，而不能要求更换套餐里面的内容。

在福利套餐中，一个福利组合与另外一个福利组合之间的差异可能在于福利项目的构成不同，也可能是由同样的项目构成，但是每种福利项目的水平之间存在差异。在规划此种弹性福利制度时，企业可依据员工的背景（如婚姻状况、年龄、有无眷属、住宅需求等）来设计。

总之，这些福利计划的共同之处在于它们都具有可选性和个性化，每名员工可以享受的福利总额都有一个设定范围，但员工可以根据自己的需要自主选择享用的福利项目、福利组合、福利水平以及时间。如在交通方面，员工可以选择领取津贴解决自己上下班乘车问题，也可以选择不领取津贴，乘公司安排的车辆。

【知识链接】

弹性福利制度的要求①

一般认为，一套好的弹性福利制度必须符合以下几点要求（见图 8-4）。

① 参见王子飞编著：《薪酬设计与绩效考核全案：实战图解版》，化学工业出版社 2019 年版，第 82~84 页。

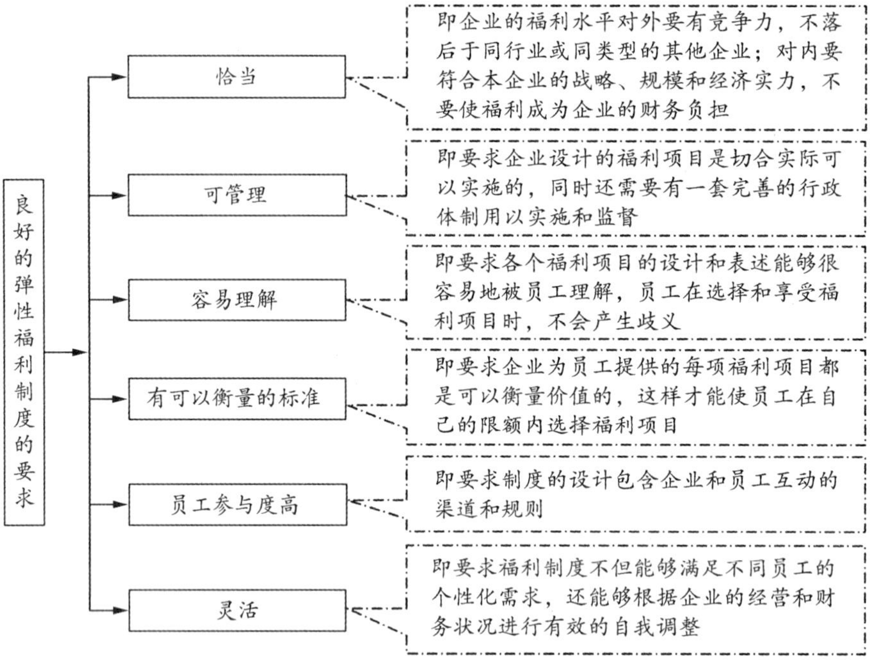

图 8-4　良好的弹性福利制度的要求

三、弹性福利制度的实施

1. 弹性福利制度的实施步骤

（1）充分理解企业的战略。不同的企业战略需要不同的人力资源策略。只有充分理解本企业的战略，才能设计出适合本企业战略需要的恰当的福利制度。

（2）了解国家的相关法规。弹性福利制度当中包含了作为必选项的法定福利项目，无论企业是否愿意、员工是否迫切需要，法律强制实施的福利项目是必须提供的。

（3）了解企业的经营和财务状况。再完美的福利计划，没有资金的支持也难以实施，所以企业的财务状况是设计福利制度的一个重要前提。

（4）盘点公司现有的福利项目并进行财务分析。有些项目由于实施得相当普遍往往被人们忽视，有些项目因为真正需要和实际受益的人数比较少也容易被忽略。只有把这些项目都进行统一的列举、盘点和测算，才能较为精确地测算出现有的福利成本。

（5）调查员工对福利项目的需求。年老的、年轻的，已婚的、未婚的，男性、女性，身体健康的、体弱多病的，家境好的、差的，上班路途远的、近的，不同的员工会对企业的福利项目有不同的需求，要设计出能够满足各类员工需求的福利项目，需要对员工的需求有充分的了解。当然，员工的需求可能有很多，甚至还会有些怪异的需求，这些需求可能无法衡量价值，所以在设计调查问卷时应尽量让员工排除那些比较怪异的需求。

（6）确定每名员工的福利限额，通常我们用点数来表示这一限额。可以通过资历、绩效、工资、家庭情况等一系列因素对员工进行综合评定。在确定每名员工的福利点数之后，需要进一步确定这些点数的现金价值，即福利点的单价，它等于企业福利计划成本总额除以全体员工获得的总福利点数。这样能够保证弹性福利支出的总额与预算基本一致。

（7）确定福利项目清单及点数价格。根据上述分析，确定企业提供给员工的所有福利项目的清单，并根据这些福利项目的市场定价和福利点的单价折算成相应的福利点数作为福利项目的点数价格。

（8）员工选择福利项目。在员工都有了各自的福利点数，同时福利项目又都一一按点数定价后，员工就可以开始选择自己需要的福利项目了。这一过程中将不可避免地出现员工购买力和储蓄不足的情况。这需要预先根据企业情况设定规则进行管理。

（9）协调、管理和沟通。企业需要针对交易中的纠纷以及员工的意见反馈采取处理措施，并根据情况的不断变化合理调整和不断优化其福利制度。

2. 弹性福利制度的实施要点

（1）员工福利调查。为使企业提供的备选福利项目在满足员工需求和控制福利总成本两方面都达到预期目的，企业在实施弹性福利制度之前需要进行福利调查。

（2）员工购买能力的确定。员工对福利的购买力通常采用福利点数的形式来表示。员工可用福利点数在企业内部购买自己所偏好的福利项目。影响点数的因素主要有工资、资历、绩效等。确定了员工的福利点数之后，企业还需进一步确定福利点数的单价。其计算方法是用企业福利制度成本总额除以全体员工获得的总福利点数。

（3）福利项目定价。一般说来，对于可直接衡量价值的福利项目，按其实际价格定价；而对于那些不能直接用货币衡量价值的福利项目，则需要根据一定的标准折算成现值进行定价，然后将这些福利项目的价格折算成相应的福利点数。

（4）与员工的信息沟通。在制定和实施弹性福利制度时，应在不同层次、不同范围内征求员工的意见，搜集他们对福利的需求信息，及时向员工说明他们所能享受的每一个福利项目，确保他们能对福利项目善加利用。员工也要主动向企业表达自己的需求，以便福利制度得以更好地实施。

（5）约束协调机制的建立。为了配合福利管理工作，解决福利制度实施过程中发生的各种意外事件及其他特殊情况，企业需要制定相关的约束协调机制，比如福利项目的选定时间，一旦选定后是否可以修改或取消，本年度未使用完的福利点数能否累计至下年度，试用期内和员工转正后的福利点数如何计算，以及员工晋升、职位变动、离职等情况引起的福利变动如何处理等。

【知识链接】

弹性福利制度①

在弹性福利制度中，员工在选择对自己具有最大价值的福利项目时有高度的灵活性，即员工具有典型的福利选择权（见表 8-9）。

① 参见［美］巴里·格哈特、杰里·纽曼：《薪酬管理》，成得礼译，中国人民大学出版社 2022 年版，第 344 页。

表 8-9 弹性福利组合中的可能选择

	福利组合类型			
	A	B	C	D
医疗保险	无	无	有	有
牙科保险	无	无	无	有
眼睛保健	无	有	有	有
人寿保险	1×*AE*	2×*AE*	2×*AE*	3×*AE*
亲属护理	有	无	无	无
401（K）储蓄	无	有	无	无
现金回流	有	无	无	无

注：*AE* 表示平均收入。

第四节 实操案例：面向不同人才的福利管理[①]

不同员工为企业创造的价值存在一定差异，根据按劳分配原则，不同员工应该享受不同的福利。从员工能力角度，我们可以将企业组织成员划分为基层员工、中层人才和高层人才，下面对各类人员的福利管理进行逐一分析。

一、基层员工的福利管理

基层员工享受的福利主要是基础性福利，基础性福利门槛较低，是一种普惠性福利，所有组织成员都能享受。具体而言，基层员工可享受的福利项目主要包括以下几种。

1. 社会保险

社会保险由基本养老保险、基本医疗保险、失业保险、工伤保险、生育保险和大病保险构成，部分险种费用需要员工和企业共同承担，部分险种则完全由企业承担。由于经济发展水平的差异，各地政府规定的社保缴费比例也有所不同。

每年 3~7 月，各地政府会根据上一年度省社会职工平均工资重新设定社保缴费基数，由于社会职工平均工资每年都会发生变化，社保缴费基数始终处于动态变化之中。以北京市为例，2020 年 7 月~2021 年 6 月和 2021 年 7 月~2022 年 6 月北京市社会平均工资、缴费基数上下限、缴费比例如表 8-10 所示。

① 参见张志英、杨爱喜：《一本书读懂薪酬管理》，中国经济出版社 2021 年版，第 218~226 页。

表 8-10　北京市社会平均工资、缴费基数上下限、缴费比例

	本市上年社会平均工资（元）	缴费基数上限（元）	城镇人员		农业户口人员					养老缴费比例			失业缴费比例				医疗缴费比例		
			养老、失业基数下限（元）	医疗、生育、工伤基数下限(元)	养老缴费基数（元）	失业缴费基数（元）	工伤、生育缴费基数（元）	医疗 农民工基数	医疗 农村劳动力基数下限	单位缴纳	其中划入个人账户	个人缴纳	单位缴纳	个人缴纳	工伤缴费比例	生育缴费比例	单位缴纳	个人缴纳	划入账户
2020 年 7 月～2021 年 6 月	9407	28221	5360	5360	5360	5360	5360	5360	5360	16%		8%	0.5%	0.5%	工伤保险自 2004 年 1 月起开始缴纳（按企业营业执照中经营项目的第一项内容确定，分为 0.5%、1%、2% 三档，个人不缴费）	生育保险自 2005 年 7 月起开始缴纳（单位缴费 0.8%，个人不缴费）	在职人员：9% + 1%；退休人员不缴费	在职人员：2% + 3 元；退休人员：每人每月 3 元	在职人员 35 岁以下：0.8% 35～45 岁：1% 45 岁以上：2% 退休人员 70 岁以下：100 元/月 71 岁以上：110 元/月
2021 年 7 月～2022 年 6 月	10628	31884	5869	5869	5869	5869	5869	5869	5869	16%		8%	0.5%	0.5%	工伤保险自 2004 年 1 月起开始缴纳（按企业营业执照中经营项目的第一项内容确定，分为 0.5%、1%、3% 三档，个人不缴费）	生育保险自 2005 年 7 月起开始缴纳（单位缴费 0.9%，个人不缴费）	在职人员：9% + 2%；退休人员不缴费	在职人员：2% + 3 元；退休人员：每人每月 4 元	在职人员 35 岁以下：0.8% 35～45 岁：1% 45 岁以上：2% 退休人员 70 岁以下：100 元/月 71 岁以上：111 元/月

2. 商业保险

在企业为基层员工购买的商业保险中，最为常见的便是人身意外伤害保险。这不仅能转移企业风险，还可以使遭受到人身意外伤害的基层员工得到更多的经济补偿。在团体意外伤害保险中，保险金额最低为1000元，最高为50万元；在个人意外伤害保险中，保险金额最低为1000元，最高为100万元。

被保险人从事工作的危险程度和保险性质是影响意外伤害保险费率高低的主要因素。以某寿险公司的人身意外险为例，公司人身意外险通常分为四档，各档保险费率如表8-11所示。

表8-11　某寿险公司人身意外险保险费率

档级	分档依据	保险费率（年费率）
第一档	非生产部门的脑力劳动者	0.2%
第二档	轻工业工人和手工业劳动者	0.3%
第三档	重工业工人和重体力劳动者	7.0%
第四档	职业危险比较特殊的劳动者	10.0%

3. 带薪假

基层员工可以享受的带薪假主要包括法定节假日、婚丧假、产假、工伤假、探亲假等。

4. 劳动保护

为保护员工人身安全，企业需要按照法律规定为从事危险作业的员工提供劳动保护，并定期为员工发放所需劳保用品。工作危险程度较高的加工制造企业会建立一套完善的员工劳保用品发放标准和管理办法。以某设备制造商为例，其员工劳保用品发放标准和管理办法如下所示。

发放范围：公司一线工作人员、聘用的临时工作人员。

发放办法：

(1) 年初由综合部根据发放标准制订全年劳保用品采购计划，填写劳保用品采购单，经分管领导批准后采购发放，每个月检查核对一次发放情况。

(2) 员工因事假、病假、产假、脱产学习等离岗的，停发各类劳保用品，待恢复工作，经培训考核上岗后，即可享受相应的待遇。

(3) 劳保用品由各部门统一领取，部门应将发放情况登记造册，并由本人签名确认。

(4) 超出规定标准的劳保用品，由部门提出申请，公司分管领导批准后发放。

(5) 行政部应备有工作服、劳保鞋等劳保防护用品，以备外来指导、参观、学习、检查人员临时配用。公司劳保用品应保持整洁，由专人保管。

使用规定：

(1) 员工进入工作场所，必须按规定佩戴相应的劳保防护用品，用前必须认真检查其安全性能，确认安全后方能使用。

（2）经批准需进入作业场所的其他人员必须佩戴相应的劳保用品。

其他管理：

（1）行政部负责监督各部门劳保用品的发放范围和使用情况，严禁乱领、乱发，一旦发现将追究责任。

（2）员工应按照劳保用品的使用规则和防护要求正确使用，凡有不按规定佩戴、违章作业者，发生伤害事故责任自负。

（3）工会应监督检查劳保措施的执行情况，不定期征求员工代表的意见，及时对劳保用品管理中存在的问题进行反馈。

此外，针对孕期和哺乳期的女员工群体，企业还会提供特殊劳动保护，如不安排怀孕 7 个月以上的女员工加班或上夜班；怀孕期间不能适应原岗位工作的女员工，可凭医疗机构开具的证明申请减轻劳动量或临时调整岗位；哺乳期女员工可向总经理申请每天 1 个小时的哺乳假。

5. 带薪假期往返车票报销

目前，很多企业为享受带薪假期的基层员工报销往返车票，以减轻其出行成本。不过，通常在公司内工作满一年的正式员工才能享受该福利，同时，为避免浪费，使员工养成勤俭节约的良好习惯，企业报销的车票类型通常是汽车票、火车硬座与硬卧票、飞机经济舱等。

6. 各类补贴

企业为基层员工提供的补贴包括餐饮补贴、交通补贴、通话补贴、高温作业补贴、噪声作业补贴等。

7. 节日慰问品

传统节日是传承优秀历史文化的重要载体，在几千年的发展过程中，我国逐渐形成了一系列丰富多彩的节俗活动。在春节、端午节、中秋节等节日来临时，为员工发放节日慰问品以表达对员工的关怀和祝福，在国内企业界非常普遍。常见的节日慰问品包括粽子、月饼、米、面、油、肉、蛋、奶、水果、干果、洗护用品等。

8. 员工活动

为丰富员工业余生活，很多企业每年定期举办各类员工活动，比如部门联谊活动、节日晚会、趣味运动周等。除了企业举办的员工活动外，各部门还可以按照公司规定举办部门内部活动，经批准通过后活动费用可通过活动经费报销。

9. 员工培训

为增强员工的专业技能和综合素质，企业需要组织员工参与各类线上线下培训活动，同时，新入职或者岗位发生变动的员工，也需要经过一定培训才能适应新岗位。

二、中级人才的福利管理

中级人才绩效表现突出，对企业贡献价值较高，为稳定团队、激励他们为企业创造更多的价值，企业可以为其提供商业保险、专业深造、组织公费旅游等福利项目。

哪些员工属于中级人才呢？不同企业有不同的考核标准，如有的企业要求员工连续6个月绩效考核优秀，有的企业则要求员工在产品研发、市场拓展、门店运营等方面有创新成果。薪酬管理人员可结合企业战略目标与人才需求确定中级人才的考核标准。

除了企业的基础性福利外，中级人才可享受的福利项目还包括以下6项。

1. 个人健康计划

企业委托专业的第三方医疗机构为中级人才建立个人健康档案，定期组织其参加体检活动。第三方医疗机构对中级人才健康状况进行持续跟踪记录，并为其提供专业的保健建议。

2. 自助培训资金

中级人才可根据自身需要和兴趣爱好参加线上、线下培训课程，培训时间及培训方式由员工自行决定，但不能影响正常工作。每人每年可申请1500元额度。

3. 公费旅游

中级人才可参加企业组织的公费旅游活动或向人事部申请自助公费旅游。自助旅游每人每年可申请2000元额度，旅游时间不能影响正常工作。

4. 年假

中级人才每人每年可申请10天年假，年假期间按照正常出勤计算薪酬，为避免长期休假影响正常工作，中级人才享受年假时，每次假期应该控制在5天以内。

5. 无息贷款

因购买汽车、房产等大额消费，或员工本人及其家人遭遇突发疾病时，中级人才可向公司申请无息贷款，贷款金额为5000~100000元，具体偿还期限和偿还方式根据实际情况确定。

6. 专业深造

中级人才可向企业申请高等院校函授、外派培训、远程教育等专业深造，每3年可申请一次，每次额度10000元。中级人才完成专业深造后，非特殊情况，2年内不得主动离职。

三、高级人才的福利管理

高级人才处于企业关键性岗位，对企业发展具有重大影响，主要包括技术骨干、中高层管理者等。留住这些人才是企业生存发展的关键所在，所以针对这类人才的福利也较为优厚。自高级人才被任命起便开始享受高层次福利，因出现重大决策失误、贪污渎职等被降职、免职者，应立即停止享受高层次福利。

面向高级人才的高层次福利项目包括住房、工作用车、休养、个人医疗服务、家庭护理、个人持股等。

1. 住房

根据高级人才所处的岗位，可以享受50~100平方米的住房，超出部分由员工自行支付。员工可选择居住在公司统一安排的员工宿舍，也可以自行选择居住位置，规定面积内的房租由公司承担，超出部分由员工承担。

购置房产者可享受一次性购房补贴，补贴额度为 5 万 ~ 20 万元。当企业出资比例超过 50%时，产权暂属公司所有，购房合同由公司保管。员工和企业签订协议，一段时间，通常为 3~5 年后转移产权。

2. 工作用车

企业为方便高级人才通勤，可根据其所处的岗位为其安排不同档次的工作用车。对于自有车辆的高级人才，公司可为其报销燃油费、维修费、路桥费等。

3. 休养

为保障高级人才身体健康，使其长期引领公司稳步发展，企业可为其提供休养福利。符合条件的高级人才可向人事部提交休养申请，人事部报送总经理审批通过后，高级人才可前往企业安排的疗养机构休养。休养期通常为 7 ~ 15 天，特殊情况可延长至 30 天。

4. 个人医疗服务

年龄 50 周岁以上且存在医疗需求的高级人才可向企业申请个人医疗福利，经总经理审批通过后，由专业医疗人员为高级人才提供完善的个人医疗服务。

5. 家庭护理

年龄在 55 周岁以上且存在家庭护理需求的高级人才可向企业申请家庭护理福利，经总经理审批通过后，企业将为高级人才聘请一位家庭保姆，保姆工资完全由企业支付。

6. 个人持股

为激发高级人才的主人翁精神，使其切实保障股东利益，企业可为高级人才提供一定数额的股份。享受个人持股福利的高级人才可在年终参与分红。该股份通常有一定的锁定期，同时，为避免企业股权过度分散，企业通常会与高级人才约定优先购买权。

复习思考题

1. 法定福利包含哪些内容？
2. 福利的功能如何体现？
3. 常见的法定福利有哪些？
4. 福利策略有哪些？
5. 弹性福利设计有什么特点？
6. 如何帮助企业进行弹性福利设计？

情景仿真题

某民营企业 Y 公司专注经营纺织业务。近年来，公司订单业务量逐渐增多，发展蒸蒸日上，规模从五年前的一家小厂发展壮大为该地区知名的大型纺织企业。与此同时，公司管理制度的发展跟不上业务的扩张，员工和管理层之间的矛盾日益突出。很多员工认为，以前公司规模小，没有什么福利也就算了，现在公司发展越来越好，逢年过节领导们都不表示一下。管理层忽视员工的感受，长此以往，导致很多老员工跳槽。

公司的总经理吴总发现了这个问题，聘请有经验的张强任公司的人力资源部经理，张强来公司三年，每逢节假日都给员工发福利，得到了员工的一致好评。

今年端午节前夕，张强为联系物美价廉的粽子供应商四处张罗，节前给每位员工发了三盒品质优良的粽子。然而领取粽子的当天，他却听到了同事们的抱怨："三盒粽子也太多了，我老公单位也发了好多，还不如来点实际的。""我倒是想趁着端午节多放几天假和亲戚朋友到外地转转，我能用这三盒粽子换成一天的假期吗？""发购物卡比发实物强多了，自己喜欢什么买什么。"张强听后，心里很不是滋味。

请思考：

1. Y 公司在福利管理中出现过哪些问题？
2. 张强采用了哪种福利策略？这种策略有什么优缺点？
3. 如果你是人力资源部经理，你会对 Y 公司福利方案进行怎样的改进？

案例分析题

雾霾补贴引发的风波①

2014 年 3 月 12 日，日本电子巨头松下集团在 2014 年春季劳资交涉中宣布，将向外派中国的员工发放雾霾补贴。这一津贴以中国部分城市高水平的 $PM_{2.5}$ 为依据，以补偿严重的空气污染对他们身体造成的危害。事实上，国外大型公司将员工派到海外，特别是发展中国家时，向员工发放困难津贴是常见的做法。同时，在空气污染问题上，许多企业都在悄悄提高驻华外籍员工的福利，或者粉饰成"发展中国家津贴"。如此大张旗鼓地因为空气污染问题而正式宣布发放补助的国际公司，松下集团是第一家。不过，松下集团发言人拒绝透露详细的补贴金额，也不愿意透露在中国到底雇用了多少名外籍职员，不过他明确表示中国籍员工不在补贴范围内。

虽然松下集团宣布发放雾霾补贴，但是这一津贴的覆盖范围并不包括中国籍员工，中国籍员工亦不得申请这一额外补贴。相关舆论认为，在同样空气质量的环境中劳动，松下此举区别对待，有对中国员工歧视之嫌。雾霾对身体健康与寿命的影响是一个长期、缓慢的过程。松下率先宣布补偿派往中国的日本员工，但却无法在此福利上对中国和日本的员工做到一视同仁。

对于很多跨国公司而言，中国市场在它们的全球化战略中日益重要，需要企业中最资深的管理、技术人才坐镇于此，但是屡屡爆表的空气污染水平让许多外籍人员因

① 参见雷晓琪：《松下向在华员工发雾霾补贴：中国员工不得申请》，《时代周报》2014 年 4 月 3 日。

为健康问题而拒绝前往中国或者选择离开中国。当然，中国市场机遇之大令企业和投资者难以轻言放弃。

请结合案例思考：

1. 松下集团向派驻中国的外籍员工发放雾霾补贴合理吗？
2. 对中国员工不适用此项福利的规定合理吗？为什么？
3. 中国企业应当在雾霾天气给员工发放雾霾补贴吗？为什么？

技能操作题

假设你是某公司的人力资源主管，公司拥有600名员工，平均年龄为43岁，88%的员工是男性，并且流动率很低，工作方面也没有太多的变化，你如何根据这些情况设计员工福利计划。

参考文献

［1］［美］巴里·格哈特、杰里·纽曼：《薪酬管理》，成得礼译，中国人民大学出版社 2022 年版。

［2］［美］兰斯·A. 伯杰、多萝西·R. 伯杰：《薪酬管理：薪酬策略和机制设计指南》，朱飞译，机械工业出版社 2021 年版。

［3］［美］劳埃德·拜厄斯、莱斯利·鲁：《人力资源管理》，李业昆等译，华夏出版社 2002 年版。

［4］［美］乔治·T. 米尔科维奇、杰里·M. 纽曼：《薪酬管理》，董克用等译，中国人民大学出版社 2002 年版。

［5］［美］乔治·米尔科维奇、杰里·纽曼、巴里·格哈特：《薪酬管理》，成得礼译，中国人民大学出版社 2014 年版。

［6］［英］约翰·特鲁普曼：《薪酬方案：如何制定员工激励机制》，胡零、刘智勇译，上海交通大学出版社 2002 年版。

［7］白睿：《全面薪酬体系设计新实战：从 Payroll 到 C&B 的快速晋升》，人民邮电出版社 2021 年版。

［8］曾湘泉主编：《薪酬管理》，中国人民大学出版社 2014 年版。

［9］常雪松、张磊编著：《薪酬体系设计实操全案》，中国铁道出版社有限公司 2021 年版。

［10］仇雨临主编：《员工福利管理》，复旦大学出版社 2004 年版。

［11］葛玉辉主编：《薪酬管理》，电子工业出版社 2021 年版。

［12］何国玉主编：《人力资源管理案例集》，中国人民大学出版社 2004 年版。

［13］贺清君：《老 HRD 手把手教你做薪酬》（精进版），中国法制出版社 2022 年版。

［14］胡华成：《薪酬管理与设计全案》，清华大学出版社 2019 年版。

［15］刘洪、张正堂主编：《薪酬管理》，南京大学出版社 2021 年版。

［16］刘昕编著：《薪酬管理》，中国人民大学出版社 2021 年版。

［17］刘亚萍编著：《薪酬管理工作手册》，人民邮电出版社 2015 年版。

［18］刘艳红、张艳萍主编：《薪酬管理理论与实务》，电子工业出版社 2016 年版。

［19］彭剑锋主编：《战略人力资源管理：理论、实践与前沿》，中国人民大学出版社 2014 年版。

［20］乔继玉、郭梅主编：《薪酬与绩效管理操作指南：管理制度+考核办法+实用

图表+操作方案》，人民邮电出版社 2021 年版。

[21] 苏中兴主编：《薪酬管理》，中国人民大学出版社 2019 年版。

[22] 孙利虎编著：《战略薪酬管理：理论与实务》，东北财经大学出版社 2015 年版。

[23] 孙晓平、季阳：《薪酬激励新实战：突破人效困境》，机械工业出版社 2019 年版。

[24] 孙宗虎编著：《薪酬体系设计实务与范例》，人民邮电出版社 2014 年版。

[25] 王瑞永编著：《薪酬福利管理方法与工具》，中国劳动社会保障出版社 2014 年版。

[26] 王子飞编著：《薪酬设计与绩效考核全案：实战图解版》，化学工业出版社 2019 年版。

[27] 杨莉虹、黄一鸥、李强主编：《薪酬管理》，电子科技大学出版社 2020 年版。

[28] 于彬彬：《HR 薪酬管理整体解决方案：共享价值分配新规则》，中国法制出版社 2018 年版。

[29] 张宝生、孙华主编：《薪酬管理》，北京理工大学出版社 2018 年版。

[30] 张霞、胡建元、潘明明：《薪酬管理综合实训》，东北财经大学出版社 2020 年版。

[31] 张霞、胡建元、王一帆编著：《薪酬设计与薪酬管理案例教程》，东北财经大学出版社 2017 年版。

[32] 张霞编著：《绩效考核与薪酬管理》，西安电子科技大学出版社 2019 年版。

[33] 张正堂、刘宁编著：《薪酬管理》，北京大学出版社 2016 年版。

[34] 张志英、杨爱喜：《一本书读懂薪酬管理》，中国经济出版社 2021 年版。

[35] 赵曙明、赵宜萱主编，唐春勇、敬永春编著：《薪酬管理：理论、方法、实务》，人民邮电出版社 2018 年版。

[36] 赵曙明、赵宜萱主编：《薪酬管理：理论、方法、工具、实务》（微课版　第 2 版），人民邮电出版社 2019 年版。

[37] 周斌、汪勤编著：《薪酬管理：理论·实务·案例》，清华大学出版社 2014 年版。